高等院校经济管理类专业"互联网＋"创新规划教材

消费者行为学
——理论、案例与实务

周 斌 主编

北京大学出版社
PEKING UNIVERSITY PRESS

内容简介

本书结合互联网及新媒体环境下的消费者购买心理与行为发展变化,深入浅出地对消费者行为学进行了理论讲解和案例分析。本书注重内容的本土化、时代性和实践性,适合"翻转课堂"的教学形式。 全书共十一章,全面系统地阐述了消费者行为学的基本理论和实际应用。本书主要内容包括消费者行为学概述、个体因素与消费行为、社会因素与消费行为、情境因素与消费行为、产品因素与消费行为、价格因素与消费行为、营销沟通与消费行为、问题认知与信息搜寻、方案评价与购买实施、购后行为和网购消费行为等。

本书适合作为高等院校的经济管理类专业的本科生教材,也可以作为理、工、农、医等非经济管理类专业的选修课教材。

图书在版编目(CIP)数据

消费者行为学:理论、案例与实务/周斌主编. —北京:北京大学出版社,2021.6
高等院校经济管理类专业"互联网+"创新规划教材
ISBN 978-7-301-32183-6

Ⅰ. ①消… Ⅱ. ①周… Ⅲ. ①消费者行为论—高等学校—教材 Ⅳ. ①F713.55

中国版本图书馆 CIP 数据核字(2021)第 085983 号

书　　名	消费者行为学——理论、案例与实务 XIAOFEIZHE XINGWEIXUE——LILUN、ANLI YU SHIWU
著作责任者	周　斌　主编
策划编辑	李娉婷
责任编辑	巨程晖　郑双
数字编辑	金常伟
标准书号	ISBN 978-7-301-32183-6
出版发行	北京大学出版社
地　　址	北京市海淀区成府路 205 号　100871
网　　址	http://www.pup.cn　新浪微博:@北京大学出版社
电子邮箱	编辑部 pup6@pup.cn　总编室 zpup@pup.cn
电　　话	邮购部 010-62752015　发行部 010-62750672　编辑部 010-62750667
印刷者	天津中印联印务有限公司
经销者	新华书店
	787 毫米×1092 毫米　16 开本　22.25 印张　531 千字 2021 年 6 月第 1 版　2024 年 5 月第 3 次印刷
定　　价	59.00 元

未经许可,不得以任何方式复制或抄袭本书之部分或全部内容。
版权所有,侵权必究
举报电话: 010-62752024　电子邮箱: fd@pup.cn
图书如有印装质量问题,请与出版部联系,电话: 010-62756370

前　言
PREFACE

　　消费者行为学是20世纪60年代在市场经济逐渐发达的美国应运而生的，它被视为"市场营销之母""开启市场营销大门的金钥匙"。消费者行为研究也逐渐成为整个营销管理学科体系的根基，根本原因就在于市场营销必须建立在满足消费者需求的基础之上。营销的本质是理解和满足消费者。营销大师Kotler说过："经济学是营销学之父，行为学是营销学之母。"在以消费者为导向的营销观念指引下，消费者行为学在半个多世纪的发展历程中，积累了丰富的学术与实践成果。但是，原有的消费者行为学学科体系与学科内容主要是建立在传统购买方式基础上的，传统购买方式的一个重要特征是信息不对称，消费者只能根据营销人员所提供的有限信息去选择商品，购买活动的时间、空间十分有限，营销人员的营销策略与营销技巧也有着广阔的施展天地。但是，随着互联网等新兴科技的快速发展，市场信息呈现透明状态，消费市场逐渐进入商业民主时代，传统的商业环境和商业模式正在被颠覆，消费者的心理与行为也正在发生着深刻的变化。在网络时代，消费者可以在没有时空限制的网络环境下知晓各种商品信息、用户评价，可以利用比价工具找到最便宜的商品，不再需要依靠过去的经验或品牌线索，也不需要费时费力地去现场购买，消费行为也更加趋于理性化、个性化，而大数据与人工智能使市场细分已经可以精细到对消费者个体化细分的程度。在网络时代，传统营销中消费者的品牌态度和记忆、促销方式的影响、广告的作用等都发生了巨大变化，尤其是年轻一代有着他们独到的市场理解与特殊的消费行为，这些都使得营销人员过去常用的营销策略或技巧开始失去用武之地。与此同时，重新审视移动互联网背景下消费者的购买决策心理与行为，并为之设计新的研究框架成为日益紧迫的重要工作。而探讨在网络环境下如何引导消费者的消费倾向、如何理解年轻一代的消费心理与行为、如何与消费者互动、如何利用和影响消费者的信息分享、如何强化产品本身的吸引力、如何利用大数据对消费者进行分析等问题将成为市场营销人员思考的重点。

　　应当注意的是，消费者的消费行为是各种内在因素和各种外部环境刺激相互作用的产物，是各种影响因素有机作用的结果，消费者行为整体上是复杂多变的。抽象地对这一复杂体系中的个别要素进行"元素主义"的分析研究，得到的只能是静态的、孤立的、局部的表象描述，并不能真正反映现实生活中的消费者行为，必须从系统整体角度将消费者个体与其所处的内外环境相联系才能真正理解消费者的行为特征。因此，消费者行为学的一些研究结论，通常只有统计上的意义，不能用物理学等精确科学的标准来看待，对书中的观点、习题及参考答案也应持这样的态度。

　　我们看到，正在兴起的消费者行为的大数据研究，注重对不同变量进行相关性分析，并不强调对蕴含其中的因果关系进行探讨，一定程度上是对复杂问题的简单化处理、整体化处理,却可以获得整体意义上的消费者行为数据。大数据研究依据的是消费者行为的数据,反映的是一定环境下的消费者行为规律,而不是消费者的内部心理变量,这一点与行为主义心理学的思想递相沿袭。Lewin的格式塔心理学派主张运用场论对人的心理行为进行系统整体研究,但遗憾的是,Lewin的场论和系统方法在消费者行为研究领域并没有多大影响。本书在结构上对消费者行为的几个阶段进行了内容扩充,在一定程度上也体现了对行为主义心理学的肯定和对"元素主义分析方法"的否定。

从学科性质上讲,消费者行为学是行为科学的一个分支,而消费心理学是心理学的一个分支。就消费者行为学来说,对外在消费者行为的研究应当强于对消费者内在心理的研究。研究消费行为背后的动机、态度、学习或其他心理,当然是有意义的,但并不是很有实际效率的。消费者的内部心理活动复杂多变,元素主义的心理研究在实践活动中往往得不到验证。可见,传统的以心理学理论为基础的学科体系需要改进,应当考虑以行为主义心理学派的思路来构建消费者行为学的学科与教材的框架体系。

从内容体系来看,一般来说,消费者行为的主要影响因素可分为三类:消费者内部因素,外部环境因素和营销因素(如产品、沟通促销等)。本书的内容结构体系也是根据这三大类影响因素及消费者购买行为过程来进行构思的。在结构体系上,先对消费者行为的内外影响因素进行论述,然后对消费者行为过程的特点进行分析,最后专门就网络消费行为进行介绍。当然,在移动互联的大数据环境下,传统的消费者行为理论和研究方法等都面临着根本性的挑战,"消费者行为学的理论面临修正、更新乃至重构"(卢泰宏,2017),网络环境下的消费者行为研究还应当进一步加强与提高。在此,也希望有更多的同人,能够运用大数据研究的方法,借鉴行为主义的客观研究思路,结合市场营销活动的实际需要,对移动互联网环境下的消费行为进行深入分析研究,从而构建起新的消费者行为学研究体系,为市场营销和新商业、新零售的发展提供坚实的理论基础。

为使教材更加适应教学需求,本书采用了主教材与配套电子资料包相结合的立体化教材形式。配套电子资料包包含:多媒体课件、电子教学大纲、电子教案、二维码资料、各章客观题及其答案、三套模拟试题及评分标准等辅助教学资料,以供教学时参考使用。配套电子资料包还可在案例分析、学习素材、研究论文等方面进一步动态扩充。其中,制作精美的教学课件以提纲的形式呈现,课件主要强调学科架构,同时穿插了一些问题或案例以启发学生思考与课堂讨论,增强其学习的主动性、参与性与趣味性,培养学生的实际工作能力。消费者行为学的一些具体知识性内容,在教学中可尽量让学生利用预习、自学来掌握,并通过教材所附的练习题进行检验、反思和提高。

本书借助数字化技术,将大量视频资料、案例、拓展性资料和客观练习题进行了二维码处理,在丰富教材内容的同时,大大节省了书籍篇幅。学生可以通过手机扫描方式进行深度学习,这些资料有助于学生深入理解相关内容,增强直观印象。各章客观题包括判断题、填空题、单项选择题、多项选择题等题型,内容覆盖了教材大部分知识要点,并附有习题答案,学生可以对照检验学习效果。

本书强调理论与实际相结合,注重应用性和实用性,注意吸收创新的研究成果和最新的本土化营销实例。本书的知识内容较为翔实,有利于学生自主学习。本书倡导学生自学、教师精讲、集体讨论、师生互动和提高能力的教学理念和教学方法。希望教师们在使用教材的过程中,以问题为导向,将教学内容与营销实践结合起来,将相关知识融会贯通，适度采用"翻转课堂"的形式，努力激发学生学习的自主性、创造性，变"水课"为"金课"，使学生在掌握理论知识的同时提高其分析问题、解决问题的能力。

本书在编写过程中，参阅了许多国内外学者的教材、论著及网络资料，在此向相关作者与出版者表示衷心的感谢。另外，一部好的教材需要不断"打磨"、与时俱进、不断提高，衷心欢迎各院校师生对本书存在的不足提出宝贵的意见或建议，以使本书在以后的修订中得到进一步的完善和提高。

周　斌

2021 年 5 月

资源索引

目 录
CONTENTS

第一章　消费者行为学概述 ………… 1
　第一节　消费者行为学的研究对象 … 5
　　一、消费者与消费品 ……………… 5
　　二、消费行为 ……………………… 14
　第二节　消费者行为学的产生与发展 … 19
　　一、消费者行为学产生、发展的
　　　　历史条件 ……………………… 19
　　二、消费者行为学发展历史简介 … 21
　思考题 ………………………………… 23

第二章　个体因素与消费行为 ……… 24
　第一节　个性与消费行为 …………… 27
　　一、个性的含义 …………………… 28
　　二、个性与消费行为 ……………… 29
　　三、品牌个性 ……………………… 31
　第二节　自我概念与消费行为 ……… 36
　　一、自我概念的含义与分类 ……… 36
　　二、自我概念与营销策略 ………… 38
　第三节　生活方式与消费行为 ……… 43
　　一、生活方式的含义 ……………… 44
　　二、生活方式营销 ………………… 45
　　三、LIIS 模型 ……………………… 47
　思考题 ………………………………… 48

第三章　社会因素与消费行为 ……… 49
　第一节　文化环境与消费行为 ……… 53
　　一、文化与亚文化的含义 ………… 53
　　二、文化差异与消费行为 ………… 58
　第二节　社会阶层与消费行为 ……… 62
　　一、社会阶层概述 ………………… 62
　　二、社会阶层对消费行为的影响 … 63
　第三节　参照群体与消费行为 ……… 66
　　一、参照群体概述 ………………… 67

　　二、参照群体对消费行为的影响 … 71
　　三、网络社群与消费行为 ………… 77
　思考题 ………………………………… 83

第四章　情境因素与消费行为 ……… 84
　第一节　消费情境的构成与类型 …… 87
　　一、消费情境的含义 ……………… 87
　　二、情境构成 ……………………… 87
　　三、情境类型 ……………………… 95
　第二节　购买情境与消费行为 ……… 99
　　一、实体店接触 …………………… 99
　　二、商品接触 ……………………… 105
　　三、支付情境 ……………………… 107
　思考题 ………………………………… 109

第五章　产品因素与消费行为 ……… 110
　第一节　消费者对产品的要求 ……… 113
　　一、产品概念与体验水平 ………… 113
　　二、产品属性与功能需求 ………… 119
　第二节　新产品的扩散 ……………… 132
　　一、新产品的扩散过程 …………… 133
　　二、创新扩散的影响因素 ………… 137
　思考题 ………………………………… 144

第六章　价格因素与消费行为 ……… 145
　第一节　价格的心理功能 …………… 148
　　一、衡量商品价值和商品品质的功能 … 148
　　二、自我意识比拟的功能 ………… 149
　　三、刺激和抑制消费需求的功能 … 150
　第二节　消费者对价格的认识与选择 … 152
　　一、价格习惯性 …………………… 152
　　二、价格敏感性 …………………… 154
　　三、价格感受性 …………………… 156
　　四、价格倾向性 …………………… 162

思考题 ································ 164

第七章　营销沟通与消费行为 ········ 165

第一节　营销信息的接触 ········ 167
一、接触的含义 ···················· 168
二、接触方式 ······················ 172

第二节　营销沟通与说服 ········ 182
一、传播者 ························ 184
二、诉求方式 ······················ 189
三、信息结构 ······················ 195
四、信息形式 ······················ 198

思考题 ································ 201

第八章　问题认知与信息搜寻 ········ 202

第一节　问题认知 ················ 204
一、问题认知过程 ·················· 204
二、问题认知的影响因素 ············ 210
三、问题认知的激发 ················ 213

第二节　信息搜寻 ················ 215
一、信息搜寻的分类 ················ 215
二、影响信息搜寻努力的因素 ········ 218
三、信息搜寻的范围 ················ 219
四、POM 模型 ······················ 221

思考题 ································ 228

第九章　方案评价与购买实施 ········ 230

第一节　购买方案的评价 ········ 233
一、确定评价指标与标准 ············ 233
二、确定评价指标的相对重要程度 ···· 234
三、评价备选品牌属性的绩效值 ······ 235
四、确定品牌选择规则 ·············· 239

第二节　购买决定与购买实施 ···· 241
一、购买意愿 ······················ 241
二、购买决定 ······················ 244
三、购买支付 ······················ 245

第三节　感知风险 ················ 246
一、感知风险的含义与种类 ·········· 246
二、影响感知风险的因素 ············ 249
三、网购感知风险 ·················· 251

第四节　冲动性购买 ·············· 254
一、购买的计划性 ·················· 254
二、冲动性购买的含义 ·············· 254
三、冲动性购买的影响因素 ·········· 257

思考题 ································ 262

第十章　购后行为 ···················· 263

第一节　商品的使用与处置 ······ 266
一、商品的安装 ···················· 266
二、商品的使用 ···················· 266
三、配套产品的购买与使用 ·········· 271
四、商品的闲置 ···················· 272
五、商品及包装物的处置 ············ 273

第二节　消费者满意与品牌忠诚 ·· 276
一、消费者满意 ···················· 276
二、品牌忠诚 ······················ 286
三、抱怨行为 ······················ 296

思考题 ································ 299

第十一章　网购消费行为 ············ 300

第一节　网购行为 ················ 303
一、网购行为特征 ·················· 304
二、网购行为的一般模式 ············ 307
三、网购行为过程 ·················· 310

第二节　移动网购行为 ············ 328
一、移动网购行为特征 ·············· 330
二、移动网购行为的一般模式 ········ 336

思考题 ································ 341

参考文献 ···························· 342

第一章

消费者行为学概述

学习目标

- 掌握消费者的概念、类型；
- 掌握消费者行为的过程、构成与影响因素；
- 理解消费者行为模式；
- 了解消费者行为学的历史发展过程；
- 理解消费者行为学在市场营销中的作用及意义。

思维导图

```
消费者行为学概述
├── 相关概念
│   ├── 消费者
│   │   ├── 需求角度分析
│   │   └── 角色角度分析
│   ├── 消费品
│   │   ├── 产品
│   │   └── 服务
│   └── 消费行为
├── 消费行为模式
│   ├── 消费行为过程（七个阶段）
│   ├── 消费行为要素（5W2H）
│   └── 消费行为的影响因素（个体、营销、环境）
└── 学科的产生与发展
    ├── 发展阶段
    │   ├── 萌芽阶段
    │   ├── 创立阶段
    │   ├── 深化阶段
    │   └── 重构阶段
    │       ├── 基本问题
    │       ├── 研究方法
    │       └── 学派方向
    └── 内外条件
```

导引案例

为什么喜欢李佳琦的直播带货？

每天晚上 8 点 15 分，约有 500 多万人守在李佳琦的直播间里。从心理学的角度分析，看李佳琦直播的你在看些什么？

一、我们为什么在直播间购买？

1. 人类的本性：恐惧、贪婪和懒惰

直播购物的形式直攻人类的本性：恐惧、贪婪和懒惰，其本质就是在一种紧张刺激的气氛下利用超值的优惠吸引消费者，从而形成冲动性消费。

在直播间销售的产品限量上架，主播会不断地强调"这个产品我只能拿到 1 万份""只有 5000 个美眉可以抢到它"，意味着如果你的手速拼不过其他人就会失去这次购买的机会，这就营造出了"资源稀缺性"的恐惧氛围；"错过了今天的直播就要恢复原价"，等下一次的直播再上架又不确定是多长时间，制造出了"不可掌握性"的恐惧感。

为了对抗"便宜物品的损失"就会有消费者每天蹲守在直播间，为了对抗"再次直播时间不确定的失控感"就会有消费者立即购买而不是等到自己真正需要时再购买。

贪婪这里指"占便宜"，如果直播间的商品和店铺售卖的商品没有价格差，对消费者来说是没有吸引力的，低价策略本质上就是在满足人们贪婪的本性。

经济学上认为交易是发生在等价交换的原则下，但从心理学的角度看其实商家和消费者之间都是因为"占便宜"才成交的：商家 3 元钱的成本售卖了 20 元的快餐给顾客，商家认为自己赚了 17 元；顾客花了 20 元买到快餐节省下了自己买菜做饭洗碗的时间，顾客同样也认为自己占到了便宜。

在直播间里这种"便宜"就显得更加直观，"买一赠一""拍下立减""买正装送小样"这些都能让消费者占到便宜。所以头部的电商主播都非常在意谁能拿到最低价，因为只有最低价才能满足人们贪婪的本性。

同时，李佳琦也满足了人们的"懒惰"心理，不再需要你去了解、分析、比较，售价全网最低——节省比价时间；货源保证正品——避免购买到假货的烦心，把最终的结果递给你，你所需要做的只是按下"立即购买"的按钮而已，充分满足了"懒"的诉求。

2. 从众

在观看直播时，产品界面上会不断跳出"某某正在去买"的弹幕，主播也会一直强调"还剩 3 万份咯""还剩 1 万份咯"，突显出购买氛围的火爆，从众心理就会顺势出现。这也令我想到在李佳琦直播的最初阶段，李佳琦小助理的主要工作就是在直播间里刷评论（也许也会刷订单），其实就是希望通过这种行为引导更多人的参与，激发从众效应。

正所谓不怕你不买，就怕你不看，只要你看了就一定会忍不住"随大流"。

3. 断言、重复和传染

社会心理学家勒庞在《乌合之众》中提过，领袖发挥作用的手段就是：断言、重复和传染。

所谓断言就是摒弃了所有的推理和证明，把某种观念灌输进群体头脑。一个断言越是简明扼要，越是看上去没有任何的证明和论证，它就越有分量。

李佳琦在直播间会一直强调自己这里是全网最低价，但是谁也没有办法快速对比和证明他是不是真的就是最低价——这就是断言。

对断言的信念还需要不断地重复陈述，最终会牢牢地嵌入我们无意识自我的深层区域，而我们的行为动机正是在那里打造的。因此，在直播中可以不断地听到李佳琦在重复强调："买它，买它，我跟你们说这个错过了就没有了。精致的美眉们必须要给我买它！"

一个言论不停重复就会形成舆论趋势，于是强有力的传播就出现了。因此，不只在李佳琦直播间的人会购买，其他听过"李佳琦的断言"的人也会购买。

二、为什么看李佳琦？

1. 同理心

带货主播千千万，为什么李佳琦成了第一？这里不得不承认李佳琦有一个很多人都不具备的天赋——"同理心"。

很多卖货的主播只是在对一个产品进行陈述，但李佳琦的直播宛如一个你信任的好友在跟你分享他的购物体验。例如，李佳琦在得知一个爱马仕的口红包就要4000多块时，非常真实地给了一个白眼并说出"口红包这个东西就是真的钱多才买"，在试色时发现口红颜色并没有亮点的时候直言"我不会花580块买这个口红"。

这就是同理心的自然运用，"站在对方的角度想问题"。一个普通的消费者，没有必要花4000块钱买一个并不具备多少实用价值的口红包。一个580块的口红应该物有所值而不应该只给消费者普普通通的体验，李佳琦用自己高超的同理心打动了消费者，所以才能成为TOP 1。

2. 吸引力

人与人之间的相互吸引大多数来自外在，这就是人们常说的"看脸"。对于好看的脸蛋人们会有一种"外貌吸引力刻板印象"，不论是在职场、朋友、两性之间，颜值都发挥着重大的作用。

李佳琦的长相自然配得上"好看"一词，再看看和他同样名列前茅的主播薇娅，曾经是作为女团成员出道的，颜值也非常高——人们之所以会喜欢好看的人，是因为好看的脸蛋给人们带来"美的奖赏"，人类有获取美感的心理需求，因此能满足这个需求的李佳琦要更具备吸引力。

除了帅气的外在，李佳琦的男性身份也带着优势，一个简单的原理就是"异性相吸"。虽然没有明确的数据佐证，但根据李佳琦自己在直播时反馈的和男性相关的产品几乎卖不动的现象可以看出，李佳琦的粉丝基本都是女性。所以面对一个好看的男性喊出："所有女生们，买它！"时，大部分人都会失去抵抗力。

3. 排解孤独的新方式

还有一类人他们可能没有在直播间下单，但依然会每天蹲守在直播间里，其中重要的原因就是排解孤独。

心理学家埃里克森的心理社会发展八阶段理论提到，成年早期心理发展的重要任务就是消除孤独感，获得亲密感，建立起与他人忠诚而亲密的关系。现在人们发展亲密关系的难度提高了，一、二线城市里遍布着"空巢青年"，越来越多的女性在拼搏事业的时候不知不觉成了别人口中的"大龄剩女"。但人们渴望排解孤独的需求是没有降低的，孤独感正在变得越来越普遍，据研究表明孤独感与手机成瘾倾向呈显著正相关。

由此可见，每天晚上守在李佳琦直播间的人除了收获便宜实惠的商品外，还为了消除孤独感获得群体归属，李佳琦被他的粉丝们称为"人间唢呐"，意思是他说话太大声总是叽叽喳喳。但想想一个画面：28岁的单身女青年小王回到出租屋里，一个人打扫房间，一个人吃晚饭，背景音乐播放着李佳琦的直播，是不是也多了些人间烟火的感觉呢？

资料来源：http://www.opp2.com/197774.html［2021-02-25］.

 问题

1. 你如何看待直播带货？直播带货的心理影响机制是什么？
2. 从消费者的角度看，你觉得李佳琦的直播带货还有哪些优点与缺点？

社会上流传着"商场如战场"的说法，但在商战中不能只盯着竞争者，而撇开消费者。在互联网时代，竞争对手并不只是定位类似的品牌，还可能来自其他跨界品类。从根本上来说，争取得到消费者的认同才是赢得竞争优势的关键。日本7-Eleven便利店创始人铃木有句名言："商家真正的竞争对手并不是同行，而是瞬息万变的顾客。"

争取到消费者就必须了解消费者，了解他们的消费心理与行为规律，分析和探讨消费者对于各种市场营销刺激可能产生的行为反应，并有针对性地采取相应的营销措施。对于市场营销者而言，形成一种从消费者心理与行为的角度去认识问题、思考问题的商业意识与思维习惯是十分重要的。铃木认为他之所以能成为一位成功的经营者，关键在于"站在顾客的立场思考"，时刻保持着消费者的心理。

消费者行为学通过对消费活动中各种行为现象的分析研究，探索和揭示了消费行为的特点及其变化规律。通过对消费者心理与行为的深刻理解，市场营销人员可以结合市场环境制定以消费者为导向的营销策略。主要涉及两个基本问题：如何定位？如何促销？当然这是市场营销学所要解决的问题了。

第一节 消费者行为学的研究对象

一、消费者与消费品

消费者行为学研究对象的主体主要是消费者，而消费者是消费品的消费主体。

（一）消费者

要了解消费行为学的研究对象，首先要明确消费者的含义。

1. 消费者（Consumer）的含义

产品可被分为工业品和消费品，相应地，产品市场可分为生产资料市场与消费品市场，而客户类型可分为工业用户和消费者。工业品是用于制造其他产品或服务、用于促进企业经营，以及向其他消费者转售的产品，而消费品是用来直接满足消费者个人需求的产品。例如，咖啡饮用者购买咖啡豆回来自己煮咖啡，则此时咖啡豆便是消费品，而咖啡饮用者便是消费者；星巴克购买咖啡豆用来制作星冰乐，则此时咖啡豆便是工业品，而星巴克便是工业用户。

表 1-1 列示了几个与消费者相关的概念间的关系。

表 1-1 与消费者相关的几个概念

产品类型	客户类型	市场类型	营销类型
消费品	消费者	消费市场	消费营销
工业品	工业用户	生产资料市场	工业营销

消费者通常是指为满足个人或家庭的生活需要，不以营利为目的而购买、使用商品或接受服务的人，不包括企业消费者和政府消费者。当然，消费者也包括为了满足收藏、送礼等需要或者替别人代购商品的人。

我们也常常以"顾客"（Customer）来称呼"消费者"（Consumer），但二者有一些细微差别。顾客通常是指在某特定商店或公司进行购买的某个人，而消费者是指为满足生活需要而可能进行相关消费活动的社会成员，包括需求者、购买者和使用者等。

组织购买者与个人消费者的决策与行为差异

生活性消费是指人们为了满足自身需要而消耗各种物质产品、精神产品和劳动服务的行为。显然，由于生活消费与消费者复杂多变的消费心理密切联系，因此生活消费市场比工业品市场的影响因素要多得多，主观性也更强。生产和经营消费品的企业由于要直接面对消费者挑剔的眼光，比那些只生产配件、原材料的工业品生产企业更为注重对消费者消费心理与行为的把握。消费者行为学的研究对象是消费者的生活消费心理与行为。

2. 从消费需求角度分析消费者

根据消费者对商品需求的表现不同，可以将消费者分为五种类型：即潜在消费者、准消费者、显在消费者、惠顾消费者和种子消费者。

（1）潜在消费者：是消费者具有的买点与企业的现实卖点完全对位或部分对位，但尚未购买企业产品或服务的消费者。这类消费者数量庞大、分布面广，由于消费观念、信息缺失等原因，他们当前并没有购买企业的产品，如果企业针对他们进行营销设计，就可能成为企业的现实消费者。

（2）准消费者：是对企业的产品或服务已产生了注意、记忆、思维和想象，并形成了局部购买欲，但未产生购买行动的过客。对过客而言，本企业的产品或服务已进入他们的购买选择区，成为其可行性消费方案中的一部分。但由于产品某方面还不尽如人意，他们一直未购买本企业的产品。

（3）显在消费者：是直接消费企业产品或服务的消费者。只要曾经消费过本企业的产品，就是本企业的一名消费者。

（4）惠顾消费者：是经常购买企业产品或服务的消费者。

（5）种子消费者：是能为企业带来新消费者的特殊消费者。种子消费者有四个基本特征：忠诚性、排他性、重复性、传播性。粉丝营销、网红带货利用的就是种子消费者。云集创始人肖尚认为："传统零售业是通过商业街连接品牌和消费者，现在的电商是通过 App，未来可能是通过意见领袖或购物达人。"

在传统经济时代，消费者的口碑影响范围很小，广告的作用较大。但在网络时代的社会化网状传播结构中，消费者正从"媒体信任"转移到"人格信任"上。KOL（Key Opinion

Leader，关键意见领袖）、KOC（Key Opinion Consumer，关键意见消费者）、网红、明星的受众说服力远远超过蓝V、传统媒体，是因为前者具有强烈的人格化属性，用户与KOL等的互动沟通，本质上更像是一种社交行为，而非信息获取行为。KOL、KOC、"粉丝"等种子消费者通过论坛、QQ、微信、微博、小视频，能将产品体验广为传播，能影响很多消费者。同时，基于对人的信任和粉丝的口碑，KOL将更加高效地促进交易的完成。

KOL与KOC的区别

种子消费者的数量，往往决定了企业的兴旺程度，也决定着企业的前景。雷军就曾深有体会地说："因为米粉，所以小米"。频繁被吐槽低端的拼多多以其独特的社交电商模式杀出了一条"血路"，也依赖于粉丝们的病毒式社群营销。但是，从客户到"粉丝"并不容易，需要进行客户忠诚度的培育。

在网络语言中，"种草"是指"把一样事物推荐给另一个人，让另一个人也喜欢这样的事物"。种草的最终目的也是达成销售，但比起直接销售的带货方式更为隐性，如小红书上的种草KOL。移动互联网时代的社交媒体为消费者"种草"提供了广阔的平台，但火爆的"种草"都是自带爆点和流量的。种草的渠道包括熟人口碑、KOL、KOC、网络社群等。

由于KOC基于熟人社交的信任感，是一种建立在强关系上的口碑传播。长期累积的信任，对方的人品、品位、专业性及双方融洽的交往关系都在为商品的品质背书，因而在传递信息的过程中更易获取用户。而网红KOL之所以能带货，主要是因为屏幕上光鲜的形象营造出一种"买了这个你就跟我一样"的美好幻象，使人获得某种象征性的身份跃迁。对粉丝而言，网红们更接地气，走心的人设、精心的内容、有趣的互动都会拉近普通人与网红KOL的距离。再加上长期的关注和投入，年轻消费者在KOL创设的语境中获得了很强的"身份感"和"代入感"，容易产生价值与情感上的共鸣，对他们选品能力的肯定，来自对其本人及生活方式的认可与倾慕，这时就容易跟风购买他们推荐或直接出售的"偶像同款"。

如果网红的粉丝与品牌的目标消费者有较大的重合度，那么自带流量的网红就容易成为品牌的带货明星。"我就是心甘情愿被你种草！"成了网友们向他们喜爱的网红表忠心的方式。例如，"口红一哥"李佳琦凭借视频直播吸引万千女性，创下了五个小时成交商品2.3万单的带货神话；网红主播薇娅在2020年"双十一"直播中的累计销售金额高达53.2亿元。

 案例链接1-1

"小米"着眼于种子用户，而非早期用户

小米在其发展历程当中创新或复兴了许多营销手段。例如，不同于"早期用户"这一概念，小米重新定位了"种子用户"的概念，为了让用户更好地参与到小米产品的研发和品牌的构筑中来，雷军特别注重对种子用户的深入挖掘，他强调："小米的种子用户不是简单的产品测试者和性能体验者，更是对小米这个品牌和小米产品抱有极大兴趣的尝鲜者。只有这类用户，才能在体验过后心甘情愿地免费为你做营销。"

关于种子用户，小米内部员工总结出以下几点心得：

第一，关于数量。种子用户的数量没有具体定论，每一款产品的种子用户圈定为多少要视产品的具体情况而定，但至少要达到100人的最基础规模。事实上，小米的第一款产品MIUI的种子用户，就是黎万强从Android用户中找来的100位发烧友。由于新产品往往会存在一些未知的BUG，通过种子用户的试用，形成快速迭代，就可以有效地避免大规模放量时"覆水难收"。

第二，关于质量。相对于比较容易达到的用户数量，小米更关注的则是种子用户的质量问题。鉴于公司性质和产品性质，小米在选择种子用户时，更多地会以对小米产品充满兴趣的青年群体、产品经理、工程师，以及互联网爱好者为主。由于年龄和职业的关系，这几类人群对新事物往往具备强烈的好奇心。

第三，关于导入。导入是种子用户管理中最为关键的一环，如何将已有产品的大量用户导入新产品之中，让高质量的老牌用户充当新产品的试用者和推广者，从而节约吸纳用户的成本，这始终是小米十分关注的问题。为此，小米构建了完善的用户邀请机制，每当有新品诞生，雷军等小米高层都会通过微信朋友圈和发布微博等方式将消息散布开来，通过优惠措施鼓励其率先试用，让老用户获取新品的第一手体验而努力成为其种子用户。

纵观小米、虎嗅、知乎等知名互联网企业，无一不是依靠前期的种子用户，通过口碑传播而慢慢做大的。例如，阿里巴巴首先督促内部员工推广"来往"，试图挑战微信；知乎率先向专业人士发送邀请码；新浪微博首先高价邀请名人入驻成为大V；全球第二大社交网站Myspace将第一波邀请献给志同道合的"损友"等。

资料来源：梁宁，2016. 成功营销要走心［M］. 北京：北京理工大学出版社.

3. 从消费角色角度分析消费者

消费者行为反映的并不一定是单个个体的行动，消费者行为可能涉及许多人。例如一群好朋友、一群同事或是整个家庭可能会安排一场生日宴会或决定到哪里吃午餐。我们把参与了消费活动过程的所有人，都看作消费者。此外，从事消费者行为的个体可以承担一个或多个角色，这些角色包括：发起者、影响者、信息收集者、决定者、购买者、使用者等。例如，在购买汽车时，一个或多个家庭成员会担当起信息收集者的角色，去考察不同品牌的汽车。其他人可能会承担影响者的角色，并试图影响决策的结果。一个或多个家庭成员可能会承担购买者的角色，他们是实际支付汽车货款的那个人，使用者可能是某个或者所有的家庭成员。最后，一些家庭成员会介入到这辆汽车的处置过程中。

消费者在消费过程中参与的活动或承担的角色是不一样的。例如，大多数成年人的个人用品，很可能是由使用者自己决策和购买的，如男性通常自己选择剃须刀，女性自己购买口红。但大多数儿童用品的使用者、购买者与决策者则很有可能是分离的。例如，奶粉、尿不湿等的使用者均为婴幼儿，而决策者则是父母，特别是母亲。所以针对这个行业，传播与营销的对象主要就是妈妈们。

企业有必要区分和认识以上这些角色，尽量在产品设计、广告宣传和促销方式上适应那些起重要作用的消费角色（如商品的使用者、影响者、决策者），尤其是起决定作用的角色。例如，"脑白金"抓住人们特别是经济独立的年轻人愿意通过一份恰当的礼品对父母表示一片孝心的心理，将产品定位为"老人礼品"。

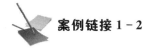

案例链接 1-2

"脑白金"的成功

脑白金的营销方式区分了使用者和购买者。脑白金的目标市场是老年人群体，但是根据市场的经验和常识性的分析，由于我国传统的文化影响及经济水平的限制，老年群体的消费能力和购买力相对比较弱，大多数老年人的收入用于储蓄、日常的基本生活及医疗的保障等，所以脑白金作为一种保健品，要想获得更大的市场机会，必须扩大购买群体。于是，脑白金将目标瞄准了中青年消费者，打出了"今年收礼只收脑白金"的广告语。

经过铺天盖地的广告推广，脑白金成为中青年消费者送给父母的优选礼品。使该产品既有一定的使用价值，又具有了一定的社会意义：晚辈送给长辈的孝心。从而"一举两得"，赢得了更广泛的市场。中青年的消费能力远远超过老年群体的消费能力，并且很好地解决了老年人"舍不得"的心理给产品的推广带来的市场障碍。

资料来源：郭兆平，2014. 消费心理学［M］. 北京：电子工业出版社.

以儿童社交为亮点的"小天才"很快成为儿童智能手表的行业第一，主要原因是受到了孩子们的喜爱。小天才手表之间可以"碰一碰"互加好友，还支持孩子们发朋友圈、"微聊"、相互点赞、互送金币、晒步数，甚至可以做支付……没有小天才，小朋友很难融入集体。但从消费角色上看，使用者是孩子，购买者却是父母。父母最关心的是孩子的安全，因此小天才的广告语是："不管你在哪里，一打电话，马上就找到你，喂……"这样，就从使用者和购买者两方面调动了购买欲望。图 1-1 描述了儿童产品购买决策过程中的各种参与角色。

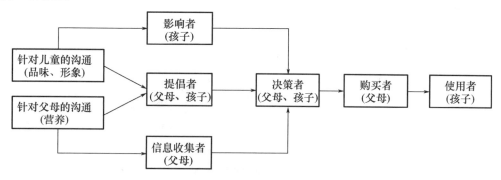

图 1-1 儿童产品购买决策过程中的角色

另外，华杉从营销的角度提出消费者在消费活动不同阶段的四个角色：购买前是受众的角色；购买中是购买者的角色；使用产品时是体验者的角色；使用产品后是传播者的角色。营销者应当从整体上去研究消费者在每个阶段的角色行为，并采取针对性的营销措施。在产品上市之初，可以通过影响者的作用刺激使用者的需要，如"明星同款""网红商品"；在产品成长期，如果产品的使用者和决策者是分离的，营销推广就应当侧重于挖掘决策者的关注点、顾虑点；在使用过程中，应帮助使用者正确地认识、使用产品，使其获得积极的消费体验；最后，使产品与消费者形成价值共享、共鸣共振的品牌共同体，消费者成为品牌的粉丝并积极传播。

(二)消费品

1. 商品与服务

广义的消费对象并不只是汽车、饮料等有形商品,还包括服务、活动、体验和观点等多种形式。例如,理发、看病、美容、参加音乐节、接受培训、参加健身班、旅游等。除此以外,消费者还会做出有关人的决策,如观看特定明星出演的电影及参加所喜爱乐队演出的音乐会。

也就是说,消费活动不仅表现在物质商品消费方面,还包括精神产品及各种以劳务或设施的形式直接向人们提供的、能满足人们某种需要的服务消费。随着社会经济的发展和人们消费水平的提高,人们对服务消费的需要也会越来越多。而且,消费者对服务会有很强烈的选择意向。美国一项研究表明,现代消费者越来越倾向于把钱花在体验而不是实物上,能带来快乐的消费类别是休闲、度假、娱乐、体育,以及类似高尔夫球杆和钓鱼竿这类的器材。

商品是一种物品,是消费者可以摸到或看见的实物,而服务本身是一种行为、表现或努力,是无形的。然而,由于购买有形商品时要伴随某些辅助性服务(如安装),在购买服务时通常也包括辅助商品(如餐厅的食物)。因此,对商品和服务加以严格区分是困难的,每次购买也都会包含不同比例的商品和服务。

Shostack 提出了区分商品与服务的一个有趣的方法,她把商品与服务沿着一个从有形主导到无形主导的系列进行排序,如图1-2所示。

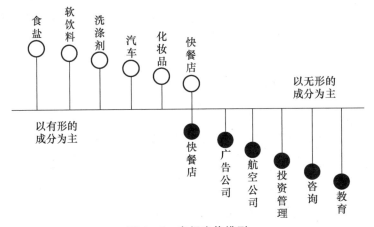

图1-2 市场实体排列

资料来源:SHOSTACK G L, 1977. Breaking Free from Product Marketing [J]. Journal of marketing, 41 (02): 73-80.

Lusch et al. 认为服务与商品有四种特性上的区别:服务是无形的;服务在产生和消费时是不可分离的(服务的提供过程就是服务的消费过程、消费者参与服务产品的生产过程);服务具有异质性(不同的人、不同的时间、不同的地点提供的服务质量是不同的);服务是无法存储的。另外,在服务消费中,服务过程是提供者与消费者互动的过程,人是服务的一部分(如漂亮的空姐会带给消费者美好的体验、客户的配合会使服务更加完美);消费者对服务的评价更为主观;时间成本较高。如果从经济依据上看,判断一个产品是属于商品还是服务是看其一半以上的价值是否来自服务要素。表1-2比较全面地反映了二者的区别。

表1-2 服务商品与有形商品的区别

有形商品的特性	服务商品的特性
实体	非实体
形式相似	形式相异
生产、分销不与消费同时发生	生产、分销与消费同时发生
一种物品	一种行为或过程
核心价值在工厂里被生产出来	核心价值在买卖双方接触中产生
顾客一般不参与生产过程	顾客参与生产过程
可以储存	不可以储存
有所有权转让	无所有权转让

资料来源：叶万春，2007. 服务营销学［M］. 2版，北京：高等教育出版社.

下面我们着重介绍商品的分类。商品是人们用来使用或消费，以满足某种欲望和需要的物质产品。在日常生活中，商品的种类繁多，根据不同标准对商品进行分类后，才能有效地研究它们各自的不同特征及其对消费者需求和购买行为的影响。传统的分类方法是按照商品自然、物理的属性或具体功能对商品分类，也有一些从用户角度出发的分类，如把商品分为享乐型产品（情感满足）和功能型产品（实用）。

2. 方便品、选购品和特殊品

这种分类方法在传统购物环境中应用最为广泛，其分类原则是基于消费者的购买习惯，以及搜索产品时所付出的努力程度。

（1）方便品

方便品又称为"快消品"或"快销品"（Fast Moving Consumer Goods，FMCG）。一般指售价低、使用周期短、不需要挑选、能迅速购买的商品和服务，主要包括日用品、冲动型商品和应急商品。消费者购买此类商品主要讲求方便、快速、实惠。在网络购买冲击下，许多大型实体店纷纷倒闭，但对一些经营食品饮料、烟酒、生鲜肉类、水果蔬菜、个人日常护理品等快速消费品的小区便利店却影响较小，四川的上市公司"红旗连锁"多年来就一直保持着良好的发展势头。绝大多数的"网红品牌"都诞生在快消品领域，如喜茶、三只松鼠、江小白等。

方便品有以下三个基本特点。

① 便利性：消费者可以习惯性地就近购买。

② 视觉化产品：消费者在购买时很容易受到卖场气氛的影响。

③ 品牌忠诚度不高：消费者很容易在同类产品中转换不同的品牌。

这些特征决定了消费者对方便品的购买习惯是：简单、迅速、冲动、感性。

但是，小罐茶的定位很有特色，小罐茶将多种名茶组合包装，定位于高端快消品（见图1-3），区别于那种用于礼尚往来而被束之高阁的"茶叶"，同时也改变了国内经营茶叶的传统思路，2018年小罐茶的销售额高达20亿元。

(2) 选购品

选购品一般指消费者需要经过仔细的挑选比较后才购买的商品和服务，主要是一些价格较高、使用周期长的耐用消费品，如服装、家具、家用电器等。消费者在购买选购品时较为谨慎，一般要对几种品牌进行款式、适用性、价格、售后服务与其生活方式的协调性进行比较，愿意花费一些精力以取得自己期望的利益。销售人员在接待顾客时，要明白"挑剔才是真买主"的道理，耐心做好商品的介绍与服务工作。

图 1-3 定位高端快消品的小罐茶

(3) 特殊品

当消费者广泛地寻求某一特殊商品而又不愿意为此接受替代品时，这种商品即为特殊品，特殊品多数为奢侈品。如"老字号"商品、名表、名牌化妆品、名牌女士手袋、收藏品等。

对于特殊品，消费者往往有一定的"品牌偏好"，主要是根据自己对品牌的喜爱和熟悉，一般不需要比较选择，只需花时间找到该商品的经销商即可。特殊品的经销商们经常运用突出地位感的精选广告保持其商品的特有形象，分销也经常被限定在某一地区的一个或很少的几个销售商店里。所以，品牌和服务质量非常重要。

不同种类商品与消费者购买习惯的关系，如表1-3所示。

表 1-3 商品与消费者购买习惯的关系

购买习惯	商品类型		
	方便品	选购品	特殊品
购买次数	多	稍少	少
购买中努力程度	无须努力	比较努力	相当努力
主要选择标准	实用、方便	效用、美观	先进、独特
价格考虑	便宜	稍高或高	较高或高
质量要求	过得去	高	最高
购买距离	近或附近	稍远或近	不考虑
对商店期望	清洁、愉快、来去方便	安静、宽敞、选择余地大	高级感、专业化

3. 搜索产品、体验产品与信任产品

Nelson根据消费者对产品特性的了解程度及了解方式，将产品分为三类：搜索产品、体验产品和信任产品。

(1) 搜索产品

搜索产品是指消费者在购买前就能够对质量和适用性有所了解的产品，它往往是一些具有标准化特性的产品，如书籍、电器、电子产品、化妆品等。

(2) 体验产品

体验产品是指消费者在购买前对产品的主要属性没有直接体验，如服装；或对产品主要属性的相关信息的搜索成本很高或很难，如香水。对这类商品，消费者必须亲自体验才能对商品是否满足个人需要有一个准确的判断。

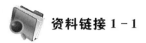 资料链接 1-1

Gap 推广 O2O，丰富顾客体验

服装是一种体验商品，消费者往往因为在网上不能试穿而放弃购买。Gap 通过推广 O2O 线上线下融合，很好地解决了消费者的体验问题。美国休闲品牌 Gap 以价格合理、样式简单的休闲服装为标志，代表了美国普通年轻人的时尚、简洁、大方、休闲，尤其深受学生一族的喜爱。Gap 线上通过品牌官方网站、天猫旗舰店、京东商城进行销售，并且通过各大流行的网络媒体（官方微博、微信等）来进行宣传和推广，吸引消费者眼球，使其关注品牌讯息，并直接点击，马上行动购买自己喜欢的产品，直接在线支付，也能通过线上的内容，吸引消费者进入线下实体店进行试穿、体验，进行线下的消费。虽然线下连锁店多，但都实行统一风格，有利于公司品牌形象的塑造和客户忠诚度的培养。Gap 每期的新款服装在实体店铺和网络店铺几乎是同步上架的，并且价格始终保持一致，顾客可以通过网站浏览最新的产品，进行选购，也可以亲自到实体店取货。而线下的实体店还为网购用户提供退换和免费改衣服务，免去了顾客对于网购的后顾之忧，提高了顾客忠诚度。

Gap 实现了线上线下的双向融合。首先，App 上所展示的优惠券、二维码都是专门为门店设计的，只有在实体店内才能扫描使用，实现从 App 直接引流到门店；其次，Gap 店内商品和优惠券的二维码也是专门为自有 App 设计的，只能用 Gap 的 App 才能扫描识别，从而将线下门店里的消费人群吸引到线上，提高了 App 下载量和使用率。Gap 在线下实体店铺中的每一款产品上都附加一个二维码，只要用户扫码，就可以立即跳转到该款产品的线上最新体验界面中，包括性能特色、尺寸库存、最新搭配、优惠信息、多彩视频等内容。这样，Gap 实现了线上和线下的良性循环。

为顾客提供一套无缝整合并且始终一致的购物体验还能收集到大量有价值的消费行为数据，例如，所有网上顾客的行为都可以被后台系统记录下来（浏览和最终购买过的商品、点击过的网页、购买频率和习惯等），而这些数据如果想单纯通过传统线下实体店来收集是非常困难的。

资料来源：刘丽娴，2016. 品牌的视觉语言：视觉营销与视觉元素［M］. 杭州：浙江大学出版社.

（3）信任产品

信任产品是普通消费者无法验证某种品牌的产品所具有某种特性的质量如何，即使用后很长时间也不易判断质量，通常只能给予信任，如保健品等。即使在市场经济发展较为成熟的美国，由于保健品不像药品一样受到美国食品药品监督管理局（FDA）的严格监督，消费者又缺乏检验手段，难以评价使用效果，一些厂商没有真正奉行"以消费者为中心"的营销观念，出现了虚假宣传、夸大功能的乱象。

这种分类方法在网络购物环境中应用最为广泛。消费者通过网络能很容易地了解到搜索产品的属性，而体验产品的属性很少能够通过网络获得。有些商品和许多服务具有相当高的"体验特征"，消费者只有在购买或者消费之后才能够对产品属性有所认知，如食品、旅游；有些专业性服务还存在"信任特征"，即使顾客在消费之后也难以评价产品的特征，

外科手术就属于这种专业服务。

4. 其他产品分类方法

其他产品分类方法有很多，如高卷入产品与低卷入产品；高触觉产品与低触觉产品；有形产品与无形产品；高区别产品与低区别产品；热门商品和非寻求品（如保险、丧葬用品、百科全书）；享乐型产品（情感满足）与实用型产品（功能满足）等。

其中，实用型商品通常被定义为消费是认知驱动的、应用性或工具性的、目标导向的、以完成一项任务为最终消费目的的商品，而享乐型商品（也可称为感性商品）则被定义为消费目的主要是情感上或是感官上对美的经历及感官上的愉悦和享受。通常，高收入者购买的商品往往是享乐型产品，而低收入者购买的往往是实用型产品。当然，生产资料和一部分生活资料不是享乐型产品。通常，消极情绪会更多地影响到消费者对实用型产品的选择，而积极情绪更多地影响到消费者对享乐型产品的选择。

资料链接 1-2

四类产品的"降维营销"法

1. 功能属性的产品优衣库化

什么叫作优衣库化？优衣库最早进入美国市场的时候开在沃尔玛旁边，因为开在乡下，所以没有人买，人们觉得它是很低端的品牌。

优衣库是如何发展起来的？它把重金花在了最好的街头，开最好的旗舰店，打造一个中产阶级偏高的象征的商品和品质感，但是它的价格却不高。把快消品的功能性做成一种符号，一种腔调，才能赢得人心。

2. 身份属性的产品奢侈品化

功能属性就是即使性价比很高，也很难成为企业家需要的东西，或中产阶级偏上及中产阶级需要的东西。这里必须去打造你的区隔感，身份属性的东西要做的高级，要有奢侈品的感觉。

3. 高频消耗品上瘾化

高频的消耗品一定要带有一定的上瘾化，如果你不能使消费者上瘾，不能形成某一种触觉和连接的感觉，你是很难做好这个生意的。所以，创造上瘾的特性很重要。例如，牙膏在最早推出的时候不起泡沫，但他们的产品经理发现，如果没有泡泡、没有薄荷味道，很难让人上瘾，觉得这东西没效果。所以后来就一刷都是泡、很清凉，消费者觉得这样才有效，产品就普及了。也就是说，你的产品可以加一点没有实际作用，但能让人上瘾的东西。

4. 低频耐耗品信仰化

很多大家电都属于耐耗品，一定要有信仰、有圈层。

资料来源：https://www.sohu.com/a/311668523_99949072 ［2020-12-15］.

二、消费行为

顾名思义，消费者行为学的研究对象就是消费者的消费行为。消费者行为学就是研究消费者行为一般规律的学科，旨在解释消费者行为并在理论解释的基础上推动实践应用的提升。Frank认为，消费者行为学研究的是人们对产品及其营销活动的反应，消费者反应包括认知反应、情感反应和行为反应。但要解释清楚消费者为什么会产生这些反应,就必须深入研究各种复杂的内外影响因素与这些反应的关系。

(一) 消费行为的内涵

从狭义上讲,消费者行为(简称消费行为)是指消费者在内外部环境的刺激下,为了满足生活消费需要,围绕相关消费品所发生的内在心理活动过程和外在行为过程的总和。

1. 消费行为过程

从时间维度上看,消费者行为轨迹大体可分为:问题认知、信息收集、方案评价与比选、购买决策与商品获取、商品使用、购后(体验)评价与分享、商品处置等七个阶段。或者说,指的是购买前(问题认知、信息搜寻)、购买时(比选、购买)、购买后(使用、评价、处置)的消费过程。

消费者购买行为过程的主要问题

但是,并不是说消费者的任何一次购买行为都会按次序经历这个过程的所有步骤。在有些情况下,消费者可能会跳过或颠倒某些阶段。通常来说,对于消费者熟悉的产品、频繁购买的产品、低成本产品等,消费者的行为过程相对比较简单,其消费决策过程也更为快捷。但对于房产、汽车、家装、大家电、投资等高价且复杂的产品,消费者的购买过程就较慎重且复杂。

心理学家 Kahneman 认为人的大脑存在两个系统,分别有快(直觉)与慢(理性)两种做决定的方式,如表 1-4 所示。但人们通常更喜欢使用直觉进行判断和决策。网红带货、品牌、广告、明星效应、感性信息的作用也是让消费者在决策时更多地使用快思维而非慢思维。

表 1-4 大脑的两个系统

快思维	慢思维
快速	慢速
无意识	有逻辑
不费脑力	费脑力
直觉决策	理性决策

2. 消费行为的要素

如果从消费者行为的空间维度或消费行为构成要素上看,可以归纳为所谓"5W2H"模式。

(1) **Who**:消费者是谁?谁构成该市场?谁购买?谁参与购买?谁决定购买?谁使用所购产品?谁是购买的发起者?谁影响购买?

(2) **What**:购买什么产品或服务?购买了哪个品牌?顾客需要什么?顾客的需求和欲望是什么?对顾客最有价值的产品是什么?满足顾客购买愿望的效用是什么?顾客追求的核心利益是什么?

(3) **Why**:为何购买?(购买目的是什么?)为何喜欢?为何讨厌?为何不购买或不愿意购买?为何买这不买那?为何选择本企业产品,而不选择竞争者产品?为何选择竞争者产品,而不选择本企业产品?

（4）When：何时购买？什么季节购买？何时需要？何时使用？曾经何时购买过？何时重复购买？何时换代购买？何时产生需求？何时需求发生变化？

（5）Where：何地购买？在城市购买还是农村购买？在超市购买还是农贸市场购买？在大商场购买还是在小商店购买？

（6）How：如何购买？如何决定购买行为？以什么方式购买？（实体店选购、网购、电视购物等）按什么程序购买？如何支付？消费者对产品及其广告等如何反应？

（7）How much：花了多少钱？购买数量是多少？一定时期的购买次数是多少？一定时期的购买频率是多少？人均购买量多少？市场总购买量多少？

在营销工作中，可以根据以上要素对消费者行为进行全面、深入的分析。图1-4就是利用5W2H的思路分析网络游戏玩家的偏好与行为。

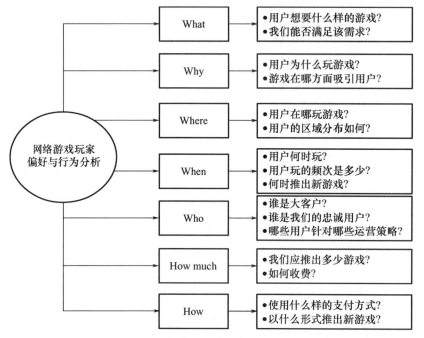

图1-4 网络游戏用户行为构成的5W2H

如果将时间和空间的两个维度交叉分析，也就是将消费者行为的阶段维度和要素维度结合，这样就构建了消费者行为分析的研究体系（见图1-5），这个体系细化了消费者行为的分析内容。

总之，消费者行为并不能简单理解为消费者购买商品的行为，而是涉及诸多要素的一个概念。另外，研究消费者行为的主要目的在于帮助市场营销活动更好地适应消费者的心理与行为规律。图1-6参照Hoyer对消费者行为提出的概念，总结了消费者行为概念中的几个要素，这些要素影响着营销战略和策略的制定与实施，同时营销活动也会影响这些消费行为要素。

消费者行为涉及上述不同维度中的不同要素，例如，消费者可能因为某种原因打算以一定数量（或频率、时长），在一定时间、地点获取（或使用、处置）某种产品（或服务、活动、体验、人员、观点），不同的消费者可能在不同消费活动阶段扮演着信息收集者（或影响者、决策者、购买者、使用者）的角色。仔细分析消费者行为过程各个要素的特点与规律，有助于营销人员制定更为准确的营销策略。

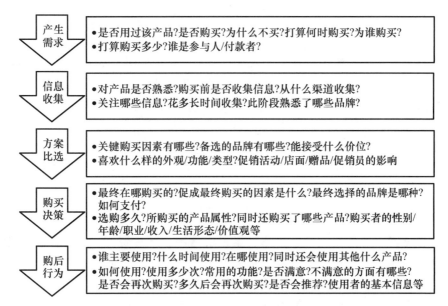

图 1-5 消费者行为分析的研究体系

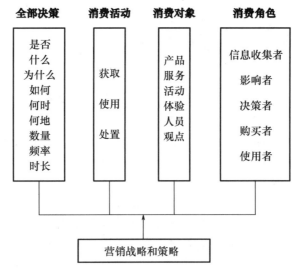

图 1-6 消费者行为涉及的部分要素

（二）消费行为的影响因素

心理学家 Lewin 认为"人的行为是个体与其周围环境相互作用的结果"，并提出了一个著名的公式：$B=f(P,E)$，也就是说一个人的行为（Behavior）是其人格或个性（Personality）与其当时所处情景或环境（Environment）的函数。消费行为也是如此，消费行为不仅受到个人需要、认知、学习、态度等心理因素和年龄、生活方式、自我概念、个性等个人因素的影响，也会受到家庭、参照群体、社会阶层、文化因素及市场营销因素等的影响。只有研究这些因素与消费行为的关系，才能发现消费行为产生的原因，把握消费行为发展变化的规律，从而预测和引导消费者的行为。

如果把影响消费行为的因素从微观到宏观、从内部到外部来进行排列，大体分为以下几个方面。

1. 个体因素

（1）人口统计特征：年龄、地位、收入、职业、教育、社会阶层。

（2）生理因素：生理需要、外貌、健康状况、生理机能。

（3）心理过程：感觉、注意、知觉、记忆、思维、想象、学习、记忆、情绪、情感、意志。

读懂行为经济学，学会做聪明的消费者

（4）个性心理：需要、动机、价值观、态度、习惯、兴趣、个性、自我概念、能力、性格、气质。

（5）生活方式：生活经历、生活形态。

2. 营销因素

（1）营销要素：产品及服务、价格、渠道、品牌、顾客资产，其中产品因素又包括，用途、质量、性能、外观式样、命名、商标或牌号、包装、成本等。

（2）营销传播：媒体、广告、公关、消费者教育、消费情境。

（3）促销措施：营销推广、促销方式。

3. 微观环境因素

（1）家庭：结构、生命周期、决策模式。

（2）相关群体：虚拟社群、参照群体。

4. 宏观环境因素

（1）自然环境：地理区域、气候条件、资源状况、理化环境。

（2）社会消费基础结构：消费基础设施、市场供求、科学技术、消费政策。

（3）文化和亚文化：风俗习惯、社会风气、社会价值观、文化传统、宗教信仰。

（4）社会阶层、社会组织。

（5）政治、经济、法律环境。

从消费者行为学的研究内容上看，主要包括消费行为过程、消费行为构成及消费行为的影响因素三个方面。消费者行为学的学科体系搭建可以依据从宏观影响因素到微观影响因素的顺序，但教学上通常按照从微观因素到宏观因素的顺序排列。

（三）消费行为模式

消费行为是其各种内外影响因素有机作用的结果，应当从系统整体角度对消费行为进行分析研究。既要看到消费者心理系统的整体性，也不能忽视消费者特定时空环境中的各种变量。消费行为学应当搞清各种影响因素与消费行为之间的关系。全面、系统地研究各种影响因素与消费行为的关系，才能系统、准确地揭示和了解消费者心理与消费行为的全貌，掌握其变化规律，并有针对性地采取正确的市场营销策略。

消费行为模式是指用于表述消费者购买行为过程中的全部或局部变量之间因果关系的理论描述，如图1-7所示。

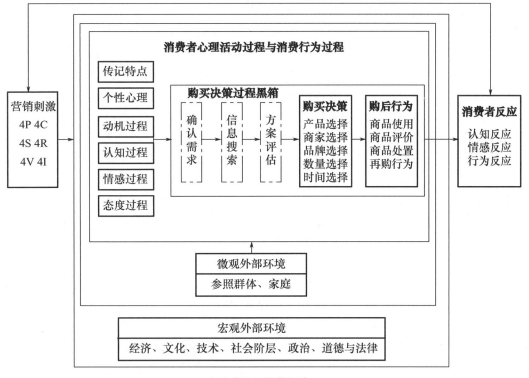

图 1-7 消费行为模式

第二节 消费者行为学的产生与发展

一、消费者行为学产生、发展的历史条件

消费者行为学是行为科学在营销实践领域中的应用。消费者行为学的产生一方面是商品经济产生和发展的客观要求，另一方面是行为科学日益扩展和深化的产物。

消费者行为学产生、发展的动力来自社会的需要。消费者心理与行为是客观存在的现象，但人们对消费者心理与行为的重视和研究却是随着商品经济的发展而逐渐加深的。由于消费者行为研究成为市场营销决策的基础，消费者行为学的研究才得以形成一个独立的研究领域受到重视，而现代市场营销思想的传播与实践又推动了消费者行为学的研究发展。

从逻辑上看，消费者行为学应该是市场营销学的前导或基础。因为只有充分了解了消费者及其行为，把握他们的需要、动机、个性、态度和学习等内在心理因素，掌握他们的消费决策过程以及分析影响消费者行为的外在因素，才能使市场营销管理建立在科学的基础上。但事实却相反，市场营销学早于消费者行为学产生。这种逻辑与历史发展的错位，其实是不难理解的。因为在 20 世纪 20 年代至 50 年代，产品供应紧缺，企业奉行的是生产观念（Production Orientation）和销售观念（Sales Orientation）。例如，福特汽车公司的老板曾经认为生产创造着需求,"不管顾客需要什么样的汽车,我只有一种黑色的","我们卖什么,人们就买什么"。企业只考虑如何提高产量、扩大规模和降低成本,加强销售就行,不必也不会去深入研究消费者。第二次世界大战(简称"二战")结束后,这种状况就发生了革命性的改变。"二战"期间,参战各国为了生产武器装备,新技术、新工厂应运而生。战后它们转向消费品和工业制品的生产,使得商品的种类和数量急剧增加,企业之间的竞争加剧。为了扩大市场,增加销售,企业生产必须适应消费者的需求,提供消费者满意的商品和服务,而不只是想办法推销已制造好的产品,即形成了"以消费者为中心"的市场营销观念(Marketing Orientation)。销售观念关心的是卖出者的需要,而市场营销观念则关心的是购买者的需要。许多企业在经营实践中接受了市场营销观念,并由此推动了消费者行为学的深入研究。

大数据驱动
零售变革

一方面,营销实践活动为消费者行为学提供了取之不尽的研究素材;另一方面,市场营销理论及其相应的营销战略又必须深刻洞察消费者的心理与行为规律,因而不断地对消费者行为学提出新的要求,从而推动消费者行为学的不断发展。从目前的营销实践上看,新营销、新零售的出现,大量商业性App不断涌现,SNS、LBS、O2O、网络社群、二维码等数字化应用,各种创新商业模式风生水起,这些都给消费者行为学提出了新的研究课题。如表1-5所示,传统的营销理论经历了多次蜕变——4P、4C、4S、4R。在网络时代,信息的不对称被逐渐打破,消费者的话语权在回归,个性化需求逐步提升,新的营销理论更强调个性化、互动感染、心理体验的重要性,如4I、4V、4D理论。这些营销理论也需要消费者行为学对其所涉及的心理与行为基础进行深入研究。

表1-5 市场营销要素理论与关注重点

市场营销理论	提出者	主要内容	关注的重点
4P	杰瑞·麦卡锡 (Jerry McCarthy)	产品、价格、促销、渠道四要素	产品中心
4C	罗伯特·劳特朋 (Robert Lauteborn)	消费者、成本、便利、沟通。以消费者为中心进行企业营销活动规划设计,从产品到如何实现消费者需求的满足,从价格到综合权衡消费者购买所愿意支付的成本,从促销的单向信息传递到实现与消费者的双向交流与沟通,从通路的产品流动到实现消费者购买的便利性	消费者中心、消费者体验
4R	唐·E. 舒尔茨 (Don E. Schultz)	关联、反应、关系、回报。侧重于用更有效的方式在企业和客户之间建立起长久互动的关系,形成命运共同体;企业应及时寻找、发现和挖掘顾客需求,同时建立快速反应机制以对市场变化快速做出反应,及时满足顾客的需要;企业与顾客之间应建立长期而稳定的忠诚关系,由管理营销活动转变为管理顾客关系;企业能很好地为顾客提供价值,满足需要,顾客也将对企业实施回报,给企业带来利润	互动、关系营销

续表

市场营销理论	提出者	主要内容	关注的重点
4S	康斯坦丁尼德斯（E. Constantinides）	满意、服务、速度、诚意。强调从消费者需求出发，打破企业传统的市场占有率推销模式，建立起一种全新的"消费者占有"的行销导向。要求企业针对消费者满意度对产品、服务、品牌不断进行改进，达到服务品质最优化，消费者满意度最大化	消费者占有
4I	唐·E. 舒尔茨（Don E. Schultz）	趣味、利益、互动、个性。又被称为网络整合营销，目的为在受众碎片化的营销环境中整合受众的注意力，实现"以受众为中心"的传播模式转移，实现受众对信息的有效关注和信息的有效传达	消费者兴趣
4V	吴金明	差异化、功能化、附加价值、共鸣。强调企业要实施差异化营销，一方面使自己与竞争对手区别开来，树立自己独特形象；另一方面也使消费者相互区别，满足消费者个性化的需求。产品或服务应有更大的柔性，能够针对消费者具体需求进行组合。重视产品或服务中的无形要素，通过品牌、文化等来满足消费者的情感需求，带给顾客更多的超值效用，最终形成企业的核心竞争力	消费者差异
4D	赵占波	需求、传递、动态、数据。Demand 要求从产品本位、消费者本位转化到聚焦用户需求策略（以"我了解消费者"为核心竞争力）；Deliver 即企业进行营销策略选择时，优先考虑如何将产品的各项价值更加便利地传递给客户；Dynamic 是指企业与消费者的对话演变成多对多、立体化的动态沟通机制；Data 是指借助大数据来为消费者提供更为精准、个性化的营销服务	消费者需要、沟通

消费者行为学发展的另一重要基础是心理学及行为科学的发展，这些相关学科为消费者行为学的发展提供了坚实的理论基础。消费者行为学既有实践型、实战型研究，也有以大学学者为主的理论型研究，后者更强调以行为科学理论为指导来研究实践中的消费者行为现象，并总结、提炼、上升到理论水平。

当前，随着网络化、移动化时代的到来，以及新营销理论的提出，消费者行为及其研究方法都发生了巨大的变化，消费者行为学的学科建设必然要顺应时代的要求，消费者行为学正面临重构。

二、消费者行为学发展历史简介

自从有人类以来，消费者行为的点滴思想观念，是与人们的消费实践同时出现的。所以，人们对于消费者行为的关注、观察、分析以及经验描述发端很早，有着十分悠久的历史。但直到19世纪末20世纪初才出现对消费者心理和行为的专门研究，而消费者行为学发展成一门有系统的理论研究并成为一门独立的学科，只有几十年的历史。所以，消费者行为学是一门"古老而年轻"的学科。

消费者行为学的产生与消费心理学密切相关。最早从事这方面研究的是美国经济学家Veblen，他在1899年出版的《有闲阶级论》中，明确阐述了过度需求中的炫耀心理。较为系统的消费心理学研究在20世纪初出现于美国，主要出现在广告和促销研究中。美国心理学家学Scott于1903年出版了《广告理论》一书，这不仅是第一部有关消费心理学的著作，而且也是消费心理学的一个组成部分——广告心理学诞生的标志。1908年Scott又出版了《广告心理学》一书。从20世纪30年代到60年代，消费心理与行为研究被广泛地应用于市场营销活动中并得到迅速发展。消费心理学在消费者需求、购买动机、消费习惯、品牌忠诚、参照群体影响、感知风险、新产品设计、潜意识与广告等方面积累了大量的研究资料，为消费心理学成为一门比较完整的独立学科打下了良好的基础。1960年，美国心理学会成立了"消费者心理学分会"，这被学术界视为消费心理学科正式建立和形成的标志。

消费心理学的广泛研究为消费者行为学的产生与发展提供了有利条件，但消费者行为学真正作为一门学科还是伴随着"行为科学"的不断深入研究并对市场营销的介入而得以形成和发展起来的。行为科学是一个研究人类行为的学科群，其独立学术地位于1953年得到学术界的承认。1965年，由于企业营销工作发展的要求与推动和对消费者行为研究的广泛与深入，以美国俄亥俄州立大学正式提出了第一个"消费者行为学"的教学大纲为标志，消费者行为学在美国冲出了"市场营销学"的研究范畴而成为一门新的学科。1968年，Engel，Kollat and Blackwell出版了《消费者行为学》，为学科的建构提供了第一本正式的教科书，形成了20世纪60年代消费者行为学以多学科综合为特征的框架。1969年Howard and Sheth提出了奠基性的"购买者行为理论"，它为营销学角度的消费者行为研究开了先河。1974年，后来成为营销学核心期刊的《消费者研究学刊》（JCR）创刊，这些都激发了学者更大的研究热情。

纵观消费者行为学半个世纪的发展历程，消费者行为学试图解决的基本问题包括：消费者的特征辨析（Who）；消费者的行为状态与心理状况（What）；如何解释消费者的行为（Why）；如何影响和与消费者互动（How）；消费者行为的变化趋势（How）。

围绕这些基本问题（3W2H），不同的研究流派呈现出不同的理论框架，心理学派主要把普通心理学和社会心理学知识应用于消费者内部心理活动研究；行为主义学派则强调可见的外部行为，注重研究"S（刺激）-R（反应）"之间的关系，但又难以摆脱内部心理的缠缚；营销学派则强调学科的应用与实践取向，注重与消费者行为关联的市场效应，注重研究市场营销过程中的消费者行为现象。在大数据时代，对消费者的全方位描述取得了突破性的进展，但由于影响消费者行为的因素复杂多变，对于"如何解释消费者的行为"这一根本问题，至今仍难以得到全面、准确且可证伪性的答案，也没有因大数据等研究方法的技术创新而得以解决。

近几十年来，经济学、市场营销学、心理学、社会学及文化人类学等从各自学科的角度出发不断就消费者行为问题进行了多方面、多角度探讨，取得了很大的成就，对经济决策和企业经营产生了重大影响。同时，商业界也会进行可带来经济利益的研究，不少实用性的消费者行为研究成果来自学术界之外，消费者行为研究成为商业性咨询公司、市场研究公司、广告公司和大数据公司的重要业务之一，但它们往往轻视基础性的理论研究。

消费者行为学的学科发展经历了四个阶段：学科萌芽阶段、理论创立阶段、理论深化阶段和理论重构阶段。其中，理论重构阶段产生于21世纪初的网络信息时代，互联网、移动终端及大数据研究方法的应用使消费者行为本身和理解、分析消费者行为的方法都在发生根本性、革命性的变化，消费行为学正面临着一个理论重构时期。Solomon指出相对于传统的消费者行为学，数字化时代重构消费者行为学的目标已经提出。"数字化消费者行为""数字化时代""消费者虚拟社群""消费者大数据分析"等一批全新的理论概念已经出现。

消费者行为研究的主要方法在过去几十年中也有了很大的变化。简单概括，主要有以下四种方法。

（1）观察和调研方法。包括观察、访谈、焦点小组、问卷调查、投射法，这些都是使用较为广泛的经典研究方法。

（2）因果模型方法。在科学方法、实证方法的强大趋势及经济学模型化的影响下，因果模型方法一度成为消费者行为研究的时尚。

（3）实验方法。在消费者行为研究科学化的思潮影响下，实验法曾经作为主流的研究方法。

（4）大数据智能方法。21世纪在大数据技术广泛应用的背景下，捕捉和分析消费者行为的方法完全不同了，消费者行为研究方法进入革命性的变革时期。

 思考题

1. 商品的不同类型对消费者心理会产生怎样的影响？
2. 如何根据消费者在购买过程中的不同角色来开展市场营销工作？请举例说明。
3. 消费者的行为过程和行为构成涉及哪些要素？
4. 根据自己的亲身体会，谈谈消费行为学在实践中的应用。

第一章 在线题库

第二章

个体因素与消费行为

学习目标

- 了解个性的概念和特点;
- 理解品牌个性的含义与来源;
- 掌握品牌个性的营销应用方法;
- 理解自我概念及其营销策略;
- 了解生活方式的含义及在营销中的应用。

思维导图

```
个性 ── 个性心理倾向
     ── 个性心理特征 ── 品牌个性 ── 来源 ── 产品
                                    ── 使用者
                                    ── 广告及其代言人
                                    ── 创始人
                              ── 维度

自我概念 ── 含义与类别 ── 实际自我 ↔ 理想自我
                      ── 私人自我 ↔ 社会自我
         ── 与消费行为的关系 ── 品牌定位
                            ── 产品定位
                            ── 情境定位
                            ── 心理定位

生活方式 ── 概念
       ── 生活方式营销 ── 市场细分
                    ── 市场定位
                    ── 营销传播
                    ── 整合营销

个体因素与消费行为
```

导引案例

江小白的营销之术

"我是江小白,生活很简单""我是小江白——中国驰名的白酒文艺青年",这不是在念绕口令,这是重庆的两瓶小白酒在争卖"青春小酒"文化。这一战颇有加多宝和王老吉之争的模样,都用起了网络营销术,争着卖萌。

1. 江小白的营销术:在网上卖萌自嘲

"江小白"是那个本科毕业、很会自嘲的拟人化小酒。凭借火速的微博营销,从2012年3月正式上市,不到一年创下该年营业额5000万元的佳绩。

微博营销是"江小白"的营销特色,它时而发牢骚:"生,简单;活,简单;怎么生活就不简单?"时而正能量:"敢想敢干,才能夺冠。"时而自嘲:"每个吃货都有一个勤奋的胃和一张劳模的嘴。"就在"江小白"上市一年左右,市面上又冒出了一个与其酷似的小酒"小江白"。同样拟人成一个相似"80后"的卡通形象,个性鲜明。它自命"中国驰名的白酒文艺青年",也在网上卖萌。它的座右铭是:"脚在自己身上,往前走就对了,其余的,留给路人去说吧!"它也想谈个恋爱:"送喜欢的女生回家,去哪都是顺路!"它还是个吃货:"吃货都是正义的使者,因为他们敢于挑战'饿势力'"。

2. 江小白瞄准青年群体

江小白创建之初,就只瞄准除商务宴请、礼品市场之外的休闲消费市场,同时将其更细分到了不太接受白酒消费的青年群体。江小白创建了具有目标群体个性的标志性人物,常常使用网络语言自嘲,并很快就被目标群体接纳。

3. 卖白酒给年轻人,应该卖什么?

中国人饮酒酿酒已有几千年的习惯,挖掘历史文化是各大酒企塑造品牌时候的必修课,但现在的年轻人离传统白酒越来越远。年轻人的喝酒需求,是酒?是面子?是口感?还是文化?没有喝白酒习惯的年轻人可能对口感、香型的需求很弱,但是"江小白"塑造的能与其产生心理共鸣的人物形象,赢得了年轻消费者的心。

江小白在整个白酒界还停留在讲历史悠久、纯粮发酵、窖藏工艺的时候,悄然完成了一个人格化品牌的构建。江小白与其他白酒最大的不同,在于他是一个你可以与之倾诉、对饮的朋友,是一个能获得思想与情感共鸣的朋友,而不只是一瓶酒。"江小白"的成功在于掌握了年轻消费群体的个性,同时开放互动平台,与消费者近距离沟通,提高用户忠诚度,并最终形成具有影响力的粉丝圈。"小而美"的消费目标人群定位让江小白能够更加精准地构建场景,针对年轻消费群体开展的诸如亲情、爱情、友情、青春、奋斗等主题的场景营销,深受年轻消费者的喜爱。江小白青春系列小酒还抓住年轻消费者表现自我的个性化需求,将其想要对别人说的话或是喜欢的语录,连同个人头像一起印在酒瓶上,制作成"语录瓶"或"表白瓶",让消费者真正享受到定制专属权利,充分展示自身个性,表达自身情感。

资料来源:http://news.tangjiu.com/html/qiyefengcai/jingyingzhidao/20130916/186567.html[2020-11-11].

 问题

1. "江小白"成功的原因有哪些方面?
2. 在产品的市场定位及目标消费者分析方面,本案例对你有何启发?

在消费活动中，消费者在认识过程（包括感知、注意、记忆、思维等）、情感过程、意志过程等心理活动中，存在着共同的一般规律。但消费者又具有各自不同的个性心理特点，在相似的环境刺激下，他们的消费行为会表现出明显差异。对这些个体心理因素进行研究，有助于企业的市场细分，更有针对性地满足不同消费者的需要。

消费者的个性心理内在、复杂，其形成的影响因素也很多，因而准确地把握消费者的个性心理特点并不容易。在网络时代，所有的消费行为最终都会沉淀为数据，容易从中了解消费者的行为差异，大数据研究也容易发现人口统计变量与消费行为之间的关系，但消费者的内在心理特征仍较难准确描述。

本章主要针对消费者的个性心理特征与消费行为的关系进行探讨。

第一节　个性与消费行为

个性可以直接影响人的行为活动方式，对消费者的信息搜寻行为、产品种类的选择、产品使用率、新产品采用、品牌忠诚、信息偏好等都有显著的影响。营销者要研究并利用由个性引起的购买行为差异，根据单一特征或一组特征把消费者划分成不同群体，细分目标市场，制定相应的营销对策。

在网络时代，"个性化消费"趋势越来越明显，一方面与消费者物质与文化水平的提高有关，另一方面互联网与电子商务的发展也为个性化、定制化提供了可能。在网络时代，一个企业为一群消费者服务的大众化消费时代正逐步演变为一位消费者有一群企业为之服务的个性化消费时代，把传统的"我生产你购买"模式转变成"你设计我生产"的模式，"Made in Internet"的 C2B 模式时代已不再遥远。C2B 的核心价值就在于从用户需求的角度出发，提供以满足用户个性化需求的商品。虽然消费者现在还不能完全自主自由地设计产品，但至少产品的某一部分可以根据消费者的个性化需要去设计变化。例如，耐克公司曾推出一项名为 NIKEiD 的运动鞋网上定制服务，凡到耐克网站购物的用户都可以根据自己的喜好让耐克公司为其定制运动鞋、背包、高尔夫球等产品，受到了许多消费者的欢迎。又如，可口可乐与优酷合作打造台词瓶广告及产品，网友还可以个性定制独一无二的专属台词瓶，在"咱们结婚吧""如果爱，请深爱"等经典台词的前面加上恋人和朋友的名字，让优酷和可口可乐在视频广告中替你表白，如图 2-1 所示。

个性化需求助推消费者为"设计"买单

JCPenny 的二维码个性礼物

图 2-1　可口可乐个性化台词瓶

一、个性的含义

个性（Personality，也有些人翻译成人格），就是表现在一个人身上的那些经常的、稳定的、本质的心理倾向和心理特征的总和，以及与之相适应的特征性的行为方式。它包括消费者的兴趣、爱好、价值观、态度、能力、气质、性格、自我评价、行为方式等许多方面。人的个性是在先天生理素质基础上，在一定的社会环境的作用下，通过自身的主观努力而形成和发展起来的。由于影响个性的因素不同，因而产生了各种各样的心理特点，反映在消费者的消费行为活动中自然也多种多样。

由于个性特征丰富多彩，根据不同的标准，可以对个性进行多种不同的分类。例如，美国学者 Sporles et al. 以美国高中生为样本测量出了八类消费者的个性决策型态：①完美主义型；②经济实惠型；③品牌认知型；④新潮时尚型；⑤时间节约型；⑥困惑不决型；⑦粗心冲动型；⑧忠诚习惯型。

应当注意，类型说是从"质"的方面划分个性差异类型，但实际上，人们的个性特征大多只是在"量"方面存在差异。也就是说，很多人并不是某种典型个性类型，而是中间型或混合型。不同个性类型的消费者必有与其个性相应的消费心理。

与类型说相对的个性理论是特质说。特质说并不把个性分为绝对的类型，而认为个性是由描述一般反应倾向的一组多维特质组成的，每个人在这些维度上都有不同的表现。比如，成功欲、社交性、攻击性、慷慨等都是可以用来描述个体特质的维度，但每个人在这些方面的表现程度都可能是不同的。

 资料链接 2 - 1

当今年轻人的个性特征与产品追求

许多品牌年轻化的失败，以及人们对品牌年轻化的误解，都来自流于表面的"年轻化"。将 Logo 改得更为时尚亮眼、包装更加炫酷，或是在利用二次元、黑科技、社交、段子等流行文化作为营销噱头，这些表面功夫，将年轻人想得太过简单。很多品牌为了探求这批年轻消费者的需求，根据种种行为，还为他们贴上了一系列标签，并依照着这些刻板化的标签来设计品牌年轻化策略。殊不知，这些标签只是对于消费市场的肤浅解读。年轻人喜好无常的表象下究竟有何共同特点，有何真实需求，是需要进行深入探讨和理解的。

1. 追求品质、个性和新鲜感

物质丰富，消费同质化的年代，这一届年轻人吃喝玩乐样样不愁，对于生活有了更多新要求，个性、品质与新鲜感成为他们的新追求。所以，为了凸显个性和新鲜感，他们乐于尝试一些小众、新奇的产品，而这种追求，并非仅靠外观包装盒设计来满足。比如，喜欢网易云音乐的用户除了喜欢评论内容外，更喜欢里面大量的小众原创音乐，而很多爱美的女孩子，也开始大量购买来自希腊、波兰等小众国家生产的美妆个护产品。敢于尝试、敢于探索，这是年轻人消费的一大趋势。

此外，年轻人对于广告似乎已经形成了天然的免疫力，对于品牌的影响力也不以为意。选择小众品牌，不仅体现了他们追求新鲜感的一面，也展示了他们更加注重产品品质和效果的消费观。

2. 独立、时尚而又多元化

这代年轻人的文化素养较高，包容并更具多元化的兴趣和涉猎，同时他们追求时尚并乐于创造流行文化。一个白天沉默寡言敲代码的程序员，很可能到了晚上就变成了摇滚乐队的主唱。而一个喜欢古典文学的文艺青年，在网络上或许是个二次元"鬼畜"爱好者。社会、网络的包容性，让年轻人拥有了独立的人格和思维、敢于担当、对自己负责，并令其更具有多元的想法和创新能力。

在年轻人当中大受欢迎的视频网站哔哩哔哩（B站），从一个提供番剧的二次元小站，到如今上亿日活的"泛二次元"视频网站，正是因为它的多元化和个性化内容吸引了很多年轻人，而同时，新生代的创造力也让其成为众多流行文化的源头。可见，每个年轻人都具有独特性，其喜好也更加难以捉摸。

3. 内心深处的孤独与自我

他们热爱社交，他们圈子广泛，有强烈的表达诉求，但他们在现实中经常懒于出门疏于交际、物质丰富、消费选择多样，但经济的压力也令他们放弃反抗变得"佛系"。所以他们沉迷于二次元和综艺，热衷于点外卖、购买小家电，自给自足，甚至成为足不出户的"肥宅"。面对生活，这个群体表现出脆弱和迷茫。

在成为消费主力的同时，年轻人也更加关注自我，更注重找寻"治愈"自我的方式，同时也削弱了对于生活的期待和欲望。我们可以看到游戏市场的扩大，综艺节目的走红，短视频的兴起，美食和萌宠内容的火热，这些娱乐方式组成了很多年轻人的业余生活。

个性鲜明而复杂的年轻人，并不能单纯地用几个标签来描述，品牌要想受到年轻人的欢迎，也不可能一味迎合他们的兴趣，因为难以讨好所有年轻消费者，只能从以上这些层面切入，让品牌更加符合年轻人的真正需求。

资料来源：https://weibo.com/ttarticle/p/show? id = 2309404372666806101936 [2020 - 11 - 11].

二、个性与消费行为

拥有不同类型个性的消费者会表现出不同的消费行为，比如拥有孤独型个性的人可能更难产生品牌忠诚，会表现出更多的品牌转换行为。而针对孤独型个性的营销定位就可以定位在个人主义、独立自主等方面。下面列出几个影响消费行为的主要个性特点。

1. 创新性

创新型的消费者喜欢了解新的想法，是第一批尝试新产品和新服务的人。对于新产品而言，此类消费者很大程度上决定了产品的成功和失败。消费者创新性的测量是与刺激的需求、追逐新鲜感及独一无二的需求联系在一起的。某些消费者对新事物乐于接受，那么他们的创新性就较高；而有些消费者则对新事物持怀疑和排斥的态度，则他们的创新性就低。

2. 教条主义

教条主义是一种反映个体对自己不熟悉或者与自己的信念不同的信息显示出的刻板程度。低教条主义的消费者更喜欢不熟悉的和创新型的产品，而高教条主义的消费者排斥陌生事物和更喜欢既有产品或者已经成名的产品。某些广告使用权威或者名人代言（"权威诉求"),就是针对高教条主义的消费者,以打消他们的疑虑。

3. 独特性需求

人们对独特性的需求是不同的,有的人不管是外表还是所有物,都追求独特,他们不愿意遵从他人的期望和标准。独特性需求会影响消费者对独特性产品或者品牌的偏好。独特性需求高的人倾向于选择具有独特性、新奇性的产品,而独特性需求低的人则会选择一般性的产品。独特性需求也受到文化的影响,譬如中国传统文化的特点之一是从众心理比较普遍,即使个体的自我概念不断强化和独立,也依然受到传统文化的影响,使得消费选择更加同质化。

相对于男性消费者,女性消费者的独特性需求更高。全球领先的市场研究集团 Ipsos 针对中国女性被访者进行了奢侈品牌消费调查。研究发现,表现个人品位、彰显身份地位、确保生活品质、润滑群体交往、释放自我是中国女性消费奢侈品牌的五大动因。其中,以"表现个人品位"这个动机为主的群体规模最大,她们希望通过消费奢侈品牌表达自己独特的个性和品位,使自己与群体区分开来,表现出与众不同的品位与气质。

4. 社会性格

社会性格这一概念可以用来描述个体个性中内倾性和外倾性的程度。内倾性比较高的消费者会用自己内心的标准和价值观去评价产品或服务;而外倾性比较高的消费者则会更多依赖他人的意见做决定。在广告方面,如果针对内倾型消费者,则要多讲产品的功能以及个体使用后所获得的利益。

5. 物质主义

物质主义是指一种强调拥有物质财富对于个人生活重要性的价值观念。物质主义强调对于产品的取得与拥有,个体看重的是拥有这些产品或服务带给自身的意义。

6. 认知需要

认知需要是个体渴望或者喜欢思考的程度。如果消费者的认知需要很高,那么他就有可能对广告中与产品有关的信息更加关注;而如果认知需要较低,那么他就会被背景或者画面(如名人代言人)所吸引。对于认知需要较高的消费者来说,广告可能不需要重复多次,但是要提供相对丰富的产品信息;而对认知需要较低的消费者来说,重复性的广告更加有效,他们更多地会从电视、楼宇广告中获取信息,他们往往不进行深思熟虑就会做出消费决策。

7. 人际关系导向

人际关系导向是描述消费者是否具有很容易被别人影响的一个个性维度。如果一个消费者的人际关系导向比较强,通常他受参考群体的影响就会很大;反之就小。尤其是那些面对面的说服,或者面对更多其他人的时候很容易被影响。

8. 价格敏感性

价格敏感性也可以被视为消费者的一种个性特质。不同价格敏感性的消费者在购买产品或服务时对价格的关注程度和敏感程度不同,并且对企业价格变动的敏感程度也不同。了解消费者的价格敏感性,对于企业定价策略有很重要的指导意义。

将弗洛伊德精神分析理论应用于研究消费者个性的研究者认为,很多消费者并不清楚他们买某样东西的真正原因。这些研究者倾向于将消费者的购买行为及消费情况看作他们个性的反映和延伸。换言之，他们认为消费者的外表和随身物品（如配饰、衣着、珠宝等）都是个性的反映。研究人员调查了 19 万个消费者，研究他们对零食的看法和选定的个性特质之间的关系，结果如表 2-1 所示。

表 2-1 零食与个性特质

零食	个性特质
薯条	雄心、成功、高成就者和完美主义
墨西哥炸玉米片	完美主义、期望高、准时、保守、有责任心
椒盐脆饼干	活泼、不循规蹈矩、轻浮、直觉力强、过度依赖计划
薄脆饼干	理智、逻辑强、爱沉思、腼腆、喜欢独处
芝士卷	认真、有原则、讲规矩、公正、刻板但正直、事前计划、有条理
坚果	随和、有同情心、善解人意、冷静、性情温和
爆米花	有责任感、甘于付出、谦虚、自信但不炫耀
肉类零食	善于交际、大方、可靠、容易轻信人

资料来源：希夫曼，卡纽克，维森布利特，2017. 消费者行为学：第 10 版 全球版 [M]. 张政，译. 北京：清华大学出版社.

但是，与许多心理学理论一样，个性理论对消费行为也缺乏现实的解释力与预测力。因为影响消费者行为的因素很多，除了外部因素，还包括多种不同的个性特征也会共同影响最终的购买决策，较难明确某一种个性特征与消费行为的确切关系。

所谓"个性化消费"，通俗地说，就是消费者要求自己所使用的产品或消费的服务打上自己的烙印，让产品或服务体现自己独特的（而不是大家共有的）个性、志趣和心情。在许多产品需求日趋饱和的情况下，强调以消费者为中心和个性化营销的大规模定制和 C2B 电子商务模式，对于最大程度地满足消费者个性化需求和增加内需就显得尤其重要。同时，大数据技术和统计分析方法已能准确地记录并预测每个顾客的具体需求，并为每个顾客提供个性化的服务，因此，理论界也提出了市场细分到个人的"超市场细分理论"。

例如，江小白的包装上不是明星的照片和机智满满的广告语，而是普通人的生活照片，以及个性化的表白语。原来酒瓶上有一个定制二维码，消费者可以把自己的照片和想说的话上传给厂家，定制在包装上，从而充分展示自身个性，表达自身情感。味全、可口可乐、农夫山泉、红星二锅头、麦咖啡也进行过类似的探索。实际上，很多产品都可以借鉴这种方式，利用电商平台和 H5 等技术方式，为消费者制作个性化的商品包装。

三、品牌个性

（一）品牌个性的含义

所谓"品牌个性"就是一个特定品牌所拥有的一系列人格化特征，是消费者将品牌比作人进行描述的方式。Aaker 认为品牌个性是指与品牌相连的一整套人格化特征。如品牌可以被描述为"偏女性化的""充满男子气概的""质朴的""浮夸的"等。

通常认为，品牌个性是品牌形象（品牌表现、品牌个性、公司形象）的一个重要构成维度。"M&M"糖果的品牌个性非常鲜明,那就是"有趣",这一品牌个性在消费者心目中得以形成,是塑造产品或者品牌个性的成功例子。这个结论是基于对一系列问题的回答统计出来的,如"如果 M&M 巧克力花生豆是一个人,那么他是什么样的人呢?"还可以更深入地提问:"M&M 糖果的外层巧克力颜色是如何影响消费者对 M&M 个性的理解的?"

 资料链接 2-2

NIKE 品牌的个性

NIKE 品牌的个性,其经典广告词"JUST DO IT"可以一言以蔽之。JUST DO IT,代表了一种轻松、自由、享受的运动态度和生活态度。NIKE 体育营销的行动能力的强大,也正是基于这样一种个性,这样一种理念。一个品牌,抑或一个产品,不可能满足所有消费者的需要,但 NIKE 最大的成功之处就在于,能在最广泛的共性中使消费者显现出最突出的个性来,最大程度地满足消费者的需要。

实际上,在 NIKE 最风靡的时候,中国曾经有"较真"的机构试图研究和探讨 NIKE 鞋是否能像其宣传的那样跑得更快和跳得更高。然而,这样的研究是缺乏意义的。实际上,NIKE 产品的功能性并不比阿迪达斯、李宁等品牌有多大优势。NIKE 产品的成功更多应该看作对消费者个性的尊重和体现,对消费者通过购买产品展现不同的欲望的关注。当一个产品能够和消费者本人的特点紧密联系的时候,消费者变得忠诚并能够捍卫产品品牌的价值,也就值得充分期待了。

有时候消费者希望借助选择的品牌所透露出来的个性来彰显自我、表达自我,或是帮助他们塑造出他们心里所向往的形象,因而品牌透露出来的个性往往能吸引与之具有类似个性特征的消费者或者被这种个性气质所吸引的群体。例如,某品牌的香水可能表现出青春、性感和冒险,它更受性格外向的女士喜欢;而另一个品牌的香水可能显得庄重、保守和高贵典雅,易受性格内向的女士喜欢。具有不同个性的香水,会被不同类型的消费者购买或在不同的场合使用。所以,一些商业广告努力创造品牌"个性"以吸引具有类似个性的消费者前去购买。

例如,维多利亚的秘密(简称维密)抓住了年轻女性内心中对性感和优雅的追求,并在产品设计和营销中精准定位。维密通过举办内衣秀,以全新的元素、惊艳的设计,将美丽演绎到了极致。最终,在消费者心目中形成了性感、奢华、时尚、优雅的内衣品牌个性。但是,当女性消费者不再执着于"魔鬼身材"的审美标准,而更渴望看到与自己身材接近的穿着效果时,维密就应当对品牌个性赋予新内涵、新活力。"穿出你的线条,穿出属于你的一道秘密风景",这道"秘密风景"除了感官上的"性感",还可以有"聪慧""舒适""健康"等新的含义,从而增强维密个性的包容性,给消费者传达出更独立、更智慧的品牌个性。新崛起的美国内衣电商 ThirdLove 则主张"为所有身材而设计",在传播推广方面,基本以素人形象展出,强调消费者日常的穿着场景。

品牌的个性化特点是通过某些具体的形式表现出来的,这些特点又在一定的程度上显示出了该商品持有人的社会地位、经济地位及生活情趣、个人喜好等个性特征。产品和品牌有助于消费者表达他们的个性。于是，很多消费者会凭着自己的感觉、情趣来消费商品和服务，表现出感性消费的特征。他们购买商品时，更多的是为了情感上的满足，心理上的认同。他们对商品或服务的情感性、夸耀性及符号性价值的要求超过了对商品或服务的物质性的价值及使用价值的要求。

（二）品牌个性的来源

在消费活动中，消费者会赋予品牌某些"个性"特征，即使品牌本身并没有被特意塑造成这种"个性"，或者那些"个性"特征并非营销者所期望的。但在多数情况下，品牌个性是由产品自身特性和广告宣传所赋予的，并在此基础上消费者对这些特性的感知。

何佳讯从品牌个性的来源上来解释品牌个性。他认为品牌个性来自两大类因素：一是与产品相关的因素，如产品类别、包装、价格和产品属性；二是与产品无关的因素，如使用者形象、公共关系、象征符号、上市时间长短、广告风格、生产国、公司形象、创始人、总裁特质和名人背书等。他还用类比的方法指出品牌的"包装""广告"和"公共关系"分别相当于品牌的"穿着打扮""言"和"行"三个方面。通常情况下，可从以下几个主要方面分析品牌个性的来源。

1. 产品本身

产品是形成品牌个性的主导力量。产品本身所包含的功能、名称、外观和价格等都会对品牌个性产生一定的影响。

（1）功能

产品功能是品牌吸引消费者的基础，产品只有具备了最基本的物质功能才能称其为产品。失去了产品功能上的特性，再好的品牌也是虚无缥缈的。例如，英特尔的 CPU 产品以极快的速度推陈出新，该公司的创新品质形成了英特尔最重要的品牌个性。

（2）名称

产品名称是产品各项特征的高度凝缩，也是各项特征在消费者心目中的索引，可以很好地展现品牌的个性。例如，"力士"是畅销全球的知名品牌，在消费者心目中具有非常高贵的品质形象，这种形象的树立，与其产品名称就有很大的关系。因为"力士"（LUX）来自古瑞典语"LUXE"，本身就含有典雅、高贵之意，这与其塑造的品牌个性非常一致，消费者看到这个名字就会联想到其品牌个性。

（3）外观

产品的外形、包装和品牌 Logo，是消费者接触的最直接的部分。它可以直接展示品牌个性与品牌形象。苹果公司的 Logo 可能让人联想到牛顿在苹果树下被落下的苹果砸到的景象，以及亚当、夏娃受诱惑偷吃禁果而获得知识的场景，还代表着苹果公司始终在努力咬第二口，如图 2-2 所示。

消费者还会将产品的颜色与品牌个性联系起来。例如，可口可乐的标志色是红色，代表着活力、信心、进取、刺激。一些奢侈品或具有传统性质的品牌则应该避免使用橙色。黑色显得成熟稳重、正式庄严，一直被很多男士喜欢，联想计算机等科技产品常常以黑色为主色；灰色则有一种低调、极简、品味、沉稳的气

图 2-2　苹果公司的 Logo

质，容易让人联想到无印良品；伊利畅意主打绿色，这是一种令人感到安全和舒适的颜色，也是清新、健康的代名词；粉红色、紫色最适用于女性消费者群体，但从来没有紫色电动工具，因为电动工具男性使用较多。许多快餐店都以亮色作为路边标志和室内装潢的主色调，如红、黄、蓝，因为这些颜色容易让人联想到快速服务和廉价食物；相反，高档餐厅倾向于采用深色系，如灰、白、淡棕色或其他柔和、暗淡的颜色来体现优质的服务和闲适的氛围。

（4）价格

价格是消费者最敏感的产品特性之一，不同价位的产品会带给消费者不同的品质形象，从而形成差异化的品牌个性。高价位的品牌可能会被认为是富有的、奢华的、有实力的、上层社会的，例如，梅赛德斯-奔驰（简称奔驰）、劳斯莱斯、路易十三干邑等。低价位的品牌会被认为是朴实的、节俭的、平民化的、低档的，如小米手机、大宝化妆品等。

2. 品牌使用者

品牌个性的形成在某种程度上与特定的品牌使用者密不可分。一方面，品牌个性是使用者认可的品牌特质，通常不同个性的品牌会吸引不同类型的使用者；另一方面，当某一类有相似背景的使用者常被某一品牌所吸引时，这类使用者共有的个性也会逐渐被附着在该品牌上，进一步强化了品牌个性。摩托罗拉是中国手机市场的开拓者，一开始有能力购买手机的消费者大多为成功的商务人士，因此，摩托罗拉的使用者多为商务人士。渐渐地，商务人士共同的行为特征就凝聚在摩托罗拉手机上，从而形成了摩托罗拉成功、自信、注重效率的个性。

3. 广告及其代言人

广告有助于塑造品牌形象，显示品牌个性，不同的广告主题、创意和风格会产生不同的广告效果。例如，同样是香水，巴宝莉的广告表现的是传统、尊贵、理性的品牌个性，而迪奥广告塑造的是优雅、浪漫、诱惑的品牌个性。

在广告的各组成部分中，广告代言人往往成为广告中品牌个性的重要来源。如今，凡是具有鲜明个性的品牌，无不寻找适合表达其品牌个性的代言人，如耐克与乔丹。

另外，对于已经成熟的品牌，使用明星的代言还会对品牌的形象起到加深或者补充的作用，使其更加鲜明或者内涵更丰富。如图2-3所示，红牛在中国具有"活力""冒险""敢于挑战"的个性，而羽毛球运动员林丹的代言，可以使红牛的这些个性进一步的增强；同时，林丹本身所具有的其他个性也能帮助红牛补充扩展"坦诚的""勇于创新的""友善的""合人心意的"等方面的形象。

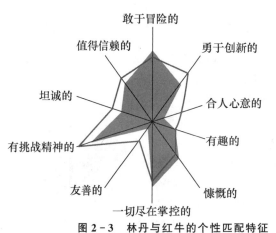

图2-3 林丹与红牛的个性匹配特征

4. 品牌创始人

无论是企业的发展还是品牌的塑

造,都不可避免地要受到其创始人的影响。往往在潜移默化中,品牌创始人的一些个人魅力被浇铸在品牌个性之中。综观国内外,人们在提到很多品牌的时候,同时想到的就是其品牌创始人,如李宁运动品牌和李宁、微软和比尔·盖茨、苹果公司和乔布斯。许多年长的消费者都知道李宁是一位曾获十四项世界冠军的传奇体操运动员,他用自己的名字创立了李宁运动品牌。李宁公司在品牌个性的诊断调查中发现,原来在消费者眼中,李宁品牌的定位并不是"时尚、年轻",而是与"民族、亲和、体育、荣誉"紧密联系在一起,大多数人购买李宁产品的时候,不仅因为它过硬的质量,更多的是一种崇拜情结。在品牌中融入民族情感和体育精神,这就是李宁品牌早期获得成功的原因。当然,随着熟悉李宁的消费者逐渐年长,李宁公司又以传统文化"悟道""藏易"为主题,并用"中国李宁"和"中国风"做主要元素,改变了其在年轻消费者心中的刻板印象,成为"国潮"的优质代表。图2-4是李宁运动服在纽约时装周上发布新款。

图 2-4 李宁品牌"国潮"化

品牌创始人对品牌的影响力和 IP 价值有时会超过企业本身,如阿里巴巴的马云、京东的刘强东、小米的雷军、格力的董明珠。有人曾做了个实验,同样一篇文章,标题写"马云"比写"阿里巴巴"的点击率更高。但企业家的人设应当与企业用户的定位相协调。例如,刘强东塑造的人设是白手起家、草根逆袭、有情有义、关爱下属的领导,但这种形象并不契合京东的定位。目前京东的主要用户群体是城市的白领阶层和公司职员,刘强东也强调其服务对象是"五环内"的中产阶级。但京东的客户群体对刘强东的这种人设并不感兴趣,他们没有草根逆袭的经历和渴望,崇尚规则而不是情义,因此,这种人设定位和京东用户群体在一定程度上存在错配问题。

(三)品牌个性的维度

品牌个性还包括其所体现的人口统计特征,这与心理学意义上的个性含义是不同的。例如,"苹果"被认为是年轻的,而 IBM 被认为是年长的。但品牌个性更多是直接以消费者个性得以表现,是人类个性特征投射到品牌的结果,同时消费者的情感因素在品牌个性形成中有着重要作用。关于品牌个性维度的研究很多,但基于个性特质论的品牌个性维度研究已经成为研究主流。

Aaker 将品牌个性定义为"与品牌特定使用者相关联的人类特性的集合",并根据西方人格理论的"大五"模型,以著名品牌为研究对象,发展了一个系统的品牌个性维度量表。品牌个性维度量表在西方营销理论研究和实践中也得到了广泛的运用。在该量表中,品牌个性被分为诚实、活力、有能力、成熟和强韧五个维度,并包括 15 个层面(如务实、勇敢、可信、理性和坚强等),如图 2-5 所示。在五个维度中,诚实、活力和有能力实际上与"大五人格模型"中的和悦性、外向性和责任性这三个维度具有一一对应的关系,这也说明品牌个性与消费者个性之间存在相关关系。如果仔细回顾品牌的各个维度,可以发现图 2-5 中所呈现的品牌个性正是许多消费品品牌所追求的。

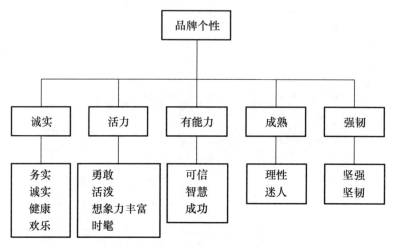

图 2-5　Aaker 的品牌个性结构图

资料来源：AAKER J L, 1997. Dimensions of Brand Personality [J]. Journal of Marketing Research, 34 (03)：347-356.

向忠宏应用网络搜索方法对中国十大白酒品牌的品牌个性进行测量,结果显示：五粮液-时尚,洋河大曲-传统,酒鬼酒-男性,古井贡酒-年轻,茅台、国窖 1573、剑南春、水井坊、杏花村汾酒、沱牌这六种白酒具有模糊品牌个性特征,尤其是沱牌,不仅品牌个性层面众多且混乱(达到了八个),以致品牌个性维度复杂,覆盖全部五个品牌个性维度。总体来说,少部分白酒品牌的品牌个性明显,但大部分白酒品牌的品牌个性仍不足,甚至出现品牌个性矛盾的情况,这显示出许多白酒品牌在品牌定位上思路不清晰,品牌建设欠缺系统性。

而国外一些著名品牌往往有较鲜明的个性特征,如：保时捷以"刺激"的个性,给人以大胆、有朝气、最新潮、富于想象的感受；IBM 以"称职"的个性,给人们以可信赖的、成功的、聪明的感受；奔驰和雷克萨斯以"教养"的个性给人以上层阶层的、迷人的感受等。

第二节　自我概念与消费行为

一、自我概念的含义与分类

自我概念也称自我形象,是指个人对自己的能力、气质、性格及收入、地位等个体特征的知觉、了解和感受的总和。换言之，即自己如何看待、评价自己。

自我概念实际上是在综合自己、他人或社会评价的基础上形成和发展起来的。把消费者看作具有多重自我的人更有助于理解消费者及其行为，因为特定的消费者不仅具有不同于其他消费者的行为，而且在不同的情境下也很可能采取不同的行为，从而表现出不同的自我概念。

自我概念可分为四个基本部分，见表2-2。

表2-2　消费者自我概念的不同层面

自我概念层面	实际自我	理想自我
私人自我	我实际如何看自己	我希望如何看自己
社会自我	别人实际上如何看我	我希望别人如何看我

理想自我与自尊相关，主要反映个人的自尊。通常情况下，人们都希望从实际的自我概念向理想的自我概念转化，从而不断修正自身行为，以求自我完善；人们还力求使自我形象符合他人或社会的理想要求，并努力按照社会的理想自我概念从事行为活动。真实的自我与理想的自我的差距越大，则一个人所感受到的自尊就越低。以消费者个人的情境来看，对自己真实的自我与理想的自我间差距的不满足，也会影响其购买行为。一位小资女性通常不会满身名牌，但偶尔也可能为了理想形象而破费购买名牌商品。很多广告就刻意制造实际自我与理想自我间的差距，两者之间的差距就是产品购买的动力来源，尤其是对于一些彰显自尊的商品，这种情形更是明显。例如，奔驰汽车和劳力士手表都是借由塑造消费者的理想自我，来说服消费者通过商品的消费，以缩减其真实自我与理想自我之间的差距。

杨晓燕认为，中国女性消费者的自我概念是由家庭自我、情感自我、心灵自我、表现自我和发展自我五个基本维度构成的系统动态结构。同时，女性的消费态度是女性自我概念系统结构及其变化的外在投射。曾德明提出了中国男性消费者自我概念的模式，将男性消费者自我概念提炼为：权力自我、家庭自我、情感自我、事业自我和交际自我五种类型。这些模式对于理解不同性别消费者的消费行为，进行市场细分、产品开发和广告诉求提供了较为科学的理论依据。

资料链接2-3

给消费者戴上自我概念的"帽子"

一个产品不应只满足用户的功能需求（比如旅游愉悦身心），更应当帮用户戴上一顶帽子，成为用户个人形象的某种象征。当设计产品和品牌时，不光要考虑"如何极致地提高性能"以及"如何提高用户体验"，更要考虑"我的产品给用户戴上了什么帽子"。如果产品没有给用户戴上正确的的帽子，即使产品体验很好，也往往难以销售。比如"零度可乐"花费很大力气宣传"无糖和减肥"，但是这样的宣传当时在美国没有多少正面作用，因为它给喝这个可乐的人戴上了一顶他不想戴的帽子："我是个胖子"。

心理学家乔纳森·布朗曾经提出过4个方面的"自我概念"：

1. 社会维度

在营造自我概念的"帽子"中,社会维度是被用得最多的,即让某个产品成为社会角色(比如权力、金钱等)的象征。几乎所有的满足炫耀性需求的产品都或多或少地使用了这个维度的帽子,如名车、名表、名包……

所以当你看到一个收入并不高的人提着一个几万元的包走在大街上,你要明白,她提的不是一个包,而是提着自我概念。这个包也成为了它的持有者的自我的延伸,并且能够迅速地传达出她想表达的信息——"我有钱"。

2. 个性维度

一个产品不光能是社会地位的象征,还能是一个人个性的象征。比如在小米手机之前,使用国产手机往往是"没钱"的象征,很多人宁愿接受更差的配置,也要买个三星或诺基亚。但是为什么现在即使一些有钱人,也以"抢到一个新款红米"而自豪呢?这是因为小米进行了"帽子的转变",通过定位"为发烧而生",让手机象征的维度不再是社会维度(象征是否有钱),而是个性维度(象征个人性格和喜好)。经过这样的营销,初期使用小米手机的人就可以说:"我用小米不是因为我没钱(社会维度),而是因为我是发烧友(个性维度)。"为什么人们会购买象征自己个性的产品?会支持那些象征自己个性的人?因为人对于一切与自己相似的东西几乎都有着天然的喜好。

3. 集体维度

人经常把自己放到一个集体中,然后用这个集体的某种共性来表现自己的形象。比如"我是哈佛大学毕业的""我是北京人""我是威虎山的"。

如果你的产品能够给人以属于某个集体的象征,而且这个人正好对这个集体存在荣誉感,那么你的产品就更加容易得到支持——你给了别人一个"属于某个集体"的帽子。比如,打着"热爱祖国,支持国产"的口号来销售产品,当消费者使用这样的产品时,就无形给自己加了一顶帽子——"我爱国,我支持国货"。

4. 关系维度

人们喜欢拿关系来界定自己,而如果一个产品能够成为某种关系的象征,那么消费者就会在任何需要强化该关系的时候而使用这个产品。比如钻石、玫瑰是爱情的象征,当你需要强化该关系时,你往往需要这样的产品(比如情人节送玫瑰)。脑白金通过大量的广告轰炸而成为孝敬爸妈的象征,所以你脑中不停地响起这句话:"孝敬爸妈,脑!白!金!"

总之,如果你在消费者需要建立某种形象时,用你的产品恰当地给他们戴上一顶能够证明该形象的帽子,那么你就会赢得超越产品功能价值的青睐。

资料来源:根据网络资料整理.

二、自我概念与营销策略

每个人都需要在行为上与他的自我概念保持一致,这种与自我保持一致的行为,有助于维护个人的自尊,也使其行为具有一定的可预见性。根据"自我概念和品牌形象一致性理论"(Sirgy),消费者倾向于选择那些与其自我概念相一致的产品、品牌或服务,避免选择与其自我概念相抵触的产品、品牌和服务。Rogers的自我理论认为,人类行为的目的都是为了保持自我概念或自我形象和行为的一致性。

自我概念作为影响个人行为的深层个性因素，对消费者的消费心理与行为有着深刻的影响作用，这种影响来源于两种动机：自我提升动机和自我一致性动机。这两个动机在通常情况下是和谐共处的，但是在某些特定的情境下，二者又会发生冲突。这时，在自我一致性动机的影响下，真实自我概念往往对消费者影响更大。为了维持自我一致性，消费者会倾向于购买与真实的自我概念相符合的产品。但是，若其在自尊上的状态较低，而真实自我与理想自我间的差距又很大，这时消费者为了提高自尊，则会倾向于购买比较接近理想自我的产品，从而导致自我一致性与自尊的冲突。例如，年轻人为了凸显与同伴的不同（自尊），往往购买了很多超出其经济能力的潮牌服饰。但因其收入无法负担持续的高额支出，因此造成消费的自我一致性与自尊的冲突。最后可能必须适度降低自尊而减少潮牌的购买，以维持其自我一致性。

（一）品牌定位策略

当品牌个性形象能丰富消费者自我个性形象，与消费者个性相一致，能够维护或提升消费者个性形象时，消费者的品牌认同感较高，并期待同该品牌形成一种长期的关系，最终成为忠诚的顾客。所以，营销者应努力塑造品牌形象，并使之与目标消费者的自我概念相一致。

图2-6对自我概念及其对品牌形象的影响关系做了大致勾勒，但这一过程并非都是有意识的和深思熟虑的，维护和增强自我形象的购买动机常常是一种内在的深层动机，这个过程也往往是无意的。

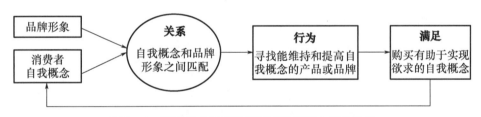

图2-6 自我概念与它对品牌形象影响之间的关系

从图2-6可以看出，产品与自我概念的影响是双向的。自我概念会影响消费者所选择的产品，而产品也可能强化消费者的自我概念。在商品资源异常丰富的情况下，人们更多地追求象征性价值，他们选择商品有时是因为它们与现实自我相一致，而有时则是希望产品能有助于达到其理想自我的标准。

针对自我形象提升和自我一致性维持的研究表明，自我一致性维持会随着年龄的增长而不断增强。进入青春期后，人们开始认识到品牌与自我形象有一定联系，因为特定的品牌"拥有相同的个性、用户特点或者参照组归属性"。另外，相较于男性而言，女性消费者更喜欢产品个性与其自我形象比较契合的产品。图2-7中的两个图表显示，当品牌形象和自我形象相契合时，消费者购买意向最强。

在营销实践中，企业还应设法使产品代言人的形象、品牌形象与目标受众的自我概念相匹配，如图2-8所示。

例如，诞生于1931年的护肤品牌"百雀羚"如今已是90岁的祖母级品牌了，曾以"东方美韵，护肤精品"享誉海内外，其蓝色的小铁盒、五彩的雀鸟图、浓郁霸道的香气，都烙在了消费者的记忆深处，但对于崇尚个性与时尚的年轻人来说，就缺乏吸引力了。为

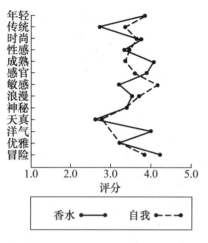
(a) 香水广告：购买意向强的消费者自我形象和品牌形象的重合度

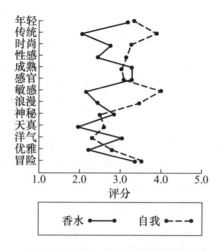
(b) 香水广告：购买意向弱的消费者自我形象和品牌形象的重合度

图 2-7 自我形象、品牌形象和购买意向

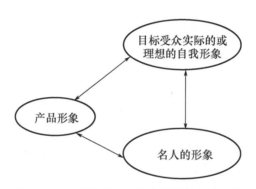

图 2-8 名人形象与产品和目标受众的匹配

此，百雀羚针对年轻消费者的审美标准，请来时尚、多变、人气颇高的莫文蔚担当形象代言人，赋予了这一品牌年轻、时尚的新内涵，结果吸引了众多年轻消费者。所以，品牌个性与品牌代言人个性应当保持一致或动态匹配，这样品牌代言人才能形象地表达和传递品牌内涵和个性，激发消费者的共鸣，否则就会弱化甚至损伤品牌形象。

现在，很多明星也都利用其粉丝基础试水网商，但不少明星带货却不如网红，其中一个原因就其个人形象、粉丝群体与商品之间关联度不高。例如，徐静蕾给大众的印象是知性才女，粉丝也多偏向文艺女青年，而这些粉丝对徐静蕾售卖的女装购买力有限。相反，岳云鹏给大众接地气、吃货的印象。加上岳云鹏是河南人，由他开的星店卖河南特产对于消费者就更具吸引力。岳云鹏特产店月销售量近 130 多万，粉丝人数达 46 万多。

另外，品牌的 IP 形象设计，除了要考虑产品特性外，还应适应目标消费者的自我形象或特质。广告也应当迎合与目标细分市场的性别和文化相符的身份概念。例如，女性用品广告可以强调相互依赖，而一些针对男性的广告可以强调自主。类似的，针对中国消费者的广告可以强调群体目标和成就等适合中国文化的主题。

（二）产品定位策略

人们是通过被其他人见到的消费行为及消费品来构建自己身份的。因此，消费者一般倾向于选择符合或能改善其自我形象的商品或服务。其中，产品种类的选择显然也与消费者的自我概念密切相关，自我概念也是消费者市场细分的重要心理基础。例如，一些消费者将自己视为环境保护主义者，那些以关心环境保护为诉求的公司或产品将更可能得到这类消费者的支持。美国某机构进行的一项对336名大学生的调查发现，凡是饮用啤酒的学生都把自己看得比不饮用啤酒的人喜欢社交、有信心、性格外向、有上进心和善于待人接物。

同时，产品除了具有使用价值外，还具有某些社会象征意义。例如，Rolex、Cartier、LV、Hermès、Gucci 等国际知名品牌常被消费者当作身份和地位的象征。换句话说，不同档次、质地、品牌的商品往往蕴涵着特定的社会意义，代表着不同的文化、品位和风格，可以作为表达消费者身份的外在符号。通过对这些商品或劳务的消费，可以显示出不同的个性特征，加强和突出个人的自我形象，从而帮助消费者有效地表达自我形象，并促进实际自我向理想自我转化。例如，对购买者来说，劳斯莱斯、宝马显然不只是一种单纯的交通工具，更是一种身份和地位的象征。

Belk 发展了一种称为"延伸自我"的理论来解释这种现象。延伸自我是消费者自我概念的扩张与延伸，它说明了消费者有时根据自己的拥有物来界定自我。因为有些拥有物不仅是自我概念的外在显示，同时也构成了自我概念的有机组成部分。这些关键拥有物不一定是市场价值高的物品，也不一定是外显的，但却是对其延伸自我有意义的东西。例如，一个纪念品、一张照片、一只宠物，这些小件物品对某些人而言具有某种独特意义，寄托着某种特殊情感，这些东西对某些人的含义超出了其市场价值。旅游爱好者收藏的各地纪念品，代表着他的经历、回忆，体现其见多识广的个人价值，这些纪念品也就成了其延伸自我的一部分。另外，延伸自我也与非产品实体相关，粉丝现象就与延伸自我有很强的关联。例如，有人以皇马球迷俱乐部会员作为其延伸自我的方式；有人因为是某明星的好友、亲戚或同学而自豪。

当然，并不是所有的商品都具有象征意义。有些功能性商品，如食盐、肥皂、工具、药品等就没有什么象征意义，这些商品在社交中很少被人注意，品牌差异度很小。最有可能成为传递自我概念的符号或象征品的商品大多具有三个方面的特征。

（1）能见性：它们的购买、使用和处置很容易被人看到。

（2）禀赋差异性：由于禀赋的差异，某些消费者有能力购买，而另一些消费者则无力购买。如果每人都可以拥有一辆奔驰车，那么这一商品的象征价值就丧失殆尽了。

（3）拟人化特质：能在某种程度上体现一般使用者的典型形象。如劳斯莱斯轿车，车鼻上顶着纯金的牌号，车厢内的真皮沙发和大面积的胡桃木镶板，其沉重的车身、柔软的悬挂和几乎无声的引擎，增加了舒适和安稳的感觉。因其独有的浓郁的贵族气息，过去看到劳斯莱斯，人们就会联想到奢华极致的英国贵族生活。再加上年产量只有几千辆，限量供应，价格特别昂贵，现在它更成为财富、权力、名望的象征。

即使不是个人延伸自我的一个重要组成部分，拥有一件产品仍然会对一个人产生影响。纯粹拥有效应是指拥有者对某件产品的评价高于非拥有者的倾向。这种效应在获得某种东西之后会立即出现，而且随着拥有时间的增加而强化。所以，我们倾向于在得到一件产品后比得到之前赋予它更高的价值。同时，相对于别人拥有的同样或类似物品，我们更倾向于高估自己拥有物的价值。

延伸自我不仅体现于实际自我，也体现在消费者对理想自我的追求上。符号性自我完成理论（Symbolic Self-completion Theory）指当个体在自我定义尚不完整、缺乏某种特质时，可运用具有相关符号的象征型产品，去让自己拥有这样的特质。淘宝上各种明星同款商品卖得很火，主要是因为粉丝们希望能通过对他们的模仿获得一种身份认同，满足其"理想的自我形象"。相反，一个十几岁的少女可能通过拒绝她曾经十分迷恋的芭比娃娃，来声明或表达她已不再是一个小孩子了。

（三）情境定位策略

自我概念一致性更多地与公共场合的消费情境相联系（如与朋友在酒吧喝啤酒），而对于个人消费情境（如在家喝啤酒）的影响则较弱。

从自我概念上看，对于在公共场合使用的产品或者品牌来说，社会的理想自我概念对品牌选择的影响比实际自我概念更大；对于在私下场合使用的产品或者品牌来说，实际自我概念对品牌选择的影响比理想自我概念更大。例如，就某些日用消费品来说，消费者的购买行为可能由实际的自我概念来指导；对于某些社会可见性较强的商品来说，他们则可能以社会的自我概念来指导其行为，这时其消费主要是为了符合或影响他人对自己的看法，某种程度上是"为别人而消费"。因此，在营销策划（如产品设计、广告设计）中，应当考虑适宜的产品使用场合或情境。

（四）心理定位策略

消费者会通过购买、展示和使用品牌产品来定义、维持和提升自我形象，并向他人展示这种自我形象和自己的生活方式。因此，企业应通过整合营销沟通手段展示并增强消费者的自尊感和自我形象，向他们承诺或暗示使用具有这种品牌个性的产品，将帮助他们实现理想自我或产生更强的自我形象，从而使他们产生自尊感和自豪感。

营销者也可以通过"揭示差距"与"提高理想"的方式，强化消费者现实自我与理想自我之间的差距意识，刺激消费者通过某种产品来弥补差距，"改善"自我或接近理想的自我形象。例如，衣服、装饰品及其他附属品（如化妆品、珠宝等），都为消费者提供了改变他们的外表，进而调整他们"自我"的机会。消费者可以通过化妆品、发型或头发颜色、眼镜等改变其外表或身体的某些部分，从而创造一个"全新的"或"改善"了的人。

当然，自我概念的影响作用还与个人因素有关。自我概念一致性对那些自我监控力强或更看重别人看法的消费者更为重要，对那些不太在意他人看法的人则不大起作用。社会自我意识强的消费者更倾向于通过商品展示其个人形象，例如，奔驰车的消费者通过开奔驰展现自己的社会地位；苹果公司产品的消费者展示自己对科技、生活、审美的态度；购买曼联球衣的消费者展示自己属于曼联球迷这一群体；访问B站的消费者可能是为了展示自己不属于现实世界这一群体。

自我概念的不同类型对消费者心理和行为的影响也存在差异。例如，倾向于社会自我的消费者更容易受到参照群体影响，更加考虑产品的群体合群性，注重产品的社会性象征意义及其社会影响，以及如何有利于建立维护消费者与集体和他人的关系。在进行购买决策时，消费者会更多地考虑社会规范、他人的影响，以及后果对于自己声誉和与他人关系的影响，因此不易采取冒险的消费决策，冲动性购买较少。

另外，在不同的文化背景中，自我概念也会有所不同。与西方国家的消费者相比，有些中国人比较强调"脸面"（或"面子"）的重要性，"脸面"实际上是他人眼中的自我，以及在他人眼中保持自己所渴望的形象和地位。在消费活动中，这部分中国人更容易将产品或品牌与"面子"联系起来，在送礼、宴会等倾向性消费时更注重产品的声誉和标志地位的符号作用，甚至导致炫耀性的消费行为。而西方文化则倾向于强调个人自我，每个人都独立发展，将自我的形象掌握于自己手中。

第三节　生活方式与消费行为

年龄、性别、个性、职业、社会阶层、文化背景等往往是在广义上和非具体的范围内影响消费者行为，而受这些变量影响形成的生活方式则更能和消费者的购买行为建立一种显著而直接的关系，而且生活方式不仅包含人口统计因素的特点，同时还具有丰富的心理特征色彩与多维度的特点，可使营销人员更加深入地了解消费者行为。在网络时代，互联网将地理属性的分散需求聚拢在一个平台上，形成规模化的共同需求，这是网络平台化和信息开放交流的结果。因而，以往按照地域、教育程度、收入、年龄、阶层来划分目标群体的方式，逐渐转变为倾向于按照兴趣、价值观、娱乐和生活方式等共同的行为方式来细分人群。

中国近50年生活方式的变化

资料链接 2-4

叫卖"生活方式"将成为时代发展潮流

企业在推广一种产品或服务时，往往提炼出了很多卖点以吸引目标消费群体，尽管很多卖点相对于竞争对手的产品或服务而言，也不乏差异化与新意，但却难于引起市场反应。为什么会出现这种情况？就是因为卖点太多、太散，缺少一个精神上、灵魂上的东西，也就难于触动消费者的"神经"。当然，这里精神上、灵魂上的东西，就是生活方式，就是消费者的梦想。可以说，生活方式是产品或服务卖点的凝聚与升华。

一种理性而成熟的生活方式要具备几个特点：一是这种生活方式要安全、健康。安全包括品质安全、消费安全与服务安全；健康包括生理健康、心理健康。二是这种生活方式要能体现消费者的个性、理念与精神。三是这种生活方式要体现出消费者的身份与地位。四是这种生活方式要满足消费者对产品或服务的功能性需要。五是这种生活方式是消费者在现有条件下就可以实现或经过努力后也可以实现。可见，一种优秀的生活方式必然可以抢占消费者的心智资源。例如，某品牌强调卖一种生活方式、一种人生理念，并以"good life"为品牌格言，希望顾客一看到这个品牌，就联想到享受生活，该品牌成为享受生活的代名词。

无论采取何种方式进行销售推广，尤其是广告推广、人员推广，消费者总是持一种很强的戒备心理。这是因为很多卖点或销售主张离消费者的距离太远，且显得生硬而冰冷。例如，北京现代城SOHO如果不厌其烦地向消费者推销地段、交通、配置、容积率、绿化率、升值空间、物业管理等硬性指标，而没有采取打"居家办公"这张生活方式牌的话，效果就未必理想。那些硬指标往往是理性诉求，是一种叫卖式营销，而叫卖生活方式则更为感性化，甚至可以走情感营销路线，以渗透式营销为主，更容易触动消费者最敏感的那根"神经"，让有梦想的消费者做出购买决策并实现自己的梦想，因为消费者对一种产品或服务的认同,往往首先是从理念、文化和意识形态上进行,然后才是一些具体细节上的认同。

资料来源:贾昌荣,2007. 卖啥也不如卖生活方式[J]. 现代营销(10):77,略有改动.

一、生活方式的含义

生活方式又称生活形态,指的是人们对于如何生活而选择的方式。具体来说,就是个体在成长过程中,在与社会诸因素交互作用下而表现出来的,并且有别于他人的活动、兴趣和态度的综合模式。比如,如何打发时间;觉得什么东西是有趣和重要的;如何看待自己或周围事物。生活方式是回答一个人、一个群体以至一个社会中的人们"怎样生活"的概念的。生活方式能涵盖人们的一切生活领域,主要包括人们的家庭生活方式、消费方式、闲暇方式和社会交往方式四个方面。在消费社会中,消费生活成为人们生活方式的主要内容。因此,不少研究者往往用消费方式概念替换生活方式概念,或者演化为更加具体的消费方式研究。消费者行为学关注的重点也是不同群体的消费方式,包括消费观念、如何使用时间和金钱等。

生活方式可以通过个人的活动(Activities)、兴趣(Interests)和意见(Opinions)来加以辨别,这也就是所谓的"AIO"。例如,我经常听流行音乐(活动);我对最新的时尚趋势很感兴趣(兴趣);一个人的穿着打扮很重要(观点)。Wells & Tigert 设计了 AIO 量表,后来又将人口统计变量也引入 AIO 量表之中,如表 2-3 所示。

表 2-3 AIO 的主要构成

活动	兴趣	意见	人口变量
工作	家庭	自己	年龄
嗜好	家事	社会问题	教育
社会事件	职务	政治	所得
度假	社会	商业	职业
俱乐部会员	流行	教育	居住环境
娱乐	休闲	经济	家庭人口
社区	食物	产品	地理区域
逛街购物	媒体	未来	城市大小
运动	成就	文化	生命周期阶段

玩夺宝奇冰,
赢清风跑鞋

生活方式的形成受到多种因素的影响,包括文化、经济、价值观、群体、个性、自我概念和人口统计特征等因素。不同区域、不同群体、不同社会阶层、不同时代都会形成不同的生活方式。与美国女性相比,日本女性更注重以家庭为核心、对价格不太敏感和不太可能开车。由于这些偏好,日本女性比美国女性会花费更多的时间在家准备饭菜,并且愿意为能够提高饭菜质量的产品付高价。这些反映的是国家或地区环境对生活方式的影响。对于伴随着手机长大的"00后"消费者而言，智能手机、视频分享、SNS社群、网购、快递、网游、二维码等构成了新的消费行为生态系统，形成了崭新的生活方式。而"改变消费者行为的许多生活方式都是由年轻消费者所推动的"（Solomon），营销者应当特别关注年轻消费者生活方式的变化趋势。

生活方式与个性、自我概念既有联系又有区别。一方面，生活方式在很大程度上受个性、自我概念的影响；另一方面，生活方式关心的是人们如何生活、如何花费、如何消磨时间等外显行为，可以作为判断消费者购买行为的直接依据，而个性、自我概念则侧重于从内部来描述个体。生活方式和消费过程的交互影响，如图2-9所示。

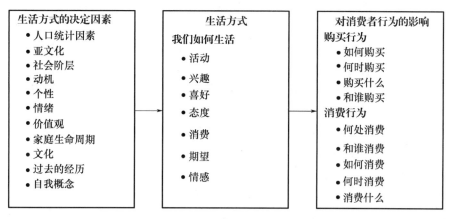

图2-9 生活方式和消费过程

资料来源：霍金斯，贝斯特，科尼，2003.消费者行为学：原书第8版［M］.符国群，等译.北京：机械工业出版社.

目前，国外关于生活方式的测量方法主要有AIO模型、LOV（List of Value）模型、VALS2（Values and Lifestyle 2）模型、地理生活方式分析（Potential Rating Index by Zip Market，PRIZM），但这些方法并不能深刻揭示我国居民的典型生活形态。另外，社会阶层也会对生活方式产生重大影响，可以根据消费者的年龄、收入、职业、社会地位、财富等外部指标来划分族群，从众多生活方式因素，如休闲娱乐、合群导向、生活起居、文静内向、自信独立、追求新知、家庭倾向、社交活动、稳定倾向、寻求刺激、满意现状、时间利用、安定平凡等侧面，对各个族群在生活态度和价值观方面的差异进行描述和比较。

中国中等收入阶层的生活方式

二、生活方式营销

生活方式影响我们的需求和欲望，同时还会影响我们的购买和使用行为。生活方式可以被用来分析消费者生活的某一具体领域，如户外活动、娱乐方式、饮食习惯等。许多企业开展个人生活方式或家庭生活方式的研究，特别是和本企业产品或服务密切相关的领域，以了解某类生活方式与某种消费之间的联系。

生活方式营销的目的就是让个体消费者能够以他们追求的方式享受人生并表明自己的社会身份，因此这一策略的关键就是关注消费者在其期望的社会情境下对产品的使用，强调从消费行为模式的角度去认识和满足消费者。实际上，很多产品和服务看起来是"配

大数据揭示我国消费升级特点

套"的,这通常是因为它们容易被同一类人选中。很多时候,一个产品如果不与配套产品一起出现就"不合理",又或者与其他产品一起出现时显得不协调。从生活方式营销来说,首先就应当识别一系列看上去在消费者观念中与其特定生活方式相关的产品和服务,如果不能创造一种生活方式,就必须服务于一种生活方式。

生活方式在营销实践中的具体运用包括以下几个方面。

(一)市场细分

将生活方式作为消费者分类的方法被认为是市场细分重心从人口统计向心理地图演变的结果。目前,国内外基于生活方式的市场细分方法普遍存在。如吴垠的China-Vals模型将中国消费者分为个性表现族、勤俭生活族等十四族群。在社会生活中,我们也常将某些消费者归入不同的生活方式群体。例如,"极简主义生活方式""轻奢主义生活方式""佛系生活方式""空巢生活方式""乐活生活方式"等。

生活方式市场细分提供了大量关于各种类型消费者的不同需求、活动特征和市场规模等信息,关于消费者的活动、兴趣和观点等方面的信息可以帮助营销者推断哪些产品可以满足他们的哪些需要。例如,喜欢极限运动的消费者是相关装备的目标市场。因此,生活方式市场细分是进行生活方式营销的前提。

(二)市场定位

在生活方式市场细分的基础上,营销者可以选择一个或多个消费群作为某种产品或品牌的目标市场,将相关产品的性能、价格、文化或品牌定位于某一特定的生活方式,使产品与目标消费者理想的生活方式相适应,从而吸引具有该种生活方式的消费者群体。例如,某些产品设计往往标志着具有不同生活态度的人群,如白色、简洁、布艺感标志着朴素、精致、极简主义的生活态度;抽象、扭曲标志着前卫、尝鲜的生活态度;银色、黑色、金属感标志的是严谨、时尚、拥抱科技的生活态度。当我们确定了产品的目标人群之后,就应当将产品设计赋予相应的生活方式标志,这样更容易被目标消费者所接受。

生活方式营销应促使人们在追求他们的生活方式时,不要忘了特定的产品或服务,并使这些产品或服务成为他们生活方式的一部分。只有当产品与特定的人、社会背景融为一体时,它才能创造出一种特有的生活方式或消费方式。例如,无印良品(MUJI)几乎涉及消费者衣食住行所需要的所有商品,但都以简洁、环保、纯朴无华的设计和产品,向消费者宣扬着自然、简约、质朴的生活方式。无印良品(MUJI)是目前生活方式营销中践行得最好的品牌——因为它就是生活方式本身。

(三)营销传播

对于生活方式营销来说,由于消费者需要的不再是商品或服务的廉价,而是需要自己想要的一种生活状态,因此,在生活方式的营销传播中,企业首先要确立一个和自己所要推广的品牌或者产品相挂钩的生活方式的具体概念。例如,天猫将宣传语从"上天猫就购了"更改为"理想生活上天猫",将天猫这个卖货平台升级为理想生活方式的倡导者;网易严选的宣传语是"好的生活,没有那么贵";亚朵的宣传语是"人文、温暖、有趣的新中产生活方式品牌";抖音的宣传语是"记录美好生活";支付宝的宣传语是"数字生活开放平台"等。然后在品牌或产品的推广过程中始终贯穿这样的概念,让消费者感觉到生活就应该是这样。比如在广告中,我们可以设计跟消费者生活方式相对应的角色形象、艺术背景、生活场景等。

另外，在生活方式营销中，还要注意掌握消费群体独特的传播偏好、偶像偏好，以此来确定媒体的使用类型与传播策略。例如，小红书最早是一个生活方式分享平台，成千上万的消费者在这里通过短视频、图文等形式标记生活点滴，交流消费心得和购买经验，其真实、朴素、平等的社区风格得到了许多追求高品质生活的中青年女性消费者的信任，她们希望在这里找到一些更能匹配自己生活方式的商品。小红书则通过大数据和人工智能，将社区中的口碑内容精准匹配给对它感兴趣的消费者，从而提升了消费体验。

（四）整合营销

因为生活方式细分对消费者生活的各个方面都进行了系统的描述，所以可以针对目标市场制定整合的营销策略，使得营销环境、营销策略与消费者的生活方式达成一致。例如，一家经营葡萄酒的公司针对年轻白领人士崇尚"优质、优雅和时尚"的健康生活方式，打造出"优生活·云连锁"的商业模式。它以诠释生活理念的主题沙龙店、跨境商品直购店为线下体验空间，线上涵盖网站、手机 App、微信客户端，实现线下体验、线上下单，以及云服务跟踪一条龙服务。该项目集进口葡萄酒、进口食品，跨境电商、保税商品、完税商品直营于一体，致力于引进"健康、优质、高性价比"的产品服务于白领人士，还为向往时尚"潮预订"的新生代消费群打造预订进口新品的 C2B 服务模块，并以"中心店＋社区基准店＋微终端"的连锁实体终端来解决产品到消费者手中"最后一公里"的问题。

乌镇互联网医院：21世纪健康生活方式

三、LIIS 模型

LIIS（Lifestyle Identify Interaction Share）模型是美团点评与胖鲸智库基于目前中国消费者生活方式和传播环境所提出的营销模型，如图 2-10 所示。

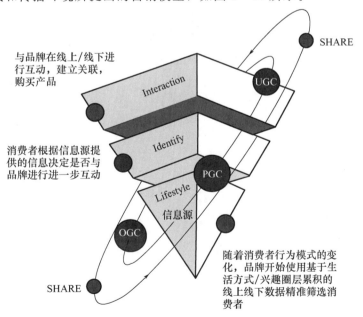

图 2-10　LIIS 模型

在移动网络时代，新技术及大数据使量化用户线下生活路径和行为成为可能，可以勾勒出清晰的用户生活方式与需求模型，商家据此可以将与用户匹配度高的内容推荐给消费者，并通过提供与之相关的场景化体验，吸引消费者与品牌展开线上线下的深度互动，实现从 push 到 pull 的转变。而在整个过程中的任何节点都可以实现用户的"分享"，从而保持整个流程的循环往复。

对于品牌来说，LIIS 模型能够帮助品牌升级对消费者的理解，基于生活方式及兴趣圈层推送内容，更精准地定位到消费者，同时也为消费者简化识别有用信息的过程。在提升广告触达及转化效果的同时，与消费者建立深度连接，实现品效合一的营销目标。

在 LIIS 模型中，个体消费者的生活方式对品牌的营销决策起决定性作用。在生活方式营销时代，品牌应该从用户的生活场景出发，覆盖与品牌/产品相关的细分场景，同步分发信息和销售转化入口，减少消费者的流失。线上营销要高质高效为线下经营赋能，线下经营数据则能指导线上营销策略，提升营销精准度和触达能力。

思考题

1. 在营销活动中，应当着重关注消费者的哪些个性特点？
2. 举例说明营销策略与消费者个性心理的关系。
3. 如何理解品牌个性与自我概念之间的关系？
4. 试以你自己为例，说明自我概念与消费选择之间的关系。
5. 网络的出现给我们的生活方式带来了怎样的变化？给市场营销带来哪些机会和挑战？

第二章 在线题库

第三章

社会因素与消费行为

学习目标

- 理解社会文化与消费行为的关系；
- 了解文化的概念、构成及社会文化组成要素对消费行为的影响；
- 掌握参照群体的影响作用和决定参照群体影响作用的因素；
- 理解网络消费社群对消费者的影响作用。

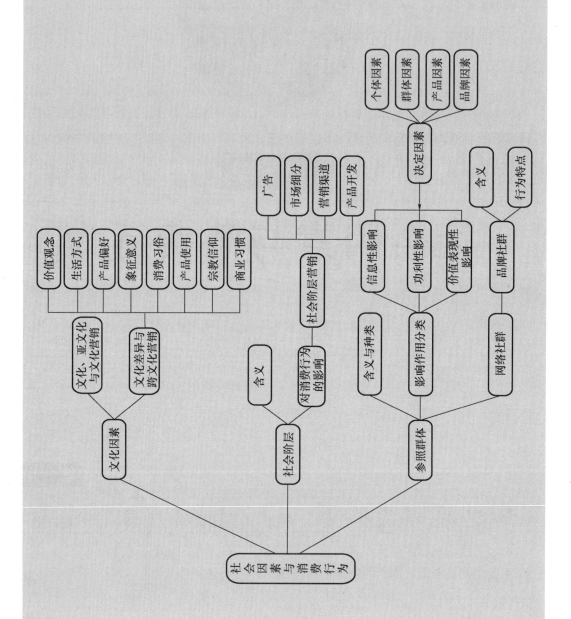

思维导图

导引案例

宜家家居在印度的营销策略

2018年8月9日,印度首家"宜家"开业,吸引了成千上万的顾客,导致城市交通瘫痪。宜家是如何用打入印度市场的呢?

在印度,不同地区、种族、宗教对于家居的要求各不相同。在这般极端多元化的市场环境中,宜家还需要面对空间、设计等方面的问题,并应对印度政府苛刻的规定和法律条款,宜家通过深入了解印度消费者的生活,制定了符合实际的跨文化营销策略,成功打开了印度市场。

在产品方面,宜家根据对当代印度风情的探访,将印度城市景观、纺织品和图案以视觉形式呈现在最终的产品系列里,将其取名为斯瓦顿,并以印度传统手工工艺为核心元素,与斯堪的纳维亚风情相融合,堪称宜家印度努力尝试的典范。

在印度,湿度、水分、清洗方式和产品用途都存在问题,宜家为此调整了上千件产品,比如用香蕉叶制作篮筐,或是用椰壳纤维制作床垫,以适应潮湿的气候条件,在尊重大自然的同时也进行了充分利用。宜家还推出了为当地消费者专门打造的产品,比如装咖喱的盒子、"塔瓦斯"印度煎锅及印有当地多种语言文字的门垫等。

在促销方面,宜家在官网上专门为印度开辟了专栏,叙述其深入印度市场的经历。宜家还专门为印度打造了宣传片,以展现宜家产品为印度大家庭创造的舒适便利的生活;并在当地的突突车上投放广告,将宜家色系与印度风情相结合,以此造势。

印度首家宜家商场的室内设计极具印度风味,除了运用大量的印度景点图案进行装饰点缀,一些橱柜和台面也为适应印度妇女的身高而降低高度。此外,由于印度的孩子们在进入小学前都是与父母同住,宜家的主卧样板间也将儿童房纳入其中。

面对文化与环境差异,宜家采取了"入乡随俗"的做法,比如印度人民喜欢特别鲜艳的颜色,宜家就让陈列用色更加大胆;印度家庭普遍孩子多,宜家就出了多组合洗漱收纳,还能贴名字;印度人均居住面积小,宜家便设计了小空间样板房供印度人参考;以北欧风著称的宜家在面对印度这个有着丰富图案花纹历史的大国时,特地和当地设计师合作,打造出属于印度的花纹系列,赢得了印度消费者的好感。

宜家相信"简约、清新、自然"的瑞典特色不会局限于瑞典,能够打破国界的限制。故而,即便是面对色彩明艳的沙丽、夸张的金色首饰这般极具异域风情、充满多元化特色的印度,宜家也依旧坚持其"黑白灰"为主的斯堪的纳维亚风格的精髓,但宜家结合了印度传统的手工技艺,在产品设计、店面设计上也充斥着"印度风",融入印度景点的图案、推出印度煎锅等。

"跟饥肠辘辘的人是做不了生意的。"宜家创始人Kamprad的这句话也正是宜家在商场开设餐厅、售卖食品的原因。面对印度政府对于商品出售的限制,宜家仍坚持,必须将包括宜家餐厅在内的所有产品和模式都引入印度。不过,宜家也相应调整了其标志性的自助餐厅,菜单也增添了印度特色食品,同时迎合了有些印度人不吃牛肉或猪肉这一需求,将经典的瑞典肉丸改以鸡肉或素食制作。

资料来源：陈宇虹，2019. 跨文化营销案例分析：以宜家家居在印度的营销策略为例 [J]. 广西质量监督导报（02）：92.

 问题

1. 你从宜家公司的跨文化营销战略中受到了什么启发？
2. 在复杂多元的印度文化背景下，宜家还应考虑哪些文化环境因素？
3. 宜家公司的全球化营销策略体现在哪些方面？你觉得宜家公司应该更全球化，还是该更本地化一些呢？如何协调这两者之间的关系？

消费者的消费心理与消费行为，不仅受到心理活动过程及自身特性的影响，以及营销环境刺激的直接影响，而且还要受到来自外部的其他环境因素的影响，主要包括社会环境和物质环境两个方面。营销者对大部分的社会环境和物质环境是不能直接控制的，而消费者会受到这些环境因素的深刻影响。消费者行为中一些独特的表现，有些是文化方面的原因，有些是经济、市场环境或制度方面的原因。基于前者造成的消费行为差异是长期的、根本的。基于后者造成的消费行为差异是短期的、阶段性的。

社会环境可分为宏观和微观两个层次。其中，宏观社会环境因素可概括为科技、经济、政治、法律、文化和亚文化等，这些因素的影响作用往往是普遍、间接和持久的；微观社会环境因素包括家庭、参照群体等，其影响作用相对要直接和明显一些。图 3-1 表明了宏观环境（文化、亚文化群和社会阶层）对微观环境（家庭、相关群体）及个人的社会影响。本章将对文化和参照群体的影响作用进行重点阐述。

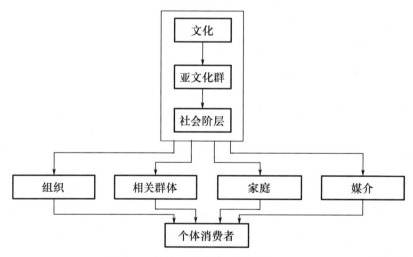

图 3-1　社会环境间相互影响的流程图

图 3-1 还列出了能够把宏观社会环境中的意义、价值观和行为模式传递给消费者的其他社会因素。这些因素包括媒介（如电视、报纸、杂志、电影、文学、音乐等）和其他组织（如宗教组织、教育组织、政治组织、政府等）。组织也包括那些制定营销战略来影响个体消费者的商业性公司。

第一节　文化环境与消费行为

作为社会的一个成员，人是在与文化的相互作用过程中成长的。一定的文化环境影响着人的心理发展和行为，也影响着人的消费行为。虽然文化对消费者行为的影响并不像营销措施那样直接和明显，但"文化是影响人的欲望和行为的基本因素""文化因素对消费者行为的影响最为广泛和深刻"。短期变量并不能解释全球化消费与本土化消费的根本不同。例如，经济收入水平的差异会造成消费行为的不同，但随着收入的提高，这种不同就会消失。只有文化才会使全球化消费和本土化消费这两类基本消费行为的差异长期存在。

在 Web2.0 背景下的 4I 营销时代，如何准确而细腻地把握消费者的不同文化心理，往往会成为商业成功的关键因素。eBay、MSN 在中国败走麦城并不是偶然的，而淘宝、腾讯这些成功的本土互联网企业能更加深刻地洞悉中国消费者的文化心理，"淘宝""11.11 光棍节""支付宝红包"这些名称都反映出对中国民众喜好心理的准确把握。

一、文化与亚文化的含义

(一) 文化的含义

从狭义上讲，文化是指社会意识形态，包括文学、艺术、教育、道德、宗教、法律、价值观念、风俗习惯等。大体可分为文化价值体系（如价值观）、文化信念体系（如宗教信仰、文学、知识）、文化规范体系（如社会习俗、法律）三个方面。文化要素以多种形式在诸多方面构成一个社会的社会规范和价值标准，影响和制约社会成员的行为，当然也包括他们的消费行为。

文化对消费心理的影响主要是通过影响消费者个体和影响消费者所处的社会环境来实现的。文化营销旨在通过文化要素在品牌与消费者之间建立起一种联系，优秀的商品品牌无不蕴含着丰富的文化内涵，文化赋予消费者情感体验，也造就了商品品牌的人文价值，能够让品牌长久散发魅力。例如，曲阜老窖长期不温不火，后来更名为"孔府家酒"，并配以古朴典雅的包装，赋予其厚重的儒家文化内涵，其品牌价值大增，并被评定为中国十大文化名酒。江小白从年轻人的休闲文化入手，反向鄙视喝茅台的商务文化、成功文化，从而在"陈词滥调"的白酒文化中找到了新的意识形态，并成为江小白作为新品牌撬动旧市场格局的一大切口。品牌文化的内涵如图 3-2 所示。

IP 是什么

图 3-2　品牌文化的内涵

许多品牌通过与文化 IP 联姻塑造了良好的品牌形象，例如，故宫 IP 有着深厚的传统文化积淀、丰富的内容资源和强大的叙事衍生能力，故宫博物院充分挖掘故宫这一超级文化 IP，开发出多款文创产品，仅 2017 年，故宫文创的销售收入就已经达到 15 亿元。迪士尼等超级 IP 都有着丰富的文化内涵，自带流量且辨识度极高，具有极大的商业开发价值。

 案例链接 3-1

"董小姐"的文化营销

浙江小王子食品股份有限公司（下文简称小王子公司）认为非油炸薯片是现有薯片市场的升级换代产品，决定将这个产品作为大单品进行文化创意和营销传播上的打造。

《董小姐》是宋冬野创作并演唱的一首著名的网络民谣。小王子公司将产品取名为"董小姐"，借用了流行的"董小姐"网络文化，成功注册商标作为知识产权保护，把都市 15~35 岁年轻女性作为目标群体，利用包装设计、微信、微电影等形式打造独特的产品体验，并将散装渠道作为主打渠道，同时结合时下流行的"互联网＋"进行营销。

董小姐有与生俱来的戏剧性。把董小姐的歌词改编，融入流行元素。比如改变《董小姐》的歌词。"买我走吧，董小姐，吃起来吧，董小姐！"董小姐薯片在包装上采用短发年轻女性的卡通形象，并在人物造型上进行创意设计，食品包装从来没有一款卡通形象是以背面示人的，董小姐却是第一个吃螃蟹的人。她想表现"下雨时候我也想要一把伞"，想表达一个职场女性，在坚强的外表之下也有一颗柔软的心。

后来开始升级，董小姐在试图寻找一种叫"董小姐主义"的东西。要把产品改造成为"董小姐式的女性"，让消费者去猜测董小姐的心境，从而感同身受。知识女性"董小姐"是文艺青年的"中国好闺蜜"，她倡导独立和健康向上的价值观与生活方式，她桀骜不驯，却又善解人意，拥有独立的人格。在优酷、腾讯、爱奇艺等新媒体上，董小姐在以自身的形态强化着与消费者的沟通。

董小姐还启动了《董小姐》连载小说、系列漫画、原创歌曲和 MV，用于丰富"董小姐"文化的内涵。另外，还跨界娱乐圈流行的两大"IP"——盗墓和美人鱼题材，使其更显个性。一个品牌的内涵，是依靠故事构建的，此前的董小姐是二维平面的，只有形象和设计，而现在要成为一个三维立体的，是有灵魂的。

董小姐 IP 传播不但是一种广告，而且本身就是一种无形资产，可自身增值，而且可以带动旗下多品项的销售。

一千个女人会有一千种包包，但装进包里的东西大同小异，让董小姐进入女性的包包，她可以每天换包，但是每天携带董小姐。目的就是让产品变成一种必备的、可以随身携带的角色。这样，消费频次就改变了。因此，产品形态需要"握在手里刚刚好，装到包里不嫌大"。

总体来说，董小姐成功的基因在于四个方面：产品健康化、形象符号化、文化价值观和消费社群化。小王子公司总经理王岳成这样总结"董小姐模式"——专业制造＋文化创意＋互联网传播（微营销和电商）。

资料来源：https://www.sohu.com/a/125508230_120731［2020-12-15］．

目前，经济全球化已成为现代世界经济发展的重要趋势，经济全球化必然导致市场国际化，许多企业将可能在两种以上不同文化环境下进行跨文化营销。而了解不同社会文化之间的差异，对于跨文化营销有着十分重要的意义。如果文化信仰、价值观和习俗差异过大，还必须深入地进行跨文化消费者分析，专门定制一套市场战略。跨文化消费者分析不仅包括不同国家消费者差异分析，也包括一个国家内的亚文化群体比较。表 3-1 在一定程度上描述了中美文化特点的差异。

表 3-1 中美文化特点对比

中国文化特点	美国文化特点
以儒家思想倡导的人际关系为核心 敬畏先人 顺应天意以求得人与自然的和谐 强调意义和感觉的内心体验 世界观相似，求稳求和 以亲缘关系和历史传统为文化依托 重视垂直人际关系 人们肩负对家庭、家族和祖国的责任	以个人主义为核心 着重强调自力更生 讨厌阶级划分 积极掌控人与自然的关系 关注外在感受和世间万物 对世界持开放的态度，关注事物的运动和变化 坚持理性，面向未来 重视水平人际关系 注重个性

对于经济全球化背景下的跨国营销而言，一方面，国家之间的习惯和价值差异无法回避，即所谓"入境而问禁，入国而问俗，入门而问讳"；另一方面，互联网下的信息社会和更为频繁的旅游交往又使全球文化价值观具有了更多的共性。由于全球文化和本土文化长期存在或相互并存，任何国家的消费者行为分析都必须从两个方面入手：一是全球化消费行为；二是本土化影响下的差异性消费行为。例如，一个家具商开拓海外市场时，认定每个国家的消费者都重视美观、社会认可和舒适，但不同国家的消费者对美观或如何显示社会地位的认识又存在差异，必须针对不同的市场建立不同的营销策略。可口可乐公司通过全球化广告策略每年可以节约大约 800 万美元，但即使它采用了一个全球性主题，在每个国家的广告宣传上也都要做一些改动，同时在一些国家的产品配方上也做了一定改动。海底捞在国内受追捧，在美国却遭冷遇，只因其服务方面的长处在美国全都用不上："美国人不理解为啥火锅店会有美甲服务，也不太接受店家发的发卡，还有如果服务员听到顾客交谈马上表示'我们可以提供什么'，可能一分小费也得不到还要遭白眼，因为你偷听了顾客的隐私"。

文化冲突——沃尔玛的德国遭遇

（二）亚文化的含义

亚文化是指某一文化群体所属次级群体的成员共有的独特信念、价值观和生活习惯，与主文化相对应的那些非主流的、局部的文化现象。一种亚文化不仅包含着与主文化相通的价值与观念，也有属于自己的独特的价值与观念。如中国的少数民族，他们既受自己民族独特的文化影响，又有整个中华民族的文化烙印。亚文化是一个相对的概念，是总体文化的次属文化。对于社会整体文化来说，校园文化就属于亚文化；对于特定的校园文化而言，该校园内的教师文化、学生文化、社团文化就是亚文化。每个社会成员都隶属于某一特定的组织或群体，一般来说，该群体的文化就是亚文化。

亚文化通常按照民族、宗教、年龄、性别、种族、职业、语言、教育水平、地理等人口统计特征进行划分。在亚文化内部，人们的态度、价值观和购买决策方面比大范围的文化内部更加相似。

从消费行为的角度来看，亚文化比主文化对群体成员消费心理的影响更为直接。属于不同亚文化影响范围的人，在消费方面存在着一定差异；属于同一亚文化影响范围的人，在消费方面就有较多的相似之处。一些新兴品牌往往会借助某种亚众文化的共识力、传播力，从小众需求开始，然后逐步放大做大。例如，Supreme 是从滑板文化开始的；lululemon 是从瑜伽健身文化开始；泡泡玛特是从潮玩小众文化开始的；元気森林是从二次元年轻人文化开始的。

在网络新媒体时代，青年人亚文化常常会出现某些新形式，如二次元文化、直播文化、锦鲤文化、杀马特文化、佛系文化、丧文化等，表现出青年人渴望特立独行、彰显个性等心理特点。在广告设计、品牌塑造时，应当关注、引导和适应青年人的文化现象，赋予文化营销以新的内涵。

图 3-3 是 UCC 咖啡的丧文化广告，主旨是让大家分享负能量，抒发内心的烦恼。

图 3-3　UCC 咖啡的丧文化广告

资料链接 3-1

"90 后"的"圈子文化"与营销策略

"实用""多元化选择"与"低价"是过去很多品牌吸引消费者的主要手段。在物质水平不那么发达的过去，这的确是吸引对生活品质要求不那么高的"60 后""70 后"甚至"80 后"的有效方式。

而对于成长于中国经济与文化高速发展年代的"90 后"，他们显然对生活品质有着更高的要求。从物质层面看，"90 后"更注重产品的高品质与体验细节，喜欢"小而美"的体验。

对品牌与体验细节的把握是赢得他们的关键，而非品牌知名度的大小。一个注重体验的"小品牌"在营销传播过程中突出对细节与品质的专注往往比不注重细节的大品牌更有说服力。

从情感层面看，"90后"是更加"感性"的一代，也接受过更高的教育。他们更加看重品牌与产品背后所承载的情感与文化意义，愿意为"小确幸"买单。品牌在营销传播过程中需要做"更走心"与更细腻的传播，通过"讲故事"的方式引起"90后"对品牌的情感共鸣。当然在这个过程中，品牌需要做到品牌定位、品牌个性与情感内容定位的合理匹配，不能单纯为了"情感取悦"而忽略了品牌自身定位。

在网络虚拟世界里长大的"90后"一代是害怕寂寞的一代，他们更渴望在"圈子"里寻找存在感与认同感。他们喜欢围绕自己的生活方式与兴趣建设自己的"圈子"，在"圈子"文化内（如街头文化、二次元文化、小清新文化、嬉皮音乐党、极客圈等）找到归属感、尊重与成就感。不是一个"圈子"的东西真的很难打动他们。

品牌希望实现对"90后"更为精准与打动人心的营销，首先要深入理解"90后"的"圈子"和"亚文化"，不能只停留在"个性张扬""叛逆"或者"非主流"这些针对"90后"的表象描述。在此基础上，围绕不同的文化与生活方式，讲述品牌故事，展现品牌与特定亚文化共鸣的一面。例如，受国内"90后"追捧的潮牌Supreme以纽约兴起的滑板运动为主轴，店内吸引了知名滑板好手和街头艺术家经常到Supreme店面聚会，渐渐Supreme成为代表纽约街头亚文化的街头潮流品牌，进而成为世界知名潮流品牌。反观我们国内不乏针对年轻群体的时尚品牌，但往往靠款式的模仿与低价生存，忽视文化与生活方式的打造，品牌难以实现质的发展。

"90后"在很多人眼里好像永远停留在学生时代与青春期，个性张扬但思想空洞，娱乐化就是他们的一切。直接、感性、好玩与口语化是"90后"喜欢的沟通方式，但有趣、搞怪与耍酷并不是"90后"营销的全部元素。在互联网文化环境下长大的接受过更多教育的"90后"是更会独立思考的一代，只不过他们有着让别人看不懂的表达方式——"是我没内涵，还是你不懂我？"在对"90后"群体营销沟通过程中，"好玩""新鲜"与"酷"并非内容与形式上的全部，品牌更需要通过"深度"内容去刺激"90后"去思考与讨论，引发他们的共鸣。

当然所谓的"深度"内容并不意味着要"故作深沉"，而是要借助于"90后"的语言和符号进行表达。青年文化媒体Vice被包括中国在内的全球潮流青年所膜拜，除了其聚焦于亚文化的鲜明定位与内容的新奇，提供有启示性的内容，引发年轻受众的思考与讨论更是其拥有大批拥趸的关键，正如Vice中国的宣传语："拒绝无聊信息"。

"90后"是伴随着ACG（漫画、动画与游戏）成长起来的一代，"二次元"构成了90后的童年生活。面对"三次元"（现实）的种种问题，"活在当下""我开心就好"，喜欢幻想却又无能为力的"90后"会在"二次元"的世界找到一种"完美"的状态。深刻理解"二次元"是品牌做好"90后"营销的一个重要前提。一个不知道"AB站"（AcFun与Bilibili，国内两大弹幕站点）的营销者难以做好"90后"的营销。品牌不仅需要理解二次元文化的含义，更要理解二次元世界中的符号与语言，懂得什么是二次元人群的"high点"与"泪点"，学会借助二次元符号传达品牌信息。今天已有越来越多的品牌开始借助二次元进行年轻群体营销。例如Air Jordan与知名漫画系列《灌篮高手》的合作，香奈儿与《美少女战士》及Gucci与《JOJO奇妙冒险》等，均取得了市场成功。

资料来源：http：//www.ceconlinebbs.com/FORUM_POST_900001_900005_1097243_0_3cf98a3f.HTM [2020-11-13].

二、文化差异与消费行为

我们可以从以下几个方面来认识文化差异对消费心理与行为上的影响。

（一）价值观念

价值观是关于价值的观念，是人们基本的信念、信仰和理想系统。在同一客观条件下，人们对待同一个事物，由于价值观不同会导致不同的态度评价和行为反应。世界上各个国家都有与其特定文化相对应的价值观。在价值观的影响下，各国消费者会形成不同的消费观念和倾向。

东西方文化差异

例如，Airbnb（爱彼迎）在美国很火，复制到国内却频繁遇冷，因为中国人更注重隐私，不愿意陌生人住进自己的家里，顾客也很难适应晚上睡陌生人房间。又如，以美欧为代表的西方价值观主张个人主义，而东方人更强调集体主义价值观，所以，西方消费者在选择品牌时，特别注重自我感觉和标新立异，而东方消费者往往避免与众不同，容易随大流、雷同化。

Rokeach把价值观分为终极价值观和工具价值观。其中，终极价值观大多是普世性的，如健康、愉悦、幸福。而文化的差异主要表现在这些普世性价值观的相对重要性的差异上，以及工具价值观方面的不同。价值观的排序构成了文化的价值体系。例如，一项研究发现，与强调家庭美满、集体目标及与他人和谐相处的广告主题相比，北美人更加喜欢表现自立、自我提升及实现个人目标的广告信息。韩国消费者的广告态度则展示出恰好相反的模式。

（二）生活方式

一般来说，生活方式与文化有着密切联系。不同文化背景下，人们的生活方式会有较大差异，必然对消费者的购买心理和行为产生影响。在中国，由于年轻人生活方式的改变，饿了么和美团的餐饮外卖的市场份额不断增长，尤其在午餐中更受青睐。

（三）产品偏好

在不同的国家，产品偏好可能存在巨大的差异。营销者在制定产品策略时，应该考虑当地消费者的行为、口味、态度和传统的影响，否则会给自己带来麻烦。

例如，可口可乐公司在日本推出的"减肥"可乐没有成功，因为在日本减肥并不是一件好事，日本妇女更不愿意让人看到她们靠喝标明减肥的东西来减肥，可口可乐公司只好将减肥可乐更名为"轻松"可乐。日本松下公司曾自夸其电饭煲能使食物不至于太松脆，后来公司才意识到，实际上在中东地区这正是人们想要的一个特性。欧洲人喜欢纯巧克力，而不像美国人喜欢牛奶巧克力，他们认为牛奶巧克力是给儿童吃的。Sara Lee销售蛋糕时，在美国添加了巧克力屑，在澳大利亚添加了葡萄干，在中国香港添加了椰子。鳄鱼皮手袋在亚洲和欧洲都十分受欢迎，但在美国却反应一般。Heinz针对中国不同地区、不同年龄段的婴幼儿采用了不同的产品配方。例如，南方儿童患缺铁性贫血、佝偻病的较多，该公司在南方市场销售的食品中钙、铁含量较同类产品高出近三倍；北方儿童缺锌的较多，该公司在北方市场销售的食品中增加了锌的含量。

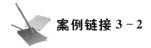

案例链接 3-2

中国"非洲手机之王"称霸非洲市场

传音手机,这个国内并没有太大知名度的品牌,在非洲大陆部分国家却占据了40%的市场份额,在撒哈拉以南更是家喻户晓。有统计显示,2016年传音手机出货量超过8000万部,远胜华为、小米等主流品牌。深圳传音公司2007年开始进军非洲,当时距其前身传音科技成立不足两年。经过10年发展,传音旗下已经拥有TECNO、Itel和Infinix等品牌,在非洲六个主要国家市场份额超过40%,成为当之无愧的中国非洲手机之王。

作为专注非洲市场的中国手机厂商,传音打开非洲市场的利器是贴近本地消费者的需求,根据非洲消费者的特点提升、改进了部分功能。

非洲消费者大多有数张SIM卡,却没有消费多部手机的能力。"我们看准了这种需求,率先在非洲推出双卡手机,因而大受欢迎。"传音公司首席营销官刘俊杰分析。

为了适应非洲消费者,传音特意成立研发团队,研发了适用于黑肤色用户的美肌模式。研发团队通过大量搜集非洲人的照片,对脸部轮廓、曝光补偿、成像效果等进行多重分析。与一般手机拍照时通过脸部识别不同,传音手机通过眼睛和牙齿定位,在此基础上加强曝光,这样非洲消费者便能拍出更加满意的照片。

刘俊杰说,传音在消费者洞察、产品研发等方面花了很多力气,非常关注细节。所以与在非洲只做国际标准产品的同行竞争中,往往以巧取胜。

2016年3月传音发布的新款手机Boom J8主打音乐功能。它随机赠送一个定制的头戴式耳机,迎合了非洲消费者经常跳舞的生活习惯,因此在喜欢音乐、舞蹈的非洲用户中非常受欢迎。

防汗、防滑、开机时音乐似乎永远不结束、来电时铃声大到恨不得让全世界听到……这些符合非洲人民使用偏好的小设计,让传音迅速占领市场。

资料来源:王云松. 小设计帮中国"非洲手机之王"称霸非洲市场[N]. 环球时报,2017-07-23.

(四)象征意义

象征是文化的重要内容。例如,中国人用红豆代表相思、用白鸽代表和平。颜色和服装等也具有象征意义,企业必须特别注意广告中使用的颜色。红、黄、绿、蓝、紫、白、黑等都有各自的象征意义。一般来说,白色代表纯洁、红色代表热情喜庆、黑色代表哀伤或庄重肃穆、绿色代表生命或青春与和平。在不同的国家,相同的颜色可能具有完全不同的象征意义。蓝色对绝大多数美国人来说,是最能代表男子汉形象的颜色,而在英国和法国,红色才具有相似的意义。在日本,灰色是同廉价商品联系在一起的;对于美国人来说,灰色却代表着昂贵、高质量,并且值得信赖。在许多拉丁美洲国家,人们不喜欢紫色,因为这种颜色与死亡联系在一起,而紫色在中国代表着高贵。一家英国银行在新加坡开展业务时,想用绿色和蓝色作为公司的象征,但咨询公司告诉它,在新加坡绿色代表死亡。

除颜色外,其他事物的象征意义也会对行为产生影响。例如,在非洲的许多地方,两头大象是噩运的象征,这迫使嘉士伯公司在其标签上加上了第三头大象。在日本,数字

"4"有不吉利的意思,因此Tiffany公司在日本出售的玻璃器皿4件套都改为5件套。服装、首饰及其他饰品也有一定的象征意义,如制服代表着某一群体或组织的成员;长袍代表保守;昂贵的珠宝代表一定的社会阶层或财富。

(五)消费习俗

消费习俗是由长期的历史文化所形成的消费习惯和风俗。消费习俗对消费者购买行为有如下影响。

(1)使购买行为具有普遍性。例如,在中国传统的新春佳节来临时,人们对商品的需求量比平时增加好几倍。

(2)使购买行为具有周期性。与社会潮流不同,消费习俗一经形成就会固定下来,并周期性地出现。例如,中国人在元宵节吃元宵、在端午节吃粽子、在中秋节吃月饼等。随着这些节日的周期性出现,人们也会周期性地购买相关商品。

(3)使购买行为具有无条件性。一种消费习俗之所以能够继承下来并成为一种习惯,重要的原因是人们具有从众心理,即使这种消费数量大、费用高,人们也会想法去克服困难,来满足这方面的消费需求。

(4)使购买行为具有长期性。消费习俗是人们在长期的社会实践中逐渐形成和发展起来的,习俗一旦形成就会世代相传地进入人们生活的各个方面,稳定地、不知不觉地、强有力地影响着人们的购买行为。

(六)产品使用

在国外从事经营活动时,企业管理人员必须考虑产品使用上的差别。由于消费者所处的文化背景不同,对产品的要求会有所不同。

例如,一般来说我们使用冰箱是利用它的制冷功能来保鲜食品,但是对于因纽特人来说,却是利用冰箱的制热用途来保持所放食品新鲜的。这虽然受到一定的地理因素影响,但不可否认也包含有一定的文化因素。委内瑞拉妇女洗衣服时总是将肥皂片揉在一起形成一种糊状,高露洁公司的研究人员观察到这一情况之后,决定将洗衣用的糊状物放在塑料碗中出售,这就是Axion肥皂糊,拉丁美洲的主要洗衣用品。

咖啡市场有趣地说明了文化对饮食习惯的影响。即冲即饮的速溶咖啡在英国市场占到90%的份额,在瑞典却只有15%,这是两个极端。速溶咖啡之所以能占据英国市场,因为英国有热饮消费习惯。英国人以前喜欢喝热茶,而速溶咖啡在冲饮方法上接近于茶,因此一旦英国人开始喝咖啡,他们选用速溶咖啡而不是普通咖啡是很自然的。速溶咖啡受欢迎的另一个原因是,英国人在喝咖啡时往往加入大量的牛奶,这样咖啡本来的口味就被掩盖了。瑞典却正好相反,是一个喝咖啡的国家,咖啡是最主要的热饮,人们喝咖啡时不加大量牛奶,因此咖啡的口味不会被掩盖。

另外,不同的产品类别具有不同的环境敏感性,产品的环境敏感性越强,越需要营销者花费时间和精力确定当地市场的具体情况和独特需求,做出较大程度的适应性调整。通常,工业品(如计算机芯片)因其通用性和标准化,表现为较低的文化环境敏感性。而消费品(食品、服装、饮料等)对文化差异较敏感。在跨文化环境中,即使同一消费行为也可能来自不同的需要,例如,一些研究表明,美国消费者使用牙膏主要是为了防止龋齿(功能性需要);在英国和加拿大说法语的一些地方,消费者使用牙膏主要是为了使口气清新(享乐性需要)。法国女性喝矿泉水是希望她们气色更好(象征性需要),而德国消费者喝矿泉水是为了获得健康活力（功能性需要）。

（七）宗教信仰

宗教是一种神秘化的信仰，包括宗教思想、宗教组织、宗教礼仪规范、宗教文化等丰富的内容。宗教对人们的生活习惯、消费方式都会产生巨大的影响，而不同的宗教信仰也直接导致人们消费观念和消费习惯的明显差异。

（八）商业习惯

商业习惯是指在商务活动中形成的普遍观念与习惯做法，不同文化折射出的商业习惯差异对消费者的购买行为（尤其是讨价还价行为）有着重要影响。例如，美国消费者在购物活动中比较直率，不喜欢商家漫天要价，也不愿意砍价；拉美消费者常常将价格砍得很低，并提出许多要求，再与商家慢慢地讲价；亚洲消费者则善于讨价还价，追求对自己有利的成交价格；在欧洲购物时讨价还价常常会被看作粗鲁或无知。

肖特在《亚洲消费者行为》一书中比较了东方（亚洲）与西方消费者行为的不同，如表 3-2 所示。

表 3-2 亚洲与西方消费者行为比较

	亚洲	西方
认知风格	综合的、具体的、情境导向的	线性的、抽象的、分析的
产品名称选择标准	考虑复杂的命名过程；最好是"幸运的名字"；名称是品牌态度的重要指示器	短小、有特色、好记、直接陈述产品功能
形象	强调公司形象	强调品牌形象
品牌忠诚的形成时间	比西方国家的消费者品牌忠诚的形成时间长，形成后持续时间更长	形成时间短，持续时间短
对社会风险的敏感性	对社会风险更敏感	更倾向于规避货币和功能性风险
创新扩散曲线	不对称、陡峭	对称、平缓
对待权威的态度	容忍等级、尊重权威、销售人员的角色重要	向领导提出质疑
马斯洛需求层次（由低到高）	生理需要→安全需要→归属需要→被赞美的需要→地位需要	生理需要→安全需要→归属需要→声望需要→自我实现需要
对消费品的态度	实用主义；较少冲动购买	与情感联系；较多冲动购买
购买决策过程	社会自我引导问题识别	私人自我引导问题识别
购买后行为	抱怨、退货或更换产品被认为是冒犯的行为，会使销售人员没面子；较少表达不满；卖方对买方的责任持续产品的一生	需要向商店或生产厂家表达不满并寻求赔偿；习惯表达不满
对他人的态度	年龄和性别是评价他人的重要标准；社会阶层是家庭及亲属的反映	社会阶层是收入的反映
与群体的关系	集体主义	个人主义

资料来源：SCHÜTTE H, CIARLANTE D, 1998. Consumer Behavior in Asia [M]. New York: New York University Press.

第二节 社会阶层与消费行为

消费者在社会中的地位,即社会阶层是由一系列复杂变量决定的,包括收入、教育、职业、家庭背景等。一个人在社会结构中所处的位置不但决定了他能花多少钱,还决定了他会如何花钱。

一、社会阶层概述

社会阶层是指社会中在地位、财富、受教育水平和价值观上互不相同、相对比较稳定的社会成员组成的同质群体。正是由于社会地位的差别,才使社会成员分成高低有序的层次或阶层,并形成价值观、生活方式等方面的差异。

社会阶层的划分衡量标准不仅仅是经济因素,还有其他各种社会因素、政治因素。例如,社会分工、知识水平、职务、权力、声望等。不同的国家或地区因为具有不同的文化和传统,因此用来区别社会阶层的变量也有所差异,如有些偏重财富,而有些偏重职业,但大多以使用多重指标来形成社会阶层。一般来说,无论何种类型的阶层,其内部成员都具有相近的经济利益、社会地位、价值观念、态度体系,从而有着相似的消费需求和消费行为。不同的社会阶层成员往往会表现出某些不同的行为(包括消费行为),如图3-4所示。

图3-4 社会地位的产生及其对行为的影响

如前所述,社会阶层可以是由单一变量所构成,但也可以是由一组变量所构成。其中,某些变量较另外一些变量起更大的作用。例如,"富"代表着经济资源,"贵"代表着社会地位,而"雅"则代表着人的品位,但"富""贵""雅"也不是割裂的,三者可以同时存在。

消费者行为学中讨论社会阶层,一方面是为了了解不同阶层的消费者在购买、消费、沟通、个人偏好等方面具有哪些独特性,另一方面是了解哪些行为基本上被排除在某一特定阶层的行为领域之外,哪些行为是各社会阶层成员所共有的。图3-5说明了处于同一社会阶层的消费者,其独有行为只是全部行为中的一小部分这一事实。

美国社会学家Warner依据收入来源、收入水平、职业、受教育程度、居住条件、居住地区等,把社会成员划归为七个不同阶层。而阳翼打破了垂直阶层秩序,从文化资本和经济资本两个维度提出了消费者社会阶层五分法,他将消费者分为精英阶层、知识阶层、中产阶层、新富阶层和草根阶层五个细分市场,如图3-6所示。这一分类方法对企业市场定位策略选择的指导意义更强、更清晰。

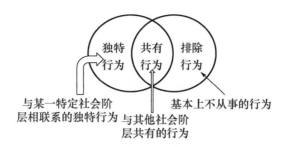

图3-5 并非同一社会阶层内的所有行为都是独特的

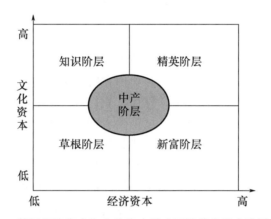

图3-6 基于经济资本和文化资本的中国消费者社会阶层五分法

二、社会阶层对消费行为的影响

个体消费者在其从事的社会活动中，总会根据自己的职业、受教育的程度、经济收入水平、社会地位等因素，自觉或不自觉地将自己界定于某一社会阶层。每一个社会阶层都会有一种被本阶层广大成员接受和认可的价值观和行为规范。处于同一阶层的人为了使自己的角色、地位与所属阶层相符，他们往往都会有意无意地遵循一种共同的规范行事，在消费行为上也表现出许多相似之处。相反，处于不同阶层的人，消费内容、消费水平、消费结构、生活方式和消费习惯可能有相当大的差别。例如，一名大学教授和一名出租车司机，在衣着打扮、娱乐消遣的方式、对价格和广告的反应、选择的产品和商店等多方面都可能存在差异。

（一）社会阶层的消费行为差异

具体来讲，不同社会阶层的消费行为差异体现在以下几个方面。

1. 产品选择和使用

在住宅、服装和家具等能显示地位与身份的产品的购买上，不同阶层的消费者差别比较明显。上层消费者的住宅区往往环境幽雅，室内装修豪华，购买的家具和服装档次与品位很高；中层消费者一般有很多存款，住宅也相当好，但相当多的人对装修可能不是很讲究，服装、家具数量不少，高档的可能不多；下层消费者住宅环境一般较差，衣服和家具的投资较少。然而，下层消费者中的一部分人员对生产食品、日常用品和某些耐用品的企业仍是颇具吸引力的。一方面，他们十分看重眼前的消费和基本生活需要的满足；另一方面，较低的教育水平使他们容易产生冲动性消费。

另外，上层消费者注重成熟感与成就感，所以对具有象征性的商品比较重视，对属于精神享受的艺术品比较青睐。就审美观而言，上层消费者的审美观较一致，而下层消费者由于受教育水平较低，对于美感的刺激，大多依赖于主观经验，因此差异性很大。

2. 休闲活动

虽然不同阶层之间，用于休闲的支出占家庭总支出的比重可能相差不大，但休闲活动的类型却差别很大。大体上说，上层消费者喜欢高尔夫球、游泳、网球等运动。下层消费者倾向于一些较耗费时间的团体活动，如篮球、足球等。

3. 信息搜寻和处理

信息搜寻的类型和数量也随着社会阶层的不同而存在差异。下层消费者通常信息来源有限，对误导和欺骗性信息缺乏甄别能力，他们在购买决策过程中可能更多地依赖亲朋好友提供的信息。中层消费者会比较多地从媒体上获得各种信息，而且会更主动地从事外部信息搜寻。不仅如此，特定媒体对不同阶层消费者的吸引力和影响力也有所不同。

不同社会阶层的消费者所使用的语言也各具特色。一般而言，越是上层消费者，其语言越是抽象；越是下层消费者，其语言越是具体，且更多伴有俚语和街头用语。所以，面向上层消费者的广告，可以使用稍长的语句、抽象的语言、充满想象力的画面或材料；相反，面向中下层消费者的广告，就可以更多的宣传其功能属性，强调图画而不是文字的运用，语言上更加通俗和大众化。

4. 购物方式

首先，不同阶层的消费者对购物场所的选择上存在差异。上层消费者乐于到环境幽雅、品质和服务上乘的商店去购物，因为在这种环境里购物会使他们产生优越感和自信，得到一种心理上的满足；中层消费者比较谨慎，对购物环境有较高的要求，但也常常在折扣店购物；而下层消费者在高档购物场所则容易产生自卑、不自信和不自在的感觉，因而他们通常选择在一般的商场、农贸市场、便利店、百货店购物。

另外，上层消费者在购物时比较自信，他们虽然对服务有很高的要求，但对于销售人员过分热情的讲解、介绍反而感到不自在，并且乐于接受新的购物方式；对于中层消费者中的很多人来说，购物是一种消遣；下层消费者受资源限制，对价格特别敏感，喜欢成群结队逛商店。在购物支付的方式上，下层消费者往往对住房等大宗消费品采用借贷的方式。

（二）社会阶层与营销策略

社会阶层不仅会影响同一社会阶层成员的生活方式和消费行为，而且，某一阶层消费者的规范和行为也会影响其他阶层的消费者。常见的一种情况是较低阶层模仿较高阶层。例如，上层人士采用的服装风格往往容易在其他阶层流行开来，其产生的原因主要是较低阶层的成员渴望通过模仿较高阶层来提升自己的社会地位或鉴赏品味。另一种情况则相反，即时尚从下层或中层向上传播。文身、牛仔裤就是从下层向上传播至高层的典型案例。

江南春：拼多多实现了底层社会的消费升级

根据消费者所处社会阶层的不同特点及其相互作用，可以从以下几个方面来考虑营销策略的制定。

1. 广告

营销人员必须了解不同社会阶层所惯用的术语、符号或象征。一般而言，下层消费者比较能接受的是直接、图像、明显和具体的广告表现手法；而上层消费者则比较喜爱间接、文字、隐喻和抽象的广告表现手法。另外，权力也是常见的象征和符号。特别是针对上层消费者而言，权力往往是有效的广告诉求，如汽车广告便常诉求权力的尊荣。

广告还要注意消费者对于阶层的"排斥心理"，避免不同阶层之间的消费排斥性。人们可能会反感其他某阶层的人消费同样品牌的某些商品，或者回避某些阶层消费的商品。20世纪末四川的"遂州大曲""千杯少"广告的语言、画面都十分幽默，令人印象深刻，但城市消费者根据广告把它定位于农民消费品，结果广告并没有带来良好销量。另外，广告也要注意消费者微妙的"高攀心理"。例如，美国某啤酒商发现不少非洲移民喜欢该品牌，于是便制作了非洲移民聚会畅饮该啤酒的广告，结果事与愿违。调查发现，非洲移民本来以为该品牌通常是美国人喝的，他们饮用时就寄托着成为真正美国人的"愿望和联想"。

2. 市场细分

社会阶层可以作为某些产品进行市场细分的标准，营销人员应根据不同阶层的购买行为特点制定出相应的产品、价格、广告、分销和促销策略。例如，快餐店的营销策略与广告，主要以购买力较弱的中、下阶层为诉求目标，而珠宝广告则大多以上层消费者为诉求目标。美国某品牌啤酒公司，就是在濒临破产的情况下，根据大多数"蓝领"阶层工人喝啤酒的特点，重新设计产品包装，进行针对性的广告宣传，仅用一年时间就使该品牌一跃成为全美第二大畅销啤酒。

当然，社会分层并非是由单一因素决定的，社会阶层的划分也往往是较宽泛的。同时，影响消费者行为的因素也是多方面的，处于同一社会阶层的消费者行为其实也存在一些差异。

图 3-7 说明了依据社会阶层制定市场营销战略的具体步骤。

第一步 将地位变量与产品消费相联系 产品或品牌使用 购买动机 符号意义	第二步 确定目标市场 收集如下数据： 实际的生活方式 欲求的生活方式 媒体使用 购物模式	第三步 发展产品定位 根据目标消费者的生活方式选择欲求的形象	第四步 营销组合决策 产品 价格 分销 促销

图 3-7 运用社会阶层的市场细分策略

3. 销售渠道

不同的社会阶层通常会展现出在不同的零售商店购买的习惯。例如，昂贵的专卖店是上层消费者主要光顾的商店，而夜市中的便宜小店则经常吸引着收入有限的中下阶层消费者。

4. 产品开发

不同社会阶层的消费者由于在职业、收入、教育等方面存在明显差异，因此即使购买同一产品，其趣味、偏好和动机也会不同。例如，同是买牛仔裤，中下阶层的消费者可能看中的是它的耐用性和经济性，而上层消费者可能注重的是时尚性和自我表现力。所以，根据社会阶层细分市场和在此基础上对产品定位是有依据的。事实上，对于市场上的现有产品和品牌，消费者会自觉或不自觉地将它们归入适合或不适合哪一阶层的人消费。

应当强调的是，处于某一社会阶层的消费者会羡慕、模仿或追求更高社会阶层的生活方式，羡慕社会上层人士所拥有的生活形态与物品，即所谓"高攀心理"。因此，越来越多的营销和广告手法也常运用上层社会的符号或生活场景，或突出商品的地位象征，来引起中下阶层消费者的模仿与效法。这是一种"打高卖低"的营销手法，这种营销手法通常出现在昂贵与时髦的商品上。例如，以中层消费者为目标市场的品牌，可以考虑根据中上层的生活方式来定位。

案例链接 3-3

中国中产阶层崛起，国货们面临着哪些机遇与危机？

2016 年 11 月初，英国权威机构经济学人智库（Economist Intelligence Unit）发布预测报告认为，至 2030 年中国将有 3/4 的国人步入中产，他们将扮演中国经济的主要贡献者。该智库中国分析学家王单（音译）分析："随着中国消费者变得越来越富裕，他们对于高质量产品和服务的需求将会越来越大。"

但是，增长的消费并未被中小企业瓜分，而是流向了境外消费、海淘和中高端品牌消费。因为中产崛起的同时也带动消费升级，高端化、品质化需求凸显。而低端产品市场的萎缩使许多中小企业赖以生存的低质廉价策略，落在了时代发展的后面。

例如，夏利曾经是国产车代名词，在汽车普及的时间里，夏利以亲民的价格与质量广受欢迎。但夏利未意识到未来中高端市场将是主流，结果错失布局良机，最终导致停产。其实夏利除了价格亲民其汽车质量也没有什么大问题，然而夏利在国人心目中低端形象已被固化。注重品牌价值的中产阶层必然会将其抛弃。

中高端消费与低端消费有着本质上的区别，如果说低端市场护城河是价格，中高端市场的护城河是技术实力与产品品质，相比刚需消费的价格横扫一切，中产消费中，产品品质与服务质量是打动中产人群购买动机的底线。低质廉价的产品难以产生用户忠诚度，一旦原来用户个人收入增加，立马就会被抛弃，在中产人群为主的新消费时代只有被淘汰这一条路。所以曾以价格为优势的华强山寨机成为了历史，而企业总部相隔不远，更注重研发与品控的华为，成长为全球智能手机品牌的前三。

资料来源：http://www.soxunwang.com/m/view.php?aid=7697 [2020-11-13].

第三节 参照群体与消费行为

福布斯的一项研究发现：81% 的受访者表示来自朋友和家人的评论会直接影响他们的购买决策。通常，消费者的头脑中都会有一些他所崇拜或者他所接受的人。这种参照群体更多的是存在于人脑中,其成员不需要会员资格也不需要一个明确的界限。

一、参照群体概述

(一) 参照群体的含义和类型

参照群体是指与个人有着相似价值观或个人在一定程度上认可其意见的群体。参照群体对个人的态度、意见偏好和行为有着直接或间接的影响。参照群体不仅包括具有直接互动的群体,而且还涵盖了与个体没有直接面对面接触但对个体行为产生影响的个人和群体。对参照群体,有三种外延:①在进行对比时作参照点的群体;②行动者希望在其中获得或保持承认的群体;③其观点为行动者所接受的群体。

消费者行为学认为,参照群体是在个体形成购买决策时,用以参照、比较的各种相关群体。消费者通过观察参照群体成员的消费方式来学习,并在他们自己的消费决策中使用同样的标准。当然,参照群体也包括消费者希望加以区分或斥拒的群体。例如,西方的青少年从 Facebook 转向 Instagram,中国的小朋友从微信转向 QQ,主要就是因为他们觉得应当与成年人的行为有所不同。

图 3-8 对参照群体按不同的标准进行了不同的分类。

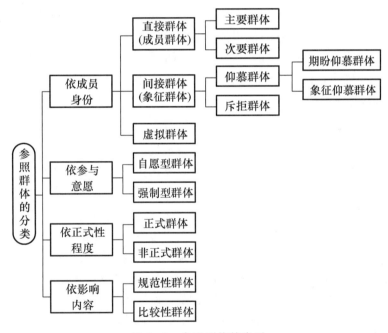

图 3-8 参照群体的类型

(二) 影响消费者的主要参照群体

1. 家庭成员

家庭属于直接群体中的主要群体,其对个体成员的消费观念、行为习惯和生活方式有较大程度的影响。家庭是个体开始社会化过程的第一个社会环境,家庭成员成为消费者最重要的参照群体。家庭还是一个购买决策单位,家庭购买决策既制约和影响家庭成员的购买行为,反过来家庭成员又对家庭购买决策产生影响。

美国社会学家 Mead 将人类社会划分为三个时代："前喻文化""并喻文化"和"后喻文化"。在"前喻文化"中，晚辈向长辈学习知识和经验，在"并喻文化"中晚辈、长辈的学习都发生在同辈人之间，而"后喻文化"中，由于知识和经验更替的速度加快，出现了长辈向晚辈学习的情况。"90 后""00 后"与互联网相伴而生，他们对信息的获取更加熟练、高效，加之对新鲜信息的开放心态，让他们成为"后喻时代"的被学习者，成为流行话语体系的发明者和发酵者。

在家庭成员中，也会出现代际影响，也就是说某一代人的价值观、习惯和行为可能会影响另一代。其中，中青年在家庭中起着承上启下的作用，对家庭消费行动影响较大，是企业营销工作的重点。但代际影响也会受到家庭关系以及各代人相对的专业知识水平影响。例如，不懂计算机的父母很相信子女对计算机产品的了解，而对一些生活常识子女要听取父母的意见。只有当相对专业知识水平很高而且家庭关系也是融洽、和谐的，才会产生高度的代际影响。

2. 购物群体

传统的购物群体通常是指一起上街购物的消费者，此时消费者可以依赖群体智慧，交流市场信息，从而对购买决策更具信心。网络口碑对消费者影响巨大，有类似购物兴趣的消费者还可采取网上团购的方式获得更多的价格折扣和服务。有些企业还采取一些激励手段，鼓励消费者传递产品和服务的使用体验与评价。如房地产企业采取免 1~3 年物业费，或给予购房款折扣等手段，鼓励现有房主推荐新的购买者；汽车 4S 店对老顾客进行现金回馈或维修与保养优惠，以鼓励他们介绍其他消费者来店购买汽车。

3. 意见领袖或名人专家

如政界要人、专家学者、影视明星、优秀运动员、歌唱家、著名作家，以及那些受到人们崇拜和爱戴的权威人士，都可能成为消费者的参照系。一些商家喜欢以某著名人物是其商品或品牌的使用者向消费者进行宣传，就是希望以这种仰慕群体的参照作用来影响消费者的消费心理。

受相关群体影响大的产品和品牌的制造商必须设法接触并影响相关群体的 KOL。意见领袖既可以是主要群体中在某方面有专长的人，也可以是次要群体的领导人；还可以是渴望（或向往）群体中人们效仿的对象。意见领袖的建议和行为，往往被追随者接受和模仿，因此，他们一旦使用或推荐了某种产品，其影响作用是很大的。

表 3-3 显示消费者在不同情景下寻求意见领袖的可能性高低。如果购买者产品知识有限但购买卷入程度很高，就很可能向他人咨询。在低度卷入的购买中，人们则较少询问意见领袖。

表 3-3 寻求意见领袖的可能性

产品/购买卷入程度	产品知识	
	高	低
高	中	高
低	低	中

意见领袖向别人提供信息和建议,并不只是为了满足自己的某些基本需求(如归属需求或尊重需求),意见接受者和意见寻求者的动机也不仅限于获取信息。表 3-4 将意见接受者和意见领袖的动机进行了比较。

表 3-4 意见接受者和意见领袖的动机比较

意见领袖	意见接受者
自我提升动机 缓解购后失调感和不确定感 赢得关注,提高身份地位 表现优越感和专业性 有探险家一样的感觉 体验"改变"他人的能力	降低购买风险 缩短购物时间
与产品相关的动机 表达对产品或服务的满足感或失落感	学习如何使用或消费某种产品 了解市场上前沿的产品动态
与社会相关的动机 交流对他人有用的产品或服务信息,与人为善,增进友谊	买别人认可的产品,可以让别人接纳自己
与广告信息相关的动机 与别人分享好看的广告,表明自己对该广告的态度	—

资料来源:希夫曼,卡纽克,维森布利特,2017.消费者行为学:第 10 版 全球版[M].张政,译.北京:清华大学出版社.

所谓 KOL 营销,就是通过那些在特定领域拥有影响力的人物,让自己的品牌、产品和受众建立联系。许多社群成员也成为 KOL 的私域流量。群邑营销总监戴冕形象地说:"如果广告的作用是在消费者的心中埋下一粒种子,那么 KOL 就是在种子上浇水。"例如,红酒品鉴领域的醉鹅娘、男性穿搭领域的杜绍斐、考研领域的张雪峰等都有很强的品牌影响力。在 Web2.0 技术下,第三方意见的传播变得非常的容易,博客的出现让消费者寻求 KOL 的成本大大降低,而博主的知名度、博主与粉丝的互动、博客的文章质量又会增加消费者的信任程度,降低其购买风险。

电商带货王的
新网红时代

4. 网络社群

网络社群是人们基于某种共同因素,如利益、价值观、爱好、兴趣或活动等,通过网络平台进行沟通的虚拟社群。这种社群是比较松散的,相互间并不一定真正认识。社群人群的相互关系呈现出虚拟性、开放性、多样性、高效性、弱联系性和平等性等特点。例如,小红书是一个以"90 后"女性消费者为主的大型消费社群,有海量的用户生成内容(User-generated Content,UGC)、专业生产内容(Professionally-generated Content,PGC)信息,还吸引了明星入驻分享。消费型网络社群可按不同标准分类,如图 3-9 所示。

另外，亲戚朋友、邻居、同事、各种正式和非正式的社会团体都能在一定程度上影响消费者的购买行为，其中一些重要成员可能成为 KOC。据 eMarketer.com 统计，54%的中国人会因为在社交媒体中他的朋友"like"或者"follow"了一个品牌而对此品牌产生兴趣。作为对比，在韩国只有 14%的人、在日本只有 6%的人会因为周围的人喜欢一个品牌而发生购买行为。

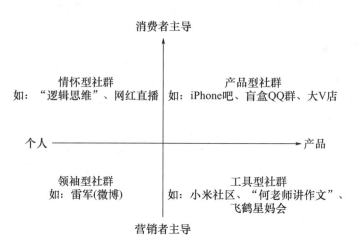

图 3-9　消费型网络社群的分类

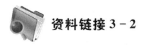资料链接 3-2

盲盒社群

盲盒，源自日本，小纸盒里装着不同样式、表情呆萌的玩偶手办。盲盒通常会成系列按照季节售卖，每个系列都会有 12 个左右的款式，每个盒子上没有写明样式，只有打开后才知道自己抽到什么。但如果你想要集齐全套玩偶或心仪的手办，尤其是买到让人惊喜的限量款、隐藏款，那就要花大价钱去抽了。

"人生就像一盒巧克力，你永远不知道下一个吃到的是什么味道。"用电影《阿甘正传》里的这句台词来形容盲盒，似乎再贴切不过。盲盒中商品的不确定性给予消费者无可比拟的惊喜感，商品的成套性激发玩家进行收藏的欲望。目前盲盒界最具代表性的是泡泡玛特推出的 Molly 系列。

为了互通有无，交换盲盒手办，许多盲盒爱好者们就通过组建专属社群，如微信群、QQ 群等，来进行炫耀、交换及交易，盲盒已经成为年轻人的新型社交货币。由于盲盒购买具有强烈的不确定性，获得限量款、隐藏款也十分不易，历经千辛万苦得到的玩家也乐于在社交平台分享炫耀拆盲盒的战果。国内盲盒销售公司也上线了专属潮流玩具社群电商平台 App，除了提供线上购买之外，用户也可以发布交易信息，互换需要的玩具。

在闲鱼上，也有很多盲盒粉丝有专门建立了"Molly 鱼塘""潮玩鱼塘"等社群，每天都会更新娃友们"换娃"及"卖娃"的信息。

很多玩家认为，收藏娃娃的乐趣不光是收集，还可能通过收藏认识同样喜欢潮玩的朋友。转让过程中越聊越投缘,相见恨晚的有很多,同城的更是很多见面熟悉之后一起参加各种展会和活动。

资料来源:http://www.sohu.com/a/342734584_419187 [2020-11-13].

二、参照群体对消费行为的影响

(一)影响作用分类

Park and Lessig 将参照群体影响划分为信息性、功利性和价值表现性三个维度,并开发了相应的量表。在信息性影响的情况下,相关群体提供信息,满足了消费者对知识的需求,群体的专门知识导致了消费者认可和接受某一产品或品牌。在功利性影响的情况下,相关群体满足了消费者从亲和关系中获得奖励的需要,群体的奖励使消费者采取了顺从行为。在价值表现性影响的情况下,相关群体满足了消费者维护身份地位的需要,使其在一群相似的人中获得自我确认,并且赢得其他成员的认同。

有关参照群体三种影响方式的内涵,参见表3-5。

表3-5 参照群体各影响方式的内涵

影响方式	目标	动机	导向	来源特征	权力类型	行为	表现	结果
信息性影响	知识	规避风险	获得满意的产品	可信度	专家权力	接纳	从他人那里搜寻信息;观察他人的消费决策	提升消费决策能力与知识
功利性影响	报酬	遵从社会	建立满意的关系	权力	奖赏或压制权力	顺从	通过消费选择来迎合群体的偏好、期望、标准和规范	赢得来自参照群体的赞扬;避免来自参照群体的惩罚
价值表现性影响	自我维持与强化	提升自我;心理隶属	获得心理满足	相似性	参考权力	认同	通过消费选择来与自己所向往的群体建立联系,并与自己所否定的群体或想要避开的群体进行区别	强化自我概念;提升自我形象;表达对参照群体的喜爱之情

上述三种影响在现实生活中是普遍存在的。但是,不同产品或在不同的情景下,参考群体对消费者行为影响的程度是有差异的。网络社群对消费者的影响方式主要是信息性影响和功利性影响。而且,信息性影响要大于功利性影响,因为虚拟的网络环境没有明显的群体规范约束,而消费者又更多地依赖他人提供的评价或推荐。

有趣的是,汽车和摩托车都同时存在着上述三种影响方式。首先,汽车和摩托车都具有技术上的复杂性,可以产生信息性影响;其次,汽车和摩托车也都有自我认同上的意义,因此也可以产生价值表现性的影响;最后,这两项产品都是外显性的商品,因此往往可以通过功利性影响,来传达对群体规范的服从含义。

图 3-10 列出了一系列消费情境和在这些情境下参照群体对个体的影响及类型。

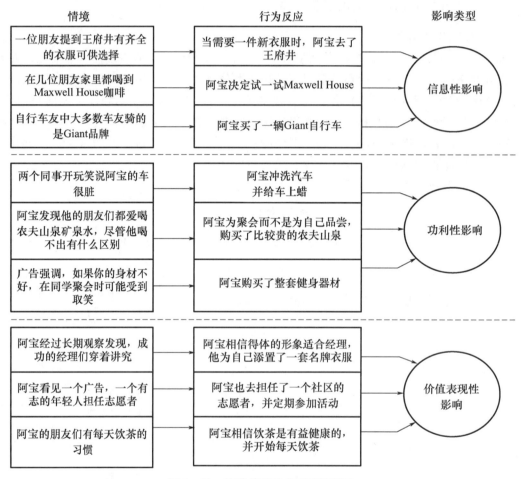

图 3-10 消费情境和参照群体影响

资料链接 3-3

电商直播环境中的社会互动

电商直播除了解决传统图文展示的痛点之外,用户还能与主播互动、看到其他买家的踊跃参与,让购买体验不再是与其他买家隔离的"孤岛",而更接近线下购物场景。

用户对直播的感受包括看主播、围观讨论及抢优惠,享受参与其中的乐趣。这种身临其境的沉浸体验,就是社会临场感。临场感使得线上人际互动的感知显著增强,本质上将个人消费行为变成了社会化消费行为。而直播环境中主播的推荐、其他买家的拥簇,增强了消费者对判断决策的信心,与他人的选择保持一致也减少了决策失误的概率风险。直播间的氛围与互动交流唤醒情绪,更容易有积极态度及购买冲动,并进一步改变了消费者的思维路径，倾向于依靠边缘线索快速决策，从而形成最终的从众消费行为。

1. 直播与社会临场感

营销领域将社会临场感定义为：媒介允许用户将其他人当作一个心理存在者的程度。(Social Presence) 网站的互动特性能促进个人临场感的比较，由网站传达的社会临场感通过影响享乐感和有用性等感知来影响行为意图。简而言之就是"不在面前时却有面对面的感觉"，让用户感知到类似真实环境的温暖和社交。

社会临场感能提高用户的网购安全感知和购买态度，比如用户与商家在线互动可以增强临场感，提高对店铺诚信和善意的感知；而使用虚拟人物形象可以通过临场感提升享乐价值，增强消费者对网站的积极态度。

直播的即时互动相比以往形式更加直接高效，带来的临场感也越强。但在直播环境中社会临场感只是背景，并非感到身临其境就会狂热参与到"剁手"队列中。用户感受更直接具体的是直播间氛围与亢奋感，实时互动、不断炒热的氛围带来的持续参与感让用户"上瘾"。热烈的氛围引导从众消费，而亢奋感则带来情绪的唤醒。

2. 直播与从众消费

当个人的消费观念、意愿或行为参考他人时，就容易出现从众消费行为，销量排行、用户评价及爆款推荐都会影响从众行为的产生。字面上看似乎有随大流之意，却也是购买决策中的理性参考，但是把握不好度往往会演变成盲从（比如"非典"时抢购碘盐）。

在不确定的情况下（比如我们不熟悉这个商品），他人评价就是我们从众产生的重要原因，专家型用户或者好评数量会明显提升信任感，让我们的决策更有把握。而社会规范则是另一个重要部分，出于自我印象管理的需要，人们希望他人接纳而非排斥自己，所以期待得到积极评价，即"合群"，而对消极评价比较顾忌。

对信任及自我印象管理的内在需求，直接反映为对决策信心的把握和对社会规范的屈服，并外化为从众消费。直播场景中，互动展示的商品突出细节与上身效果，给予用户购买决策信心；其他买家的拥趸让观众"服从"，自动内化为群体成员，从而放大社会临场感知，明显促进从众消费行为。

3. 直播与社会助长

从众略带理性，服务于个人判断与决策；而直播间气氛则直接带动高涨情绪，让人变成感性动物。

社会助长理论指出，临场感会对个体产生情绪唤醒，从而影响态度及行为。实验发现，他人在场或陪伴会让被试对商品图片表现出更高水平的情绪唤醒。

更重要的是，内驱力唤醒会直接影响我们的决策偏好，增强任务中的优势反应，即在简单任务中提高效率，但是在复杂任务中降低效率。举个例子：很兴奋的状态下我们擅长高效完成常规任务如打扫收纳，但是解推理题时就很难静下心来集中注意力。

网购决策也是如此，商品材质、规格参数是需要仔细查看对比的复杂任务，在情绪唤醒的状态下效率较低；但是依赖口碑（品牌、效率）、信誉（专家、红人）等边缘线索进行的启发式决策是简单任务，可以快速完成，通常"头脑一热"就买下了。直播也同样放大了这个效应，高水平的情绪唤醒，更容易受到他人临场的影响，根据口碑信息激发出购买欲望。

资料来源：http://www.ce.cn/culture/gd/202007/10/t20200710_35297172.shtml
[2021-01-28].

（二）决定参照群体影响作用的因素

参照群体对消费者消费决策的影响受很多因素的调节，可以分为个体因素、群体因素、产品因素和品牌因素四类，它们分别作用于参照群体影响的不同维度（见表3-6）。

表3-6 参照群体影响各维度所对应的部分调节因素

调节因素		信息性影响	功利性影响	价值表现性影响
个体因素	自我监控导向		○	○
	自信心	○		
	人际导向	○	○	○
	卷入程度	○	○	○
	遵从动机	○	○	○
群体因素	可信度	○		
	集体主义取向		○	○
	群体凝聚力	○	○	○
	群体规模	○	○	○
	接触频率	○	○	○
产品因素	产品复杂程度	○		
	产品可见度	○	○	○
品牌因素	品牌象征性		○	○
	品牌独特性	○		

注：○表示其所在行的调节因素会对其所在列的参照群体影响维度产生影响。

1. 个体因素

个体因素是指消费者的个体特征，具体包括如下内容。

（1）自我监控导向。自我监控导向是指个体对情境线索的敏感程度和反应程度，比如对他人的某些表达的敏感程度，以及使用社交线索来进行自我监控与管理的程度。自我监控导向越强，个体在进行消费决策时受到的参照群体的功利性和价值表现性影响就越强。

（2）自信心。消费者的自信心与参照群体的信息性影响呈负相关。例如，消费者在选择保险及外科医生时，因不确定性较高，经常会听取家人、同事、权威人士的意见。这些产品既非可见又同群体功能没有太大关系，但是它们对于个人很重要，而大多数人对它们又只拥有有限的知识与信息。这样，群体的信息性影响就由于个人在购买这些产品时信心不足而强大起来。如果消费者对某种商品具有丰富的经验或知识，消费者受到参照群体的信息性影响就会小得多。

但是，消费者自信程度并不一定与产品知识呈正比。有研究发现，知识丰富的汽车购买者比那些购买新手更容易在信息层面受到参照群体的影响，并喜欢和同样拥有知识的伙伴交换信息和意见。新手则更容易受到广告和推销人员的影响。

（3）人际导向。消费者越是注重他人对自己的看法，在进行消费决策时受到的各种维度的参照群体影响就越强。

（4）卷入程度。消费者的卷入程度越高，其消费决策受参照群体影响的程度也就越高。

（5）遵从动机。遵从动机是指个体接受他人价值观的意愿，它与参照群体影响高度相关。

2. 群体因素

群体因素是指消费者所处的特定群体的属性，或所参照的群体的属性，以及消费者对该群体的评价或与该群体的关系。群体因素包括以下几种。

（1）可信度。在众多可供利用的信息源中，最可信的信息源最有可能被接受。可信度最高的参照对象是那些被认为具有相关知识的业内人士等。参照群体的可信度越高，参照群体对消费者的信息性影响就越大。

（2）集体主义取向。消费者属于持集体主义文化价值观的群体时，更容易受到参照群体的功利性和价值表现性影响。

（3）群体结构特性。参照群体的凝聚力越强、声誉越高，或消费者与群体成员间的活动和交流越密切，或成员与参照群体的价值观越接近，或参照群体对于消费者所给予的奖惩力度越大，其消费决策受参照群体的影响也就越强。在网络虚拟群体中，由于成员的松散性，消费者的意见并不会总趋向于一致，但往往越有争议的问题引起的关注度越高。

（4）接触频率。消费者与参照群体的接触频率越高，其消费决策受到的影响就越大。

3. 产品因素

产品因素是指消费决策所涉及的产品类别的内在属性，具体包括以下几种。

（1）产品复杂程度。那些技术上比较复杂的产品（如计算机、汽车、摩托车、液晶电视、中央空调等），或是一些在抉择上需要客观信息准则的产品（如保险、医生、处方药品等），消费者在进行决策时感知的风险就越大，因此受参照群体的信息性影响就越大。

（2）产品可见度。产品的可见度（或"炫耀度"）是指产品在使用过程中能够引起他人注意的程度。在公共场合使用的商品、具有地位含义的商品、某方面比较独特的炫耀性商品，更容易引起他人的注意，因此相应的消费决策也更容易受到参照群体的影响，尤其是价值表现性影响和功利性影响，如服装。那些在家里使用的、别人无法注意到的东西，群体影响力就小。在青少年中间，手机往往也是一种炫耀性产品，所以参照群体的影响力很大。

（3）产品的必需程度。对于食品、日常用品等生活必需品，消费者比较熟悉，而且很多情况下已形成了习惯性购买，此时相关群体的影响相对较小。相反，对于奢侈品或非必需品，如高档汽车、时装、游艇等产品，购买时受相关群体的影响较大。

图3-11从产品可见度和产品的必需程度两个层面对消费情形进行了分类，显示了相关群体在这些具体情形下对产品种类选择与品牌选择所产生的影响。

（4）产品与群体的相关性。某种产品、消费行为与群体功能或价值实现的关系越密切，个体遵守群体规范的压力就越大。例如，钓鱼协会对会员选购鱼竿的行为影响大，但对选购电视机的行为影响小。

图 3-11 产品特征与参照群体的影响

（5）产品的生命周期。当产品处于投入期时，消费者的产品购买决策受群体影响很大，但品牌决策受群体影响较小。在产品成长期，相关群体对产品及品牌选择的影响都很大。在产品成熟期，群体影响在品牌选择上较大而在产品选择上较小。在产品的衰退期，群体影响在产品和品牌选择上都比较小，如表 3-7 所示。

表 3-7 产品生命周期与群体影响的关系

产品生命周期	产品购买受群体影响	品牌决策受群体影响
投入期	较大	较小
成长期	较大	较大
成熟期	较小	较大
衰退期	较小	较小

4．品牌因素

品牌因素是指消费决策所涉及的品牌的内在属性或是与备选品牌之间的关系，具体包括以下两项。

（1）品牌象征性。消费者会利用品牌的象征含义来构建自我形象，尤其是利用参照群体所使用的品牌。因此，品牌的象征性越强，与其他品牌相比越能够体现使用者的某些特性，或是越容易与某个群体产生联系，消费者在选择该品牌时受到的功利性和价值表现性影响就越大。反之，如果某个品牌被不同类型的人广泛使用，该品牌就不能够显示品牌使用者的特性，消费者在选择该品牌时受参照群体的影响就相对较小。

（2）品牌独特性。品牌的独特性越强，消费者就越容易对该品牌与其他品牌之间的差异进行判断，从而也就越容易依据自己的评判标准来进行选择。反之，消费者则难以区别不同品牌的优劣。因此，品牌的独特性越低，消费者在进行品牌决策时受参照群体的信息性影响就越强。

三、网络社群与消费行为

Lazarsfeld 的"多极传播理论"告诉我们：在网络经济的影响下，受众彼此间影响往往大于传统媒体对受众的影响。iResearch 的调查统计表明，60%的社群网民通过社群寻找问题的解决方案，33.5%的网民消费行为受到社群论坛经验的影响。

（一）网络社群的含义

网络社群是基于用户之间共同的爱好、兴趣或活动等，在网络平台上以横向交流为纽带构建的一种网状交织的社会关系，也可称为虚拟社区、在线虚拟社群、网络社区、网上社群等不同名称。包括博客、微博、开心网、天涯、猫扑、QQ 群、微信群及"朋友圈"，以及社群旅游、社群创业、社群投资等平台。而消费网络社群是消费者基于共同的兴趣、目的，自愿加入的社会交互活动的虚拟群体，其对消费者的态度、行为、购买决策产生影响。如聚集在各种聊天网站、微博、SNS 社群，讨论相关购物问题的消费者群体，他们大多由某些购买或喜欢某种商品（或消费方式）的消费者所组成。

在人们广泛接触互联网之前，许多成员型群体都是由个体面对面接触形成的。但是网络社群打破了地域限制，大大地提高了个人交友的范围，人们可以基于对某项特定消费活动或产品的共同认识和爱好在网络消费社群进行持续的互动、分享、交流。网络社群成员间的关系与"面对面"交往的人际关系有很大不同，而与在线关系相类似，但网络社群成员间的关系较一般在线关系要紧密一些。网络消费社群的部分成员往往积极地传播各种营销信息，乐于相互交流信息与感情、分享各自的使用体会与经验，对成员的商品选择及品牌认可度和品牌忠诚度有重要的影响。

当然，由于相互较陌生，网络消费社群成员间的关系总体上呈现一种松散的弱关系，群体共识也不具有现实环境下较强的规范性约束力。但群体内的 KOC 在很大程度上能影响其他消费者的最终决策。KOC 自己就是消费者，分享的内容多为亲身体验；他们距离消费者更近，在发布内容时更能够通过同理心来影响其他用户；KOC 注重真实、互动，容易与粉丝之间形成更加信任的关系。在公域流量增长乏力，获客成本越来越高的背景下，KOC 所带来的私域流量受到了企业的广泛关注。

社群成员通常是因为共同兴趣而走到了一起，越来越多的人热衷部落化、圈层化——倾向于在圈子中获得某种身份认同，共享消费偏好与消费信任。同时，消费社群逐渐呈现精细、垂直的发展倾向。例如，小红书以社群＋电商的模式给热衷于海购的年轻女性提供了一个消费口碑库；豆瓣的社群粉丝，对文艺气质、情怀有着共同追求。在诸如此类的去中心化、扁平化的社群中，个体因兴趣而自发地产生连接，彼此分享交流，UGC 的创作模式使社群成员兼具传播者与接收者的双重角色，也因此具有更高的表达欲、参与度和创造性。

消费社群垂直化的主要表现是品牌社群的兴起。品牌社群（Brand Community）是某个产品或品牌拥有者之间形成的一种民间或半官方的网络社群，关注的是特定的产品或品牌。如小米的"米粉"、华为的"花粉"、苹果的"果粉"等，粉丝经济模式的核心本质就是品牌社群。品牌社群的成员不一定生活在同一地理区域，但是在该品牌的特定平台上

(如车友会、QQ群、微信群、论坛、交流群、品牌商赞助的品牌日等），他们共同讨论产品特性、交流使用经验、期待新产品面世。如在MIUI和米聊这些专属社群中聚集着许多活跃且富有激情的"米粉"。通过线上、线下的品牌活动（如爆米花、米粉节、同城会、小米之家等）可以使产品拥有者结识其他产品爱好者，并且强化他们与产品、与其他有着同样热情的人之间的同一性。品牌社群参加者对产品的感觉更加积极，而且品牌忠诚度也容易得到提升。

品牌自身独特性非常明显的高卷入产品更容易建立起品牌社群，而消费者也很容易通过标签、关键词等方式找到自己感兴趣的品牌社群。大疆无人机官网上的一个重要模块就是大疆社群，在这个社群里，无人机爱好者和大疆的消费者共同学习如何正确使用产品、互相交流作品、定期参加活动，企业为他们提供相关的售前售后服务。在这样一个品牌社群中，消费者形成了松散但又紧密的消费群体。

 案例链接3-4

可口可乐的社群时代

在新媒体时代，消费者成为主导，他们可以表达自己的意见。可口可乐要扮演的是一个主持人或协调人而非主导者的角色。赞美固然会推广品牌效应，若是问责的声音，便会让大部分企业望而却步，但可口可乐给出了自己的答案：拥抱表达！支持也好，批评也罢，我们拥抱表达！随之便逐渐成为这个新媒体时代的品牌。

企业要让消费者成为品牌的粉丝，成为品牌社群的管理者，成为品牌的形象大使，让他们在新媒体上发出声音，成为免费的客服代表，甚至作为忠实粉丝为品牌受到的攻击进行辩护。消费者的自发表达，代表了他们与可口可乐品牌联系的紧密程度。这可能是一个评论，一个"like"，上传一张照片、一个视频，或者转发帖子到他们的社交网络中。

有意思的是，可口可乐的Facebook页面并不是可口可乐自己发起的，而是由两个来自美国洛杉矶的可口可乐粉丝自发建立的。于是可口可乐选择主动和粉丝们一起发现、分享他们喜欢的品牌，一起建设品牌内容。

可口可乐还在校园里推出了一款创意产品，这款产品只有两个人合作才能打开。一个消费者通过SNS找到购买相同瓶子的人后，两个人将瓶盖对准，同时向相反方向转动即可打开。这个创意能加强同学之间的人际交往，促进同学之间的交流合作。

（二）网络社群消费行为的特点

在网络社群环境下，消费者行为的特点有以下几个方面。

1. 消费者互动以现实消费行为作背景

在网络社群中，消费者互动主要指向现实消费行为。虽然消费者互动交流的情境具有虚拟性，但交流的内容具有现实性，对消费的需求具有实在性。他们以现实生活中未能得到满足的需要为出发点，围绕现实世界中的产品和品牌展开交流话题。消费者在网络社群中的信息交流主要就是为了减少现实生活环境中的信息不对称。

例如，社区（群）拼团是社交电商的形式之一。最早期的社区拼团是以水果为切入口的，随后拓展到生鲜类产品。这两类作为最担心滞销的产品，最大的需求便是实现快速销售。社区拼团围绕人群消费而展开，通过微信群进行拼团，把一个小区的人或者自己的亲朋好友等近距离且有共同需求的人聚在一起，在微信上下单后再根据订单发货。

 案例链接 3-5

妈妈的最爱——三优亲子网

三优亲子网搭建的母婴社群几乎涵盖了我们可以想到的所有场景：从为孩子购物，到记录孩子成长，再到妈妈之间的交流，以及向母婴专家咨询……几乎满足了所有妈妈们遇到的、想象到的一切！从而吸引了200多万名妈妈或准妈妈成为会员。

1. 妈妈论坛：根据宝宝年龄与地理区域建立的精准母婴交流平台，下设同城妈妈和同龄宝宝板块，让妈妈们更好地交流育儿经验，参与三优亲子网同城线下活动。

2. 孕产育儿知识库："妈妈要知道"和"今日宝宝"频道为妈妈们提供专业权威的孕产育儿信息，每日更新推送，呵护孕产妈妈和陪伴宝宝成长。

3. 育儿微课：第一个为新生代妈妈提供母婴专家育儿知识的微视频服务。3 分钟微视频，为宝宝问题提供实用解决方案。由全国各大医院妇产科医师和育儿专家组成的权威孕育专家团，面向全网会员征集各种孕育难题，由专家亲身参与视频拍摄，并制作成3分钟精华视频播出，为广大妈妈网友解决各种孕育难题。

4. 专家快问：3 分钟快问快答，育儿有难题，快问一键就回应。快问快答知识库建立在全网千万条育儿专家医生权威知识及客户 UGC 精华内容上，帮助妈妈们从海量信息中找到实用的育儿知识。

5. 妈妈 FM：第一个专门为妈妈们解决心理情感问题的都市生活温馨电台，属于每一个有播音梦想的妈妈的平台。大众明星主播，5 分钟心灵微音频，用最温暖的声音，为妈妈们排忧解难，让妈妈们做更好的女人。

6. 三优达人：第一个以普通妈妈的生活故事为题材定制的主题专栏。用精美的图文，精彩的故事让每一个妈妈都成为专栏作家，成为时尚的生活家。

7. 测试小屋：通过各种有趣好玩的测试题，透视你的内心，让你轻松认识自己。我们往往花大力气去了解别人，认识别人，却很少花精力去认识自己。亲爱的你知道吗？做更好的自己，从踏上认识自己的旅程开始。

8. 妈妈悦读：亲子时尚轻阅读，解读育儿生活的女性杂志栏目。与妈妈们一起分享生活、育儿心得，倡导更加和谐的亲子生活方式，推荐适合宝贝的经典益智玩具，用科学的育儿观念引导妈妈更爱自己、更爱生活。

9. 爱败妈妈：母婴产品公益特卖商城，联合母婴品牌商，开设公益补贴专栏，为妈妈们提供品质有保证、价格实惠的母婴产品。

10. 移动 App 宝宝记：是网站开发的手机端 App，通过照片、日记等，随时记录宝宝的每一个精彩瞬间。宝宝记特色功能：摇一摇快速拍照；成长数据精细记录，用大数据科学了解宝宝发育状况；宝宝第一次，让每个成长瞬间都不再错过；同龄、同城打通圈子，让交流变得精准、容易！

11. 亲子日记：是三优妈妈们用文字和亲子照片记录亲子教育、亲子旅游那些事，分享自己的育儿经验和记录宝宝成长的园地，一个有爱的亲子博客。

12. 益民互动频道：三优活动、免费试用和积分换礼等，为三优会员提供社群最新资讯、会员福利和体验活动。

有了这样一套完整的社群场景，无论怎样的母婴品牌进入，势必会很快促进客户买单。因为她所看到的，不只是一个品牌，而且是一个庞大的虚拟现实场景，产品成了场景中不可或缺的组成部分。

资料来源：郑清元，付峥嵘，2016. 从1.0到3.0：移动社群如何重构社交关系与商业模式［M］. 北京：人民邮电出版社.

2. 参与的差异性

在网络消费社群里，那些经验丰富、沟通积极的成员会成为专家或者领导者，如网络大V、KOL。社群成员之间在参与程度上存在巨大差别，多数看客或"潜水者"只是观察群体成员之间的讨论，基本上不提供信息和交流；部分成员只在某种程度上参与；少数成员积极参与讨论或管理社群。与社群其他成员情感关系的密切程度、社群活动对自我概念的重要程度是决定成员对社群认同程度的两个主要因素。活动对消费者的个人自我概念越重要，他（她）就越有可能在社群活动中寻求活跃的成员身份；而消费者与其他成员的关系越密切，其涉入程度就越高。结合这两个维度，社群成员可以分为看客、评论员、积极分子、代言人四类，如表3-8所示。其中，代言人是虚拟社群的主要用户，如果营销者希望利用社群进行各种增强品牌忠诚度的活动，或者进行相关配套产品的营销工作，他们是需要特别关注的对象。同时，社群应当激发用户产生更多UGC。

表3-8 网络消费社群的成员角色

	高度符合自我概念	低度符合自我概念
与社群社会联系强	代言人	积极分子
与社群社会联系弱	评论员	看客

Nielsen提出了网络社群的"90-9-1法则"，即：在网络社群中，90%的参与者只看内容并不参与互动，9%的用户会进一步参与讨论，而只有1%的用户会积极去创造内容。当然，智能手机的快速普及大大降低了用户创造内容的障碍，越来越多的普通用户也希望能成为被人崇拜的大V和网络红人，Nielsen的比例并不一定完全准确。但大体上看，在"看客-评论员-积极分子-代言人"的序列中，参与者数量逐渐递减，但同时参与质量越来越高。相比高参与度的"积极粉丝"和"代言人"，处于低参与度的"看客""评论员"同样重要，因为他们可以传播活动的信息，为活动造势，形成轰动效应。从企业社群营销来看，则是"1990效应"，即用1%的KOL，吸引9%的KOC，9%的KOC引爆90%的关注者。

3. 关系的平等性

由于网络空间的虚拟性、匿名性特点，成员的身份意识在网络社群已大大弱化，呈现出明显的去中心化的特点。因此人们在进行线上交流时，往往不再注重各种社会关系的属性，即网络交流中各方不存在上下级、长晚辈那样的垂直关系，另外，网络交流还打破了日常生活中各种交流规则的限制，因此在线关系的各方会显得更平等、更自由。再者，网络交流中的个体可以摆脱身体素质、心理素质、教育程度、社会身份等因素的影响,进而实现平等交流的目的。同时,个体也可以自由地发表见解、宣泄情绪。例如,在小米论坛,官方客服也会受到粉丝的质疑,"米粉"有时甚至比官方客服还要专业,尤其在产品体验方面。

4. 注重体验分享

社群成员把网络社群当作分享购物经验和消费体验的重要渠道和展示个性化消费行为的主要平台。消费者主动向其他成员介绍自己购物的经验和教训,展示自己购买的新款产品和时尚产品,畅谈新款产品和时尚产品的消费体验和新奇感受。他们渴望通过分享体验,得到其他成员的响应和认同,获得个人心理上的满足。当然,社群成员对其推荐购买的产品也容易接受。

在 KOL 营销中,消费者对 KOL 或 KOC 的人格化信任会大大降低对品牌的要求。比如在 KOL 直播场景中,用户的购买行为其实很少取决于品牌力、产品力的大小,而取决于对 KOL 的信任及 KOL 的现场转化手段,用户对品牌、产品的要求已经极大地转移到了 KOL 身上,KOL 帮助粉丝用户进行产品筛选。从图 3-12 中可以看出,KOL 能够帮助用户挖掘自身需求、收集商品信息、进行方案评价,直接引发用户购买,从而缩短了用户行为链条。

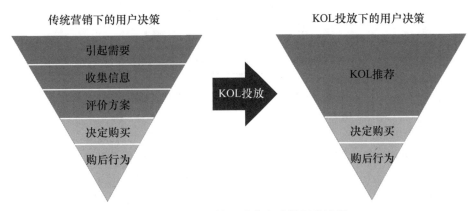

图 3-12 KOL 缩短消费者决策行为过程

5. 互动影响网络化

传统消费者行为理论把现实生活中的消费者看作被时间和空间分隔的个体,而在网络社群环境下,消费者可以不受时间和空间的限制聚集在一起形成虚拟群体,表现出聚集成群的特性。他们分享信息和经验,渴望互动交流。

互动行为增强了消费者之间的影响力,无限的虚拟空间扩大了消费者的影响半径和影响范围。在网络社群中,消费者行为既受到其他参与互动成员的直接影响,也受到网络社群作为参照群体的信息性影响和功利性影响。同时,一个成员关于购物和消费的看法既直接影响与之交流的成员,也可能对社群全体成员的消费行为产生影响。消费者个体对某种产品和品牌的评价言论有可能在成员之间的互动交流下无限放大,扩大到社群群体层面。不仅直接影响参与讨论的成员和浏览帖子的网民的态度,而且通过成员之间的弱关系,将话题的影响力传遍整个互联网,产生蝴蝶效应。

6. 购买行为理性化

网络消费者群体通常不满足于单纯地从企业广告宣传和促销活动中得到的信息,不轻易接受企业单方面传播的信息,理性主导着他们的购买行为。网络社群为信息搜集和意见征询提供了便利。他们把网络社群当作搜寻产品和品牌相关信息的重要渠道。据调查,有约六成的社群成员在购买商品时会首先考虑其他成员的意见,超过八成的网民在购买商品前通过网络社群来查阅信息。他们会根据其他成员的建议和看法,综合权衡利弊,决定是否购买产品、向哪个厂商购买及购买何种品牌,以确保购买决策的正确性,减少购物风险。

7. 信任关系的重要性

网络社群对消费者的影响作用很大程度上取决于信任关系的强度,包括认知信任和情感信任两个方面。因而,网络社群的信任机制的建立是十分重要的,社群成员间的信任会使消费者更愿意去接受其他成员的口碑推荐,尤其是某种消费品的意见领袖应当得到其他成员的信任,才能发挥应有的作用。图3-13显示的是网络社群水平上的关系信任机制。

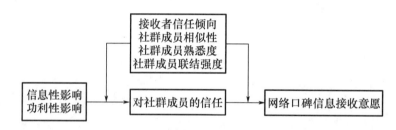

图3-13 网络社群水平上的关系信任机制

8. 交往关系建立的多样性

网络社群关系的多样性主要体现在建立途径、关系类型的多样性上。比如,在建立途径上,人们可以根据自己的需求自由选择即时通信、论坛、社交网站等网络应用平台。

线上关系的类型可以分为"强关系"和"弱关系"两种。前者指的是可以给个体提供情感支持且一般由线下关系发展而来的在线关系形式,如微信朋友圈;后者则指的是可以给个体提供信息支持且一般在网络平台中培养起来的在线关系形式,如微博、陌陌、微信公众号等。总体上看,网络社群在打破时空限制的同时,也限制了感情等的交流,因此网络交往主体之间的沟通联系通常较弱。这种交往行为的随意性和缺乏责任性,会使网上交往行为肤浅化,不利于建立稳固的线上关系。

企业应当利用网络社群加强与消费者的信息沟通,培养社群成员对企业品牌的忠诚度,甚至可以直接促进企业产品的销售。例如,格力有一个"全员销售"模式,每位员工都要通过各自的朋友圈转发促销信息,用户可以通过朋友圈的员工专属二维码扫码下单,价格要比市面上的同类产品便宜100多元,员工负责给圈内用户提供产品咨询、售后协调等服务工作,并获得佣金奖励。格力董事长董明珠的个人网店在开业不到一个月的时间里,销售额就突破了200万元。

在网络购买中,消费者要想了解关于商品更详细的信息或获得良好的服务,就需要与厂商联系，企业可以利用网络社群加强与消费者的互动。例如，奇瑞汽车充分利用新浪汽车等汽车专业论坛，与消费者进行互动、沟通，将奇瑞品牌的特性、优点，在与消费者探讨和交流中得到认知、认同，甚至达到共鸣。在这种以消费者为主的互动联系方式下，消费者与企业双方的沟通方式十分个性化，将有助于增强网络广告信息与消费者的相关性，提高了广告的效果。华为有个"花粉俱乐部"，倡导的是理性社群主义，而不是小米的狂热粉丝做法。在华为的官方网站上专门为"花粉"建立了一个二级网站——花粉俱乐部，经常举办各种活动，比如全民拍猫大赛、"花粉"招募、全民推荐"花粉"女生、申请"花粉"达人等。再如，凭借母婴用品特卖起家的贝贝网，上线了育儿图片社交App"育儿宝"，在网络社群里提供成长相册、视频录制、辣妈社群、儿歌食谱等版块。它的社群集中表现在两个方面，一是家庭内社交，用图片、文字记录小朋友的成长；二是小视频社群，家庭与家庭之间以孩子为纽带，建立联系。上线一年后，育儿宝的月均活跃用户达300万人。

思考题

1. 根据你的切身感受，谈谈文化差异对消费心理的影响。
2. 在不同文化背景的市场环境中进行营销活动时，应当考虑哪些社会因素的影响？
3. 在我国社会中，不同社会阶层消费者的消费行为有何差异？
4. 对我国中产阶层如何开展市场营销活动？请举例说明。
5. 决定参照群体影响作用的因素有哪些？
6. 如何在实际营销活动中通过参照群体的影响作用来开展市场营销工作？请举例说明。
7. 如何利用品牌社群进行营销活动？请举例说明。
8. 谈谈KOL、KOC在消费网络社群中是如何发挥影响作用的？

第三章 在线题库

第四章

情境因素与消费行为

学习目标

- 掌握消费者情境的含义、构成与类型；
- 掌握消费者选择实体店的影响因素；
- 熟悉实体店选址的主要因素与方法；
- 了解实体店形象构成层面与构成要素。

思维导图

```
情境因素与消费行为
├── 情境构成
│   ├── 物质情境
│   ├── 人际情境
│   ├── 时间
│   ├── 任务
│   ├── 先前状态
│   └── 信息获取情境
│       ├── 信息展露情境
│       ├── 信息表达情境
│       └── 信息接受情境
└── 情境类型
    ├── 实体店接触
    │   ├── 实体店的位置
    │   ├── 实体店的规模
    │   ├── 实体店的形象
    │   └── 实体店的促销手段
    ├── 商品接触
    │   └── 商品陈列
    ├── 购买情境
    │   └── 支付情境
    ├── 使用情境
    └── 处置情境
```

导引案例

宜家公司的体验式营销

当你装修房子正为自己缺乏创意而发愁时，当你不知道应该买何种家具和饰品来搭配现有的家具时，你会想到宜家公司。它是一家强烈鼓励消费者在卖场进行全面亲身体验的家具零售商。

宜家商场都建在城市的郊区。在宜家商场布局和服务方式的设计上，公司尽量使其显得自然、和谐。顾客购买家具颇为慎重，需要有一个说服自己的缓冲时间。宜家在给消费者提供舒适、轻松、休闲之余，也为顾客开辟了一个购买决策的思考空间。在这样良好的环境里，顾客自然愿意多待会儿，多待会儿就会多挑选几样东西。在卖场气氛营造上，宜家所要传递的是"再现大自然，充满阳光和清新气息，朴实无华"的清新家居理念。宜家还擅长于"色彩"促销。在重大节日将至的时候，宜家更似沉浸在色彩的海洋中。春节和情人节期间，宜家所推出的"红色恋情""橙色友情"和"蓝色亲情"的梦幻组合，使整个卖场充满了人情味。

"体验式营销"比"专家型营销"更亲切、更生活化。宜家十分鼓励消费者自主尝试公司的产品，早在1953年，宜家在自己的发源地就开辟了样板房，让人们可以亲身来体验，可谓是体验式营销的先驱。顾客在宜家不仅可以买到称心如意的家居用品，而且还可以获得色彩搭配等许多生活常识和装饰灵感。宜家把各种产品进行组合从而设立了不同风格的样板间，充分展现每种产品的现场效果；甚至连灯光都展示出来，使顾客基本上可以体验出这些家居组合的感觉及体现出的格调。

在宜家商场内，工作人员不叫"销售人员"，而叫"服务人员"。宜家规定其门店人员不得直接向顾客推销，而是任由顾客自行体验来决定，除非主动咨询。这样的服务方式，可以使顾客有一个轻松自在的购物经历，增加了从购物过程中所获得的满足感和成就感。同时，宜家又为顾客精心设计了"精致与完美"的产品目录，向消费者提供关于产品各方面的全部真实信息。产品目录融商品信息、家居时尚、家居艺术为一体，并能指导顾客如何布置个性化的家居生活环境。

宜家时尚高雅的店面装修、精巧华丽的造型设计为喜欢变革的中产阶级们提供了一个温暖的支撑。宜家的许多空间都被隔成小块，每一处都展现一个家庭的不同角落，而且都拥有自己的照明系统，向人们充分展示未来温馨的家。

资料来源：http://www.docin.com/p-1049114418.html [2020-11-18].

问题

1. 宜家公司营销策略的成功之处有哪些？
2. 你认为应当如何构建商店的购物情境？

在消费过程中，面对相似的营销刺激，同一个消费者在不同的情境下可能会做出不同的反应，采取不同的消费行为。消费者不是只对企业呈现的营销刺激物（如广告和产品）孤立地做出反应，而是对营销影响和情境同时做出反应。因此，研究消费者行为，就不能仅仅关注商品特性和消费者的自身特性，还要考虑消费者所处的情景。这些主客观情境因素（如物质情境、人际情境、时间、状态等）会伴随消费者在从信息获取到商品处置的整个消费行为过程，当然在不同的消费行为环节中，具体的情境影响因素是不一样的。

第一节　消费情境的构成与类型

一、消费情境的含义

我们知道，影响消费者行为的因素大体上可以分为个体因素、社会环境因素、营销因素等。情境对消费者的影响既不同于个性、态度等个体因素的影响，也不同于文化等宏观环境因素的影响，因为这两方面的影响具有更为持久和广泛的特性。而情境必须在特定的时间和地点存在，是一种暂时的并非由个体和标的物（产品或服务）引起的因素。

所谓"情境"是指个人与产品固有属性之外的，能够在某一特定场景和特定时间影响消费行为的一系列暂时性因素。如消费者的心情、时间压力，以及购物时的气氛、购物场所的拥挤程度、营业员态度、购物伙伴、天气情况等。可见，情境由一些暂时性的事件和状态构成，它存在某一特定的时间、地点。消费者不会孤立地对刺激物（如商品的固有属性）发生反应，一定是在特定情境之下发生反应。例如，在不同的场合，人们会表现出不同的消费行为；在某个特定的时间，人们也会有不同于其他时间的购买欲望和行为。

情境因素能够影响消费者的购买，但没有产品因素对其影响那么直接、稳定，而且也会受到其他因素的影响。例如，当消费者的忠诚度很好、消费者的卷入度很高或者产品有多重用途时，情境因素的影响就会减弱。反之，对低卷入的购买，消费者比较随意，受各种情境因素的影响就相对较强。市场营销也会在一定程度上对情境产生影响，例如，在电影院里，如果没有可乐和爆米花，看电影就会少很多乐趣，而且禁止外带食物的规定也会提高休息区商品的价值。

二、情境构成

Belk认为，情境因素主要由物质情境、人际情境、时间情境、任务情境、先前状态等要素构成。

（一）物质情境

物质情境是指影响消费者购物状态的有形或无形的物质因素，例如，地理位置、装潢布置、气味、声音、灯光、色彩、设施、标识、天气、商品的摆放、客流量等。物质环境通过视觉、听觉、嗅觉及触觉来影响消费者的感知，对消费者的情绪、感受具有重要影响。

1. 天气

天气情况对消费者行为影响很大，人们根据天气情况来决定购买的衣服、食物、饮品等。日本的研究表明：当气温达到22℃时，啤酒开始畅销；达到24℃时，泳装开始走俏；气温超过30℃，冰激凌的销量就会下降，而爽口的清凉饮料销量则会增加。西方的气象公司还研制出了形形色色的气象指数。如德国商人发现，夏季气温每上升1℃，就会新增

230万瓶的啤酒销量，气象公司便开发出啤酒指数，供啤酒商参考。日本则开发出空调指数，因为他们发现在夏季30℃以上的气温多一天，空调销量即增加4万台。此外，还有天气与客流量分析的乘车指数、冰激凌指数、泳装指数、食品霉变指数等各种指数，用来帮助企业预测并提前确定生产营销计划。

便利店、超市和电商企业更容易体会到天气对不同品类商品销量的影响。如高温天气时，空调、饮料、防晒霜等夏令商品销量会大幅上升；而低温到来时，保暖品、取暖品、白酒等开始畅销。沃尔玛通过大数据分析，得出飓风与蛋挞、草莓果酱馅饼的相关关系，因此在每次飓风来临前，都对蛋挞、草莓果酱馅饼进行大量备货，并将其销售位置移到飓风物品销售区域旁边。

2015年4月，阿里妈妈与中国气象局达成官方合作，将天气变化数据接入其开发的帮助商家精准营销的营销平台——达摩盘，达摩盘因此新增了气象指数标签的功能，该标签覆盖了全国315个城市、2171个县气象局的天气数据，按照温度、天气现象、湿度、舒适度、空气质量、PM2.5指数六个天气要素作为营销推广参考。这样，当北京雾霾严重的时候，北京的用户会在淘宝平台上看到口罩的营销信息，当南方一场大雪降临的时候，南方的用户会在淘宝平台上看到有关保暖外衣的促销信息。借助气象指数标签，商家可以提前预知天气变化，以便知道自己的产品什么时候最好卖。

2. 拥挤状态

商场内的拥挤状态也是构成商场环境气氛的重要因素。当消费者进入某个人满为患的商场，或店铺空间过多地被货物挤满，消费者会体验到一种压抑感。大多数消费者体会到拥挤时会感觉不快，他们也许会减少待在商场内的时间，同时买得更少、决策更快或减少与店员的互动交流。其后果是消费者满意度降低、产生不愉快的购买体验、对商场产生负面情感、减少再次光顾的可能性。某些情况下，适度的拥挤会形成热烈的购物气氛，并带给顾客安全感和购买冲动，比如消费者更愿意进入一家客人较多的餐厅而不是门庭冷落的餐厅。而且，在某些情况下人员稠密是有益的，如人们在酒吧或比赛现场寻求体验时，众多的参与者往往可以提高感染力，而观众稀少的球赛或空荡荡的酒吧则会使人兴趣索然。可见，拥挤状态对消费者心理与行为的影响可能是非线性的。

3. 颜色

色彩在现代商业空间起着传达信息、烘托气氛的作用。通过色彩设计可以创造一个亲切、和谐、鲜明、舒适的购物环境。在商店内部环境设计中，色彩可以用于创造特定的气氛，它既可以帮助顾客认识商店形象，也能使顾客产生良好的联想和心理感受。

在店内环境色彩的设计中应综合考虑季节因素、商品因素和顾客特征。例如，麦当劳快餐店的内部整体环境设计就是以暖色为主，它能创造出活跃、温暖、热烈的心理感受，这主要是基于吸引快餐店的主要顾客——儿童、少年而考虑的。还应当注意运用色彩变化及顾客视觉反应的一般规律。比如，红色有助于吸引消费者的注意和兴趣，然而在有些情况下它也令人感到紧张和反感；较柔和的颜色如蓝色虽然具有较少吸引力和刺激性，但被认为能使人平静、凉爽并给人正面的感觉。另外，在不同的季节和不同的地区，要恰当使用不同的颜色。比如，在炎热的夏季，商店的色调应以淡蓝色、淡绿色为主；在冬季，应以暖色调为主。

4. 灯光

一家商店里的良好灯光设计，涉及的不仅仅是简单的照亮空间。灯光还可以用来照亮商品、营造购物环境和氛围，是商店装饰和美化的重要手段。现代化的商业企业，越来越重视商店的采光和照明装饰。照明设计的主要心理功能有：显著改变商店的装饰气氛和格调，如使商店形成柔和、愉快的气氛，或使商店变得五光十色、光彩夺目，并给人以空间整体美感；烘托、渲染重点商品，从而产生引人入胜的效果；吸引消费者入店浏览；促进消费者的购买欲望等。

案例链接 4-1

灯光如何忽悠我们的大脑

超市卖肉的地方为什么挂红灯？蔬菜区为什么悬绿灯……灯光对食品的"美容"非同一般，合适的灯光下"色"就更浓，会勾起人们无限的食欲。

有时消费者在菜市场购买的猪肉，回家后会发现肉的颜色暗淡无光，与先前在菜市场看到的鲜红透亮判若两样。其实是菜市场鲜肉柜台上的红光晃乱了自己的眼睛。若仔细观察，就会发现不同摊点上亮着的灯也不一样：生肉区用红灯，鱼虾区用蓝灯，面包专柜则会选择使用黄灯。这是因为，红色的灯光是最容易引起人的注意，进而让人产生兴奋、激动等各种心理反应的颜色，在红色灯光下看东西，极易造成视觉上的疲劳，在红光下时间久了，眼睛就很难分辨出食物外观上的一些微妙变化；蓝色往往使人感觉到寒冷，所以蓝色灯光最适合作为冷冻食品的标志色；黄色光感最强，容易让人想起丰收的五谷和甜美的食物。

红灯照肉，鲜嫩；绿灯照蔬菜，新鲜。那么饭店的菜在灯光下是不是也会变得更"色"呢？

一家酒店刚进门的通道上两盏高挂的水晶玻璃吊灯显得异常的奢华，但是越往里走，到餐厅，灯光却骤然暗了下来，只有每张桌子的顶上各嵌有两盏小小的筒灯，与竖横交错的暗格形成"一明一暗"。这样，饭桌上的人自然而然就把目光聚焦到桌子中间的菜肴上，经过光源的照射，绿色的蔬菜泛着绿色的光，让人顿时有了食欲。

酒店采用的是磨砂筒灯，因为这种灯不会散光，光源聚集非常好，能营造出一种非常特殊的氛围。在这种特殊的氛围下，吃饭的人会很放松，心情很愉悦，很有情调；心情愉悦的人看到的东西都是美好的，加上灯光照在菜上，每盘菜色都相当不错，这让大家会感觉吃得更香。

不同的菜品适合用不同的光线照射，一般菜品的颜色都是暖色调的，要接受暖光源的照射；如果菜品的颜色是冷色调的，那就要接受冷光源的照射，这样才能收到色泽美观的视觉效果。比如"麻婆豆腐"是暖色调的菜品，在暖光源的照射下会显得颜色丰富红亮，这是因为菜品反射了暖光中的红色光波而达到的视觉效果。

灯光不仅可以营造空间气氛，而且能够传达不同的空间表情。麦当劳、肯德基的就餐对象多为妇女、儿童，光源系统以明亮为主，有活跃之意。传统的咖啡厅、西餐厅是最讲究情调的地方，灯饰系统以沉着、柔和为美。不同的国家有不同的情调，英国式的古典庄重、法国式的活泼明朗、美国式的不拘一格等，都需要灯光来配合。根据中国传统的就餐心理，中餐厅应灯火辉煌、兴高采烈，布光呈现出热烈气氛。

资料来源：毛丽萍，胡玉梅．灯光怎样"谋杀"我们的大脑，现代快报［N］．2009-06-08．

5. 音乐

音乐能够影响消费者的情绪，而情绪又会影响其消费行为。除了可以掩盖嘈杂声外，在购物环境中播放适当的背景音乐可以调节顾客的情绪，活跃购物气氛，缓解顾客排队等待的急躁心情。

但广告音乐对消费行为的影响往往发生在低卷入产品（口香糖、卫生纸等）的购买情境中，而且广告音乐的重复播放是产生效果的前提条件。

英国莱斯特大学心理学家诺斯博士通过一项"超市音乐"的研究发现，不同的音乐对不同的顾客的购物欲可能会带来意想不到的影响。诺斯在研究中特意在当地一家超市的货架上摆放了同等数量且价格、知名度、风味均处在同一档次的法国和德国葡萄酒。按照常理推想，顾客们必然会根据自己的偏好和经验进行选购。但有趣的是，当超市大放法国风情音乐时，法国酒的销量就猛增到德国酒销量的5倍之多，相反当超市大放德国啤酒节音乐时，德国酒的销量又比法国酒销量大了1倍。如此看来，顾客们似乎倾向于购买那些与音乐相"协调一致"的酒。

美国一个类似研究则认为：古典音乐会明显增加顾客的购买欲并提高购买档次，小夜曲鼓励男性为恋人购买礼品；轻音乐使顾客倾向于购买便宜货；摇滚乐则可能抑制顾客的购物欲。还有人以无速、慢速及快速三种背景音乐为独立变量，在中型超市调查发现，慢节奏背景音乐会使顾客在店内放慢步伐，在货架前停留的时间更长，花的钱更多；而播放快节奏音乐比无音乐时商品的销售量不但不会增加，有时反而会下降。一般来说，在商场最重要的返券打折时段，播放的都是节奏感非常强的音乐，而在周一到周五的上午，可以播放比较舒缓的音乐，因为这个时间段的客流量比较少。

对音乐曲目的选择，还应与商店的主营商品的特点、购物环境的特点及主要消费者的喜好相适应。例如，如果商店销售的商品具有民族特色或地方特色，可以选择一些民族音乐；经营的商品艺术色彩较浓，可以播放一些带有古典风格的音乐；经营书刊、文化用品可以播放高雅音乐；如果购物环境的现代气氛较浓，可以播放一些现代轻音乐；购物环境的档次高，可以播放爵士乐一类的音乐；以青年消费者为主要对象的购物环境，可以播放一些流行音乐；经营儿童商品可播放比较活泼的动画片音乐等。

当然，消费者也可能对音乐感到厌倦或不满，原因主要是音量过大、歌曲重复播放、背景音乐风格不统一。

背景音乐
与购买行为

6. 气味

清新宜人的气味和适宜的温湿度通常会对人体生理产生积极的影响。一般而言，消费者对于香味怡人的商店，再次惠顾的意愿较强，同时也认为其所销售的商品品质较佳。不过，香味的浓度与种类（只要它不令人讨厌）对消费者并没有产生太大差异。

某项研究发现，消费者在有香味的环境下观看广告，会产生较高的广告回忆度、较佳的广告态度，以及较多的正面想法。

有的企业还发明了"商品气味推销法"，他们仿造了许多种天然气味，将这些气味加在各种商品上，通过刺激消费者的感官来促进销售。例如，伦敦一家超级市场，通过释放一种人造的草莓清香味，把消费者吸引到食品部，结果很快连橱窗里的草莓也被抢购一空；一些面包房通过鼓风机将烤面包的香味吹出去，以激发过往行人的购买欲望，因为食物的香味会刺激人体各种消化酶的分泌，消费者即使不饿，也会在不知不觉中增加食品的购买量。

（二）人际情境

人际情境的影响是指在消费情境中其他人对于消费者的影响。除了其他顾客外，主要包括同伴和营业员两个方面。在生活中，个体往往倾向于服从群体预期，尤其是那些对人际关系敏感的人。因此，人际情境对我们的行为而言是一种重要的影响力量。如营业员态度、同伴的意见、孩子期望等。

在人际情境下，购买或消费某些特殊商品（如避孕套、成人尿布等）会让人感到尴尬，营销者应当尊重消费者的个人隐私，努力避免消费者受到尴尬、窘迫情绪的干扰。网购能够使消费者的购买行为不受人际情境的影响。

1. 同伴

购物时是否有人陪伴、陪伴人的个性特点、陪伴人所起的作用，以及陪伴人与购买者之间的互动，这些因素都会影响消费者的行为。

购物时有他人在旁，会产生与单独购物时不同的行为。比如，和孩子一道就餐，可能迁就孩子而选择麦当劳餐厅；和朋友一道购物时，可能出于尊重需要而购买平时很少购买的高档商品。自己在饮食店吃饭，会根据自己的喜好点菜；与朋友一道吃饭，会考虑朋友的口味、特点及食品的档次，或请朋友点菜。消费者的选择、购买和使用商品的过程都是在社会中进行的，是高度可见的，不可避免地受到他人和社会的影响。

营销人员应当识别消费者购买行为的社会情境因素，促进购买行为。比如，玩具销售人员向儿童展示玩具，儿童的吵闹迫使家长购买；街头的鲜花销售人员会动员情侣中的男士购买鲜花送给女士，男士碍于女士在场，不好拒绝；漂亮女士在场会提高男士消费积极性。

有研究表明，在购买的情境中，如果有朋友相伴在场，销售人员所产生的影响力相对会下降；若有朋友陪伴，也会降低消费者在观看电视时对于广告的注意力。而且，结伴（非家人）购物通常比独自购物会去逛更多的商店和做更多的非计划性购买。在信息的收集、商品的评价与选择等各方面，同伴的影响也是不可忽视的。

另外，很多产品的消费也是在社会互动的状态下才会发生。例如，到 KTV 唱卡拉OK、与朋友聚餐、参加宴会等。

2. 营业员

营业员与顾客之间的买卖过程是一种特殊的商业交际活动，是通过商品与货款的交换而实现的直接或间接（现场销售或网购）的交际活动。与一般的人与人之间的交际不同，营业员与顾客之间的交际关系是买方与卖方的关系，因此，交际的范围比较窄，程序比较简单，时间也比较短。一般随着交

无人餐厅

易过程的完成双方之间的接触也就结束了。也正是由于这些特点,在这样的商业交际中,营业员更应具备较高的交际能力与技巧,只有如此才能引起顾客的好感,并有可能爱屋及乌地购买某商品。

(三) 时间情境

优衣库春节OXO场景营销

时间情境主要是指消费时间的特殊性(如假期、时段)及紧迫程度。7-Eleven连锁店以及其他便利店,满足了那些上班时间无法购物的消费者的时间要求。具有同步多任务特性的商品,如蓝牙耳机、有电视屏幕的跑步机等,则是为了适应消费者使用商品的时间情境。

购物时间的特殊性指某些特殊时间或活动发生的时机对消费者购买行为产生的影响。这些特殊时间由社会原因或自然原因而形成。在传统购物中,一天中的不同时段、一周中的不同日子、一个月中的不同日期、一年中的不同季节都可能会对消费者行为产生影响。例如,消费者通常期望日场的电影票更便宜,因为这时候去看电影的人往往较少;"黄金周"是消费者安排旅游的时间。美国的火鸡业者试图拉开火鸡与感恩节的强烈联结,希望将其变为一般的日常食品,而不只是节日的应时食品。中国粽子、月饼也是节日食品,而元宵已经转变为日常食品了。例如,米克劳啤酒原本的广告语是"节假日最适合喝米克劳啤酒",后来调整为"周末最适合喝米克劳啤酒"之后,销量大大提高,因为"周末"是比"节日"频率更高的诱因。而春、夏、秋、冬四季,商品销售的品种与销售量显著不同,这些特殊时间则是由自然原因形成的。

对于销售商而言,可以进行"时间情景营销"或"借势营销"。例如,麦当劳在"520"推出晒情侣照H5活动,消费者只要上传头像生成情侣证,就可以凭证用13.14元去线下门店换到两个小红莓冰激凌。

 资料链接 4-1

节日营销如何能让消费者买买买

节假日是一个天然的营销时机,但在竞争激烈的市场环境下,要想脱颖而出,还得深入研究消费者。

1. 节日对中国人有着不同的含义

对于不同的传统节日,人们会有不同的消费习惯。比如中秋节这个代表团圆的节日,让更多人愿意在这个假期陪伴家人。所以尽管中秋假期的旅游人数和国内旅游收入在逐年增长,但是和"五一"假期比起来,还有着很大的差距。

对于商家来说,如何将营销活动与节日的含义联系起来,从而刺激消费者在节日时的消费欲望,是一个必须考虑的问题。

可口可乐在这方面,给人留下了比较深刻的印象。每年春节,在央视春晚之前,都能看到可口可乐的广告。而且不管广告内容怎么变,一定有一些元素,始终不会变——带着孩子回家过年的年轻父母、祖孙三代一起吃团圆饭、烟花、窗花、福娃。用各种春节的元素与阖家团圆的氛围,给品牌赋予了春节的含义,给消费者留下了吃团圆饭要喝可乐的印象。

2. 节日的消费需求，更重视社交价值

所有生物之间，都存在一种本能的竞争机制。人与人之间的层次，就是在这种无形的竞争中拉开差距，各种社会资源也会向看起来层次更高的人倾斜。而消费者在本能上，更愿意为了在这种竞争中获得优势而付费。特别是在节假日的时候，这种隐性竞争的社交需求会更突出。因为工作时，同一个圈子里的人，生活轨迹都差不多，只有在节假日才会显出区别。所以这也造成了消费者，在节假日集中消费的现象。

【可口可乐】中国福娃 这个新年让爱回家

那么对于商家来说，如何帮助消费者获得这种隐性竞争的优势呢？答案是提供社交货币。

社交货币是建立在社交关系的基础上，能够换来别人关注、评论、点赞的内容。人们在社交圈中，依靠各种形式的社交货币，构建自己的身份形象。所以营销活动必须给消费者提供这种社交货币，帮助消费者在各种无形的竞争中获得优势，而不是单纯的卖产品。

当然活动不需要多么高端，有趣、新奇比高端更重要。举个例子，很多做烘焙的商家，都会举办烘焙 DIY 的活动，还会设计竞争机制，并且用奖品吸引人来参与。对于参与者来说，这本身就是一个新奇的体验，而且既有竞争，又有奖品，对一些人来说，会有很强的参与动力。而且不管自己做得怎么样，不管能不能在竞争中获胜，参与者都会有更强烈的分享欲望。因为分享这种活动，能够在社交圈中塑造自己的形象。

不同类型的活动，能够塑造不同的形象，这就是为消费者，提供了社交货币。

3. 每到假期，消费者更愿意为生活买单

相对于普通的工作日来说，节假日起到了调节生活的作用。有条件的人，通常会选择在节假日提升一下生活品质，缓解一下工作带来的压力。这种需求，同样会促进消费。最直观的体现，每到假期，人们在饮食上都会比平时要改善一些。一个比较固化的观念认为，过节至少要吃点好的。除了饮食，在生活中很多其他方面，都可以体现出与平时的不同。如果没有选择出游，在假期的时候，大概也会选择在附近逛一逛，看看电影、听听音乐会、参加一些有趣的活动，有些人会去做个足疗、泡泡温泉等。

总之就是要和平时有些区别，毕竟工作压力都很大，好不容易放假，至少要放松一下。调节生活，缓解工作的压力，成了节假日的主要需求。所以假期的消费冲动，会比平时更强烈——消费本身，就能起到缓解压力的作用。

资料来源：https://mp.weixin.qq.com/s/hVY4_l08YVOEVP0WYluCAg［2020-11-20］.

消费者购买时可支配时间的充裕程度或时间压力，也对消费者购买决策具有重要影响。企业的限时促销就是给消费者提供了一种紧张的时间情境。例如，不少旅游者在外地旅游时，尽管也知道导游介绍的购物点存在价格虚高的情况，但由于没有更多的时间和精力来进行商品搜寻，出于方便和抓住购买机会的考虑，他们也会接受导游的购物要求。

有关研究者根据人们什么时候更可能接受营销信息来给时间分类，如表 4-1 所示。

表 4-1 时间的分类

时间类型	描述	对营销的影响
流畅时间	全神贯注于一件事情而丝毫没有注意到其他事物	不适合做广告
机会时间	发生非常事件的特殊时刻，如生日或求职面试	与该场景相关的广告会引起高度关注
截止时间	争分夺秒工作的时候	获取注意力的最差时机
闲暇时间	能自由支配的时间	更可能注意广告或尝试新事物
垃圾时间	等待事情发生的多余时间，如等飞机或在候车厅里等待	更容易接受广告信息，甚至是那些不常用的产品信息

资料来源：所罗门，卢泰宏，2006. 消费者行为学：第 6 版 中国版 [M]. 北京：电子工业出版社.

但是，消费者对时间的知觉存在主观性，也就是所谓"心理时间"。例如，消费者实际花在等待的时间比其心理上所感受到的等待时间要短。因此，营销人员可以采取很多的方式和策略（如提供电视、计算机、免费 Wi-Fi、报刊杂志等）来降低消费者对于等待时间的主观知觉，当然消费者也可以通过玩手机来消磨时间。许多物流公司都会及时跟踪并向网购者提供商品到达节点的时间信息，一定程度上可以缩短消费者等待的心理时间或焦虑情绪，并降低消费者的网购风险。研究发现：简单的填补机制会使消费者的时间知觉变短，而复杂的填补机制则导致消费者的时间知觉变长；文字型填补机制会使消费者的时间知觉变长，而游戏型填补机制则造成消费者的时间知觉变短。另外，有趣的填补机制可以提高消费者的正面情绪与降低其主观的时间知觉，而枯燥的填补机制则会使消费者产生较差的情绪反应与较长的主观时间知觉。Roger 研究了 A 和 B 两种性格类型、高收入与低收入的消费者对于排队等待的容忍程度，发现 A 型人格和高收入的消费者对于等待的容忍程度相对偏低。一些更早期的研究表明，人们对于等待的容忍程度还受到国家、人口、文化差异、心理的影响。

（四）任务情境

任务主要是消费者在特定的时间、地点购买及使用商品的原因或目的，也包括购买意图、购买计划等暂时性因素。例如，买礼物是在特定目的下发生的，如圣诞节、生日、毕业、结婚，购买商品也可能是针对特定的对象，如自己、家人或送人。

由于购买目的不同，消费者购买商品的种类、档次和品牌都会有很大的差异性。比如，家庭主妇在为家人购买节日礼物时的方式与为自己购买商品时的方式肯定有所不同。而如果是送给别人的礼物，那么这种区别就更大，因为礼品一般包含了多种象征意义。

有研究发现，消费者购物送礼会表现出某些独特行为。例如，消费者往往会对礼品制定一个价格上限，同时关注店内的信息（如店员的建议）多于店外的信息（如广告）。而且，消费者为送礼会倾向于到高级商店选购并且购买知名品牌，同时也会很在乎商店的退换货办法，也就是万一买错是否容易退换。此外，消费者对于非例行性及重要事件的送礼场合（如结婚），相对于例行性及较不重要事件的送礼场合（如生日），通常比较愿意花费较多的时间和精力来进行产品相关信息的搜寻，同时也比较愿意购买较高价位与较高品质的礼品。

产品的可能使用情境也是一项重要的任务变量。例如，在家用餐与外出野炊，在食材、炊具的使用上会有很大的差别。当产品和某一使用情境或目的相结合后，或许可在该情境上取得较大的竞争优势，但也可能使其局限在该情境中。例如，我国消费者通常把牛奶定位成一种适合早餐饮用的营养饮品，因而通常不会因为解渴而去喝牛奶，其市场也因此而受限。

（五）先前状态

先前状态是指消费者带入消费情境中的暂时性心理状态（如焦虑、兴奋、高兴等）、生理状态（如精力、疲劳、疾病、寒冷等）或物质条件（如收入变化、信用卡的透支额度等）。消费者在购买时点上的这些状况，可能会影响其购买决策。例如，在情绪激动时，消费者往往无法集中精神在购买决策上；良好的情绪状态会导致个体对刺激物的好感或正面态度。至于消费者本身的身体状况，也会影响其购买决策。例如，身体疲倦时往往容易做出错误的决策。

一般来说，消费者对产品与服务的判断，往往会以迎合自己当下情绪状态的方向来改变，也就是心情愉快的时候，往往会希望事情更好；反之，往往会把事情想得更坏。营销者可以利用一些服务或事件来诱发消费者的积极心情，以使营销活动取得更好的效果。因为消费者的心情既影响消费过程同时又受消费过程的影响。

暂时性的物质条件指消费者在购物之前物质条件暂时性地发生了变化。比如，购物之前意外得到一笔奖金或损失了一笔钱、用掉了一笔钱。这里的物质条件变化是短暂的，不是长期存在的。暂时缺钱的人和长期经济拮据的人购买行为是有显著差别的。

另外，消费者也常常通过购买或者消费产品（或服务）来控制他们的暂时性条件。例如，心情不好的消费者可能选择去看一场电影或者进行"排遣式进食"；白天感到疲倦的消费者，可能会喝一杯咖啡。所谓场景营销及现实生活中大量的营销活动实际上都是针对暂时性情境的。

三、情境类型

根据消费者行为过程的不同阶段，可以将一般的消费情境归纳为信息获取、购买、使用、处置四种情境类型。

（一）信息获取情境

信息获取情境是指消费者接受人员或非人员营销信息时所处的具体环境或背景，可以分为信息展露情境、信息表达情境、信息接受情境。信息获取情境将影响消费者注意、理解和记忆信息的程度。

1. 信息展露情境

信息展露情境指信息展露的位置和方式，如信息展露的场所和醒目性，它决定了消费者是否愿意接触、是否能够接触到营销信息。

在不同情境下，人们的信息接受状态也是不同的。例如，消费者在地铁站、公交站、电梯口、电梯内等场景下是等待状态，愿意接受信息，从而导致对信息的关注。而在看网剧、综艺时，消费者的目标是看节目，主要精力放在节目上，对广告会产生排斥心理，对

15秒的贴片广告也会非常不耐烦。楼宇广告就是利用了人们在乘电梯或等电梯时的无聊时间，而消费者在封闭空间内更容易接触到广告信息。铂爵旅拍、BOSS直聘都利用梯媒广告取得了良好的知名度。与此类似，地铁、公交车、候车亭、院线映前时间、体育赛事等沟通情境也都适合广告传送。现在"低头族"随处可见，人们大都喜欢利用碎片化时间或垃圾时间来浏览手机信息，营销者可以建立手机微信公众号、手机客户端等，以便于消费者在方便的时候进行访问。

YouTube是美国的视频网站，其所有视频内容的贴片广告在播放5秒后均可点击跳过。而5秒的短广告通常不容易引发观众的厌恶感，同时由于消费者知道YouTube的广告在5秒后即可点击关闭，因此在这5秒之内通常会聚精会神地盯着广告看（广告触达率极高），一旦结束马上点击关闭。这样，YouTube通过一个简单的跳过按钮去获取观众5秒内的全部注意力，牺牲广告时长换取广告效率，在机制上有效提升了广告真实曝光度。另外，由于广告曝光时间极短，也会倒逼广告主不断去优化广告质量。

2. 信息表达情境

信息表达情境指表述信息的时间或场合。它影响消费者对营销信息的理解和接受。例如，Goldberg在一项中间夹播商业广告的电视节目类型研究中发现，插播于"欢快"节目中的广告与插播于"悲伤"节目中的广告相比，前者使消费者产生更加积极的思维和更高水平的回忆。某项研究发现，消费者在较舒适的环境下观看广告，会产生较多的认知反应、较高的愉悦度、较佳的广告态度、较多的正面想法，以及较少的负面想法。

信息内容最好与消费者的实际场景相似，例如，美国电影《速度与激情》的片头广告选用红牛（强调血气方刚）比选用唯怡豆奶（强调唯美舒适）更有效；在体育馆附近的公交站台投放运动器械、运动服饰、运动饮料的广告比投放休闲食品的广告效果好。

3. 信息接受情境

信息接受情境主要是指消费者接受信息时的主观状态，如心情、疲劳、卷入度、脑中的杂念、精神状态等。而信息表达情境则与消费者接受信息时的客观情境有关。一般来说，消费者心情好的时候更愿意看各类广告，同时观众的心情也会影响其对广告的解读、评价和印象深刻程度。有研究发现，对某款产品卷入度低的消费者，更希望该产品的广告与投放的背景风格一致（比如，在喜剧类节目中穿插幽默广告）。然而，对某款产品卷入度高的消费者，更希望广告的风格与投放的背景风格形成鲜明的对比（比如，将广告插播在不含感情色彩的节目中，如纪录片）。另一项研究表明，将复杂的广告插播在认知度较高的节目中，会给观众留下深刻的印象。然而，将大家已经耳熟能详的广告投放在收视率很高的节目中，效果并不理想。

虽然很难直接影响和控制消费者的主观状态，但一些客观因素在一定程度上仍能对消费者的主观状态产生影响，如欢快的广告音乐可能使消费者心情更好。

（二）购买情境

购买情境指消费者在购买过程中接触到的各种物理的、社会的及其他各方面的环境，包括购物场所的环境与气氛、营业员的态度与技能、同伴的心情与意见、购物的时间压力等。不同的购买情境会影响消费者的消费内容和形式。例如，与孩子一起购物时，就比没有孩子在场时的购买决策更易受到孩子的影响；消费者在商店购物时，无人搭理或者营业员态度不好，就可能放弃购物的念头；有的商场过于拥挤，会使得消费者的停留时间较短；售货员的过分热情也会吓跑一些消费者；货架位置、价格促销、商品陈列及购物舒适性等商场内部刺激，对消费者购买决策尤其是非计划性购买会产生重要影响。

严格地说，购买情境包括购物情景和支付情景。通常，二者是紧密结合的，但完全相同的情景却很少。有些商店把支付情境和购物情境相区别。例如，在汽车零售店里，购买情境就是便于购买的单独房间。在这里，顾客和销售者可以坐下来商讨购买的最终细节问题，并开具支票。有时候购物情境也会延伸到支付情境。例如，超市的收款台前经常摆放一些小商品，如口香糖、糖果等，以刺激冲动购买。

有些购买情境是不可能预期的，如突然生病、不可预期的价格变化、朋友的突然来访及缺少购物时间等。所以，即使网购十分盛行，居住小区附近的便利店和药店仍然有生存的空间。

（三）使用（消费）情境

使用（消费）情境指消费者使用商品或服务时的情境因素，包括时间、地点、方式、场合、周围场景等。许多产品的购买场合与使用场合是同一场合。比如饭店的食物，消费者在饭店购买也在饭店消费。消费者在购买决策过程中通常会考虑商品的使用情境。比如购买某名牌香水用于社交场合，而将另一普通品牌用于日常化妆。

在不同的使用情境下，消费者对同一种产品的选择标准和购买决策可能存在较大差异。首先，不同的消费情境会激发人们产生不同的消费体验。比如，在一个服务周到、整洁幽雅的快餐店里就餐，人们会变得很愉快；四川燕子沟景区的气泡帐篷，旅游者可以住在里边看月亮、数星星，360°观赏高原灿烂的夜空，但在喧闹的城市就不合适了。其次，不同的产品在不同的情境下消费会产生不同的意义。比如，消费者在家里和在社交场合穿的服装会有较大差别。最后，对有些产品而言，营销人员能直接控制消费情境，消费者购买的主要产品和服务就是消费环境本身，如酒吧、主题乐园（如迪士尼乐园）等服务性产品，其消费环境对于消费者的满足感是至关重要的。

对于营销人员可以控制的使用情境，如服务业、旅游业等，营销人员应当设计令消费者感到方便舒适的使用情境，比如改善咖啡厅的装修布局、营业员的服务态度与技能等。当然，有些产品的使用情境是营销人员无法控制的，比如电器、汽车、家具、服装、蔬菜、鱼肉等，营销人员应当理解或引导消费者的使用情境，据此传递产品使用情境信息。比如，花店可以宣传什么花赠送给什么对象，保健品公司可以宣传什么保健品适合送给什么体质的人使用，葡萄酒公司可以宣传什么样的葡萄酒适合在什么场合饮用，等等。

对于像快餐店这类服务性企业，还应考虑消费情境的舒适度对周转率的影响。例如，舒适和优雅的环境会让客人待在餐厅内的时间更长，有可能会使客人消费更多的餐点和饮料。但若在高峰时间则会导致晚来的客人因等待时间太久而离去，导致顾客周转率太低。因此，对于强调低毛利率与高周转率的餐厅，提供过度舒适的座椅可能并不恰当。例如，麦当劳的座椅与星巴克的舒适度是不同的。

市场定位和产品细分均可能涉及产品的使用情境，而且，推出适合不同情境使用的商品，吸引同一消费者在不同时机前来购买，还可以提高商品的销量。例如，生产服装的企业可以根据着装场合，如是正式场合穿、运动时穿还是休闲时穿，而对市场进行细分。显然，针对上述不同的细分市场，服装产品及其营销策略应有所不同。星巴克没有把咖啡馆开在星级酒店、小区里，而是开在市区、机场、商务中心，因为这些地方都没有消费者自己的空间，星巴克就让人们在没有自己空间的地方，突然感到原来有一个自己的空间，一个熟悉的咖啡味道，一个人与人之间能轻松交往的地方。有时，产品的使用情境被消费者过于狭窄地界定，此时需要企业做出努力改变消费者的认知。比如，"冬天喝热露露"的广告，就是这方面的尝试。

对电商平台而言，也可以根据使用情境进行产品分类。美团的搜索页面中，分类筛选的根据主要是区域、菜系、口味、价格、评分高低等，还可以增加"情境"分类，如按适合宝宝、适合宴请、适合约会、适合团聚等，从而让用户快速锁定目标做出决策。南瓜电影也按情境因素对电影进行了分类，如七夕节的"七夕专区-唯美爱情电影"，情绪不佳时的"治愈人心系列电影"，一家人一起看的"阖家欢乐的动画电影"……这样，消费者点进去就能很快找到符合当前情景的电影。

即使对于同一类产品，不同的消费者追求的利益也是不同的，而他们所追求的利益又受到情境因素的制约和影响。表4-2描述了根据使用情境和个人追求利益这两个变量对防晒霜所做的市场细分。

表4-2 防晒霜个人-情境细分市场

情境	个人要求				情境利益
	小孩	青少年	成年女性	成年男性	
沙滩或划船时的日光浴	防止太阳灼晒并加入驱蚊虫叮咬的成分	防止晒黑	防止晒黑、皮肤损伤或干燥	防止晒黑	防风吹对皮肤的损害配方、容器耐热性好、容器能浮在水面且不易丢失
家里或泳池旁的日光浴	防止晒黑和损伤皮肤	沐浴阳光而不晒黑	加入皮肤滋润剂或不使皮肤干燥	沐浴阳光而不晒黑	大的挤压瓶、不会玷污家具和地板
滑雪	—	防止冻伤	防止皮肤冻伤或干燥	防止冻伤	防止寒风和雪地光线对皮肤的伤害及防冻配方
个人追求的利益	保护娇嫩皮肤、无毒	护肤、适合放在裤兜	护肤、女性香型	护肤、男性香型	—

（四）处置情境

处置情境指消费者在使用前和废弃后处置产品或产品包装时所处的物质和社会环境。处置情境影响消费者的行为。比如，有的消费者重视生态环境保护，只购买易于回收的物品。营销人员、政府和环境保护组织需要了解情境因素如何影响处置行为，据此应当制定相应的策略、促进良好的处置行为。比如，消费者食用食品之后，会拿着食品包装找垃圾桶，但超过一定距离，消费者就可能将空盒随地丢弃。据此应当考虑垃圾桶分布的适当位置和距离。

处置情境与某些行业高度相关，如二手车市场的价格会影响新车的购买行为。在网络信息时代，二手货有了更方便的出售或交换渠道，如转转、闲鱼、拍拍二手、58同城，以及有路网、瓜子二手车等专业网络平台。

第二节 购买情境与消费行为

一、实体店接触

虽然网络购物呈不断上升趋势，但就目前来说，传统店铺零售额仍然占大头。2018年，实体店的实物商品零售额仍占社会消费品零售总额的81.6%。当然，如果与网络购物相比，传统店铺零售的劣势也是很明显的。

表4-3是Roper电话调查的结果，该调查询问消费者不喜欢到店铺购物的原因。

表4-3 消费者不喜欢到店铺购物的原因

原因	比例/%	原因	比例/%
销售人员缺乏相应的知识	74	太拥挤	58
要排很长的队	73	很难找到人来帮助自己	54
很难找到产品	64	购物时间太长	38
停车和交通问题	64	不喜欢购物	34

为了应对网络购物的冲击，一些实体店开始聚焦于社交和娱乐元素，甚至转型为购物与娱乐中心，企图以提升消费者的购物体验来吸引消费者。一些城市综合体涵盖了吃、喝、玩、乐等多种消费需求；或者向儿童提供游戏、学习、聚会的场所，以吸引其家人一同前来；还有些商店通过线上与线下相结合的方式，满足消费者多渠道购物的需求，因为没有哪个渠道能够做到十全十美。

消费者实体店接触的具体行为环节包括：找到商场（店）、前往商场（店）、进入商场（店）。对商家而言，商场（店）接触的核心问题是如何将消费者吸引到店里来。这一方面涉及商场（店）的位置，另一方面涉及消费者对商场（店）形象和品牌的认知。影响消费者实体店选择的因素包括以下四个方面。

（一）实体店的位置

商店选址的可撤回性较低，投资风险大。古语说："一步差三市"，开店地址差一步就有可能差三成的买卖。但影响选址的因素很多，商店选址应当综合考虑各种相关因素。目前更多的企业开始采用大数据选址方法。

阿里云智能
选址解决方案

1. **实体店所在区域**

对零售店来说，口岸选择与客流大小直接影响到收入的多少。商店的区域地址选择要综合考虑所在区域的人口因素、地理环境因素、地段因素，了解规模性的目标顾客群是否足以支撑市场等因素。通常情况下，大多数店铺适合选择在人流量比较大的街区，特别是当地商业活动比较频繁、商业设施比较密集的成熟商圈，如北京王府井、上海南京路、成都春熙路等。

(1) 交通便利。道路与公共交通条件无疑是影响营业环境最重要的外部因素。交通条件越方便，消费者购买商品越方便；交通条件越差，消费者购买商品的难度越大。

所以选址时要选择交通较便捷、进出道路较畅通、商品运输安全省时、地铁出入口等顾客购买路程不远，或乘坐公共汽车站数不多且不必换乘的地方。如果店铺门前或附近有便于停放车辆的停车场或空地，就会更方便顾客购物。一些城市为了便于交通管理，在一些主要街道会设置交通管制，如单向通行、设置隔离栏、限制通行时间等，店铺选址应尽量避免这些地方。

(2) 靠近人群聚集的场所。影剧院、商业街、公园名胜、娱乐场所、车站、旅游地区等，这些地方可以使消费者享受到购物、休闲、娱乐、旅游等多种服务的便利，是商场选址的主要方向。但此种地段属经商的黄金之地，寸土寸金，地价高费用大，竞争性也强。虽然商业效益好，但并非适合所有商场经营，一般只适合大型综合商场或有鲜明个性的专业商店。

(3) 居民聚集、人口集中的地区。这类地段人口密度大，且距离较近，消费者购物省时省力比较方便。商店地址如果选在这类地段，会对消费者有较大吸引力，很容易培养稳定、忠实的消费者群。

(4) 符合客流规律和流向的地段。这类地段适应消费者的生活习惯，自然形成"市场"，所以能够进入商场购物的消费者人数多，客流量大。一条街道会因为交通条件、历史文化、所处位置不同，而形成自己的不同特点，要选择街道两端交通通畅且人流较多的街道，避免在一条"死胡同"里开店。同样一条街道的两侧或不同位置，由于行人的走向习惯不同，客流量也不一定相同，要细心观察商圈人流量的方向，在客流量较多的一侧选址。

案例链接 4-2

家乐福的选址

家乐福的落点注定是十字路口，因为 Carrefour 的法文意思就是"十字路口"，而家乐福的选址也不折不扣地体现这一个标准——几乎所有的店都开在了交叉路口，巨大的招牌 500 米开外都可以看得一清二楚。同时，还要交通方便，满足私家车、公交车、地铁、轻轨等各种交通要素的通达；人口密度要相对集中；该区域还要具备相当面积的停车场，比如在北京至少要求 600 个以上的停车位，非机动车停车场地 2000 平方米以上，免费提供给家乐福公司及顾客使用。

资料来源：http://www.wendangku.net/doc/34bb0305b52acfc789ebc987.html［2020-12-15］.

2. 经营商品的特性

商店选址除了考虑地理区域等因素以外，还要分析商品本身的性质、顾客的消费习惯等特点，准确选择面向目标区域消费者的商品门类或商品价格定位。

(1) 商品性质。商品的性质与消费者的消费心理密切相关，店址的选择应充分考虑这一点。例如，经营日常生活用品的便利超市应设在靠近居民区中间的地段，以方便居民日常购物消费；对于高卷入度的商品，如家具、电器或家庭影院等，人们就不会怕路远而选择规模较大的、信誉较好的商店；黄金珠宝饰品等贵重物品应设在与高档商店相毗邻的地段，以适应消费者购买高档物品时对商场档次、商场信誉、外部环境的心理要求。同时，要根据商品目标消费者的居住与活动情况，选择能够更容易接近目标消费群体的地方。

（2）商品价格。商品价格的高低与其周围居民的消费品位、消费水平有直接的联系，应根据消费者对商品价格的需求心理选择店址。例如，销售高档文化艺术类商品、豪华生活消费品的商场应设在高收入居民生活区域或高档商业街；价格一般的普通大众商品则可选择在中低收入居民的生活聚集区销售。

（3）消费习惯。不同地区、不同民族的人们消费习惯各不相同。商店选址要根据商品的特性，考虑目标消费者消费习俗的不同，因地而异。例如，南方竹制品商店生意兴隆，北方则很少开设；西部地区的贵州、四川等地由于气候潮湿，人们餐餐吃辣，辣味专营店生意火爆，而在其他地区或许生意一般。

3. 实体店的类型

（1）业态类型。零售业有多种经营业态，应当依据消费者对不同业态的需求心理来选择店址。例如，食品便利超市应贴近居民区，以居民区的常住居民为主要顾客群，并与大型超市保持一定的距离，使自己处于对手边际商业圈以外；仓储式会员店则应优先考虑交通方便，不必以靠近居民区为第一选择目标，因为它可以用低价吸引顾客。

（2）竞争环境。商店周围竞争环境也是影响消费者心理的重要因素。商店选址要考虑业态种类及业态分布，或与其周围商店类型相协调，或起到互补作用，或有鲜明的特色。同类小型专业化商家聚集设店，可形成特色街区吸引人气，从而满足消费者到特定商业街购物时的特定心理预期，如陕西西安的回民小吃一条街。

商业经营中有"马太效应"一说，即当消费者在一处营业环境购买商品或消费时，他们可能同时会在附近的营业场所浏览、观光或消费，并可能产生购买行为。很多顾客有从众心理，买的人越多，他们认为商品越吸引人，购买兴趣就越高。营业环境形成马太效应的条件一般是营业场所的地理位置接近、营业性质接近或相互兼容，促使消费者在这个营业圈内保持持续消费的动机。因此，人口密集，商家聚集的区域是开设商店的理想区域。而商店林立的商业街，由于商家聚集，就会形成一个规模大、密度高的顾客群。例如，大城市的服装市场、汽车市场、家具市场、电子市场等都是大规模开设的，一个市场内部少则几十家，多则上千家，虽然竞争激烈，却都顾客盈门；而在汽车配件一条街上开一家服装商店，虽独此一家，无人竞争，却会落得门前车少人稀、惨淡经营的结局。

（3）配套场所。消费者在商店购物中要求获得配套服务，因此商场在选址时要同时考虑配套场所。例如，仓储式会员店一般停车场面积与营业面积之比为1∶1，以方便频繁的进货与消费者大批量购物后的用车停放需求；以低廉价格销售商品的大卖场可设在市郊结合部，以便在配套与营业面积相适应的宽敞停车场的同时，承受较低的地价。尽管路远一些，但它可以以低价取胜，满足顾客的求廉心理。

现在，大数据公司可以利用各种商业地理数据进行商业选址规划，其数据统计除一般地理位置的数据外，还包括商圈人口分析（年龄、学历），商圈购买力分析（收入等），以及商圈的竞争力分析（哈夫模型），另外还包括客流量、人流动线、交通状况等，并构建

GeoSite 大数据
选址分析平台

精准的选址分析模型,从而快速筛选出最合适的店铺位置。例如,"慧选址""美团点评黄金眼",根据商圈分析、客群画像等方面的数据分析,构建了一套精准的选址分析模型,可以快速准确地分析出什么类型的店开在什么地方可以挖掘最大的客户群体,或者快速选择出最合适的店铺位置。

(二)实体店的规模

为了节约时间和精力,消费者更愿意在某一次计划的购物中,以最节省时间的方式把所需要的物品或服务全部买回来。为了避免麻烦和时间上的耗费,"一站购齐"式服务把传统的农贸市场、超市、银行、电影院、书店、健身房、洗衣店、餐饮店等的功能都集中到一起,使得消费者只要在一个购物地点,就可以买到他所需要的一切产品和服务,从而减少了消费者去别处购买所带来的成本,自然就能吸引消费者前往。家乐福、沃尔玛、好又多等大型综合超市经营各种消费者每天必需的生鲜食品等,在提高人流量方面就比传统的百货商场有很大的优势。

解志韬认为消费者对超市的择店行为和消费额度是紧密联系的,这体现在两个方面:消费者预期消费额度的大小是消费者做出择店决策的重要依据,同时当消费者一旦做出择店决策,其所选择的超市类型又对消费额度的大小产生影响,如图 4-1 所示。

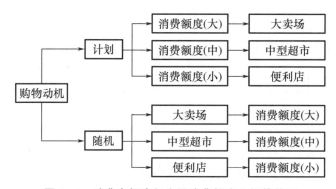

图 4-1 消费者择店行为同消费额度之间的关系

(三)实体店的形象

所谓实体店的形象,是指消费者对商场(店)所有特点的整体印象。这些特点包括其所能提供的商品的质量、价格、品种、服务(包括营业员的态度、付款方式及售后服务)、硬件设施(如自动扶梯、卫生间)、商店气氛(温馨、兴趣、舒适)及商店声誉等。如果一个商场(店)有良好的形象或经营特色,就容易得到消费者的追捧,沃尔玛曾说过:"沃尔玛在哪里,哪里就是口岸。"

表 4-4 把实体店的形象归纳为九个层面,每个层面有多个构成要素。

表 4-4 实体店的形象层面与构成要素

属性层面	构成要素
商品	质量、花色品种、时尚、保证、价格
服务	一般性服务、销售人员服务、自助服务、退货方便、送货服务、信用政策、电话订购

续表

属性层面	构成要素
人员	社会阶层、自我形象、销售人员
硬件设施	商店装修、购物的便利性（电梯、温度、光线、洗手间）、建筑结构（通道的位置、宽度、地毯等）
方便性	店铺位置、停车条件
促销	促销、广告、商品陈列展示、折扣券、标记和颜色
商店气氛	温馨、有趣、兴奋、舒适
组织	现代性、声望、诚信
交易后感受	商品使用、退货、赔偿

这些影响实体店的形象构成层面和要素大致可以归纳为功能性属性和情感性属性两大类。具体来说，店址、商品、服务、价格等基本上属于功能性属性，其中价格对消费者购买行为的影响最大；而广告、促销、销售人员、店内环境等既有功能性特征，又具有情感性特征。这两个层面的属性在构成商店形象的特征中是相互交织在一起的，要将它们严格地加以区分并不容易。

商店形象也可以由商店知觉图来解释。商店知觉图是在二维或者三维空间上表现的消费者对商店的看法（或知觉状态）。如图4-2所示，商店B、C的商品品种比较少且专一，商品价格便宜，如便利店、农贸市场；相反，商店D和E是以中间水平的价格（质量）来销售品种较多的商品，如大型超市。这些商店形象可利用于目标市场的选择上。普通消费者一般重视产品品种的宽度（各种各样的产品群），所以可能偏爱商店D和E，如百货商店；相反，社会经济地位较高的消费者更重视产品品种的深度（特定商品群的各种各样的品牌），所以会选择商店F，如高档专业商店。

测量商店形象或品牌形象的常用方法是语意差别量表法，这种方法可以直观地比较商店与竞争对手的特点。图4-3描述了运用语意差别法测定两家竞争商店形象的实例。

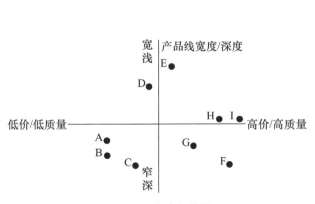

图4-2 商店知觉图

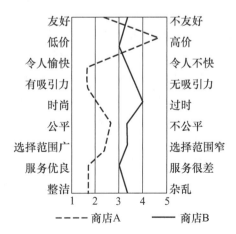

图4-3 A、B两商店形象的比较

还可以采用消费者满意度评价的四分图方法（见第十章），增加指标重要性维度，对各指标的重要性和满意度同时进行测评，并以矩阵图来表示。如图 4-4 所示，A 卖场需要优先改进的是"宣传"和"店员"这两项指标，因为它们很重要，但消费者的满意度却不高。同时，如果结合竞争对手 B 卖场来看，可以看到 A 卖场的竞争地位和改进方向：A 卖场的总体表现优于 B 卖场，但在"品类"和"宣传"方面处于劣势，这两方面是 A 卖场的改进方向。尤其是在"宣传"方面要重点加强。

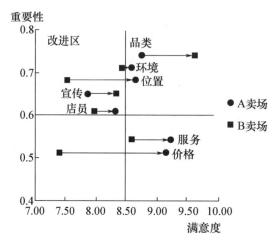

图 4-4　A 卖场和 B 卖场满意度评价矩阵

如同产品一样，商店也可被认为是具有"个性"的。有的商店具有特色鲜明的个性形象，而另一些商店的形象则趋于大众化。例如，星巴克成功的一个秘诀在于拥有创造轻松感觉的环境，即以令人放松的气氛来打造舒适的咖啡店环境，给顾客创造一定程度的体验价值。

 案例链接 4-2

沃尔玛的品牌效应

沃尔玛这个零售业巨人，在半个多世纪里取得了令人瞩目的成就，成为全球最大的零售商。自从登陆中国以来，已在中国的很多城市开设了颇具规模的连锁超市。在这些城市中，"沃尔玛"的名字几乎妇孺皆知。沃尔玛为什么能获得如此大的成功呢？

首先，沃尔玛把超一流的服务看成是自己至高无上的职责，在很多沃尔玛店内都悬挂着这样的标语：1.顾客永远是对的；2.顾客如果有错误，请参看第 1 条。其次，沃尔玛注意降低成本，做到质优价廉。沃尔玛在店内广告甚至包装袋上都印着"天天平价"的广告。为了让商品既低价又物有所值，沃尔玛不仅鼓励员工为降低成本出谋划策，还与像宝洁公司这样知名的企业建立密切的合作关系，通过计算机联网使厂家自动为商家送货，从而最大限度地减少库存成本。此外，沃尔玛"一站式"购物的新理念以及在店址的选择等方面，都尽最大可能地为消费者着想，从而吸引了众多的消费者。

如今，"沃尔玛"本身就是一个知名品牌，人们不仅相信它经营的其他厂家的商品，对于店内的沃尔玛自有品牌的商品，消费者也非常认同，因而为沃尔玛带来了可观的利润和较高的知名度。

资料来源：https://wenku.baidu.com/view/20dce9275901020207409c20.html［2020-11-23］，有改编。

（四）实体店的促销手段

优惠促销对消费者的吸引力很大。但消费者有时也会对习以为常的价格促销产生逆反心理，但不可否认的是促销确实会使商店的客流量及营业额有大幅度的提高。

 资料链接 4-3

定位生活服务及其对选址心理的颠覆

随着移动互联网与定位系统（如 GPS）的快速发展，出现了基于位置的服务（LBS）新业态，用户可以在任何时间、任何地点即时搜集到所需要的服务。这是商业业态的一大创新，也是对传统固定经营场景服务与用户心理的颠覆。

所谓基于位置的服务，简称位置服务、定位生活服务，是指通过电信移动运营商的无线电通信网络或外部定位方式，获取移动终端用户的位置信息，在地理信息系统（GIS）平台的支持下，为用户提供周边网点服务的一种增值业务。其基本含义包括两层：一是该项服务首先是基于对用户所在位置的定位，即确定用户当时所处位置（地理坐标或大地坐标）。二是定位后，寻找周围相关服务网点，如购物、餐饮、加油等场所，为用户提供所需要的各种生活服务信息。

传统商场类型与选址大多基于商品经营场所与顾客居所距离的关系进行研究；而在移动互联网时代，商品经营的方式、场所，用户购买的方式、地点，以及物流模式均发生重大变化，特别是位置服务更是对上述诸方面及所引发的用户心理产生颠覆性影响。这种颠覆性影响主要表现为三个方面：一是用户在任何时间与地点都可以就近、即时获得所需要的、可有多种选择的服务，大大提升购物与获取服务的便捷性与满意度；二是商场与服务网点的位置与居所的距离不再那么重要，用户足不出户就可以点餐送货，坐在家中享受服务；三是商家选址不必再拘泥于原有的设计原则，应该强化移动互联网理念，考量位置服务的优势与要求，探究、制定在移动互联网下更好满足用户需求的解决方案。

资料来源：单凤儒，2018. 营销心理学：互联网时代消费者行为分析［M］. 4版. 北京：高等教育出版社.

二、商品接触

商品接触指消费者在商场内中能否接触尽可能多的商品。商品接触的关键是增加消费者在商场内的逗留时间和使消费者尽快地找到所需商品。家乐福、IKEA 的购物路线大都"缺乏效率"，其目的是让消费者尽可能接触更多的商品，以引发非计划性购买。IKEA 还设计有相关商品组合的展示体验区，让消费者不仅可以体验，还可作为消费者的布置参考，从而激发消费者的购买欲望。

商店内的商品陈列及商店氛围对消费者的商品接触有较大的影响。美国有资料显示，合适的购物点刺激（POP）至少能使冲动性购买上升 10%。

商品陈列既影响消费者接触商品,其本身也是广告,在一些发达国家被称为"哑巴售货员"。商品陈列要适应消费者的心理与行为特点,注意以下几个方面。

(一)易看易取,便于消费者了解和认识商品

商品陈列的高度要与消费者的视线、视场相适应。心理学研究表明,人眼睛的视场与距离成正比,而视觉清晰度与距离呈反比。通常,消费者在店内无意识地展望高度是0.7~1.7米,同视线轴大约30度角上的商品最容易为人们清晰感知。一般来说,摆放高度应以1~1.7米为宜,与消费者的距离约为2~5米,视场宽度应保持在3.3~8.2米,在这个范围内陈列商品有利于消费者感知商品形象。其次,陈列高度应与消费者易于触摸的高度相吻合。

(二)适应购买习惯,方便消费者寻找

(1)让消费者容易辨别陈列商品的所在地。商店必须公布商品销售位置的分布图和商品指示牌,使消费者一进门就能初步了解自己所要买的商品的大概位置,这对营业面积大、商品种类多的商店尤其重要。

(2)将商品进行归类摆放,并相对地固定下来。通常可以根据消费者的购买习惯和选择要求,大致把商品分为方便商品、选购商品和特殊商品三大类进行摆放。

方便商品属于人们日常生活必需的功能性商品,大多数消费者都希望能方便快捷地成交,而且不愿意花较长时间进行研究比较。所以商品应摆放在最明显的、最易速购的位置上,如商店主要通道两侧、出入口附近、临街窗口等位置,以满足消费者的求快心理。

选购商品多属于重要生活用品,大多数消费者都希望获得更多的选择机会,以便对该种商品从多方面进行认真细致的比较。这类商品应相对集中地摆放在面积宽敞或走道宽度较大、光线比较充足、噪声干扰较小的靠里位置,以利于消费者自由地来回观看、触摸、调试、选购商品。

特殊商品指功能独特或具有高级享受功能的名贵商品,消费者一般都愿意花较多的时间品味,所以应摆放在距方便商品柜台稍远的、环境比较优雅的地方,以显示商品的高雅,满足消费者的某些心理需求。

案例链接 4-4

为什么尿布跟啤酒要一起卖?

20世纪90年代美国沃尔玛超市中,超市管理人员分析销售数据时发现了一个令人难以理解的现象:在某些特定的情况下,"啤酒"与"尿布"两件看上去毫无关系的商品会经常出现在同一个购物篮中,这种独特的销售现象引起了管理人员的注意,经过后续调查发现,这种现象出现在年轻的父亲身上。

在美国有婴儿的家庭中,一般是母亲在家中照看婴儿,年轻的父亲去超市买尿布。父亲在购买尿布的同时,往往会顺便为自己购买啤酒。如果这个年轻的父亲在卖场只能买到两件商品之一,则他很有可能会放弃购物而去另一家可以一次同时买到啤酒与尿布的商店。

由此,沃尔玛发现了这一独特的现象,开始在卖场尝试将啤酒与尿布摆放在相同区域,让年轻的父亲可以同时找到这两件商品,并很快地完成购物,带动啤酒和尿片销量一起增长。

资料来源:https://baijiahao.baidu.com/s?id=1607039314145277013&wfr=spider&for=

pc [2020-12-15].

从以上案例可以看出,有些商品之间表面上好像没有什么关联关系(相关性),比如尿布和啤酒,一个是日用品一个是食品,两者风马牛不相及,但是对于一些美国的年轻父亲,它们事实上又存在很强的依赖性。运用关联陈列时,要打破商品种类间的区别,尽可能体现消费者在生活中的原型,也就是一定要贴近消费者生活。如浴衣属于服装类,但可以与洗澡的用具和用品陈列在一起,因为这正是消费者的日常生活。但是,商品的关联关系有时还会因为地域的不同或者季节的不同而有所不同。所以对于商品关联陈列的运用一定要恰当,在中国如果将啤酒和尿布陈列在一起,可能就会对两种商品的销售产生不良影响,同时还会因为顾客的误会而影响到顾客的购物情绪。

(3)根据消费者逛超市的行走习惯确定陈列位置。进行商品陈列时,还应注意消费者逛商店的行走习惯,吸引消费者走完主道后能转入各个支道,把店内商品全部浏览一遍。有的大型超市往往引导消费者首先进入超市最高层,并且逐层下来出店,使消费者能更多地接触商店的商品,激发非计划性购买行为。我国消费者逛商店多数是自觉或不自觉地沿着逆时针方向行走的。所以,一些购买频度较高或男性商品,一般宜摆放在逆时针方向的入口位置上,而一些挑选性强的或妇女、儿童用商品,则适宜摆放在距逆时针方向入口稍远的地方,以适应消费者不同的购买行为和便利的心理要求,提高商品的展示效果,保证商店出入口走道的通畅。

一般来说,适应消费者购买习惯的摆放顺序主要有:①专业性较强、购买目的性较强的商品,应摆放在楼上或商店深处,冲动性、随机性强的商品或广告宣传资料摆放在商店进出口或收银台附近;②购物娱乐服务兼营的商店,购物在下层,娱乐在楼上或商店的深处;③重点商品(如新商品、高利润商品、流行商品、应季商品、促销商品等)以及一些冲动性购买商品摆放在商店主要通道两侧、出入口附近、临街窗口等位置,摆放高度应大体与消费者视线平行,或者扩大这类商品的陈列空间。

三、支付情境

支付情境指消费者支付商品货款时发生影响的因素,包括收银台的设计、消费者付款方式和付款的方便程度等。如有的消费者看到商场的收款处排着长龙,会感到不耐烦甚至可能会放弃购物;有的零售商不能提供手机移动支付而迫使不带现金的消费者放弃购买;一些学校推行的"校园一卡通"不仅可用于校内消费,还可以在周围部分商家使用,方便了师生的消费活动。

网络智能时代的新零售提供了许多新的支付方式,如无线扫描器、移动支付、自助收银、自动售货机、无人超市等,使得购物更加方便快捷。有的超市的每件商品都有 RFID 芯片,而 RFID 技术让数据可以远距离保存并读取,因此,工作人员就可以在不到一秒的时间内,远程计算出所购商品的总价格。在无人超市,消费者只需一部装有支付宝或微信且开通银行卡支付通道的智能手机,即可全程自助购物。但是,人工智能化的无人酒店、无人超市因技术设备原因还不能降低经营成本,货物补缺、问题处理往往不及时,更重要的是消费者的服务体验和购物乐趣较差,而消费者的新鲜感又容易消失,因而其市场前景并不乐观,还需解决好无人商业在技术、场景方面的不足。

无人超市

自助收银的结账效率高,还能满足消费者保护隐私、自主自尊的心理需要。当然,自助收银只是节省了排队等待时间,但扫描、收银时间并没有减少。将自助结账机放置在距离出口较近的地方,可以暗示消费者:在这里结账,您将更快完成交易。

但是,自助结账不能完全代替人工服务。通常来说,购买少量商品时,自助收银比较方便快捷。但商品数量较多或者体积大、金额高的情况下,人工通道更合适。目前自助收银存在的主要问题包括:消费者首先要学会熟练使用自助结账机(包括移动支付);有些东西不能扫码(蔬菜之类的),需要手动输入数字;有时会出现扫码失败或机器故障;节省了排队等待时间,但收银时间并没有减少;商店 Wi-Fi 网络不通畅;收银员可以为顾客提供打包装袋等服务,人对人的温馨服务是机器无法比拟的;有少付款或逃单现象,一项调查结果显示,大约三成英国顾客在超级市场用自助结账机结账时"不老实",当然这与终端报警门的检测技术水平有关。另外,个别自助收银模式在使用上还有些麻烦,需进一步改进。例如,有的需要下载或打开相应的 App;有的需要加微信关注;有的商店在扫描完商品条形码,还要拿结账单到另一台机器上去完成支付。

另外,采用自助结账还应考虑不同国家的文化因素。比如,虽然日本以热爱自动化服务而闻名,但日本更重视为顾客提供有礼貌的服务,这意味着零售商对自助结账会有所保留,他们更愿意努力提升员工的工作效率。在英国,"如果消费者察觉到,零售商做某件事仅仅是为了节约成本,而非改善服务,那么他们就会对这件事感到反感",因此,零售商可以通过提供多种结账方式的选择,来降低消费者对自助收银的不满程度。

现在,大多数商家都支持手机支付,给消费者带来了很大方便。我国已越过信用卡时代,直接从现金转向手机支付,外国留学生还将移动支付评为中国的新四大发明之一。随着支付宝刷脸支付的落地,不用手机、不输密码的人体支付方式也开始走入人们的生活。Amazon Go 采用机器学习、计算机视觉、传感器、人工智能等新技术,实现了消费者不用排队、扫码、结账,"径直出门"完成购物的全新体验,是支付情境的一次革命。而区块链支付技术将消除金融机构等中介,实现透明和匿名的点对点价值交换,是更深层次的支付变革。

资料链接 4-3

无人便利店热潮为何来得快去得也快?

无人便利店设置了全智能商品感应识别和智能防盗识别系统,消费者通过扫码进店、选购商品、自动买单、验单离店,四个步骤即可完成购物。但无人便利店一味地放大电子支付的便捷,却忽视了购物的乐趣。把本就有温度的服务,变成人与机器的冰冷交互,让顾客少了服务的体验与享受。同时,由于设备的维护成本较高,无人超市的商品价格并不便宜。此外,无人便利店商品数量较少,导致物流配送的效率不高,补货不及时、缺货与商品积压现象并存。因而,刚开始消费者出于好奇心进行消费,后期还是习惯性在传统便利店消费。

自动买单一步搞定

据了解,无人零售的优势是缩短了消费时间和增加了购物的便捷性,本质上并没能颠覆和发生变革。任何技术革新还是需要回归商业本质:是否降低成本、是否增加销售,而从目前无人零售的解决方案来看,都无法做到。因此,无人零售发展的方向还应该强化服务,通过智能客服、视频行为分析等方式，给顾客提供更舒适的购物环境，同时大力降低成本。

 思考题

1. 消费者情境的构成因素与类型可以分为哪几个方面？
2. 实体店形象构成层面与构成要素有哪些？
3. 在商业经营活动中，如何缩短消费者的心理等待时间？
4. 如何进行商品陈列，以适应消费者的购买心理与行为特点？
5. 商店选址应当考虑哪些因素？

第四章 在线题库

第五章

产品因素与消费行为

学习目标

- 了解产品整体概念的含义;
- 理解产品的三个体验水平;
- 了解产品质量的自然属性与社会属性的含义及特点;
- 熟悉消费者对产品功能需求的认知内容;
- 掌握 KANO 模型及应用;
- 理解"手段–目的链理论"原理;
- 掌握 ADP 模型及应用;
- 掌握新产品的扩散过程及其影响因素。

思维导图

产品因素与消费行为

相关理论

KANO模型

- **属性分类**
  - 必备属性
  - 期望属性
  - 魅力属性
- **实际应用**
  - 确定属性类别
  - 产品属性开发
    - 优先原则
    - 组合原则

手段-目的链理论

- **属性**
  - 具体属性
  - 抽象属性
- **利益**
  - 功能利益
  - 心理利益
- **价值**
  - 利用价值
  - 最终价值

产品属性

- **自然属性**
- **社会属性**
  - 核心效用
  - 方便省力
  - 使用舒适
  - 美观情趣
  - 结实耐用
  - 新颖时髦
  - 协调配套
  - 经济合算
  - 商品质感
  - 安全环保
  - 适应个性

产品概念

- 核心产品
- 形式产品
- 期望产品
- 延伸产品
- 潜在产品

产品体验

- **功能需求**
  - 本能水平
  - 行为水平
  - 反思水平

产品扩散

- **AIETA阶段**
- **扩散方式**
  - S形态
  - 正态分布
  - 流行、时尚、经典
- **影响因素**
  - 需要满足程度
  - 个人特征
  - 风险知觉
  - 目标群体
  - 决策类型
  - 产品特征
  - 营销努力
  - 适应性
  - 简易性
  - 可试性
  - 沟通性
  - 优越性
- **ADP模型**
  - 需要买
  - 买得到
  - 买得起
  - 有容量

榴莲洗发水为什么能爆红？

植观是国内新兴个人护理品牌，主营绿色、健康、环保的植物氨基酸洗护发产品。

植观产品经理在喝一款榴莲味的鸡尾酒时，突然脑洞大开，提出要出一款榴莲味洗发水。

大多数人的第一反应是——谁会把榴莲味留在头发上？

但经过了一番研究后发现，榴莲这个东西有人爱有人恨，爱恨都很极端，具有很强的冲突性和话题性。跨界产品本身需要脑洞大开，比较奇葩。另外，榴莲的功能性很强，非常滋养，广东人说一个榴莲3只鸡。产品中含植物提取精华，也是植观一直坚持的路线。于是决定出一款榴莲味的洗发水。

整个研发的过程还是很波折的。植观找了一家世界排名前三的国际香精公司来调香。但一开始调出的味道，办公室的同事都不觉得惊艳。后来，一位同事从榴莲味食品中得到了灵感，决定尝试用食品级的榴莲香精，效果很明显，办公室里的榴莲爱好者众口一词："就是这个味儿。"

榴莲味洗发水有传播性，最终产品还得对用户有用。要让喜欢的人喜欢，但用完之后，也不会给不喜欢的人带来问题，不会给用户造成社交困扰。植观研发人员也担心顶着一头榴莲味上街会被人打，所以在前调使用榴莲香，中调是果香，后调是奶香。洗头时闻起来是榴莲味，洗完后留下的是奶香，不会带来社交障碍。

事后回想，如果只是冲着噱头去，推出个"臭豆腐味"的洗发水，效果可能会差很多。

产品出来后，植观决定以微博为主阵地推广，话题性的东西在微博效果比较好。由于榴莲味洗发水的项目是跟天猫合作的，天猫拿出了资源来帮忙推广、投放等，比自己花钱铺强多了。结果第一天就获得了一个亿的微博阅读量。

一方面是榴莲味洗发水本身有话题；另一方面植观并没有预想到的事情是：明星易烊千玺曾开玩笑地说过，"希望推出一款榴莲味的洗发水"——产品出了之后，很多网友在微博上@他，说"四字弟弟想要的洗发水到货了"。

资料来源：https://mp.weixin.qq.com/s/mJDK1gMhTI-ib1NaLCl7_g［2020-11-24］.

 问题

1. 榴莲味洗发水爆红的原因是什么？
2. 在网络时代，新产品的开发应注意哪些新方法？
3. 为了进一步提高榴莲味洗发水的市场占有率，你觉得还应当如何改进产品及营销策略？

产品是市场营销活动的物质基础，是消费者的购买对象，是影响消费心理与行为的最主要、最直接的外在因素。在4P营销组合中，消费者最关注的是产品，即该产品能够带来的利益是什么？是否满足消费者的需要？是否符合消费者的价值观？某种意义上说，

"产品是1,营销是0",任何营销的核心都是产品本身。例如,喜茶能从竞争激烈的中国茶饮行业中脱颖而出,并不只是因为"饥饿营销"等营销策略,主要还是其产品有特色,给那些喝腻了传统奶茶的年轻人一种新鲜感。喜茶创始人聂云宸认为:"产品是起点,品牌是核心,运营是基础。"喜茶的核心战略就是"做产品",做"和别人不一样的产品",有不一样的口味、口感和香气。不少营销实践也表明,产品做得不好,营销做得再好,最后也终将被市场所抛弃。某些网红品牌"买椟还珠"的定位偏差,可能会满足消费者一时的尝鲜、猎奇心理,但注定不会热销太久。快速爆红且快速衰落的答案茶、雕爷牛腩等网红餐饮就是很好的例证。而海底捞在标准化的口味下,将用户体验做到极致,从而一路走红。产品对消费者的影响不仅来自产品的用途、质量、性能,也来自产品的设计、命名、品牌、包装、价格等。这些产品特征赋予了产品相应的功能属性,而产品的功能属性只有满足了消费者的心理需求,才能使消费者获得良好的产品体验,从而对消费者的购买选择与决策产生积极影响,同时也决定着产品在市场上的扩散与发展前景。

第一节 消费者对产品的要求

产品是消费行为的客体,消费者需要的满足和动机的实现,大都离不开产品。企业应当从产品整体出发,开发的产品属性能够充分满足消费者对产品各方面的功能需求,使消费者获得积极的情感化体验,从而为产品的市场拓展打下坚实的基础。

一、产品概念与体验水平

现代营销学认为,产品是由有形特征和无形特征构成的综合体。而这些不同层次的产品特征影响着消费者对产品的情感体验。

(一) 产品整体概念

产品是指企业向市场提供的,能满足消费者(或用户)某种需求或欲望的任何有形物品和无形服务。产品概念从本质上看,是产品带给消费者什么利益点,即满足消费者什么需求点。在营销发展史上,人们最初将产品理解为具有某种物质形状,能提供某种用途的物质实体,它仅仅指产品的实际效

产品整体

用。在这种观念的指导下,企业往往将注意力只放在产品品质的改进上,从而忽略了消费者的其他需求。而现代营销学认为,广义的产品包括能够满足人们需要和欲望的一切有形或无形的因素,它既包括具有物质形态的产品实体,又包括非物质形态的利益,这就是"产品整体概念"。产品整体概念包括以下五个层次(见图5-1)。

1. 核心产品

核心产品是指消费者的实际利益需求,即顾客真正要买的东西,因而在产品的整体概念中是最基本、最主要的部分。例如,买手机是为了实时沟通、休闲娱乐,买化妆品是为了变得更漂亮,去迪士尼乐园是为了更开心等。

从产品开发来看,具有刚需、多频特点的核心产品,往往更具市场空间。例如,上门做饭App、上门美甲App,就不是刚需;上门开锁类App、二手车类App,也不是多频,消费者通常不会让这些App留在手机里占据空间。但外卖App、共享单车App则是许多

年轻人的必备 App 或小程序，因为饮食、出行都是刚需、多频的。

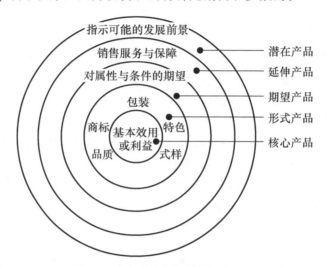

图 5-1　产品整体概念的五个层次

六神沐浴露
包装设计

2. 形式产品

核心产品的功能需要借助一定的具体形式来实现，这就是形式产品，即向消费者提供的实体产品和服务的外在形象。

拿实体产品来说，形式产品就是消费者通过感官能感受到产品形状、样式、名称、品质、商标、包装、设计风格、色调、二维码内容等。其中，最具感官吸引力的五大特征是质量、款式、特色、品牌和包装，这些都是展示产品核心内容、功能、效用的最重要因素。例如，江小白被很多专业人士吐槽不好喝，但是江小白在包装和传播上做得非常好，文案设计获得了消费者的共鸣，加上差异化的定位受到大批年轻用户的喜爱。图 5-2 是江小白的表达瓶包装。

图 5-2　江小白的表达瓶包装

又如，凡米粒（Familyout）是一个专注于亲子出行的品牌，其设计的产品"颜值逆天"，产品外观得到儿童的喜爱是其畅销的根本原因。图 5-3 是凡米粒设计的大脚怪工程车拉杆箱和小羊肖恩骑行旅行箱。

图 5-3　大脚怪工程车拉杆箱与小羊肖恩骑行旅行箱

3. 期望产品

期望产品包含着消费者在体验或购买产品时希望得到的一系列与产品有关的配套属性，比如，品牌影响力、企业文化等。再如，乘坐飞机时，都希望得到安全、准时的体验；给老人买礼物则希望得到孝心、感恩的体验。

4. 延伸产品

延伸产品，即消费者在购买产品时，获得的全部附加服务和利益，主要包括分期付款、送货上门、免费安装和维修、技术指导、售后服务等。消费是一个连续过程，不但要做好售前宣传，还要在售后提供持久、稳定的服务，因此，售前、售中和售后服务一个都不能少。例如，携程网为出国游用户提供免费不限量的 Wi-Fi 服务，受到广泛关注，也吸引了许多游客报名参团。

5. 潜在产品

潜在产品是可以进一步改进和变化的产品，即现有产品的发展趋势和前景。比如，自行车安装简易动力装置后可以当电动车用；改造过的理疗床床体尾部，可以进行足底按摩；智能音箱通过网上平台可以给消费者提供更多的咨询与服务。

 资料链接 5-1

"小度在家"智能视频音箱

"小度在家"配有一块 7 寸屏幕，有摇滚红、爵士绿、经典灰、朋克黑四种颜色，采用环形六麦克风阵列，可全向拾音，语音唤醒和识别抗噪的能力极强。"小度在家"的交互体验由前苹果公司设计总监、现"小度在家"设计合伙人 Don Lindsay 打造，而曾在国际顶级音响品牌 Sonos 工作近十年的主设计师主持了 ID 设计。

"小度在家"拥有 3000 万条短视频、1400 万条百科、50 万个儿童故事、100 万个相声小品戏曲、100 万道菜谱、上亿条母婴知识等海量资源。从音频、视频到远程的视频电话、视频监控，到音乐、娱乐、知识、教育、体育等家庭每个成员不同的生活娱乐习惯的功能设计和提供，甚至专门为孩子开辟了"十万个为什么"知识库、娱乐库等。可以说，小度在家满足了很多家庭对于"生活伴侣""智慧生活助手"的想象和需求。用户只需说出：小度小度的唤醒词，即可将指令执行。例如：小度小度，我想听歌，小度立刻播放与指令相应的功能，小度小度，我想看电影，即可播放电影。最贴心一点在于可以通过语音，实现播放音量大小的调节。例如："小度小度，小声一点"，小度即实现音量的调低，真正做到细节处解放双手，能够适应家庭生活的大多数情景。当然，人们也希望"小度"能与家里的电器互联互通，不仅是家庭娱乐中心、信息中心，还能成为家庭生活、智能家居的中枢控制中心。

随着消费者生活水平的提高，其需求层次将逐步从内层向外层延展。在物资匮乏的年代，消费者主要关注核心产品，而在实体产品竞争日趋同质化的今天，延伸产品等开始呈现出无限魅力。同时，在产品层次中，越向外扩展，体现的消费需求差异性就越大，企业从中寻求的市场机会越多，进行产品创新的可能性越大。所以，应当将消费者所有差异化的诉求都纳入"产品整体概念"，并成为产品创新的启示。

表5-1显示，我国消费者消费形态已进入感动消费时代，消费者更加重视个性化、情感化和喜悦感，更加重视精神消费。

表5-1 消费形态的变化

时间	消费时代	重视层面	评判标准
20世纪80年代	理性消费时代	重视质量、性能及价格	以好、坏为判断
20世纪90年代	感性消费时代	重视品牌、设计及实用性	以喜欢、不喜欢为判断
21世纪	感动消费时代	重视满足感及喜悦感	以满意、不满意为判断
更远未来	感慨消费时代	重视超越预期的超流体验	以快乐、幸福为判断

在数字化时代，人与人之间的互动将会越来越少，而人性化情愫将变得愈加重要，消费者将比以往更需要这种人性化情愫。

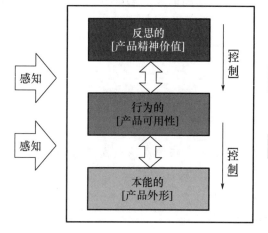

图5-4 产品体验的三个水平

（二）消费者的产品体验水平

Norman在《情感化设计》一书中提出，消费者对产品的情感体验分为三个水平：本能水平（Visceral Level）、行为水平（Behavioral Level）和反思水平（Reflective Level），见图5-4。简单地说，就是"感官层面的好看、功能层面的好用、精神层面的愉悦"。

1. 本能水平

本能水平是直观感受的体验，如产品的外形、质感的好坏、可口的味道、悦耳的声音等。例如，星巴克猫爪杯在饮品倒满后，会出现一只肉感十足、萌态可鞠的粉嫩猫爪，一上市就遭到市场哄抢，除了品牌溢价外，其甜美可爱、奇特风趣的造型是受到消费者追捧的主要原因;唯品会主要定位于女性品牌的折扣商品特卖,因此其App采用了偏女性喜欢的粉嫩系小清新风格;成都通往城市音乐厅的地铁步行梯的每个台阶上都安装了钢琴琴键的交互设计,当行人走在台阶的琴键上时,台阶会相应地发出各种音符的声音,如果有人想要乘电梯,可能会被吸引而走楼梯,这种好玩的设计成了改变行为的一种方式。

案例链接 5-1

"小茗同学"吸睛

统一集团推出的小茗同学,在名称、色彩及包装造型设计方面吸睛效果极好,引发高关注度,一时成为话题。

怎么个好法?至少有三点:①小茗同学的呆萌造型,大大的冬菇头,发顶两根形似"茶芽"的呆毛,眼睛总是露出贱笑,弯成腰果形,很有意思;②全覆盖的高彩度配色,加上占据半个瓶身位置的小茗卡通形象,顾客远远就能看到,放到货架与冰柜上,识别度相当高;③四种颜色的包装,对应四种口味。

图 5-5 小茗同学的包装设计

资料来源:兰马,娟子,2016.卖什么都不如卖体验[M].北京:人民邮电出版社.

2. 行为水平

行为水平体现在使用产品的感受上,涉及产品的使用乐趣和效率等可用性方面。行为水平的设计讲究的是效用:功能性、易懂性、可用性等。例如,大疆航拍无人机系列中,Mavic系列的续航里程、抗风性能、便携性、航拍效果都非常好,消费者的使用体验极佳。

3. 反思水平

反思水平的体验,是经过了个体的研究、评价和解释,个体产生了与产品理念共鸣的体验,如产品体现了自我形象,带来了美好记忆等。反思水平受文化、背景和自我认同的影响,与个人的感受和想法有关。网易云音乐生日当天"每日推荐"会变成"生日祝福",并且在"每日推荐"的第一首歌是祝你生日快乐的歌曲,头部背景也替换成了生日气球的图片。这样的产品设计在这样特别的日子很容易触动用户情感,增加用户的产品黏性。

反思水平的设计注重信息、文化、产品或产品效用的意义与情感。例如,曲阜老酒以前销售情况非常不好,后来,厂家将其更名为"孔府家酒",并配以古朴典雅的包装,赋予其人文情怀,结果销售情况逐渐好转。又如,星巴克成功的秘诀在于"咖啡体验""人文精神",而不是咖啡产品本身。

IP对消费者有吸引力,很大程度上是因为消费者在反思水平上有良好体验,容易建立起品牌与消费者内心的情感连接。IP赋能也是利用品牌的IP资源,使消费者对品牌的延伸产品甚至跨界品类产生良好的情感体验,从而使衍生产品获得较持久的生命力。如云南白药牙膏、大白兔香水、六神鸡尾酒、黄翠仙油腐乳等等老字号国货品牌,因为有IP加持,能持续在网络上走红。

一个好的情感化设计应当把产品体验的三个水平有机地融合在一起。例如,美加净与大白兔跨界合作,推出了外观讨巧、香气溢人的"大白兔奶糖味润唇膏"(见图5-6),其包装造型延续了大白兔奶糖的经典形象,它的扭结就是开封。产品成分里融入了牛奶精华,同时添加乳木果油、橄榄油和甜杏仁油,在大白兔经典甜香的基础上适当改良以适应润唇产品的特性,使用起来十分清爽、舒适。在传播上,美加净还推出故事新编"连环画"——《这只大白兔不一样》,将《龟兔赛跑》《嫦娥奔月》《守株待兔》三个耳熟能详的故事进行全新演绎,用反转内容唤起消费者的美好回忆,赢得情感的共鸣。

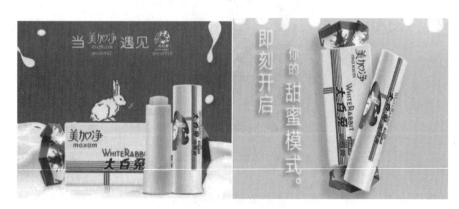

图5-6 大白兔奶糖味润唇膏

老年产品包装的情感化设计

第一,本能水平的设计。本能水平的设计追求的是商品的外观美感及触感等,是商品外形的初始效果。它涉及感受知觉如味觉、嗅觉、触觉、听觉和视觉等的体验,是人们对美学因素的直接反应,也是产品包装最为直观的情感载体。

面向老龄人群的包装设计,要充分考虑到老年人的生理特征。在设计过程中,可适当调整包装文字色彩的对比度及字号的大小,避免在色差弱的底色上印刷图形和文字,避免在有光泽的表面上印刷,避免用难以识别的手写体或者其他变形大的字体。如某些产品包装有大量的说明性文字,包括配料成分表、净重、使用指南、注意事项等,可单独印刷成字号较大的说明书加入包装内。

在图形与材质的选择上,应尽量满足老年人务实、朴素的审美心理,突出实用性和传统性。如在图案上选用稳重大方、寓意健康长寿的传统图案。在材料上,选用触感柔和的包装材料和容器,避免老年人在使用过程中受伤。这样,既可解决因年龄带来的困难,又可让老年人体会到设计的"情感"。

第二,行为水平的设计。行为水平的包装设计,重点在突出产品的可用性、可懂性、可控性。这个层面的设计不仅要让人易用、会用,而且还要让使用者觉得自己处在控制地位,并在使用的过程中感受到使用的乐趣。其中,方便性与安全性是应当首先考虑的问题。此外,还要考虑老年人的认知能力,产品的信息分布要符合老人的阅读习惯,要充分强调主要、重要信息,并辅以特别的图案标志进行必要的提示,如开封口通过视觉或触觉可容易地识别。

在细节配件上也要充分考虑老年人的心理感受,以充分体现产品包装对老龄人群的人性化关怀。例如,包装要配质地优良的提环或拎绳等;对于药品或保健品,要内含有一次用量的小包装,量大的包装开封条具有二次密封的功能,包装废弃后容易拆散分类,避免使用一切细小琐碎的包装零部件等。

第三,反思水平的设计。反思水平的设计,关系到个人的情感体验,表达的是一种深刻含蓄的文化精神,要求更加注重人们的精神审美,反映的是情感价值。反思水平的设计包括很多领域,它注重信息、文化及产品效用的意义。对老人来说,反思水平的设计与物品的意义在于某物能引起有关的个人回忆。因此,它更是一种精神层面的对话,它所追求的是一种超越物质的情感境界。

经历了人生风雨的老龄人群具有怀旧、保守的特点,他们的价值观有自己独具特色的一面。针对老龄人群的产品包装,在满足基本需求的基础上,需融入符合他们生活情趣、价值观念等的元素,实现产品包装与使用者精神上的交流互动,找到情感的寄托。

在设计过程中,要对产品有明确的定位,可充分利用老人的怀旧心理,通过情境塑造,将产品与某个人、某件事及某个情景相连,引起联想,触发回忆;也可通过地域文化要素及符号所产生的象征意义,来传达某种精神,以引起老年人情感上的共鸣。这样,就能使冷冰冰的物品充满人情味,从而体现爱与关怀的设计理念。

资料来源:高颖,2011. 老龄化社会的包装与《情感化设计》[J]. 文艺研究(05):148-149.

二、产品属性与功能需求

(一)产品属性

产品属性应当充分满足消费者的各种主观需要,而不仅仅是质量、性能等技术性指标方面,正所谓"质量检验合格的产品不是合格的产品,消费者满意的产品才是合格的产品"。从消费者的角度上看,可把多种多样的产品属性分为自然属性与社会属性两个大的方面。

1. 自然属性

产品的自然属性包括：功能性、可靠性、安全性、耐久性、方便性、舒适性、经济性、配套性等，对不同消费者来说，这些属性都具有相似的意义。

产品的自然属性与商品的基本用途密切相关，反映产品的功能性价值，它往往可以通过一定的客观标准来加以认定，如性能参数、价格等，具有一定的客观性、稳定性和共同性。虽然这些属性同产品生产过程中的技术质量水平有着密切的联系，但其内涵仍然是从消费者对产品功能的使用要求为出发点的。

2. 社会属性

产品的社会属性包括：美学性、情感性、象征性、时尚性、声誉性、服务性等内容，社会属性是人为赋予产品的社会内涵，主要与消费者的心理与行为有关，对不同的消费者可能有不同的意义。

产品的社会属性主要满足消费者的社会、心理需要，反映产品的情感价值、社会价值和精神价值等。产品的社会属性所产生的功效主要是以消费者对产品的体验（直接或间接）和心理感受来加以认定的，一般无法形成统一的、被大众一致接受的衡量指标，而且容易变化，更无法量化，只能由市场来检验，由消费者来个性化认可。当然，产品的社会属性是以产品的自然属性为基础和前提的。

一个产品往往能满足消费者的多个需求，但不同产品的设计与宣传重点可能有所不同。产品属性首先应当满足目标消费者的主要需求；其次，在满足消费者对产品自然属性需求的基础上，应当引导和发掘消费者对产品社会属性的深层需求，因为商品的社会属性更容易激发消费者的热情和忠诚。

在感性消费时代，消费者对产品质量的要求和评价已从强调生理需求的满足转向强调心理需求的满足，从追求产品的物质实用性转而追求心理享受性，从而对产品的社会属性产生越来越高的要求。同时，由于在现代消费市场中，随着生产技术水平的不断提高，多数产品在自然属性方面都能达到应有的水平，因而实际影响消费者购买选择的因素主要还是产品的社会属性。例如，一家糕点店的蛋糕不仅具有"美味、好吃"的功能属性，还在生日蛋糕等产品上加上独特走心的设计，虽然没增加多少成本，却满足了消费者拍照转发、产生感动等社交需求，丰富了产品的社会属性，在产品同质化的竞争环境中取得了独特的优势，如图 5-7 所示。

图 5-7 蛋糕的社会属性

Chernatony and McDonald 认为，产品利益可以通过两个方面来衡量：一是满足生理需求的功能性利益；另一个是满足心理需求的表现性利益。由此可将产品分为：高功能-高表现型（如豪华轿车）、高功能-低表现型（如电冰箱）、低功能-高表现型（如服装）、低功能-低表现型（如锁具）四种类型。对于不同类型的产品在设计和市场营销方面都应当有不同的侧重点。

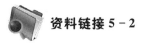
资料链接 5-2

买表到底买什么？

买一款手表，在传统社会里，只要手表能准确走时，就是一款很好的手表。但随着社会和经济的发展，手表行业的成熟，手表不但要走时准确，消费者也希望自己所佩戴的手表能够体现个人的社会身份、兴趣爱好、出入的交往场合等。因此，消费者对其象征功能、审美功能的需求是非常强烈的。

资料来源：郭兆平，2014.消费心理学［M］.北京：电子工业出版社.

（二）消费者对产品的功能需求

1. 核心效用

产品的有用性（或基本功能）是消费者购买商品时最基本的出发点。无论产品分成多少个层次，其中的核心都是核心产品，它为消费者提供最基本的效用和利益，如小米体重秤"喝杯水都可感知的精准"、雀巢咖啡"味道好极了"、OPPO 手机"充电 5 分钟，通话 2 小时"。在进行购买决策时，消费者都会把产品的有用性放在第一位，而后再考虑如品牌、价格、质量、款式、外形、色泽等因素。若电冰箱不具备制冷功能，就失去了产品的使用价值，消费者自然不会购买。有的产品尽管广告做得很好，关注度、知名度、流量都很大，但由于产品的核心效用不能很好地满足消费者的需要，流量不能转化为购买率，最终将被市场淘汰，如秦池酒就是"只求巷子浅，不求酒香"的典型案例。还有的品牌重营销轻产品，忽视了产品的核心功能，如雕爷牛腩、黄太吉煎饼在网络营销方面的实践堪称经典，但最后都止步于"难吃且贵"的餐饮本质前。

在品牌的需求定位上，应当占领品类需求中的核心（或最大）需求，以获取最大的市场份额。例如，插座首要的需求是安全，公牛插座占据了插座市场的半壁江山。相比之下，OPPO 手机只能从音乐和修图两个次要需求收割学生市场；力士从"滋养皮肤"的次要需求满足极小的一部分女性，市场空间较小。

消费者也会关心核心功能以外的附加功能（或称附加产品），尤其是在核心功能缺乏差异性的情况下，但这些附加功能应当是重要且能被消费者所感知的。联通公司曾把其手机网络的独特的销售主张（Unique Selling Proposition，USP）定位于"无辐射、防窃听"，但消费者对"无辐射、防窃听"根本无法判断、无从感知，也无法验证，这一营销策略最后以失败告终。有些消费者在选购商品（尤其是电器或数码产品）时，也许会觉得附加功能越多越好，但在实际使用过程中却很少用到。例如，高档电视机的语音控制、体感控制及摄像头功能。

通常，只有在核心功能做得不错的前提下，企业才可以去延续其他附加功能，而且这些新增的功能是以不影响核心功能为前提的。微信的核心功能就是社交，其设计功能除了直接体现在与好友的一对一即时文字、图片和视频聊天之外，还体现在"朋友圈"这一选项中。消费者在点开"发现"菜单后，会发现里面有很多功能选项，比如"购物""游戏"等，但是点击最多的往往还是"朋友圈"。

2. 方便省力

产品在安装和使用过程中是否便捷、操作是否简单、是否便于携带或搬

智能家电成为消费潮流

动，保养或维修是否方便等因素，是消费者在选购产品过程中经常考虑到的使用和售后服务问题。在高速运转的现代社会中，"怕麻烦"是消费者对待日常生活的普遍心态，因此，商品中的任何"不便"都可能导致消费者放弃购买，而省时、省力、易学、易用、易修或自动化、智能化的产品，常常受到消费者的欢迎。AirPods无线耳机从盖子中取出时，就已经连接上了手机蓝牙，只需戴上耳机，即可听到播放内容。当用户用完以后收好耳机，这时系统就会自动断开蓝牙。更贴心的是，在播放音乐的时候，如果摘下一只耳机，它就会暂停播放，当再次戴上时，它又会自动续播。在网络时代，"研制智能化，使用傻瓜化"已成为企业研发制造产品的重要趋势。

又如，为方便计算机、手机与电视之间的信息传递，就出现了蓝牙等无线共屏电视，消费者可以在电视上观看手机的爱奇艺、优酷影视节目；智能音箱可以通过语音与用户对话，并提供购物、音乐、天气预报、生活咨询、娱乐节目、闹钟设置等多种服务，还能与数百款智能家电互联，控制家里的空调、洗衣机；华为手机和一些图片网站为方便消费者找到特定图片，允许消费者按时间、地点、人像、事物或活动进行搜索；一些酒店将抽水马桶的按压开关设置在其上方墙体内，男性客人使用起来就较为方便，有些智能马桶也有类似设计。

小米路由器设计人员发现，绝大多数消费者对路由器的要求是上网快、安全，但这一要求大部分路由器都能满足，算不上痛点，真正让消费者抓狂的是路由器的设置问题。针对消费者的这一痛点，他们将路由器设计成"傻瓜型"的操作方式，用户只要连接上线路，所有的问题都会"自动解决"，一步到位。如此简单的操作流程自然大大地提升了用户体验的满意度。但有着智慧家居概念的"基于智能手机无线控制的智能灯具系统"在市场上并不走俏，因为消费者觉得用手机App控制电灯还不如直接按开关。而与之配套的、不需开墙布线的智能触控微压开关（如无线门铃、无线遥控开关）却被消费者所认可，尤其是没装修暗线的用户。

微信的所有功能设计都以用户体验方便为基础。例如，在微信聊天窗口中，如果用户想要给对方发送一张刚刚截取的图片，点击输入行的"＋"按钮后，微信会自动默认提示用户是否要发送刚才截取的图片。微信朋友圈非常受用户欢迎，朋友圈的内容往往更新很快，有时一天不看就攒下几十条新内容。用户在翻看很多条后，如何回到第一条呢？微信的设计是：用户在"朋友圈"的横条上双击即可快速回到初始界面。

3. 使用舒适

在产品设计上应注意适应消费者的生理特点、使用要求、动作习惯及心理要求，使消费者在使用商品时感到舒适、愉快。

例如，日本的汽车制造商，根据西方人体结构的特点，设计了特别宽敞、舒适而且座位可以自动调节的汽车；计算机中的键盘和鼠标制作成适宜录入人员操作的款式，更加符合手掌的自然运动状态，减少了操作中的疲劳；女性朋友穿高跟鞋容易被磨破脚，屈臣氏设计的脚掌贴和脚后跟贴就解决了这一问题；一些手机具有快速充电和无线充电的功能，满足了消费者的心理需求。相反，有的消费者购买了某品牌智能手环，却发现很难将腕带扣上，而且每天都需要充电，只好将它丢弃了。

4. 美观情趣

商品的商标、色彩、造型、式样、整体风格是否美观悦目、新颖独特，是否产生令人兴奋的情绪感受，日益成为影响消费者选购商品的重要因素。产品外观的工艺化、个性化、趣味化已成为重要的设计趋势。因此，在产品外观、商标、包装和广告设计上，要注意针对目标消费者不同的审美情趣，设计出既具有使用价值，又具有一定欣赏价值和情感价值的产品，使之升华为一种有美感、有情感、有灵性的"活物"。2019年走红的星巴克"猫爪杯"就是如此。图5-8的卡通动物化包装设计也很有情趣。

又如，百草味并购枣业第一品牌"好想你"之后，开发了首款新品抱抱果，抱抱果的产品形状很有特色，并用大熊、兔子、狗等抱抱的动作来作为包装形象，给消费者留下了温馨的第一印象。而且，甜蜜柔软的大枣包裹着松脆的核桃，不仅口感佳，而且营养丰富，特别适合上班族补血、补脑，使其拥有了情感治愈的能力，拉近了与消费者之间的距离。

图5-8 富有情趣的卡通动物化包装

5．结实耐用

消费者还很关心商品的性能、质量、使用寿命等。许多中国人到日本去"暴买"电器产品，尽管比国产同类商品贵不少，许多消费者也相信"只会买贵，不会买错"。原因就在于产品不仅质量可靠，而且非常耐用。

对商品耐用性的判别，一般可分为两种情况：对大件耐用消费品，消费者要求结实耐用，而对普通日用消费品大多以实用标准或价格来衡量。在我国当前这种判定标准表现得十分明显，越是大件耐用消费品（如高档家具、大件家用电器、高级乐器等），消费者越希望能够长期使用，经久不坏。但对某些商品（如日用杂品、化妆品、服装、鞋帽等），不要求使用期限越长越好，只要求价格与质量、耐用性之间的合理比较，即性价比。

6．新颖时髦

消费者往往具有求新、求美、求异、求变和追求时尚、顺应时代的心理需要，表现在消费欲求上，就是喜欢追求新颖别致、合乎时尚的商品。所以，企业设计产品的功能、款式、包装时，要善于研究和迎合消费者追求时尚的心理，紧跟社会消费趋势，创造出新颖独特，顺应时代潮流的产品。例如，所有人都认为吹风机应该长着小猪佩奇鼻子般的风筒，但戴森吹风机像一只小型无叶风扇，上端是环形吹风口，使吹风机这种原本老实笨拙的产品变得酷了起来，戴森吹风机甚至成了中产阶级优渥生活的代名词。后来，戴森又推出一款名叫Airwrap的卷发棒，与普通卷发棒不同的是，它更像是"吸尘器+卷发棒"的合体，它通过将气流升温使头发吸附、缠绕在卷发筒上，从而实现定型。这支卷发棒又一次刷爆社交网络，成为女性追捧的单品。麦当劳为满足年轻人的求新心理，隔一段时间就会推出不同口味的冰激凌，同时保留了经典的鸡翅、薯条、汉堡。

 案例链接 5-3

Nike＋：利用手机卖运动鞋

即便是对于很多酷爱跑步的人来说，跑步也是一样比较枯燥和孤独的运动。因此，耐克建立了一个和跑步爱好者互动及让跑步爱好者与其他人互动的平台——Nike+。Nike+是一个手机上的应用，可以安装在智能手机上。你跑步的时候，它会自动在地图上记录你的跑步线路、距离、海拔、时间、速度及燃烧的卡路里。并且边跑边为你播放音乐，为你提供音频反馈，还有顶级运动员为你加油鼓励的声音。

耐克跑鞋里有一个芯片，它可以追踪时间、距离和能量消耗在内等各项运动数据。但如果仅仅如此的话，耐克提供的不过是一个运动辅助产品，并没有体现大数据时代和社交网络营销的特色。Nike+把用户的所有跑步信息，实时上传更新到Facebook和耐克自己的社交平台上。你在Facebook里的朋友可以评论并点击"鼓掌"按钮。神奇的是，这样你在跑步的时候便能够在音乐中听到朋友们的鼓掌声，跑步的用户体验也就不再如之前那般枯燥单调。因此，跑步不再局限于锻炼身体这个概念，上传自己的跑步数据和体验，与朋友分享这项运动有了新的社交层面的延伸。

有了Nike+，耐克还可以组织跨城市、跨州、跨国界的、全球性的互动。譬如，耐克组织的城际跑步竞赛，各个城市的跑步爱好者在规定时间内将自己的跑步数据上传，看哪个城市的跑步者累积的距离长。

Nike+在许多方面，为耐克的营销带来了不可估量的影响。

（1）凭借运动者上传的数据，耐克公司已经成功建立了全球最大的网上运动社群，超过500万活跃的用户，这些用户的忠诚度因Nike+而大大提升。

（2）跑步者们每天不停地上传数据，耐克因此掌握了主要城市的最佳跑步路线。以后，耐克在投放户外广告的时候，就可以选择在这些跑步路线沿途，从而获得最佳性价比的广告位。另外，耐克还可以在热门跑步路线投放互动式广告。譬如，设置"补给站"，为跑步者提供存放衣服、提供饮品等服务。

（3）同时海量的数据对于耐克了解用户习惯、改进产品、精准投放广告和精准营销又起到了不可替代的作用。因为顾客跑步停下来休息时交流的就是装备——什么设备追踪地更准，耐克又出了什么更炫的鞋子。

资料来源：陈硕坚，范洁，2015. 透明社会：大数据营销攻略［M］. 北京：机械工业出版社.

7. 协调配套

在消费过程，一些相关商品具有相互补足的使用要求，从而形成由多个商品组成的"消费系统"。同时，商品还应当与具体的使用环境、使用条件或消费场景相适应。商品的协调配套就是指与相关的配套商品、使用环境等方面的协调性、兼容性程度。例如，随着物联网、云服务的发展，各种家用电器也开始上网，从而实现远程控制，但不同品牌之间能否实现接口开放、API统一，却影响着消费者对智能家电的接受程度。因而，企业应当改变以往的单一品类模式，围绕目标消费者的生活解决方案，构建起生态化的产品体系。

例如，小米先后推出了许多家用电器，如手机、路由器、智能音箱、电视、冰箱、厨房用品等，在Wi-Fi环境下，这些产品很容易形成一个完整的使用场景。例如，用小米路由器将小米电视无线连接；由小米手机控制小米电视，并直接将视频、图片投放于电视屏幕；用小米手机或智能音箱控制所有关联的家用电器；用电视或智能视频音箱上的摄像头在离家时对家里情况进行远程监控等，从而形成一套智慧家庭生活系统，如图5-9所示。

华为自主研发的操作系统"鸿蒙"可应用于多种设备，比安卓系统反应更快，但如果没有谷歌的授权，就不能够使用谷歌任何的生态系统。而海外消费者严重依赖基于谷歌服务框架的 Google Play Store、Gmail、YouTube、Google Earth Maps、FCM 等一系列谷歌服务，海外用户很难接受缺乏其熟悉的 App 应用软件体验的手机。因此，华为需要吸引足够多的开发者加入鸿蒙系统的开发，共建鸿蒙系统的生态，才能为用户提供更加丰富的应用，但并不是每一个有意愿的企业都能够承担这样的开发适配成本。

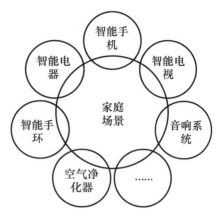

图 5-9　家庭场景下的实体产品配套组合

8. 经济合算

名创优品
什么值得买

经济性是消费者认知商品的基础之一，但标准大相径庭，主要包括：从价格来直接判定是否经济；从性价比来判定是否经济；从使用时间上判定是否经济；从方便舒适上判定是否经济；从社会性来判定是否经济等（如价格/品牌比等）。热泵（空气能）热水器在早期推广时，拿出了安全性、容量大、工作原理等很多"卖点"，但普通消费者很难为之所动。后来美的用一句话打开了僵局："一度电，在家泡温泉"，突出了产品性价比高的特点。

中国社会调查事务消费心理调查研究结果表明：我国消费者 89.3% 的人有选价心理，其中 4/5 的人希望物美价廉，另外 1/5 的人偏爱选购高价商品。可见消费者对商品价格高低是十分在意的，并会根据自己的经济状况和对商品实用性的看法去衡量商品的经济性。这就要求企业必须从消费者的期望心理出发，处理好产品功能与成本的关系。例如，可以将产品分为不同档次，以满足不同层次消费者对商品质量及价格水平的要求。

9. 商品质感

消费者对商品的基本功能的信任往往来源于商品有形的表现形态，即所谓商品的"质感"。如无泡沫洗衣粉曾一度在市场上遭冷遇，是因为消费者使用时见不到泡沫，就怀疑它是否具有去污能力。有的商品在革新了制造原料后，本来意在减轻消费者的搬运负担，却不曾料到有的消费者竟因为商品手感变轻而怀疑商品质量变了。而在洗发液中略加一些薄荷类药物，使消费者洗头时头皮有清凉之感，商品却赢得了消费者的赞誉。牙膏的清新香气对于清洁口腔起不到多大作用，但却为牙膏带来了可感知的清洁功能，消费者在刷完牙之后能闻到让人舒服的香味，而这种感觉让人们觉得口腔确实变得更干净了。

10. 安全环保

消费者在安全环保方面不仅要求产品在流通和使用过程中安全卫生、无毒无害、不损害人身安全、不污染周围环境还希望产品具有保健功能（不仅局限于卫生、无害，还进一步上升为有益于促进健康）。涉及的商品主要包括：食品、药品、电器、化妆品、洗涤用品、卫生品等。绿色消费、天然食品的兴起，就反映出消费者对环境保护、商品安全性问题的日益关注。

11. 适应个性

消费者往往是从个人的角度去评价或购买商品的，对商品的选择心理往往融入了个人的某种生活追求，不同个性特点的消费者对同一商品会产生不同的心理反应。消费者关注和偏爱某种商品，主要就是由于商品具有符合其个性需要的特点。因而，产品的设计也要有"个性"，并与目标市场的那部分消费者的个性相适应。

产品的"个性"是通过产品的象征意义的心理功能而起作用的，当然，产品的象征性功能并不只是由产品本身所具有的内在属性引起的，它也是人们在想象、联想、比拟等心理作用下产生的。如用价格昂贵、款式豪华的商品来显示身份高贵、地位显赫；用新潮、时髦、活泼、别致来表现青春与活力；用色调高雅、细致精巧来表现女性的温柔等。

产品的社会象征性

某些商品由于价格昂贵，数量稀少，制作难度大，不易购买，适用范围狭窄等，使消费受到极大的限制，只有少数特定身份、地位或阶层的消费者才有条件拥有和购买，由此，这些商品便成为一定社会地位、身份的象征物。例如，8848钛金手机每年仍有高达10万部的出货量，因为它象征着土豪们的财富地位。又如，现在手表的计时准确的功能已不是消费者最为关注的方面，消费者更希望手表能体现个人的社会身份或显示富有、成熟，所以价格高昂的劳力士等名表会受到许多银行人士、经理阶层的青睐。

因此，在设计产品时，产品的用途可以相同，但在款式、造型、色彩等方面应有不同的特色，使之具有不同的象征意义，以适应不同性别、年龄、地位、爱好、性格、气质或自我概念的消费者的个性心理需求。例如，现在女性驾车者已十分普遍，但针对女性特点开发的汽车却较为少见。女性化汽车的设计也都仅仅停留在流畅的外观、小巧的车身、亮丽的颜色方面，而对诸如女性随身的手提包放置、由于开车更换下来的高跟鞋放置、汽车使用与维护保养的简易化、适合女性特殊生理特点和身体结构特点的座椅等方面的考虑较少。

总之，消费者对产品的需求是随着社会与技术进步不断提高的，其发展的路径是：产品的实用性-社会性-个性化（心理性），而现代营销方式也是大体沿着这一路径不断发展的，即产品营销（实用性）-关系营销（社会性）-定制营销（个性化）。

（三）产品属性理论

1. KANO模型

在产品开发时，设计者经常遇到一个困境——在最终产品中，应该包含哪些属性。许多方法可帮助设计者筛选属性，其中KANO模型最常用。KANO模型是日本学者狩野纪昭（Noriaki Kano）受Herzberg双因素理论的启发，于1984年提出的消费者属性需求模型。

（1）KANO模型的属性分类

传统观点认为，产品属性与消费者态度是线性关系，产品属性表现好则消费者满意，表现不好则消费者不满意，如图5-10所示。

而KANO模型认为不同性质的产品属性对消费者态度的影响作用是不一样的。KANO模型根据消费者对产品属性表现的反应，将产品属性分为五个主要类别（见图5-11）。其中，期望属性和消费者满意度之间呈线性正相关关系，这种关系是目前各种消费者满意度

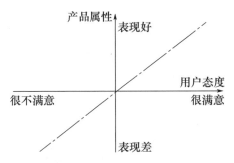

图 5-10　产品属性与用户态度的传统观点

评价方法和模型的理论基础；而必备属性和魅力属性与消费者满意度之间则为非线性的正相关关系。

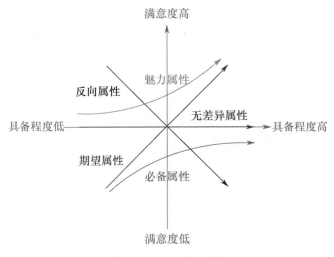

图 5-11　KANO 模型

① 必备属性：若具备该属性，消费者认为是应该的；若不具备，消费者会感到极度失望。必备属性十分重要，体现消费者对产品的基本需要，但其超额满足对消费者满意度（CSI）的贡献不大。例如，消费者买微波炉就是用来加热食物的，因此认为它是必备属性，倘若不能加热食物，就会非常失望。

② 期望属性：若具备该属性，消费者就会满意；若不具备，消费者就会不满意。例如，微波炉的节电功能就是期望属性，微波炉能节电，消费者就满意；不能节电，消费者就不满意。

③ 魅力属性：若具备该属性，消费者眼前一亮；若不具备，也不会不满。魅力属性的超额满足对提高消费者满意度贡献极大，但消费者通常对此属性并没有明确的要求，不具备也不会导致消费者的不满。例如，希尔顿酒店在其大多数客房浴室的浴缸边沿都会放着一只造型可爱的塑胶小鸭子。消费者在沐浴的时候，假如童心未泯，可以和小鸭子一起在水中嬉戏。如若消费者喜欢的话还可以将它们带回家，留作纪念。小鸭子让消费者享受到了视觉和触觉上的消费愉悦，加深了对希尔顿酒店的喜爱之情。希尔顿酒店的一个小创意却使消费者获得了更好地体验，但消费者并不会因为没有小鸭子而产生不满。

④ 无差异（可有可无）属性：无论是否具备该属性，消费者都无所谓，可有可无属

性对消费者而言是多余的属性。例如，微波炉能听 MP3，但微波炉具有一定的辐射性，很少有人会站在微波炉前听 MP3，这个属性对消费者来讲没有吸引力。

⑤ 反向属性：是消费者所反感或不接受的属性。反向属性和消费者满意度之间呈线性反比关系，厂商应尽量消除其不利影响。

(2) 根据 KANO 模型进行用户需求分类

如图 5-12 所示，根据 KANO 模型，可以将其属性分类与消费者需求层次进行对应，大体上可以分为三类：基本型需求（必备属性）、期望型需求（期望属性）、兴奋型需求（魅力属性）。其中，处于金字塔底端的为消费者基本型需求，也是核心需求，是产品必须具备的功能。

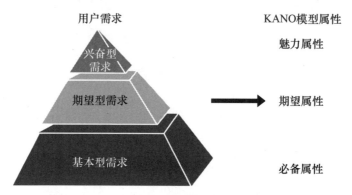

图 5-12 KANO 模型产品属性与用户需求的对应

(3) KANO 模型的实际应用

通过定性和定量研究，可以确定产品属性的类别划分。以住宅产品的功能需求为例，消费者的需求项包括：耐久性、使用与安全性、空间灵活与可改造、功能空间合理、个性化定制与高品质、生活配套齐全、购置成本、合适性能良好等，图 5-13 是"个性化定制

图 5-13 KANO 问卷回答及评估

与高品质"属性问卷回答及评估示例图。被调查者在表 a 内正反两个问题（正向问题 A、负向问题 B）的备选项里给出确定答案，然后利用表 b 评估结果。从图 5-13 可以看出"个性化定制与高品质"是魅力属性。

除了对于 KANO 模型属性归属的探讨，还可以通过对于功能属性归类的百分比，计算出 Better-Worse 系数四分位图（见图 5-14），其中 Better 可以被解读为属性增加后的满意系数；Worse 则可以被解读为属性消除后的不满意系数。

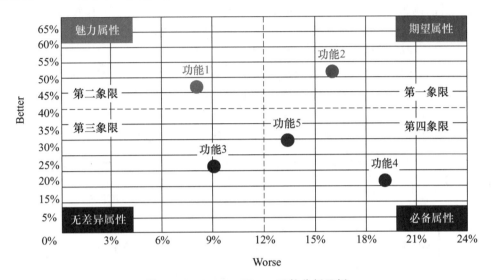

图 5-14　Better-Worse 系数分析示例

KANO 模型认为，企业所提供的产品和服务必须保证必备属性，不断改进期望属性，积极开发魅力属性。

根据 KANO 模型，产品属性的开发顺序遵循两大原则。

① 优先原则：必备属性＞期望属性＞魅力属性＞可有可无属性。

② 组合原则：一个有竞争力的产品必须包含所有的必备属性，加上比竞争对手表现更好的期望属性及差异化的魅力属性。

在应用 KANO 模型时还要注意两个问题：用户的差异性和需求的发展性。

① 用户的差异性：同样是手机的 MP4 功能，对以通话为主的传统用户而言可能是魅力属性，而对时尚新潮的年轻人而言可能是必备属性。因此针对全部用户进行 KANO 分析可能会面临一定的风险。所以，KANO 模型常与市场细分结合起来，以便对不同的细分市场提供不同功能配置的产品。

② 需求的发展性：随着需求的发展，同一功能的类别不可能恒定不变。当某功能由创新变成通用标准时，相应地它会从魅力属性变为必备属性。例如，手机的照相功能最初出现时是魅力属性，但目前已转变为必备属性。这意味着产品的设计者需要进行连续性的 KANO 调研，以把握消费者需求的发展和变化。

2. 手段-目的链理论

Gutman 提出了手段-目的链理论（Means-End Chain Theory，MEC）。该理论认为，消费者在购买产品和服务时，其出发点是为了实现一定的价值，而实现这一价值需要取得一定的利益，实现这一利益又需要购买一定的产品和服务的属性。也就是说，消费者通常将产品或服务的属性视为手段，通过属性产生的利益来实现其消费的最终目的。这样，MEC 就将产品属性与消费者的需求及价值观联系起来了。

MEC 由三个不同抽象水平的等级层次组成：产品属性（Attributes）、由产品属性所带来的消费结果（Consequences）、这些结果所强化或满足的最终价值（Values），三者简称 ACV，表示个人采取行动达成目的时的三个层级目标。

手段-目的链理论综合考虑了产品属性、产品利益及价值，可以有效地帮助我们了解消费者行为。消费者将产品属性看作达成目的的手段，其购买目的反映了消费者的价值取向，并通过产品利益把产品属性和价值连接起来。三个层次间是相互关联的（见图 5-15）。属性层是实现利益层的手段，通过利益层帮助顾客实现其价值层，属性和利益间存在一对一、多对一的对应关系。层次越高，抽象程度就越高。相对于属性和利益而言，价值的表述最抽象，属性层的定义最具体。层次越高，稳定性就越强。产品属性是最不稳定的，属性或属性组合在不断地发生变化，而个人价值观的变化是最缓慢的，它最稳定。

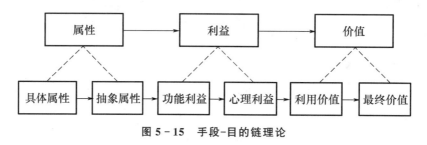

图 5-15 手段-目的链理论

（1）产品属性

消费者会将每一种产品看成是一些属性的集合。属性是产品相对具体的特性，不仅包括包装、色彩、价格、质量、服务等具体属性，而且还包括厂商的声誉、品牌等抽象或无形的属性。

一般来说，产品属性包括产品所有外在和内在的各种特征与性质。消费者总是习惯于用属性来描述他们所期望的产品，企业一般也习惯于根据属性来定义它们所做的事情。但若企业的眼光仅局限于属性层，而没有考虑消费者的价值层，将会导致经营上的风险。

（2）产品利益（结果）

产品利益描述的是消费者使用产品时或使用后的体会或感觉，是消费者对产品使用结果较为主观的判断。当消费者感知的使用结果与他所期望的目标一致时，通常把这样的结果称为利益（Benefit），利益具有主观性的特点。可见，利益与属性是有区别的。宝洁公司的广告通常很少只强调具体的产品属性，而重视强调带给消费者的利益。例如，使用帮宝适纸尿布能够促进母婴之间的亲密关系。

利益可以是直接利益或间接利益，可以是生理利益（如饥饿、口渴或其他的生理需求）、心理利益（如自尊、更美好的将来）或社会利益（如提高地位），消费者行为会最大限度地发挥积极结果，减少消极结果。利益还可以分为功能性利益和社会心理性利益。功能性利益对消费者来说是较为具体或直接的经验（如省钱、舒适），而社会心理性利益是比较抽象的，主要指消费者心理上的认知（如健康、可信）。此外，有些利益在消费行为发生时立即产生（如止渴），有些则滞后发生（如保健食品与体质改善）。

(3) 价值

价值比利益更为抽象。价值是对特定行为或生活的终极状态的一种持续性信念,会影响个人的行为方式或生活目标。消费者购买产品是因为相信通过产品的使用,可以获取他们想要的价值。价值层是消费者追求的最终目的,体现了消费者的核心价值、意图和目标。MEC 理论按照 Rokeach 的价值观分类,将价值分为两类:目的性(最终)价值和工具性(利用)价值。目的性价值与存在的目的有关(如愉快、安全),工具性价值与行为模式有关(如诚实、心胸宽广)。工具性价值是实现目的性价值的桥梁。

MEC 理论的关注点在于产品的属性、使用结果和价值三者间的联系。其中价值赋予结果以相应的重要性。对个人来说,与重要价值观联系的结果比与次要价值观联系的结果更为重要,因此"价值-结果"联系成为 MEC 理论的一个关键联系。而消费者为了选择合适的产品来获得利益,必须去学习和掌握产品包含的哪些属性能导致期望的结果,因此模型中另一重要联系是"结果-产品属性"联系。Gutman 把价值观影响消费者行为的作用形容为一条手段-目标链,消费者价值的实现是消费的目标,产品属性是取得价值的手段,而消费结果是联系这两者的中间环节,三者将构成等级结构的手段-目标链(即 ACV)。例如,一个期望美好世界(终极价值观)的消费者偏爱具有诸如具有可生物分解属性的产品,因为购买和消费这种产品的结果有助于保护环境。导致购买该商品的手段-目标链是:产品属性(可生物分解性)→消费结果(有助于保护环境)→价值观(美好世界)。正如不同的消费者拥有不同的价值观一样,不同的消费者对同种产品的 MEC 也不相同,一种产品的 MEC 结构图是由众多消费者不同的 MEC 合并而成的等级结构。

在营销方面,MEC 理论被广泛地应用于品牌评估和定位、消费者满意度分析、市场细分、新产品开发、消费者行为分析等方面的研究。营销人员可以通过手段-目的链分析来识别与某种价值观相一致的产品属性,并进行市场细分与定位。例如,消费者普遍认为赛车很昂贵并且不舒适,而且拥有赛车会被贴上"傲慢自大、炫富招风"的标签。因此,为了与现今的价值观更一致,汽车制造商开始提供适合"社交型人士"而且舒适度更高的汽车。又如,为了营销酸奶,公司可以识别出某一重视健康的细分群体,并通过关注于诸如低脂肪之类的产品属性来赢得消费者。同时它们还可以确定另一个重视愉快享受的细分群体,并通过添加水果成分之类的产品属性来赢得这一细分市场。

手段-目的链模型在制定广告策略方面也十分有效。由于了解了消费者认为哪些属性重要,以及哪些价值观与这些属性相关,广告人员可以设计出迎合这些价值观并强调相关属性的广告。同时,根据实际需要,选择属性、使用效果或价值体验作为广告的重点。当然,最好能让品牌在消费者心中留下深刻印象的同时,又让产品有直观的展示效果,实现所谓"品效合一"的目的。

应当注意的是,第一,同一产品属性在不同消费者那里所产生的利益和与之联系的价值观可能是不同的,这为细分市场和针对不同顾客制定相应的营销策略提供了可能。例如,为什么消费者选择速效感冒胶囊而不是普通感冒胶囊?有的人认为速效感冒胶囊可以尽快使人恢复健康,从而很快工作、挣钱,使家庭生活更幸福;也有人觉得尽快治好感冒可以使自己更加自信、更有魅力,从而体现自尊追求。第二,对同一个消费者,某一属性也可能与多种利益和多种价值观相联系。例如,消费者喜欢速效感冒胶囊,不仅因为它让人健康还因为能使人更好地进行工作。第三,同一价值观也可以体现在多种产品属性和产品利益上。例如，幸福、欢乐的价值观可能与许多不同的产品或属性相关联。表 5-2 描述了通过手段-目的链技术识别消费者价值观的过程。

表 5-2 手段-目的链分析举例

产品	产品属性或特征	利益或结果	工具性价值观	目的性价值观
速效感冒胶囊	见效快	消除感冒症状	健康、工作和挣钱	幸福、欢乐
薯片	奶油风味	味道好	客人喜欢、给人好客的印象	社会赞誉

第二节 新产品的扩散

新产品是相对于老产品、旧产品而言的。消费者行为学认为，创新是被某一细分市场的消费者认为是新的并对现有消费模式有影响的产品或服务。有些电器产品在发达国家普及率很高，但在一些第三世界国家，却可能被其消费者视为全新的产品。创新会带来消费行为模式的改变，例如，微波炉改变了人们的烹饪方式；手机改变了人们摄影和分享照片的方式等。

对于任何新产品，我们都可以根据其创新程度和对消费者行为的改变程度划分为连续创新、动态连续创新和非连续创新产品三大类。图 5-16 展示了电话作为一种非连续创新产品，带来的多个动态连续创新产品和持续创新产品；电话甚至还刺激了其他非持续创新产品的发展。

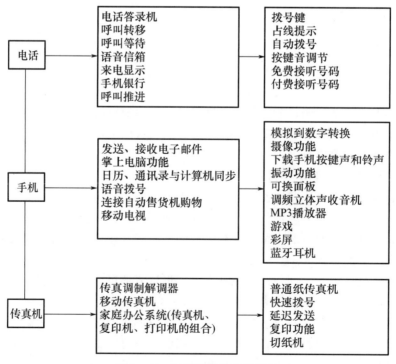

图 5-16 电话引发的相关创新

消费者的需求是不断发展变化的，随着新技术、新工艺的不断应用，商品的更新换代是必然趋势。能否开发、研制出适应市场需要的新产品，往往是关系到企业在激烈的市场竞争中生死存亡的大问题。与企业产品创新密切相关的主要因素是消费者的需求、科学技术的发展进步及市场竞争态势。据此，现代企业的产品创新的主要模式包括以下三种。

（1）技术驱动模式。例如，羽毛球陪练机器人、百度智能音箱等。运用技术驱动模式的关键，是要在技术进步与市场需求之间建立起沟通的桥梁，要让新产品去发掘潜在的市场需求，去创造新的市场需求。

（2）消费者驱动模式。这是营销人员通过对消费者和市场的调查研究，从中发现尚未被占领的市场领域，在现有技术条件下开发新的产品，如一体式 PC 机。在这种模式中，市场既是起点又是终点，技术开发和工艺开发都围绕着满足消费者需求而展开。因此，消费者驱动模式风险较小，应用面极广。

开发狩猎靴：了解顾客需求

（3）竞争驱动模式。这是一种红海战略，当市场接近饱和，竞争激烈，为打败竞争对手，开发差异化新产品以形成独特的竞争优势。例如，Reebok 公司设计出针对不同运动项目的运动鞋还研发出在沥青地面上打球的运动鞋，从而吸引了不同的消费者群体。日本人在运用这一模式方面堪称绝妙之至，电视机、照相机、电冰箱等许多现代科技产品都起源于美国和欧洲，但完善于日本，并为日本的经济腾飞做出了巨大贡献。

一、新产品的扩散过程

（一）消费者对新产品的接受过程

消费者对新产品有一个从不了解到了解、从疑虑到信任的过程，对新产品的采用一般要经过五个阶段，我们称为 AIETA，如图 5-17 所示。

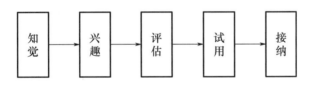

图 5-17 接受新产品的 AIETA 阶段

（1）知觉（Awareness）：消费者得知新产品的存在。
（2）兴趣（Interest）：消费者对新产品产生兴趣，并产生搜集该产品信息的动机。
（3）评估（Evaluation）：消费者评估新产品是否能满足个人需要。
（4）试用（Trial）：消费者试用新产品。
（5）接纳（Adoption）：消费者接纳新产品。

图 5-18 则从产品和用户两个方面描述了产品的接受过程。

在不同的创新采用阶段，消费者所依赖的信息来源也有很大不同。如图 5-19 所示，在产品的知觉和兴趣等初始阶段，非人员的大众媒体是主要的信息来源。然而当创新采用的过程已慢慢进入购买阶段，此时人与人之间的信息来源（如参考群体、UGC、销售人员等）影响力也愈来愈高。但在网络自媒体时代，社群信息来源始终起着更重要的作用。例如，半亩花田、完美日记、MAIA ACTIVE、Usmile 等品牌的快速崛起，主要依靠的就是 KOL 和 KOC 在小红书、B 站、抖音、微博上的传播推广。

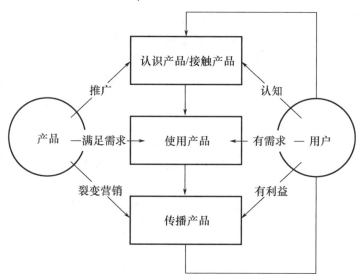

图 5-18 消费者对产品的接受

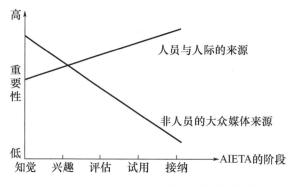

图 5-19 AIETA 各阶段信息来源的重要性

营销者应通过各种有针对性的广告宣传、有效的营销策略及良好的售后服务措施,来加强消费者对新产品的认识,引导消费者形成新的消费观念和消费方式,诱发消费者的购买动机,尽可能减少消费者的购物风险,鼓励试用,从而加速消费者对新产品的接受过程。

 案例链接 5-4

用重度垂直思维和用户进行深入沟通

空气净化器品牌"三个爸爸"搭乘移动互联网的顺风车,找到精准用户,建立社群,用重度垂直的思维和用户进行深入沟通,最终创造了中国第一个千万级众筹的纪录。

在强手如林的情况下,如何打造"三个爸爸"这个新品牌呢?"三个爸爸"并没有像调查公司一样去挑选一小部分人群做样板和调研,而是建了 8 个 QQ 群,把用户拉在一起,引导大家说痛点。"如果问用户有什么痛点,用户一时半会儿也答不上来,但其实他们在生活化的场景(群聊天)中对净化器的评价和期待就是痛点;也可以去论坛、贴吧看极端用户的帖子,极端用户并不是典型用户,但是可能他们的一个痛点就切中了大部分用户;CEO、营销总监等都要拿出时间去做全员客服,看用户对于产品的感受,产品带给用户什么价值、有什么地方可以改进,虽然很耽误时间但很值得。"戴赛鹰这样分享他的经验。三个星期深入了解了700多个用户,"三个爸爸"就找到了家长使用净化器的65个痛点,这些痛点是坐在办公室想不到的,带着这些痛点去设计产品。

"三个爸爸"曾多次在朋友圈发起活动,求助于好友,请他们给予支持。戴赛鹰认为创业是前半生人脉的释放。在朋友圈形成很强的影响力需要3个背书:名人或者明星帮忙发声,权威人士帮你站台,熟人给你做口碑。这3个背书结合在一起,通过强关系的朋友影响中关系的朋友,朋友圈才可以爆发强大力量。"三个爸爸"也采取了众筹方式把自己企业的事情变成大家的事情,让用户有参与感。"三个爸爸"与某媒体、京东众筹平台等合作,也调动了所有的人脉资源,如请到江南春等大佬,又通过投资人的人脉使包凡等人成了天使用户,三位创始人在众筹过程中给自己朋友圈的每个好友都发了求助信息。同时,"三个爸爸"更注重制造一些能调动大家关注度的社会事件来调动用户的参与感,如2014年央视给十大净化器品牌做了测试,得出"除甲醛几乎无效"的结论,"三个爸爸"就抓住了这个热点,把产品送到检测机构,随后就把检测的结果、专家的结论、央视的报道制作成一个"病毒视频",不断地去传播,给产品和品牌做了很好的背书。"三个爸爸"在众筹过程中与著名演员进行辩论——"空气净化器是不是精神产品",这次辩论让"三个爸爸"从创业圈走向了大众,进一步提升了"三个爸爸"品牌的关注度。北京马拉松期间"三个爸爸"背着净化器上街跑步,在微博上传播,引起微博网友的吐槽;"三个爸爸"更与跟孩子健康相关的公司、机构开展跨界合作来开展公益活动。

资料来源:周伟婷,2015.三个爸爸,细分市场品牌力的快速打造[J].成功营销(07):80-81.

(二)新产品的扩散方式

由于各方面的原因,消费者对不同新产品的感知程度、心理反应和接受程度都是有很大差异的。但一般来说,消费者对新产品的接受率或新产品的扩散方式或过程呈"S"形,即先慢后快、先低后高,直至达到自然极限,如图5-20所示。

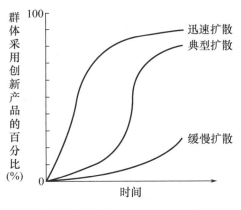

图5-20 创新产品的扩散方式

新产品扩散是"商品或服务由生产者流向消费者的过程"。它类似于"投石入湖":把石头丢进一泓平静的湖里,于是水面上会荡起阵阵的涟漪,涟漪由小而大,由近而远,渐渐地扩大,最终扩散到湖里的每个角落。当新产品刚进入市场时,只有少数人购买,这就好像第一层涟漪一样,圈子很小;渐渐地,围绕在原始购买者周围的人也开始购买产品,于是涟漪荡得更大;最后,新产品终于传播到更多的消费者身上,而新产品完全被所有的消费者接受是不太可能的。

产品扩散与产品生命周期是相互联系又相互区别的两个概念。S形扩散曲线关注的是产品的市场比例,通常是累计曲线,也就是说,随着时间推移扩散曲线会持续增加且至少保持在同一水平上。但产品生命周期与随时间推移的产品销售额有关,随着产品逐步退出市场,产品生命周期曲线最后总会呈现下降趋势。

如果把图5-20中的扩散曲线从累积形式变成对应每一时点采用创新产品人数百分比的形式,就会得到我们所熟悉的钟形曲线或正态分布曲线,如图5-21所示。也就是说,一小部分人会很快采用创新产品,另外一小部分人则极不情愿采用,群体中的大多数人采纳的时间介于这两者之间。同时,根据人们采用产品的相对时间,可以将任何一种创新产品的采用者划分成五组。其中创新者和早期采用者总共仅占16%左右。

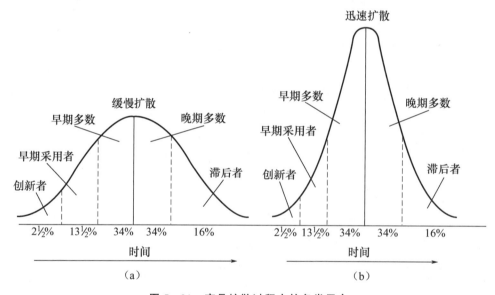

图5-21 产品扩散过程中的各类用户

但是,在网络环境下,这种渐进的扩散理论受到了挑战。人们可以在网上从许多"弱关系"的陌生使用者那里获得大量产品体验信息,而不用再等待周围人的使用效果。如果新产品确实具有令人期待的良好功能,很多消费者都会很快在网上找到新产品的各种评价与介绍,他们可以更为准确地判断产品的实际品质,而不再拘泥于个人经验、品牌忠诚,也不用担心会受到厂商广告的误导。既然能够迅速、准确地评估新产品的质量与功效,消费者在尝试新产品时就不会像以往那样犹豫不决。也就是说,新产品在每两类群体之间的扩散时间将大大缩短。传统曲线的上升沿和下降沿将会变得更加陡峭,创新能迅速扩散,但同时也会很快地被后继创新所取代,如图5-21(b)所示。因此,科技创新会越来越快地渗透到更新换代的产品中。也就是说,新产品的扩散、产品的生命周期和行业更替的时间都在迅速缩短。腾讯QQ聚拢5亿用户用了十几年时间,而微信只用了3.5年的时间;携程、淘宝和京东用了十几年才形成对传统行业的优势,而滴滴打车、Uber和Airbnb则只用3年就形成了对传统行业的颠覆性优势;摩拜单车用1年时间就分布到了180个城市、7个国家。有的特色新产品甚至还会出现抢购的情况。

消费者创新性研究很多是以个体为基础，如 Steenkamp 认为，创新者的动机和个性特点包括：寻求刺激；爱好新奇的事物；喜欢与众不同，享受购买新产品带来的差异感；具有很强的独立性，不容易受到其他人购买行为的影响。

另一个研究方向是从总量角度识别影响消费者创新性的主要因素，得出的结论包括：①产品的类别对消费者创新性影响比较大，女性对家庭用品、时尚、食品和杂货的创新性比较强，男性对汽车、运动器具的创新性比较强，而年轻人对电子数码产品的创新性比较强。②如果不考虑产品差别，那么人口特征，如种族、收入、年龄、人口流动性和受教育程度对消费者创新性影响比较小。但 Steenkamp 对 DV 市场的研究表明，年龄与消费者创新性存在着显著的负相关性，成年人中，年纪较小的消费者创新性更强。不少研究者也发现性别对消费者创新性的影响比较显著，某些方面男性比女性更具有创新性。③宏观环境对消费者创新性也有影响，经济开放程度、经济发展速度、产业化程度和鼓励冒险的传统文化对消费者创新性也有一定的影响。比如高经济开放性国家，由于有更多的对外贸易，消费者接触新奇产品的机会增加，容易培养消费者的创新性。

在网络时代，人们对新产品的态度仍然存在差别，有人对新事物着迷，喜欢率先体验新技术，并收获他人羡慕的眼光。而有些人采取实用主义态度，总是行动迟缓。但信息环境发生了变化，人们可以很快看到那些体验过产品的消费者的评论，信息的不确定性迅速降低，只要产品确实符合消费者的需求，就能很快在消费者中间扩散开来。

二、创新扩散的影响因素

人们通常把钱花在两件事情上：对抗痛苦、追求享乐。而解决痛苦的产品功能常常要比给人更多快乐的功能更好，而且解决痛苦的功能往往在持久力上也表现得更好一些。"痛点"顾名思义，是消费者在日常生活中所碰到的问题、纠结和抱怨、让人感到痛苦的接触点。

所谓"痛点就是创新点"，就是要求在新产品的开发过程中，要准确把握消费者的迫切需求，从消费者的痛点下手，以解决痛点为产品设计思路。能够被发觉的痛点往往代表的是一些真实问题，而其背后往往隐藏着有价值的功能诉求点。通过提供功能或相应的数据，在帮助消费者解决这个问题的同时，能让产品的用户体验大大提升，而如果产品没有解决某些刚性的痛点，想要吸引消费者就不是一件容易的事情。例如，智能手机的续航能力往往仅能维持一天，携带充电器或笨重的移动电源出门是个痛点，充满时尚元素的手机充电移动腕带就能赢得年轻人的好感。又如，大城市停车难是有车一族很头痛的问题，"从 A 点到 B 点，开车只花了 15 分钟，结果找停车位花了 30 分钟"就很形象地描绘了这一窘境，显然这是一个高频痛点。如果开发一个类似于滴滴打车这样的软件，临出门前查好目的地附近的车位信息，并可进行网上预约和锁定，到地方后不用排队停车更不用担心没有位置，势必会赢得有车一族的青睐。

痛点是消费者必须要解决的问题，而痒点不一定非得需要，痒点是创造并勾起消费者心中的"想要"。或者说，痛点解决消费者的问题，而痒点满足消费者的欲望。例如，优衣库的 UT 可以将消费者最喜欢的艺术、文化、人物穿在身上，UTme 还能让消费者 DIY 个人专属的 UT，使每个消费者都有机会以一种更年轻的方式追求个性与自我价值，从而不断地刺激着年轻消费者的痒点。

在美国，大约有46%的资源被用到那些不成功的产品开发和市场推广上，这些项目要么夭折，要么不能获得足够的收益。有一份报告称，平均每100个进入开发期的项目中，有63个会被中途取消，有12个会最终失败，仅有25个获得了商业上的成功。新产品的开发往往花费较大，而失败率又较高，这就要求企业必须认真、系统地研究消费者的心理需求，而不能仅仅依靠直觉来进行产品开发，以提高其新产品成功的机会。例如，可口可乐公司曾经推出一款香草味和一款樱桃味的可乐，现在已经停产了，原因就是他们错误地认为消费者需要有不同香味的可乐。实际上，特殊香味并不是可口可乐消费者需要的。又如，奇虎360曾开发了一款零天线路由器，但信号强度完全不受影响，本以为这样可以出奇制胜，结果产品却无人问津。原来消费者有一种很固化的认知：天线越多，信号越强。

案例链接 5-5

高效捕鼠器为何销售欠佳？

营销近视症是著名的市场营销专家、美国哈佛大学管理学院李维特教授在1960年提出的一个理论。营销近视症就是不适当地把主要精力放在产品上或技术上，而不是放在市场需要（消费需要）上，结果导致企业丧失市场，失去竞争力。

美国一家制造捕鼠器的公司，研制了一款受老鼠"欢迎"的新型捕鼠器，捕鼠率达百分之百，同时与老式捕鼠器相比，新型捕鼠器还有以下优点：①外观大方，造型优美；②捕鼠器顶端有按钮，捕到老鼠后只要一按按钮，死鼠就会掉落；③可终日置于室内，不必夜间投猎、白天收拾，绝对安全，也不会伤害儿童；④可重复使用，一个新型捕鼠器可抵好几个老式捕鼠器。新型捕鼠器上市伊始深受消费者的青睐，但好景不长，市场迅速萎缩了。为什么好东西却达不到预计的销售业绩呢？

第一，购买该新型捕鼠器的买主一般是家庭中的男性。他们每天就寝前安装好捕鼠器，次日起床后因急于上班，便把清理捕鼠器的任务留给了家庭主妇。主妇们见死鼠就害怕、恶心，同时又担心捕鼠器不安全，会伤害到人。结果许多家庭主妇只好将死鼠连同捕鼠器一块丢弃，由此消费者感到代价太大，因此主妇们不希望自己的丈夫再买这种捕鼠器。

第二，由于该捕鼠器造型美观，价格自然较高，所以中、低收入的家庭购买一个便重复多次使用，况且家中老鼠在捕捉几只后就可以"休息"一段时间，因而重复购买减少，销量自然下降。

高收入的家庭，虽然可以多买几个，但是用后处理很伤脑筋，老式捕鼠器捉到一只老鼠后，可以与老鼠一起扔进垃圾箱，而新型捕鼠器有些舍不得，留下来吧又该放在哪儿呢？另外，看到捕鼠器，又容易引起有关老鼠的可怕念头。

资料来源：http://www.doc88.com/p-0708018343641.html[2020-11-25].

（一）创新扩散模型

影响新产品在市场上取得成功或扩散程度的因素很多，图5-22是一个创新扩散的简单模型。该模型将影响创新扩散的因素概括为六个方面。

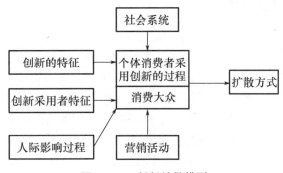

图 5-22　创新扩散模型

资料来源：MOWEN J C, 1993. Consumer Behavior [M]. New York：Macmillan Publishing Company.

从企业的角度来讲，结合以上模型，应当考虑以下影响创新产品扩散速度的具体因素。

1. 满足需要的程度

创新产品满足得越是显而易见的需求或者需求的重要性程度越高，扩散的速度也就越快。例如，以前人们玩网游的时候，需要边打游戏边和队友聊天，但打字又很麻烦，常常会因为打字让游戏人物丢了性命、打怪失败，而"YY"的语音通信软件就满足了游戏玩家一边打游戏一边沟通的需求，因而很快就在游戏玩家中打开了市场。

2. 个人特征

不同的消费者由于性格、文化背景、受教育程度和社会地位等方面存在差异，对新产品的接受快慢程度是不同的。如前所述，具有某些个性特点的消费者容易成为产品接受的创新者。例如，变化需要和认知需要较低的消费者较难接受创新，而认知需要高、创新性强的消费者就容易接受创新。

3. 感知风险

与采用创新产品相联系的风险越大，扩散就越慢。风险主要包括经济的、个人身体的和社会方面的风险。感知风险取决于三个方面的因素：①创新产品无法产生预期效果的可能性；②不能产生预期效果造成的后果；③可修复性，修理费用和其他问题。

4. 目标群体

有些群体比另外一些群体更容易接受改变。一般说来，年轻人更易于接受新事物、新观念，所以新产品在这一群体内扩散得也就更快。因此，目标市场是决定创新产品扩散速度的重要因素。比如，2007 年 6 月 29 日在美国上市的 iPhone 手机，是美国苹果公司出品的第一款智能手机，目标群体瞄准的是年轻人。这款手机屏宽 8.9 厘米，比一般手机屏幕大，与众不同的多点式触摸屏，以及这款手机将 iPod 播放器和传统手机功能融为一体，能播放音乐和上网，支持无线网络及蓝牙技术，结果 iPhone 手机得到了众多年轻"苹果迷"的青睐，其目标市场有利于这款新产品的扩散。

5. 决策类型

决策实质上可分为个人决策和集体决策两种类型。做出决策的人数越少，创新产品扩散就越快。因此,涉及两个或两个以上决策者的创新产品,要比只有一个决策者决定购买与否的产品扩散得慢。

6. 产品特征

(1) 适应性。创新产品最好能与目标消费者的生活方式、价值观念和以前的消费经验等相一致、相吻合。当创新产品与目标市场消费习惯、社会心理、价值观相适应或较为接近时,较有利于市场扩散,反之,则不利于市场扩散。例如,一家个人护理品制造商曾试图推出男士脱毛膏,作为剃刀和剃须膏的替代品。尽管这一新产品简单、方便、实用,但因为男性认为产品过于女性化,会威胁到他们的男性自我观念,结果对这种产品没有兴趣。又如,华为的"鸿蒙"系统如果不能兼容安卓的 App 应用,即使其性能更为优越,"鸿蒙"的扩散过程也将遇到巨大阻力。

(2) 简易性。一般而言,新产品设计、整体结构、使用维修、保养方法必须与目标市场的认知程度相适应。产品易使用、易理解、质量易把握,就容易减少消费者的疑虑心理,因而也就容易被人们所接受。相反,如果影响产品质量及性能的因素太多,不便维修,消费者操作使用上也不方便或需要花较多的时间和精力才能熟悉和掌握,消费者就不肯轻易购买。

(3) 可试性。这是指消费者以低代价、低风险获得新产品试用的可能性大小。由于试用能让消费者评估产品的相对优势和潜在风险,那些容易体验其质量与功能的新产品,其扩散的速度会更快。而在短时间内难以获得明确的印象和效果,价格又较高的新产品,其扩散的速度就慢。如某些家用电子治疗仪,营销部门可以通过现场操作、免费试用或包退包换等优惠措施,也可以采用出租的方法,来降低购物风险,鼓励试用。当然,对于晚期采用者来说,试用性已不太重要,因为他们知道有许多人已经采用了这种创新,因而能了解其效果。

(4) 沟通性。新产品的新属性和使用新产品的好处如果容易被消费者所觉察、沟通、想象和形容,这个产品的沟通性就强,扩散就快。

资料链接 5 - 3

自带传播基因的产品特性

从人性的角度来看,自传播顺应和满足人性,应当为产品注入"三性二感"的传播基因,从而引发消费者的自发自愿传播。

1. 识别性

有识别性才有记忆点,才是吸引消费者的钩子。可识别有很多种层面的解读,但绝大部分都是针对消费者的感官而言的:产品可视、产品可知、产品可感、产品可传、产品可演;当然,还有一种就是认知层面的:容易被理解。一言以蔽之:刷存在感。

近年以"每日"命名的产品越来越多了,这个系列除了每日坚果、每日黑巧,还有味全的每日C果汁,蒙牛的每日鲜牛奶等。现在为什么出现越来越多以"每日"命名的产品?

首先,"每日"二字用得很有场景感,它代表着高频次、价格不高,以及获取非常便捷,从价格到场景,都在围绕着"每日"展开。比如每日黑巧在内容包装上强调巧克力的减压属性,围绕着这个中心,每日黑巧的产品研发在减糖的同时,还引入了添加"膳食纤维"的卖点。同时每日黑巧做成小颗粒的包装,减少了单次的食用量,叠加强化不发胖的卖点。但是大部分消费者是看不到这么多的,"每日黑巧"的名字再加上其健康、营养、膳食的广告,会让大部分消费者认为这是每日都可以吃的健康零食。

其次,站在品牌角度,需要看到在新品牌身上已经体现出来一些趋势,那就是内容与品牌的一体性。一方面需要产品本身内容化,每日黑巧深谙的一点是,好的包装更能够服务于产品,除了要在货架上、页面上被人一眼相中,还需要承担品牌传播的功能,所以将产品、包装设计为可以内容化的"物料"。比如品牌要求包装设计反映出产品的定位,像"极致小方"系列是走"正统"黑巧路线的,就会在设计上更理性、专业性更强,落实到包装外壳的呈现上便是以文字为主,较少使用图案。

2. 反差感

单靠可识别性也不够,毕竟现在"可感知"的产品太多了。所以,产品不仅要可识别,更要与同类型产品建立反差感。

聚焦生日聚会场景,熊猫不走蛋糕用"熊猫人跳舞"给用户带来差异化的生日服务体验,打破认知,就是让用户眼前一亮的反差感。就这样,一系列温馨好玩有趣的视觉元素填充到了用户朋友圈、微博和抖音的视频照片里,为用户铸造了社交货币,带来了100%用户自发传播。所以,熊猫不走卖的不是蛋糕,而是充满仪式感的"快乐生活配方"。而这个过程又是让用户感觉舒适度很高的,不是传统的硬推,而是你情我愿的彼此成就。

3. 故事性

好的品牌故事是消费者和品牌之间的"情感"切入点,赋予品牌精神内涵和灵性,使消费者感受到感染或冲击,全力激发消费者的潜在购买意识,并使消费者愿意"从一而终"。

花西子之所以能在消费者心中树立起深刻的"国风"品牌形象,正是因为其塑造了一个完整的形象故事。在众多国货品牌一味追求与国际大牌保持时尚感步调一致的时候,花西子的品牌愿景却是追求打造让国人引以为傲的"东方彩妆"这一独特定位,在产品上,花西子无论是产品名称、外观,还是种类色号、描述,都一一融入了"东方美学"基因。如雕花设计、花露胭脂、山茶花精华等古典元素渗透在产品的方方面面,甚至成为品牌符号,还有丝绸之路浮雕粉饼、西湖印记、苗族印象等,所有这一切都与花西子所蕴含的"东方""天然""雅致"完美契合、相得益彰。

一个具有寓意和韵味的品牌故事能够深入人心,赋予品牌更多的文化底蕴。长期来看,可以潜移默化地提高消费者对品牌的好感度和满意度,让消费者成为对品牌具有高度黏性的"超级用户",甚至成为品牌的自来水"宣传大使"。

4. 参与感

在当代传播环境下,话语权的转移,导致相比起过去被动坐在屏幕前的时代,现在的用户更希望参与,而非简单被动地被触达。

三顿半设计的"返航计划"是三顿半推出的"回收空罐"行动。即在每个城市设置指定回收点,用户把空杯子拿到现场回收后,可以免费得到三顿半的周边小礼品和兑换新咖啡。除在三顿半的门店设置"返航点"之外,三顿半还与一些特色书店、商场等线下空间合作,用户可以自行前往,回收的空罐子可以"储能",用以兑换咖啡或者其他周边产品。比如在苏州选择跟诚品书店合作,这样做的好处是什么呢?加强了用户对三顿半调性的感知。这个活动让用户享受到了实惠,还参与了环保,提升了意义感,也提升了对品牌的黏性。

消费者在参与过程中投入额外的精力和时间越多,仪式感越强烈,期望值攀升,最终情感释放时带来的价值感和幸福感就越强烈,分享的欲望也越强烈。

5. 稀缺性

越稀缺,越不可替代,引发的传播效应更是飓风式的。比如,每年星巴克都会在樱花季上架一批限量款的主题杯子,樱花、粉色这些少女心爆棚的元素再加上品牌效应的加持,几乎每次都能掀起采购热潮,其间诞生的"爆款"也数不胜数。仔细研究星巴克所有的杯子营销会发现,星巴克卖爆品杯子不是目的,帮助消费者制造"炫耀点"才是最终目的。消费者买的也不是杯子,而是希望在使用这件商品的时候,可以在社交平台上暗戳戳的"凡尔赛":显露出自己的财富、名望、阶层和地位。

资料来源:https://www.yunyingpai.com/brand/653971.html [2021-03-22].

(5)优越性。新产品的相对优点越多、越显著,满足消费者需求的程度越高,受市场欢迎的程度也就越高。例如,手机明显比传呼机方便得多,因此手机取代传呼机是必然的;手机取代小灵通的过程则要慢一些;智能手机以其极高的相对优越性很快便独步天下;5G 手机取代 4G 手机会较慢,普通用户对 5G 的低时延优点兴趣不大,超高速下载也并非刚需,但 5G 手机会得到"手游族"的喜爱;曲屏手机还有些"价高和寡",但可折叠曲屏手机将会带来智能手机领域的重大变革。

结合新产品的适应性和优越性来看,如果消费者觉得改变习惯消费模式的成本过高或收益太小,他们就懒得改变;而当他们觉得接受新消费方式的成本很低或有很高收益,他们就有动机去改变。如图 5-23 所示,最容易扩散的新产品是"收益高且改变成本低"的产品,当然这类产品在初期都需要激活用户需求。比如,无论饿了么、好糠在家、共享单车还是快方送药,在推广初期都要花费重金补贴用户,这是因为消费者一旦体验过这类产品带来的便捷后,就容易养成消费习惯。而其他三个象限的产品要么是成本高要么是收益低,在营销策略上主要是降低成本或提高收益。例如,电动牙刷刚推出时,广告主打"刷

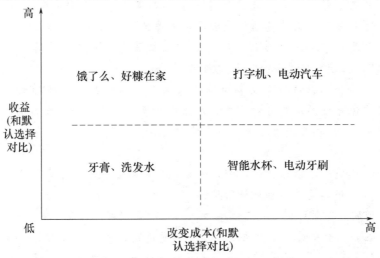

图 5-23 接受新产品的成本收益分析

牙更省力"，但是刷牙对消费者来说已成习惯，本身是不费力的。所以，消费者购买这款产品需要的改变成本很高（转变刷牙习惯），却感觉不到收益，用惯了普通牙刷的人是不大可能购买电动牙刷的。虽然营销者降低改变成本很难，但可以通过转换购买动机的方式来提高收益，如以"刷得更干净"来激活市场。这是因为"刷得更干净"这件事用普通牙刷很难完成，相当于用电动牙刷则大大提高了收益。

在网络信息时代，可观察性、可试性的意义已大为降低，而创新的相对优越性则大幅上升。另外，适应性的作用也会降低，当消费者能够清楚地看到新产品的优势与使用的便利，他们就会更容易尝试看似不兼容的新事物。例如，iPhone 手机问世之前，很多人可能认为自己无法适应一种没有机械键盘的手机，但是 iPhone 手机推出以后，人们普遍喜欢这种界面友好的触摸屏手机。新产品要保持住技术上的相对优越性也很难，因为这种优势往往很快会被竞争者模仿，而产品品牌的象征性却能获得持续性的竞争优势，这也是大品牌推出新产品更容易被消费者接受的原因之一。

7. 营销努力

企业营销努力程度极大地影响着产品扩散速度。企业应在新产品上市时加强主动式推销，开展广告攻势，组织丰富多彩的消费者体验活动，鼓励消费者试用新产品，使目标市场很快熟悉创新产品。在新产品的成长期，要充分利用网络的传播作用，通过 KOL、KOC 的网络口碑，影响早期大众和晚期大众采用者，创造性地运用促销手段鼓励中间商，鼓励消费者重复购买，以实现快速增长的目标。在产品成熟期，继续采用快速增长的各种策略；更新产品设计和广告策略，以适应后期采用者的需要，实现渗透最大化。最后，通过企业的营销努力，使进入衰退期的产品尽可能维持一定水平的销售额。

为了推广新产品，企业可能会把创新者作为目标消费群体，开发利基市场或细分市场，然后逐步渗透到其他消费群体。例如，小罐茶本身是为让经常出差的商务人群方便喝茶而诞生的，现在成了大众商务礼品；三只松鼠最初也只是以网络族群为服务对象，现在变为了大众名品。但是，为创新者开发设计的产品未必会得到主流用户的喜爱。例如，最早推出平板计算机的其实是微软，微软将目标市场定位于医疗、保险、房地产、法律等领域，并认为市场的创新消费者更强调产品的功能等技术层面，对用户界面设计比较宽容。而苹果公司的 iPad 并不锁定或限制应用人群，事实上很多老年人很喜欢这款产品。许多消费者听说这款产品后，上网搜索相关信息，认为它能满足自己的需要，于是立即购买。结果，苹果公司的 iPad 得到了快速扩散，但微软产品却没得到市场认同。所以，创新产品的目标受众应当定义得更加宽泛一些，早期用户可能来自世界任一角落的任何人，他们会即刻在网上发表评论，并迅速影响其他消费人群。

另外，营销人员可以同行业或政府管理部门合作，强制要求采用创新产品，或使创新成为行业标准。例如，烟雾探测器、安全带和无铅汽油都是由政府强制要求使用的创新产品。如果国家强制性禁售燃油汽车必将刺激各种新能源汽车的推出与扩散。

（二）ADP 模型

ADP 模型是根据行为学理论及可口可乐公司著名的 3A 理论提出来的。"3A"是指行为（Action）、态度（Attitude）、能力（Ability），分别说明"会不会""爱不爱""能不能"的问题。ADP 模型借用这种思想，认为产品要卖出去，应满足消费者三个条件：愿意买、买得到、买得起。其中,"愿意买"解决消费者态度(Attitude)问题,"买得到"解决产品渠道与分销(Distribution)的问题,"买得起"解决产品性价比(Profit)问题。这三大因素是相对独立的,合在一起,就是所谓的 ADP 模型。

(1) A(Attitude):消费者的态度(对产品的相对喜好程度);
(2) D(Distribution):目标—交易—产品的获得难度(渠道与分销因素);
(3) P(Profit):产品的利益与价格(性价比因素)。

后来有人在 ADP 模型的基础上又增加了一个条件:有容量。有容量就是找到或挖掘那些对产品有需求的消费者,解决市场容量问题。市场容量英文是 Market Size,简称 MS。而产品的市场销量主要受 A、D、P、MS 这四个因素的制约,如图 5-24 所示。

图 5-24 ADP 模型

例如,某品牌婴儿奶粉发现含有违规添加剂,引发消费者强烈的负面态度,销售量大跌("不愿买");许多"海淘族"消费者对澳大利亚保健品情有独钟,但又怕买不到正品货("买不到"),而考拉海购则满足了其需求;保时捷或者劳斯莱斯,虽然大家都想买,很多地方也都有卖的,但是太贵了,对于大众群体来说,销售量也趋近于 0("买不起")。

 思考题

1. 根据产品整体概念,在进行产品设计时应当考虑哪些方面的问题?
2. 消费者对产品功能的认知包括哪些方面?应当怎样满足消费者的这些需求?
3. 在产品设计时,如何根据 KANO 模型对产品属性进行调查和有效开发?
4. MEC 理论的基本原理是什么?如何根据此理论来进行产品设计或目标消费者定位?
5. 消费者接受新产品的心理过程是怎样的?哪些因素可能会影响新产品的扩散过程?
6. 在网络时代,新产品的扩散过程和影响因素有什么新特点?
7. 根据 ADP 模型,分析市场上某一新产品的市场前景?对其营销措施有何建议?

第五章 在线题库

第六章

价格因素与消费行为

学习目标

- 理解商品价格的心理功能;
- 了解价格逆反心理的产生;
- 熟悉消费者对价格的认识与选择心理;
- 理解 PSM 模型与应用;
- 掌握并熟练应用价格感受性的影响因素;
- 了解价格倾向性的影响因素。

思维导图

价格因素与消费行为

价格的心理功能

- 比值比价
- 自我意识比拟
  - 社会地位、经济地位比拟
  - 文化修养、生活情趣比拟
- 调节需求
  - 受需求弹性制约
  - 非对称性
  - 价格逆反心理

消费者的价格心理

- 习惯性
  - 内部参考价格的形成
  - PSM模型
- 敏感性
  - 商品类型
  - 个体特征
- 感受性
  - 收益成本比较
  - 价格比较
  - 销售方式及现场气氛
  - 需求的紧迫程度
  - 付款方式
- 倾向性
  - 商品类型
  - 个体特征

第六章 价格因素与消费行为

导引案例

沃尔玛的价格促销

沃尔玛在顾客心目中牢固地树立一种低价形象，除了与它基于低成本优势的低价格有关，还在于沃尔玛非常善于实施心理价格策略，影响消费者对价格的心理感受，使顾客感到它的价格之低非同一般，从而放大它在价格上的优势。

1. 数十年如一日坚持天天低价策略

沃尔玛数十年如一日地贯彻"天天低价"和"件件低价"策略，想尽一切办法节省资金，努力实现价格比其他商店更便宜的承诺，以低成本、低价格来营造自己的竞争优势。研究表明，在总的平均价格相同的情况下，经常浅幅打折的每日低价定价法与偶尔深幅打折的高定价法相比，消费者的感知价格更低。

当然，在低价的同时，沃尔玛也没有放弃对服务质量的追求，齐全的一站式购物、满意的质量保证、方便及弹性的购物时间、舒适的消费环境和宽敞的停车空间，令顾客享受到更加超值的平价服务。

2. 巧妙营造强烈的低价氛围

沃尔玛利用各种手段想方设法地向顾客传递并加强自己的低价形象，无论走进哪一家沃尔玛商店，"天天低价"都是最为醒目的标志，店堂内到处都是铺天盖地的 POP 特价广告宣传，广播里不断播放着特价商品信息，店内所有的价格牌都写着"天天平价、始终如一"，随处可见"我们所做的一切都是为您省钱""让利商品，竭尽所能为您省钱"的字样，就连沃尔玛开出的收款小票背面也印有"天天平价"的字样，并说明"天天平价不是短期的降价行为，而是让您信赖的天天都能享受到的实惠"，还有定期印刷的特价商品目录，这一切都在大肆渲染沃尔玛的低价气氛，并不断地加强顾客心目中的沃尔玛低价形象。

3. 精心选择超低价商品

沃尔玛运用了一种被称为"损失领先者"的定价策略，做法是每天在店内挑选一些购买频率高、顾客对其价格很熟悉并且很敏感的商品作"诱饵"，制定不赚钱甚至是赔本的超低价格，对该商品实行集中陈列，摆放在店内最显眼处，如货架两端、收款台、通道旁，再配以大肆渲染其价格之低、机会之难得的报纸广告、广播广告、每期特价快报及店内大幅的 POP 广告，让消费者对沃尔玛的价格之低留下深刻的印象，并蜂拥而至沃尔玛进行抢购，当然顾客在抢购这些特价商品之外，也会顺便采购其他的正常价格商品，这些捎带购买的正价商品的销售给沃尔玛带来了源源不断的利润。

这种策略成功的关键之处在于亏本销售的商品要精心挑选，应当选择那些购买频率高、顾客对其价格很熟悉并且很敏感的日用商品。在沃尔玛最常用的超低价商品是人人都需要频繁购买的鸡蛋、大米和烤鸡。

4. 精心策划促销方案

沃尔玛最常用的促销类型是直接降价促销，与其他的促销类型相比，它需要顾客所付出的货币成本与时间、精力成本最低，是消费者价值评价最高、购买意向最强的最受消费者喜爱的促销类型，尽管它可能对产品品牌的形象有一定影响，但对于商店品牌的影响正好与沃尔玛的低价定位相一致,所以沃尔玛可以起到增强对顾客的吸引力,加强低价定位的双重作用。

5. 巧用客户忠诚计划来吸引消费者

沃尔玛的促销策略不仅注重吸引新顾客,还注重保留顾客,会员制这种客户忠诚计划是它保留老顾客的一种重要手段。消费者也可以从会员制中获取许多利益,例如:享受超低价优惠或特殊服务等。

1. 从沃尔玛的价格策略中,你能得到什么启示?
2. 沃尔玛价格促销可能会遇到哪些问题和挑战?
3. 你觉得沃尔玛还应当从哪些方面入手改进价格促销活动?

影响消费者购买行为的商品因素中,价格和质量当首推前列。价格是所谓"性价比"的分母,是消费者购买商品需支付的主要成本。商品价格直接关系着消费者的切身利益,是市场交易中消费者十分敏感的因素。不同的价格或价格变化,会引起消费者不同的价格心理反应,从而起到刺激或抑制消费者购买动机和购买行为的作用。所以,研究消费者的价格心理,探讨如何制定符合消费者心理需求的价格策略,有着十分重要的现实意义。

价格歧视

在市场经济条件下,商品的价格高低受多种因素的影响,消费者对商品价格的接受度也受到许多主观因素的影响。消费者行为学强调价格是消费者心理上所愿意接受的货币形式。只要目标消费者愿意支付的价格大于或等于营销者愿意出售的价格,市场交易就可以实现。当然,商品价格应当以反映商品的实际价值、反映供求关系、适应竞争需要和保护消费者利益为前提。

第一节 价格的心理功能

价格对消费者购买心理的影响作用,我们称之为价格的心理功能。由于不同消费者在价格的认识程度、知觉程度及个性差异、经济条件等方面存在差异,对商品价格会产生不同的心理反应。但研究和营销实践都表明,商品价格具有某些带有普遍性的心理功能,并在一定程度上影响消费者的购买行为。

一、衡量商品价值和商品品质的功能

Stokes 曾探讨了价格、品牌熟悉程度与质量认知之间的关系,他发现:当购买风险比较高,消费者对产品品牌不熟悉时,倾向用价格作为判断产品质量的依据。在日常生活中,消费者如果不具备充分的信息与能力从商品的使用价值角度去判断商品价值和商品品质,这时,商品价格作为消费者认知商品质量的外在线索,可以成为衡量商品价值和品质的因素。尤其是在缺乏其他认识商品质价关系线索的时候,这种功能尤为突出。由于质量与价格基本体现了产品或服务的价值,因此在很多人的思维中,常用"性价比"来概括不同产品之间的比较优势,以显示他们对质量和价格同等倚重。市场营销活动也表明,价格

低的商品，未必好卖；而价格昂贵的商品，销路未必不好。常言道："一分钱，一分货"及"便宜无好货，好货不便宜"，就是价格这种心理功能的生动反映。

 资料链接 6-1

止疼药的价格与疗效感知

美国做了一项研究来验证商品价格与消费者质量感知之间的关系。试验中，被试者需要在手腕被人为电击后服用安慰性的假止疼药，然后再评价手腕的疼痛程度。一半的被试者被告知，他们服用的止疼药单剂量的价格是 2.5 美元；而另一半人被告知，他们的止疼药价格是 10 美分。事实上，他们拿到的是完全相同的药。被告知拿到高价药片的被试者中，有 85% 的人认为疼痛明显减轻，而另一组的比例仅为 61%。显然，消费者倾向于认为价格高的药物更有效。这一发现与之前的一项研究结果是一致的。之前的研究表明，消费者认为通用名药物的效果不如品牌药物好，即使从化学角度讲这两种药是完全相同的。

资料来源：希夫曼，卡纽克，维森布利特，2017. 消费者行为学：第 10 版　全球版[M]．张政，译．北京：清华大学出版社．

Peterson 的研究表明：当消费者购买价格低但质量风险较大的产品时，会倾向于用价格高低来作为推断产品质量的外在线索；而在购买价格低、同时质量风险较小的产品时，则不一定以价格高低作为推断产品质量的线索。而根据麦肯锡公司在全球范围内的调研，中国消费者在推断产品质量时，价格发挥的作用要比美国及欧洲一些发达国家的消费者更大。

这种认识实际上也与政治经济学的原理是一致的，因为价格是商品价值的货币表现，价格的差别也就在某种程度上反映了以货币为代表的价值差异。由于消费者往往难于真正了解商品的实际价值和优劣，因而，不管他们是否了解政治经济学知识，都会很自然地把价格作为判别商品价值和品质的尺度和标准。

当然，在市场经济条件下，价格与商品价值、品质之间并不存在绝对的对应情况，因为价格的制定本身就受多种因素的影响。如有的厂商就利用价格的这种心理功能，故意将价格定得高于竞争对手，以使消费者产生"价高质也好"的认识。而 Costco 会员制仓储量贩店通过管理提高效率，以相当于沃尔玛 1/3 的平均商品价格实现了"高质低价"。

应当指出的是，在网络信息时代，价格的比值比价的心理功能正在快速失去作用，原因就是消费者已经能够通过各种信息平台认识到商品的"绝对价值"。美国诺卡（NOKA）巧克力于 2004 年问世，号称世界上最纯净的巧克力，并以惊人的售价引人关注，似乎想成为黑巧克力界的劳斯莱斯。但后来，一位美食家连发多篇博客，明确指出该产品的质量与售价不相匹配，并质疑其营销策略。虽然，NOKA 只出现在奢侈品商店，但有人在网上揭露，它实际上是在得克萨斯州某个公路旁的商业区生产的。最后，NOKA 在美国成了"墙内开花墙外香"的品牌。

二、自我意识比拟的功能

商品的价格不仅可以表现商品的价值，在某些情况下，还具有表现消费者社会价值的心理含义,至少在某些消费者的自我意识中如此。这是因为价格能使消费者产生自我意识比拟的心理作用,即消费者通过联想,将价格的高低与个人的情感、欲望联系起来,进行有意或无意的比拟,以满足个人的某种心理需求。这种比拟功能产生于消费者对自身和自身以外客观物质的认识,也有个人的主观臆想与追求。主要的内容有两方面。

(一)社会地位、经济地位的比拟

红旗车的悲剧说明什么?

有些消费者热衷于追求名牌、高档的商品,以出入高档商店购物为荣,却认为到地摊、小店购物或购买廉价处理品有失其高贵的身份;不少"比阔气""比豪华"的人,往往希望通过所购商品的价格来显示自己的社会地位。8848手机、小罐茶等土豪式营销就是利用这种心理功能获得了超额利润,图6-1显示了其市场定位。相反,有的人却乐于购买廉价品、折价品,即使手头较宽裕,也心满意足地这样做,因为他们心目中认为这类商品适合自己的经济能力和经济地位,而价格贵的高档品应是有钱人买的。这就是把商品价格与个人的社会地位、经济地位进行比拟。

低价绣花鞋落败美国

(二)文化修养、生活情趣的比拟

图6-1 8848手机、小罐茶的市场定位

如有些购买钢琴者实际上不会弹钢琴,甚至连一般简谱都不识,但价格昂贵的钢琴却能显示其兴趣、风雅及对培养子女的期望,从而满足其某些心理需要。还有的人乐意出入高档音乐会,愿意购买昂贵的音响器材,或乐于求购名人字画或高价文物、邮票等收藏品,这与其文化修养和生活情趣有关,同时也能赢得别人的羡慕。

价格的这种心理功能,其表现形式是因人而异的,它与消费者的兴趣、动机、性格、气质及态度、价值观等个性心理特点密切相关。但都有一个共同点,就是从社会要求和自尊出发,重视商品价格所显示的社会价值或象征意义。如送礼的人,就十分重视礼品价格的社会价值,总是希望选择符合自己身份及双方知交程度的礼品,价格太低的礼品就拿不出手,而收礼品的人,也习惯于从礼品的贵重程度看出对方对自己的评价,推测对方的意图。

三、刺激和抑制消费需求的功能

价格战仍是电商"双十一"竞争的主要手段

从商品价格与需求变化的一般规律来看,商品价格的涨跌会影响到商品需求的增减。即在其他条件(如供应量、币值等)不变的情况下,某种商品价格上涨,则消费需求量会减少;当价格下降时,则消费需求量会增加。反过来,需求对价格的变动也有反作用。

一般认为,商品的销售量 $= K \times$(消费者心理价格/商品自身价格)。其中,参数 K 因不同商品而不同,是除价格外的其他各种销量影响因素。这说明,企业产品的销售状况同消费者的心理价格呈正比,同商品自身价格呈反比。

通常,对于日常生活必需品而言,价格上涨后,消费者会在一段时间内减少对这种商品的购买,但以后又会恢复到正常的水平。降价也是这样,在价格刚刚降低时,销售量会有所上升,但随着时间推移或者降价结束,销售量又会回落到正常水平。

从价格变化对消费心理的影响上看，商品价格变化与需求量变化之间的关系还要更复杂一些。这主要体现在以下三个方面。

（一）受需求弹性的制约

价格对商品需求量变化的影响程度，要受到需求弹性的制约，这种影响关系可称为"需求的价格弹性"。需求的价格弹性与产品的必要性、替代程度、耐用性、贮存性、用途多少，以及产品价格占生活支出的比重等因素有关（翟建华）。例如，从必要性上看，油、盐、酱、醋、粮食等生活必需品的需求弹性小，价格变化对需求量的影响程度也小；而非生活必需品的需求弹性大，当价格变化时，需求量的变化就较大。另外，行业特征、消费者特征、促销因素、品牌因素等也会影响需求的价格弹性。例如，Narasimhan等研究了行业特征对价格弹性的影响，认为竞争品牌越少、市场渗透率越高或购买周期越短的行业，促销降价引起销售量的变化幅度越大。Hoch等学者利用连锁超市的数据，发现受教育程度高的消费者机会成本较高，他们对购物不是特别在意，因此价格弹性较低；人口较多的家庭可能会把大量的可支配收入花在一般的零售商品上，因此价格弹性相对较高；高收入家庭的价格弹性较低；如果店铺周围的竞争对手较少，相应的价格弹性会较低。Tellis认为，当产品处于较晚的生命周期阶段时，顾客对价格了解的信息更多，因此会对价格更为敏感；而早期的购买者，对价格相对较不敏感，所以价格弹性的绝对值会较小，处于引入或成长阶段的产品价格弹性相对较低。通常，消费者对于名牌、时髦商品价格上的小幅上涨，一般并不太介意或敏感，但对其价格的下降很敏感。

（二）非对称性

通常相对降价来说人们对涨价更为敏感，价格升高所带来的损失感比降价所带来的收益感对人们选择品牌的影响更大。这是由于通常人们对损失的感受要比收益更深刻，所以对价格升高的反应要大一些。

（三）价格逆反心理

消费者可能产生"买涨不买跌"的逆反心理与行为，这主要是由于对价格变化的理解而产生的紧张心理或期待心理所致。当价格上涨，消费者可能认为价格还会上涨、或联想到这种商品可能要短缺、或联想到商品是热门货，结果价格上涨反而刺激了消费需求和购买动机。我国曾出现商品房价格不断攀升的现象，一方面住房具有投资性质，更主要的是消费者对住房价格上涨的预期心理。因而，商品房价格越涨越"抢"，进而又可能造成市场供应的短缺，从而还会造成价格的进一步上升。而当某种商品价格下跌时，人们又可能会期待价格还会继续下跌而持观望态度、或对商品的品质和销售等情况产生怀疑、或猜测可能有新的替代品或竞争品出现，结果价格下跌并未导致需求量的上升，反而抑制了购买行为。这类似于股票交易市场中不少股民的"追涨杀跌"的心理。

通常在具有投资价值的、价格昂贵的稀缺商品上容易出现因价格上涨反而导致需求增加的现象，具有这种特性的商品称为凡勃伦商品（Veblen Goods）。相反，价格下降时需求也下降的商品称为吉芬商品（Giffen Goods）。

有的商品存在价格弹性较大而且弹性系数为正值的情况，即随着价格的提高，需求量不仅不降，反而会逆势而上。而如果降价，不仅会在短期销售业绩的表现上弄巧成拙，更有可能损害相关品牌在目标消费者心目中的形象，尤其当品牌提供或代表的是高品位、高质量和值得信赖的产品或服务时。苏格兰威士忌以悠久的历史和精湛的工艺著称于世，但由于以低价倾销过剩的威士忌，严重降低了苏格兰威士忌酒的形象品位与价格定位。

第二节　消费者对价格的认识与选择

价格与客户的
心理感受

　　为了充分发挥商品价格心理功能的作用，还必须研究消费者在购买行为中，对商品价格认识与选择上的种种表现，即通常所说的消费者的价格心理与行为。消费者对价格的认识与选择，既反映消费者对商品价格的知觉程度，也反映消费者的个性特征，同时还受到社会经济生活的影响。消费者的价格心理往往和价格的心理功能有着密切联系，难以严格区分，并对消费者的购买行为产生着重要的影响。

一、价格习惯性

（一）内部参考价格及价格阈限的形成

　　消费者对价格的习惯性主要是在消费实践活动中通过对某些商品价格的反复感知而形成的，这种习惯认识会作为衡量同类商品的价格高低或合理程度的重要标准。一般来说，消费者对满足自然需要的商品价格有较强的定型，而对满足心理需要商品价格的定型则较为模糊。在网络信息时代，消费者对商品价格越来越容易获取和比较，尤其体现在标品类。因而，中间商试图赚取更多差价会变得越来越难。

　　由消费者对商品价格的习惯性认识会形成一个内部参考价格（或心理价格），这个价格标准往往是一个有着上下限的价格范围。消费者对价格信息越了解，对产品价格的可接受区间就越窄。

　　影响消费者内部参考价格的因素很多，从消费者自身来讲，包括商品对其需要的满足程度、个人特点、价格经验、收入支付能力、对价格信息的了解程度、购买经验等；从商品因素上看，包括商品品质、商品品牌、商品稀缺度、商品的原产地、同类产品差异、价格变化状况、促销频率等。研究表明，商品打折促销会立刻增强消费者的购买意愿，但也会降低消费者未来的参考价格。例如，价格敏感的消费者价格知识要比价格不敏感的消费者更准确；经常购物的消费者价格知识也要更准确一些；对同质化产品价格知识的准确程

价格容忍度
与价格弹性

度就要高于异质化产品；对强势品牌产品的市场价格相对更为清楚；对经常购买的产品价格知识的准确程度就要高于不常购买的产品；价格经常发生变化或市场上价格越不一致的商品，消费者的价格知识就越不准确。另外，市场上的价格信息可得性也会影响到顾客的价格知识，如零售商在报纸、杂志等媒体上公布他们的商品售价、权威机构公布他们对市场上价格的调查比较结果会使消费者对价格更加敏感，价格认知也会更加准确。

　　当然，消费者对商品价格的习惯性认识往往是一个有着上下限的价格范围（或称"价格阈限"）。如果商品价格超过上限，就认为太贵或价格上涨了；如果价格低于下限，则会对商品的质量产生怀疑；如果价格符合消费者的习惯性认识，则产生信任和认同。尤其是对于购买频率高的日用生活必需品，消费者心目中的内部参考价格十分清晰，对价格存在相对固定的认识，即形成一个相对较窄的价格阈限，如果商品定价偏离内部参考价格，消费者往往一时难以接受。

内部参考价格形成后是相对稳定的，但当商品价格变化时，在新价格的冲击下，消费者也会逐渐适应和习惯，形成新的参考价格。从总体上看，由于经济的发展和人民收入与生活水平的提高，再加上通货膨胀因素的作用，商品价格容易呈现稳步上升的趋势，消费者心中的价格阈限也是一个稳步向上攀升的变量。

(二) PSM 模型

在产品定价中，价格敏感度测试（Price Sensitivity Meter，PSM）模型、价格断裂点（Gabor Granger）模型、品牌价格平衡（Brand Price Trade off，BPTO）模型是几个常用的消费者价格调查模型。其中，PSM 模型简单、实用，更适合从消费者的角度来进行新产品定价。

通过 PSM 模型，不仅可以得出最优价格，而且可以得出合理的价格区间。PSM 模型要求受访者从价格测试表中找出下列四个价格点。

（1）不可接受的便宜价格。价格太便宜以至于怀疑产品的质量而不去购买；或者是价格非常便宜，并是最能吸引购买者的促销价（太便宜的促销价格）。

（2）可接受的便宜价格。开始觉得价格比较便宜。

（3）可接受的昂贵价格。开始觉得价格比较贵，但仍可接受。

（4）不可接受的昂贵价格。觉得价格太贵而不会购买。

图 6-2 是一个 PSM 模型的调查案例。此折线图表示，在每一个价格下，太便宜而不会买、开始觉得便宜、开始觉得贵、觉得太贵的累积人数百分比。

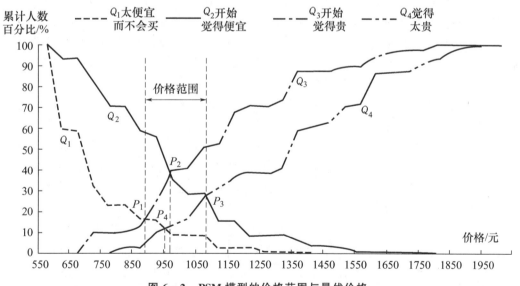

图 6-2　PSM 模型的价格范围与最优价格

（1）理想价格点（P_4）：太便宜与太贵的交点。从图 6-2 可以看出，P_4 点是认为价格太贵与认为价格太便宜的曲线交点。与其他交点相比，在 P_4 点上，既不觉得太贵也不觉得太便宜的人数最多。这也就意味着在 P_4 点上，有最多的消费者可能购买，市场份额实现最大化。因此，从规模最大化的角度看，P_4 为最优价格点。

（2）无差异价格点（P_2）：开始觉得便宜和开始觉得贵的交点。从图 6-2 可以看出，在 P_2 点上，认为价格较划算而购买该产品的人数与认为价格较贵但仍愿意购买的人数相等。表明人们对该价格点的感觉最为平淡。

（3）合理定价区间（P_1—P_3）：合理定价区间也是以市场规模为判断标准。若低于 P_1 点，虽然开始觉得贵的人群有所减少，但认为太便宜而不愿购买的人群以更快的速度增长，从而导致实际的市场份额减少；若高于 P_3 点，虽然开始觉得便宜的人群有所减少，但认为太贵而不愿购买的人群增加幅度更高，也会导致实际市场份额减少，因此合理的定价区间为 P_1—P_3。

另外，PSM 模型还可统计出每个价格点上可接受者、有保留接受者和不可接受者三类消费者的比例分布。

二、价格敏感性

价格敏感性主要是指消费者对商品价格高低及变动的反应程度。由于价格的高低及其变动关系着消费者的切身利益，所以消费者对价格一般是很敏感的，并反映到消费需求量的增减上。消费者对价格的敏感性主要受以下两方面因素的影响。

(一) 商品类型

由于消费者在想象中对不同商品的价格标准高低不一等原因，影响人们对不同类商品价格的敏感性。对于想象中价格标准低、价格习惯程度高、价格的习惯性上下限范围小、使用普遍、购买频率高或质量易被体验的商品，其敏感性就高；而对于奢侈品、高档耐用品、工艺美术品等商品，人们往往认为价格越高质量就越好，价格的习惯性上下限范围也大，对价格的敏感性就低。比如，有的消费者会因为蔬菜每斤贵了几角钱而大为不满，而当他购买高级家具或电器时，即使比购买其他同类商品多花几百元也可以接受。价格敏感性的高低也与原价格的高低有直接的关系。价值越大、价格越高的商品，要使消费者对其价格变化产生反应的价格差异量就越大；反之，就越小。广告、信息媒体能经常提供某一商品价格对比的信息，也可以提高消费者对其价格的敏感性。

从需要类型上看，衣食住行等基本生活商品主要满足人的自然需要，对于这一类需要，消费者大多只重视商品的使用价值，而较少考虑这种需要的社会意义，需求弹性较小，商品的性价比容易衡量，因此价格的敏感性就高。由此看出，对日用消费品采取薄利多销的策略，保持商品价格相对稳定，是符合消费者的心理价格的。相反，用于满足心理需要的商品，消费者较多地考虑在购买和使用中的社会意义，消费者在购买和使用中会注入较多的个人情感，对商品性价比的衡量主观性强、弹性大，价格的敏感性就低。

图 6-3 是家乐福在经营活动中的定价策略，家乐福在消费者心目中是平价商场，真正让家乐福获利的是国外知名品牌、自有品牌等非敏感性商品。

Alexandru 研究发现：首先，对于无差别的产品，消费者在做购买决策时拥有越多的价格信息会增加其价格敏感性，相反，对于差异化产品，消费者拥有越多的非价格信息（如质

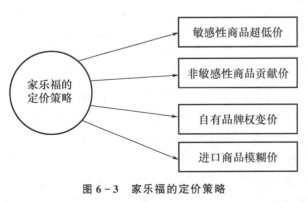

图 6-3　家乐福的定价策略

量信息）越会减弱其价格敏感性。同时，一些容易得到的有关产品的方便属性也会转移消费者的注意力，从而减弱其价格敏感性。其次，如果产品的非感觉属性的搜寻成本过高时，价格和品牌知名度在消费者购买决策中的重要性就会大大提高；在购买环境中某类产品的总体信息缺乏时，品牌知名度将会极大地影响消费者的选择。最后，商店的经常性促销会增加消费者的价格敏感性。Anderson 认为顾客满意（或品牌忠诚）和价格敏感性负相关；Swait 也认为在商品属性不确定的背景下，品牌信任会极大地降低消费者的价格敏感性。

（二）个体特征

价格敏感性与消费者的性别、收入水平、个性特点等有关。相对于男性而言，女性消费者对价格更为敏感。Hoch 的实证研究表明，消费者的受教育程度和收入水平越高，对价格就越不敏感，对涨价或降价的容忍程度就越高；人口较多的家庭可能会把大量的时间花在购物上，因此对价格的变动相对比较敏感。Boulding et al. 认为，消费者获得的价格信息越多，对产品价格就越敏感；但获得的产品质量信息越多，对价格就越不敏感。

前面提到的价格容忍度实际上也反映着消费者对价格的敏感程度。例如，张良桥认为，炫耀性消费是一种社会行为，人们在购买和消费的时候会参照其他群体。对于炫耀性群体，随着他们对社会地位重视程度的增加，消费者对炫耀性商品愿意支付的相对价格将会提高。而具有不同性别、年龄、受教育程度和家庭收入的消费群体，其炫耀性心理的程度不同，所以在价格容忍度方面也会有所差异。相对而言，受教育程度越低且收入水平越高的人，炫耀性消费的行为越多，而且女性比男性更赞成生意场合中的炫耀性消费行为。青少年中也容易出现炫耀性消费和彰显个性的消费主义。

总体上，我们可以把消费者可以分为价格敏感型和价格不敏感型两类。价格敏感型消费者对价格敏感，价格高低直接决定他们买不买，他们经常是冲着折扣而来的。大减价、优惠券等促销手段对这类消费者是必要的。价格不敏感型消费者想买就买，有没有折扣对他们的购物行为影响不大。向这类消费者提供优惠只会让商场白白损失利润。对于商场来说，最理想的做法就是：对价格敏感型的消费者提供折扣或优惠券，通过促销吸引其购买；但对价格不敏感的顾客则没必要打折。

但很多消费者并非简单地对所有商品一概价格敏感或不敏感，而只是对某些产品价格敏感。譬如，一个球迷，他可能对服装价格敏感，只买很便宜的衣服穿，但却不惜一掷千金去看一场球赛或者买球队的纪念品。

对于企业而言，认识不同消费者对商品价格的不同敏感性，进行差异化定价可以实现利润最大化。但商店明码标价，怎么能向不同消费者制定出不同价格呢？网络时代的大数据营销为差异化定价提供了可能。

商场需实施会员制，吸引顾客加入成为会员。这当然离不开一些针对会员的优惠。譬如，会员消费可获积分，积分可换领礼品；推出一些会员专享产品，会员购买可获得折扣，等等。顾客申领会员卡时，需填写姓名、地址、电话。以后每次购物结账时，需出示会员卡以获取积分。这样久而久之，商场就存储了每一名会员完整的消费记录。根据这些消费记录，可以归纳出以下的消费规律。

（1）该顾客是不是倾向于购买便宜的商品？
（2）该顾客是不是倾向于购买特价促销商品？

(3) 该顾客是不是常常大减价期间光顾？

(4) 该顾客购买哪类商品时最贪便宜？购买哪类商品时最追求品质？

如果发现某消费者只对食品价格敏感，对化妆品价格不敏感，商场就可以给他寄去食品类优惠券，该优惠券可用于商场内所有的食品，但不能用于其他品类。目的是通过食品优惠券吸引其来商场购物，但消费者通常不会只买食品，还会顺便买走包括化妆品在内的其他商品。

三、价格感受性

价格锚点

价格感受性是指消费者对商品价格高低的感受和知觉程度。消费者对价格高与低、昂贵与便宜的认识，往往带有浓厚的主观色彩。消费者通常对价格相对差异较敏感，而对商品的绝对值不敏感。或者说，消费者实际上看不清一件商品到底值多少钱。因此，商家就有了价格营销的机会。一般而言，消费者对商品价格高低的认识或感受主要受以下因素影响。

（一）"收益/成本"比较

"收益/成本"方式即所谓性价比。小米集团副总裁曾经这样说："性价比就是同等性能价格最低，同等价格性能最好"，当然，这只是性价比的一种极致状态。从消费者的决策逻辑上看，高性价比的决策可分为：在低价中选优质（低价-优质）、在优质中选低价（优质-低价）两种，它们也分别代表了两种不同的消费需求，拼多多和Costco（开市客）就是这两种用户决策逻辑的典型代表。

"收益"主要指商品的质量、功能及带给消费者需要的满足。收益既与商品的功能、质量有关，更主要受消费者对商品使用价值、社会价值等方面的主观认识，以及对商品的色彩、造型、大小、包装、知名度等商品属性的主观评价的影响。"成本"主要是指商品的价格，但对汽车、家用电器等商品，它还应包括使用时的电费、燃料费、保养及维修费、燃油税等其他有关费用。例如，出租车或共享汽车公司的广告可以提醒消费者，他们在开自己的汽车时并不是完全免费的，因为汽车需要保险费、停车费、护理费等，而共享汽车、出租车性价比更高。

可见，消费者对于非常喜爱和需要的商品，即使价格较贵，也乐于接受；而消费者对于不需要的商品，即使再便宜，买了也不觉得划算。同时价格高的商品，一般也容易被认为是质量、档次也相对较高的商品。例如，高端品牌戴森"曲高"却不"和寡"，在天猫、京东常年盘踞同品类商品销量前列。因而，在商品介绍中，应当努力将消费者的注意力引向这种"相对价格"，强调商品能带给消费者的好处。

当然，当商品的特性明确或相同时，消费者对价格就很重视了。例如，小米手机将竞争型号手机的配置拆解，以"几乎相同的配置，几乎一半的价格"突出小米手机的高性价比。小米还率先把PC时代的跑分测评机制引入手机行业，以简单直接、通俗易懂的性能分数，帮助消费者进行质量判断和比较。如果消费者觉得商品特性相同，而某品牌价格偏高，肯定就会觉得价格贵了。例如，恒大集团为迎合消费升级的趋势，推出了高级饮用水恒大冰泉，最初的价格比其他饮用水高很多，但恒大冰泉的包装看上去就是把农夫山泉的红色包装换成浅蓝色，其他外观设计基本没什么区别。因此，消费者很难接受：换个"马甲"的东西卖贵几倍？而真正成功的世界高档水的包装设计都是超凡脱俗、与众不同的，从而使消费者意识到其价值非凡。

2018年,唯品会抓取了平台上所有的评论,发现"性价比"这个词的出现比例从2016年的1.4%上升到了2018年的4.5%。而内衣购买的最重要决策关键词是:舒适+性价比,近两年健康舒适、性价比高的无钢圈文胸销量猛增,内衣套装销售增长明显。因此,唯品会打出广告语"都是傲娇的品牌,只卖呆萌的价格",其实也就是物美价廉、性价比高的意思。

我们都知道在购物过程中消费者对价格的注意极高,但这种注意的心理基础是对商品品质的衡量。就是说价格高的商品,一般被认为是质量、档次也相对较高的商品,相反,则被认为是质量、档次也较低的商品。同样,也可以用商品品质来说明商品价格,即高质、名牌商品,价格昂贵不会使消费者反感。因此,在企业的促销活动中,可以用商品价格来传播商品的品质,或者用商品的品质来说明商品的价格,进而使消费者乐于接受较高的商品价格。比如价格较高的化妆品一般比价格较低的化妆品更容易推销,其原因就在于此。

商家所定的价格在消费者的价值感知及购买行为决策中起着多重作用。一方面,价格作为消费者的货币付出会使消费者感到一种牺牲,这种感知的牺牲不光与价格的实际金额有关,还与消费者心目中的参考价格(或心理价格)有关,价格高于心理价格的程度越高,感知的牺牲就越大;另一方面,价格与消费者的质量感知之间可能存在着一种正相关关系,即价格越高,消费者感知到的该产品的质量也越高,从而感知利益就越大。消费者感知价格、感知质量、感知成本及感知价值之间关系模型,如图6-4所示。

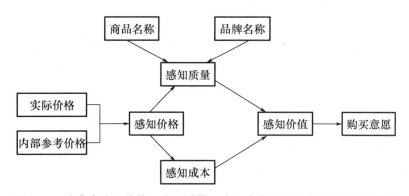

图6-4 消费者感知价格、感知质量、感知成本及感知价值之间关系模型

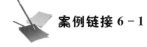

案例链接 6-1

改变价格结构,降低价格感知

通过重新设计价格结构,唤起消费者对产品或服务所传递价值的关注,可以降低价格敏感度。理想情况下,引导消费者关注本企业产品与竞争者产品之间极富意义的差异。美国固特异工程橡胶公司为延长轮胎寿命不断进行产品改进,但消费者并不愿意对此支付更高的价格。由于缺乏明确的参考价格,购买者对高价轮胎感到吃惊,只偏爱最低价格的轮胎。为解决这个难题,公司采取了基于期望的行驶里程数而不是产品工艺复杂性来为各种型号轮胎定价的方法。这种定价方法突出了公司为消费者所做的创新,教导消费者掌握一种比较产品的新方法。这为公司赢得了优势,并完美地体现了公司所坚持的价值定位。

通过重新设计价格结构而获得成功的公司还有通用电器，它将航空发动机定价从"每台多少美元"改为"每小时动力多少美元"。这些公司意识到基于销售单位的定价方法并不能使自己与竞争者区分开。相反，让消费者知道公司是根据所提供的价值索取价格，才能引导消费者根据价值重新评估自己的选择，也传达了公司对产品有着独特价值定位的信息。

资料来源：严宏伟，2011. 引导消费者关注产品价值的定价策略研究［J］. 中国商贸（15）：41-42.

（二）价格比较

电商价格大战无法比对的全网最低价

根据对价格的习惯性认识、心理价格及对同类商品价格进行比较，而得到对商品价格高低的认识。在价格放开的情况下，消费者购买价值较大的商品时，往往"价比三家"。有时，商家还会刻意减少消费者的比较机会。例如，一些电商平台在促销节期间都宣称自己是"全网最低价"，但消费者却很难找到具体的产品来进行比对，如一些外观和性能都相似的空调、热水器产品却显示为不同的型号，消费者就不能确定产品是否为同一产品，其所谓"全网最低价"也就只是个忽悠消费者的"噱头"。

另外，与其他不同类商品或服务消费支出的比较，也是消费者进行价格判断的重要方法。例如，罗永浩"一块钱能买什么"的广告，巧妙地将一块钱只能买不起眼的物品，与获得八次听课学习的机会相比。

从图6-4中可看出，消费者在评价某一商品的价格吸引力时，并不仅仅依据该商品的绝对价格，而是将商品的实际售价与内心的价格标准（内部参考价格）进行比较，如果售价高于这一标准，消费者会觉得这个价位太高，反之，则会觉得比较便宜，感知价格的高低决定着商品在消费者心目中的价格吸引力。

但参考价格可分为内部与外部参考价格两种，内部参考价格会影响消费者对外部参考价格可信度的评价。营销者通常会借用一个较高的外在价格（如原价多少、别的地方售价是多少）作为参考价格来衬托其商品的价廉。类似"建议零售价""原价""市场价"等厂商制定的外部参考价格也会对消费者的价格感受产生影响。但很多消费者也发现，实际零售价基本上都远比建议零售价低，由此人们开始漠视"建议零售价"，认为它只不过是厂商的文字游戏。

资料链接6-2

锚定效应

所谓锚定效应是指当人们需要对某个事件做定量估测时，会将某些特定数值作为起始值，起始值像锚一样制约着估测值。在做决策的时候，会不自觉地给予最初获得的信息过多的重视。卡尼曼认为还存在双加工机制，即内在锚和外在锚。

"锚定效应"告诉我们：只要给对方一个认知锚定，就能限制对方的思考范围，从而影响对方的价格感知。这里的锚定，可以是具体的数字，也可以是一个认知印象。

下面举几个例子来解释说明。

数字锚定：在一些玉器店，顾客进门会看到一些动辄百万的镇店之宝，形成数字锚定，而后再看到一些标价几万块、几千块的玉器时，就会觉得非常便宜，提高购买欲。在网上购物的时候，经常能看到产品售价边上有个划线原价。这个原价为本次交易并没有带来额外的信息，但却给了用户一个认知锚。在原价的对比之下，产品的当前售价会显得非常划算，进而提升用户的购买欲。

印象锚定：Coach 品牌基本上都会挨着 LV、Prada 这些奢侈品。但是，Coach 以前是一个面临严重老化危机的美国二线品牌。正是因为挨着这些奢侈品，所以整体的品牌印象跟奢侈品是一致的。这也就形成了认知锚，人们总会觉得 Coach 是个奢侈品牌，并且感觉性价比非常高。

在一些非标准化的产品和销售场景中，可以巧妙利用锚定效应，让用户接受你的定价。比如：可以给用户一个更高的锚定价格，让用户对现在的价格满意；给一些性价比低的产品作为对比，提高用户对现有产品的性价比感知；可以跟高端奢华的品牌合作，提高用户对产品的心理预期价；如果是低端品牌想打入高端领域，那么最好起个新的品牌名称，消除印象锚定的负面影响。

不少研究发现以"外部参考价格＋销售价格"形式表述的价格促销广告对消费者价格感知的影响最大，而且，价格促销主要是通过影响顾客的内部参考价格而起作用的，如图 6-5 所示。

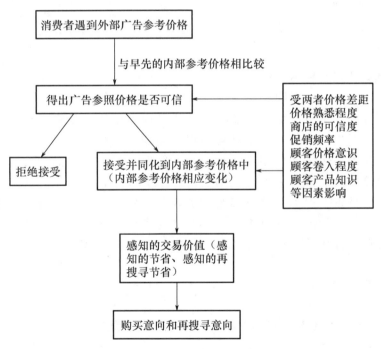

图 6-5　价格促销对顾客价格感知和行为意向的影响

还有一种观点认为，消费者在购买时，他对将来价格的预期也是另一种形式的参考价格，很可能会影响到他的购买时间决策，这种影响在住房、家用电器等耐用品上表现得更为明显，如果预期价格下跌，消费者可能会推迟购买，反之，则可能提前购买。

拼多多就利用了人们贪便宜的心理，以一个远低于消费者预期的拼单价格，如"1 分钱两个石榴全国包邮""1 分钱多芬男士护理套装全国包邮"等，使消费者在微信上大量转发或分享拼多多的购物链接。拼多多不但获得了大量的新用户，还提高了交易量。

 **案例链接 6-2**

苏宁"双线同价"的困局

苏宁的线上线下同价活动最初也制造了话题，吸引了消费者的眼球。但是苏宁所忽略的是，消费者在实体店里比价的对象并非只有苏宁易购网上商城，他们更多的是在同天猫、京东这样的商城进行比较。线上与线下的销售模式不同，各项费用与成本也不同，如果线下店按照线上的价格销售产品必然面临巨额的亏损，而若线上店按照线下店的价格则会丧失竞争力。苏宁的同价策略是将商品的价格向中间的幅度进行调整（不排除有些产品按照更低的或是更高的价格），在这样的基础上当然可以实现两线同价。但是如此一来，两线同时失去竞争力，仅仅留下一个同价的噱头。当消费者走进苏宁的卖场后发现里面的商品并不比其他的网络商城便宜，甚至更贵的时候，转身离开就是很正常的行为。如今，苏宁十分自豪的双线同价的宣传已经销声匿迹了，可以说除了最开始让人眼前一亮之外并没有为苏宁留下更多的东西。

资料来源：卢彦，2015. 互联网思维2.0：传统企业互联网转型［M］. 北京：机械工业出版社.

（三）销售方式以及现场气氛

同一种商品，如果分别摆放在高价商品和低价商品的柜台里，由于周围商品的价格不同，消费者会产生不同的价格感受。如果某商品处于高价商品中，其价格会显得低而畅销；而在低价商品中，其价格会显得高而滞销。这种价格感受性，主要是由于系列刺激产生的价格错觉和价格"心理锚定"所致。另外，商品的归类也会影响消费者对价格的感受性。例如，一种化妆前后洗脸用的香皂，售价十几元，如将其归为日用品，其价格就显贵；但如果将其归为"美容"用的化妆品，价格就不觉得贵了，因为化妆品一般价格都较高，而且人们也存在"为了美，多花点钱也值"的心理，因而将这种香皂放在经营化妆品的商店或柜台出售，价格就不会显得贵。

 案例链接 6-3

星巴克的价格秘密，为什么你总爱点大杯？

在星巴克里面，你会发现：不管他们的什么产品，小杯、中杯、大杯、特大杯之间的价格都是只差3块钱。消费者会在心里对比：在容量上，特大杯比大杯多1/3，大杯比中杯多1/3。然而多1/3，才多3块钱。如果你本来选择的是中杯，你大概会犹豫：多3块钱，就可以要大杯了，对于一杯30块钱的咖啡来说，3块钱不算什么呀。因而，你本来要一杯中杯就够喝了，但你最后对服务员说："我要大杯！"

据星巴克的数据显示：选择大杯的客户高达90%。

当我们选择大杯的时候，很多人似乎忘记了自己能否喝得下这么多，而是盲目地考虑哪个更加划算，多 3 块钱可以多这么多，似乎选择大杯更划算，不然自己就亏了。

所以，这里的中杯其实是用来当"炮灰"的，很少客户会真的点中杯。中杯只充当价格参照物的作用，衬托出大杯是有多么多么的实惠。

资料来源：https://www.jianshu.com/p/3c0ec4a72ed2 [2020-11-30].

分部定价也容易使消费者产生比总体定价便宜的感觉。旅行社经常把出境游价格分为团费、杂费（或签证费、小费），广告图片突出的是团费价格，以显得团费很便宜。实际上，如果再加上自费旅游项目，总体旅游花费实际很高。

对价格的判断也受到出售场地、现场气氛的影响。繁华地段、豪华商店、豪华娱乐场所的商品价格往往较高，但消费者的价格判断却不高。如果购物现场的气氛十分热烈，消费者的价格判断也会趋低。有人曾经做过一个对比实验：把某大商场一件价值 1800 元的名牌西服和地摊上一件价值 300 元的西服去掉标签互换，结果到地摊上卖的名牌西服没有卖出去，而地摊上的西服在大商场却以 900 元的价格卖掉了。

高档、贵重商品如果混放在一般商品中，或在日杂小店，以及低价柜台中出售，不仅会使价格显得贵，还会降低商品的形象、地位及特殊性，消费者也缺乏信任心理，并由此影响销售。因为消费者往往还会通过销售地点来理解产品。当一个品牌出现在高级奢侈品商店时，它所传达的信息，就与摆在沃尔玛、家乐福这样的平价商店里所传达的信息有很大的不同。特别是那些代表身份地位的商品，如劳力士手表，如果摆在平价商店里的话，就会与它的品牌定位和价格信息发生矛盾。

（四）需求的紧迫程度

当消费者急需某种商品而又不易求购或没有时间搜寻选择时，往往就不大计较商品的价格了。消费者在外出旅行、重要庆典、与恋人约会或面临市场垄断等情况时，就不大在乎花费是否太高。旅游景区、机场的商品往往较贵，其中也有这方面的原因。

消费者最终购物时乐于支付的价格，取决于对商品的需求强度，以及实际价格与心理价格的差距，即 Marshall 提出的"消费者剩余"（支付意愿减去实际支付量）。所以，在企业进行定价选择时，必须了解消费者的心理价格，这样就可以使企业制定的实际价格尽可能接近消费者的心理价格。

事实上，在现实的买卖行为中都存在两种价格。一种是由收入和偏好决定的消费者价格，另一种则是由市场供求关系决定的市场价格。消费者价格与市场价格之差，就是体现消费者满足感或福利感的"消费者剩余"，当然，这种"消费者剩余"并不是实际收入的增加，只是一种心理感觉。

（五）付款方式

如果采用分期付款、花呗、借呗、信用卡、手机支付或利用销售方的欠款购物等付款方式，消费者就更容易接受较高的商品价格。例如，一些商家可以通过使用代币来刺激消费者消费更多，如电子游乐场，就是通过代币使得玩家在支付的时候不感觉到心疼。

但是，应当看到，对于消费者卷入程度较低的商品和购买过程来讲，货币价格可能对消费者感知和行为影响很小或没有影响。消费者对许多商品可能仅有一个不明确的价格范围，只要价格落在这一范围内，消费者甚至可能不把价格估算作为购买参照标准。与此类似，有些产品在没有任何价格质疑的情况下，就被轻率地购买下来，在购买时无论被索要多少，都会毫不犹豫地进行支付。在超市结款区和药店中的冲动性购买，可能经常就是以这种方式进行的，就像消费者购买其他自己忠诚的品牌一样。在后一种情况下，消费者可能仅依据品牌标识进行购买，而无须再比较货币价格及其他消费成本。

四、价格倾向性

价格倾向性指消费者在购买过程中对商品价格进行选择的倾向。对于各方面没有明显差别的同类商品，消费者当然倾向于购买价格比较低的商品。而对于不同档次的商品，不同的消费者出于不同的价格心理，对商品的价格档次、质量和商标的选择会表现出不同的选择倾向。在我国消费升级的大背景下，对高品质生活的追求使得很多消费者越来越看重商品的价值而非价格，中国消费者已成为全球高档奢侈品的主要市场。

如果消费者认为价格和商标是质量好坏的主要标志，高价意味着高质，在"要买就要买好的"这种求质、求名心理支配下，对高价品或名牌品会有明显的倾向性；如果消费者认为不同价格档次的商品在质量和使用价值上相差不大，商标的社会意义和实际意义也不大，就倾向于购买价格低廉、经济实惠的商品。

影响消费者价格倾向性的主要因素有以下几个方面。

（一）商品类型

对于不同类型的商品，消费者在价格倾向性上也有不同。一般而言，对于日常生活用品、使用期短的时令商品，消费者倾向于价格较低的商品；对于高档耐用消费品、炫耀性商品、威望类商品、高级奢侈品（如化妆品、首饰等）、礼品、技术性强的商品、流行时髦商品、特殊商品（如文物、工艺品、嗜好品等）以及医疗、子女教育等，消费者可能在求质、求名、求荣等心理因素或"一次到位"及保值的消费观念的支配下，倾向于选择价格较高的商品，消费者对这些商品在质量、功能、款式等方面的追求往往强于对价格的要求。这种价格倾向性还会形成消费者的主观偏误，如对满足心理需要的商品，特别是情趣类、荣誉类商品等一般表现为对价格超高认定的正向主观偏误，如化妆品、奢侈品等价格偏低反倒引起消费者对商品质量、性能等方面的疑虑，而价格稍高却能符合一般人的心理预期。因此，以成本为基础的求实定价，反倒不能起到促销的作用。而对于大多数普通日用消费品，即满足自然需要的商品，消费者多表现为偏低认定的负向主观偏误。

对不同类型产品的折扣形式，消费者的倾向也有所不同，当产品属性为享乐性时，消费者更倾向于比例折扣，当产品属性为实用性时，消费者更倾向于金额折扣（徐岚，2012）。但是，在网络时代，商品的特性与价值比较透明，消费者越来越趋向于理性判断商品的性价比。

（二）个体特征

消费者价格倾向性心理的形成，主要与消费者的收入水平、个性心理、购买动机、消费方式及对价格的知觉理解有关。在我国目前的经济条件下，工薪阶层的消费者比较倾向于选择那些价格适中、具有一定实用功能的比较实惠的商品。同时，这种倾向性还要受消费者个人的价值观、需要程度、主观愿望及价格的自我意识比拟功能的影响。

比如，有人认为购买高价奢侈品可以影响别人对自己社会地位的评价；喜爱音乐的"发烧友"，不惜重金购买高档音响器材；喜爱摄影的人，对购买昂贵的高级照相机不以为然，一般人却为之咋舌；有的女性购买高级时装或化妆品时，追求高档，而购买蔬菜时却挑三拣四；有的人请客吃饭不吝啬，看病吃药却觉得不划算；有的人觉得花很多钱去饭店吃顿饭很浪费，而对具有社会价值或使用时间长的服装等商品却舍得花钱。

（三）心理账户

美国芝加哥大学的 Thaler 最早提出的"心理账户"概念可解释消费者的一些非理性消费行为。与传统的金钱概念不同，心理账户最本质的特征是"非替代性"，也就是不同账户的金钱不能完全地替代，由此使人们产生"此钱非彼钱"的认知错觉，导致一系列的非理性经济决策行为。也就是说，人们根据财富来源、支出及存储方式可划分成不同性质的多个分账户，每个分账户有单独的预算和支配规则，金钱并不能轻易地从一个账户转移到另一个账户，不同的心理账户购买商品时会表现出不同的价格倾向性。例如，从财富来源上看，人们一般舍不得花辛苦挣来的钱，而如果是一笔意外之财，可能很快就花掉。由于心理账户的存在，使人们在行为决策时常常偏离基本的"经济人"理性原则。

从不同消费项目上看，名烟名酒等奢侈品是"买的人不用，用的人不买"，说明作为日常生活开支，这些商品是太贵了；而作为礼物送给朋友或官员，属于情感开支，能满足社会性需要，就舍得花钱。因此人们欣然接受昂贵的礼品却未必自己去买昂贵的物品。在营销中，可以引导消费者将某产品放入高预算的心理账户。

消费者有为不同的消费支出账户设置心理预算的倾向，并且严格控制该项目支出不超过自己的预算，而不愿意由于临时开支挪用别的账户。例如，每个月的娱乐支出 300 元，每个月的日常餐饮消费 1000 元等。如果一段时间购买同一支出项目的总消费额超过了预算，人们会停止购买该类产品。即使在同一个消费项目中，不同的消费也会有不同的预算标准。例如，同是娱乐消费，看电影的消费是 200 元人民币，买一本武侠小说的消费是 50 元人民币。一般来说，人们当前在某一类项目的消费支出会减少他们未来在同一类项目的支出，而对其他项目的支出几乎没有影响。

 资料链接 6-3

损失厌恶心理

"损失厌恶"就是指人们在面对同等程度的收益和损失时，损失带来的痛苦感，要高于收益带来的幸福感。损失厌恶反映了人们的风险偏好并不是一致的，当涉及的是收益时，人们表现为风险厌恶；当涉及的是损失时，人们则表现为风险寻求。经常炒股的人经常会有这种体验：赚钱的时候，很容易做到见好就收。但是一旦亏损，就迟迟不愿退出，直接导致自己被股市"套牢"。这种非理性行为的背后，其实是"损失厌恶"的心理在作祟。

利用消费者的损失厌恶心理，可以提高其对产品或机会的珍惜程度。首先是要给用户营造一种拥有感，然后让用户感知到从拥有到失去的心理落差。通过让普通用户体验高级别服务来引导用户升级的方式，是会员付费模式最常用的营销手法。例如，使用迅雷下载的时候，普通用户下载限速很严重，本身还是能忍的。但得到免费体验 VIP 极速后，下载速度猛然从"拖拉机"变成了"法拉利"。当充分体会了迅雷 VIP 极速下载的舒爽感，再也忍不了各种限速，于是就一咬牙去开了会员。又如，王者荣耀经常会给玩家奖励一些免费体验卡，玩家可以用这些体验卡兑换游戏角色和皮肤，但这些体验角色和皮肤都是限时的，比如玩家只能使用3天。超过3天以后，体验角色和皮肤就会失效，营造了一种损失厌恶的场景。不过活动一旦下架，大多数玩家就只能付费，才能继续玩这些游戏角色，否则就只能忍受着"损失厌恶"带来的痛苦感受。

还可以制造损失感。例如，驾校广告强调"优惠价最后一天"能激起用户担心错失报名的损失厌恶，而强调"考不过退费"则是规避用户担心学费打水漂的损失厌恶。无论激起还是规避，都会促进消费者的支付意愿。以旧换新、淘宝包邮、7天无理由退货等也都是利用了消费者的损失厌恶心理。

另外，消费者会担心有可能的失去，而放弃更大可能的收获。主要表现为安于现状，怕麻烦，甚至出现温水煮青蛙的现象。安于现状的本质是确保自己现有的东西不受损失，甚至会为此放弃很多新的尝试，哪怕是看上去更好的尝试。这也是维持老用户忠诚度很重要的一个理论依据。

除了以上四个方面的消费者价格行为外，中国消费者还有一种独特的消费行为——还价行为，他们"货比三家"实际上主要还是"价比三家"。消费者还价的原因有：基于"无商不奸"的观念和以往的购物经历，认为商家总想多赚钱，价格存在虚高，不还价会吃亏；消费者觉得能买到比其他消费者更便宜的商品，能够使商家做出让步，可以得到一种心理满足，有时这种购物的乐趣比消费的乐趣还要大。

思考题

1. 商品价格的心理功能有哪些？
2. 消费者为什么会出现"买涨不买跌"的消费心理？请举例说明。
3. 影响消费者价格感受的因素有哪些？
4. 如何运用这些因素进行商品定价？
5. 影响消费者价格倾向性的因素有哪些？

第六章 在线题库

第七章

营销沟通与消费行为

学习目标

- 了解信息接触的条件；
- 理解营销信息展露的措施与方法；
- 掌握消费者注意的影响因素；
- 了解网络时代精准接触的意义与方式；
- 了解虚拟接触的几种方式；
- 熟悉并掌握影响说服效果的因素及说服方法；
- 掌握诉求方式的类型与适用条件；
- 理解不同信息结构与信息形式对受众的不同影响。

思维导图

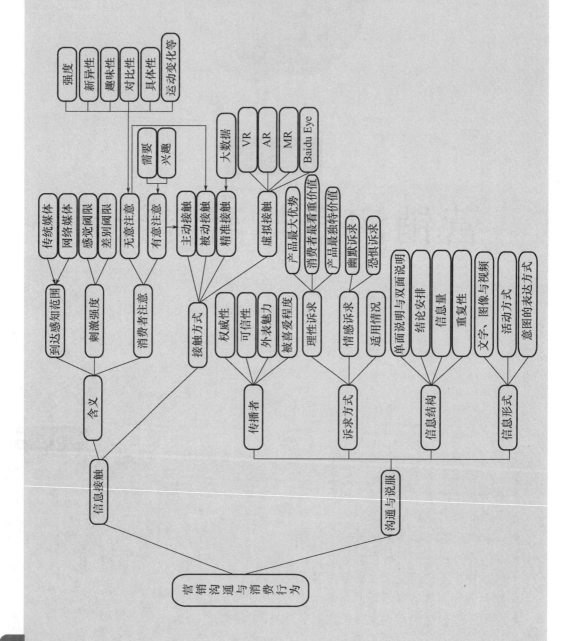

导引案例

元气森林借势分众传媒，登顶国内气泡水第一品牌

在碳酸饮料长期横行的国内饮料市场上，随着消费者对健康需求的不断增长，如何在口味富有特色的前提下做到更健康，成了消费者更加关注的饮料特性。元气森林非常敏锐地捕捉到了饮料行业的新风向，乘上了健康风口的饮料赛道，打造出了"0糖、0脂、0卡"概念的产品。

元气森林蹿红的背后少不了"幕后推手"，这个"幕后推手"就是已经覆盖了国内3.1亿消费者的分众传媒。

虽然当下主流消费者将非常多的时间花在手机上看视频或浏览资讯，这些内容平台也充斥着各种广告，但这些广告对企业品牌的打造大多无济于事。Ipsos的调查数据显示：2019年，国内81%的品牌流行广告语来自分众传媒的电梯媒体。电梯媒体作为线下媒体，处在城市主流人群每天必经的公寓楼、写字楼等生活、办公空间，反倒成了捕获消费者注意力的最佳场景。因此，电梯成为打造企业品牌的高效场景之一。

元气森林的品牌打造正是借助电梯媒体获得了成功。对于每天等候与乘坐电梯次数为4～6次的用户，电梯媒体反复播放的"0糖、0脂、0卡"广告语取得的效果极好。

首先是好产品，再加上辨识度足够高的产品定位，最后经过分众传媒的再次营销，消费者已经逐渐把"0糖、0脂、0卡"跟元气森林划上了等号，也就使得元气森林登顶国内气泡水第一品牌。

资料来源：https://www.sohu.com/a/399480920_120007894 [2022-11-30].

问题

1. 元气森林为何取得了良好的营销效果？
2. 你认为元气森林还可以利用哪些传播媒介？

营销信息沟通与说服是营销人员试图影响及改变消费者决策及行为的手段，也是营销策略与达成营销目标之间的必经过程。产品、广告等营销信息必须被消费者所感知、理解才会对其行为产生影响，同时，营销信息必须被消费者所接受、认同才能真正实现信息沟通的目标。而消费者通常对营销信息保持着审慎的态度，说服消费者并非容易之事，营销人员应当深刻理解消费者信息认知与态度转变过程的特点与规律，采用最有效的营销沟通方式与目标消费者进行沟通。在网络时代，消费者所处的信息环境发生了巨大的变化，各种新型传播方式也对传统的营销沟通理论与方法提出了挑战，营销人员应当以新的传播与沟通思路来适应这一变化。

第一节 营销信息的接触

消费者首先要接触商品信息，知道、了解商品后，才可能进一步购买商品、使用商品，最后分享其使用感受。

当外部营销刺激进入消费者感官范围时，接触（或称展露）就产生了，然后才能受到注意，产生感知，留下印象。所以，在任何类型的营销刺激能影响消费者之前，必须要让消费者能够接触到该刺激。

一、接触的含义

老行当新营销
让客户自己找上门

接触也称展露、暴露，指刺激物展现在消费者感官的接收范围内，并达到能引起感知的刺激强度，使其感官有机会被激活。从消费者的角度上说是接触，而从营销者的角度上说是展露。

（一）接触的条件

1. 信息要传达到消费者的感知范围

每一种感觉器官只对特定的适宜刺激产生反应，比如耳朵内的内耳柯蒂氏器上的毛细胞只对16～20000赫兹的声波产生反应，从而引起听觉。消费者的眼、耳、鼻、舌、身等感官要能接触到相应的适宜刺激时，才能产生视、听、嗅、味、触觉（温觉、痛觉等）。

只有设法使其产品和信息进入消费者的感觉范围，才能让消费者有机会注意到它们。比如，路牌广告画面要处于消费者可以看到的地方。又如，某企业发现可以通过改变其在网络搜索引擎中的排名来提高接触水平，而更高的接触水平又能提高接受接触的潜在消费者的数量。在改变排名4个月以后，该企业的月销售额从250万元上升至650万元。淘宝SEO（淘宝搜索引擎优化）可以通过优化店铺宝贝标题、类目、上下架时间等来获取较好的搜索排名。但是，2016年曝光的"魏则西事件"则暴露出百度竞价搜索排名机制的一些问题，如付费竞价权重过高、商业推广标识不清等，从而影响了搜索结果的公正性和客观性。

2. 刺激信号要达到一定的强度

在一定环境条件下，刺激强度太小也不能使消费者产生感觉。例如，公路广告牌上印刷的字体太小，以致路过的乘车者无法看清，那么再好的广告也会白费。消费者对商品、广告、价格等刺激的感知能力通常是用感觉阈限的大小来衡量。感觉阈限是指刚刚能够引起感觉并持续一定时间的最小刺激量。在一般情况下，刺激强度越大，感觉就越明显。但从对消费者的心理影响上看，一般而言，中等强度的刺激往往易给人舒适感。

消费者对药品、食品、酒水的生产日期、保质期、注意事项等十分关注，但小包装上的字号往往较小，尤其是上了年纪的消费者根本看不清。而产品上的二维码通过巧妙地转换产品信息载体，可以将信息的容量大大扩充，使消费者能够便捷地获取各种有用信息。对于较为复杂的产品，消费者不太容易通过说明书上的文字和图片理解其安装及使用方法，二维码还可以包含语音和视频讲解，能生动、直观地展现安装、使用的方法。不仅简单易学，而且再也不用担心产品说明书会被弄丢。例如，美国化妆品品牌Urban Decay在眼影盒里附上了说明卡，而且每种眼妆都附有不同的二维码，前来消费的女性只要拿出手机扫描喜欢的眼妆旁边的二维码，就可以看到完整的教学影音，从而学会画出各种不同的效果。

Guinness黑啤
的二维码酒杯

上面是从外在刺激因素上看，而消费者的内在因素也会影响到实际接触的发生。在一个商业环境里，消费者可能会接收到过多的刺激展露。例如，走进一家商店，会同时接收各种产品、品牌、广告、陈列、标志和价格的展露。由于消费者不可能同时考察所有的这些营销刺激，只有那些受到消费者注意或关注的刺激才能形成有效展露。

3. 消费者的注意

即使营销信息已经展露在消费者的感官接收范围内，消费者也不一定真正接收到该信息。比如，电视里正在播放一则广告，而你正在和家人或朋友聊天而没有注意到；在消费者逛街时，尽管有许多广告牌会展露在其面前，但他们却可能对这些广告视而不见，或者只是注意到其中的某个广告；报纸刊登的广告占了半个版面，但是读者并未阅读。市场调查表明，消费者对营销信息有意接触的水平并不高，还常常回避广告信息。同时，人们对外界信息的处理能力也是有限的，众多的信息渠道（尤其是网络口碑）使消费者很难被动地对某一广告产生特别的注意。

近几年，有些企业通过获取消费者的联系方式，向消费者传递企业广告，这被称为未经请求的广告展露。很多消费者都常常接到一些促销人员的"骚扰电话"，尽管促销人员可能不顾消费者的反应而滔滔不绝，但消费者会主动断掉电话，并做上相关标记以提醒他人和自己识别，甚至会直接接入"黑名单"。然后，消费者可以根据来电标识（如广告推销、诈骗等）来拒接骚扰电话。许多电子邮件信箱都具有垃圾邮件的拦截功能，借此过滤消费者不想接收的邮件信息。同样的行为，更常出现在网页的浏览行为上，网页的超链接使得消费者根本不会接触到没有兴趣的信息页面，并且通过过滤软件或者支付会员费来屏蔽强行弹出的广告信息。如一些消费者通过购买会员资格来规避爱奇艺、优酷等视频网站节目上强行播放的广告信息。美国许多州都颁布了反垃圾邮件法令，禁止营销人员通过电子邮件等发送未经请求的商业广告。

消费者之所以主动避开广告，有多方面原因。一是因为大众媒体上的广告实在太多；二是很多消费者并不使用广告中的产品，展露在这些消费者面前的广告与他们无关；三是消费者已经多次见过这些广告，知道其内容。另外，据 Initiative 公司的调查发现，广告躲避行为在生活繁忙、高社会阶层、男性和年轻的消费群体中较为显著。当然，消费者也可能较被动地接受一些商业信息。

消费者的注意可分为有意注意和无意注意，前者主要与消费者的需要与兴趣有关，后者主要由刺激物的特点所引起。为了吸引消费者的注意，营销信息应当在强度、新异性、趣味性、位置、形式、运动变化等多方面符合注意发生的规律，并满足消费者的需要与兴趣，如表 7-1 所示。

表 7-1 刺激物对注意的影响

不容易引起认知	刺激物的特征	容易引起认知
规模	大	小
位置	显著	偏僻
色彩	鲜艳	暗淡
动静	运动	静止
反差	明显	模糊
强度	强烈	微弱

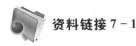 资料链接 7-1

如何使营销刺激受到消费者的注意？

1. 使刺激与个人相关。要使刺激被消费者认为与其个人相关，第一种方式，也是最有力的方式，是迎合消费者的需要、价值观、情绪或目标。第二种方式是展示与目标受众的相似之处。第三种方式是采用剧情（广告）描述某个人的体验或将其体验编成叙事的微型故事。第四种方式是采用夸张的问题，这些问题通过使用"你"和请消费者考虑回答问题来吸引消费者。

2. 使刺激令人感到愉悦。由于人们往往愿意亲近令人愉悦的事物，因此营销人员可以利用迷人的模特、音乐、幽默等方式来增加消费者对营销刺激的注意。

3、使刺激令人感到惊奇。消费者很可能会加工令人感到惊奇的刺激，这种惊奇来自刺激的新奇性、意外性或迷惑性。

4. 使刺激易于加工。能令刺激易于加工的四个特征分别是：刺激的突出性、刺激的具体性、刺激与其周围事物形成的对比性、刺激与其他信息相互竞争的程度。

资料来源：霍伊尔，麦金尼斯，2011. 消费者行为学：第 5 版 [M]. 崔楠，徐岚，译. 北京：北京大学出版社.

（二）接触的渠道

通常电视、报纸、杂志、电话、户外媒体等传统的单向传递方式更适合营销者传播信息，但互联网现在已成为消费者的主要信息渠道，网站、搜索引擎、二维码、电子邮件、在线广告、网络直播、SNS、QQ 群、微信群和博客等渠道也开始成为企业展露信息的重要途径。更多的企业利用微信、抖音、快手、百度、搜狗、微博、知乎、小红书、今日头条等平台进行引流。例如，不少消费者购买电影票都通过搜索微信的公众号、小程序来完成。

移动互联网可以进行活动化营销、病毒式推广，例如，"微信集赞送礼""朋友圈转发送礼"等活动，用户在朋友圈转发信息或获得点赞后，便能凭借截图获得商家的礼品一份；拼多多的拼团购买、助力砍价对其品牌的推广起到了十分重要的作用。

在移动互联网时代，让消费者扫二维码关注公众号或者下载 App，是提高消费者信息接触的重要方式。消费者会经历扫码、点击、安装、注册的漏斗型行为过程。由于占用内存、广告太多等原因，消费者不太愿意安装过多的 App，甚至还常常卸载意义不大的 App。企业可以将 App 以小程序方式植入微信、支付宝等平台之中，也可以通过强化手段，鼓励消费者使用或安装其 App。例如，瑞幸咖啡要求通过 App 下单才能获取免费赠饮或购买，从而扩大了其 App 的留存率和使用率；有些"美团黄"摩拜单车已不支持摩拜小程序和 App 开锁，"美团黄"单车仅支持美团 App 扫码开锁，而扫码"摩拜橙"也可能会收到"使用美团 App 可优惠或免费"的信息，其目的就在于为美团输送流量，是美团的跨界拉新营销。

互联网的流量思维：传播以流量为王

随着通信技术的更新及应用，以及小视频的兴起，微信公众号、微博、抖音等社交平台上 KOL、KOC 对消费者产生着很大的影响作用，尤其是垂直领域的 KOL 影响力最强。但由于其覆盖面相对狭窄，难以触达平台之外的消费者，还不能代替户外、网站等广告渠道。

当然，现在许多消费者喜欢通过手机获取信息，而观看电视的人群数量在逐年减少。由于手机屏幕较小，消费者也不习惯用手机看广告，广告的作用已大大减弱。六神花露水没花巨资上电视广告，但通过网络上传的《花露水前世今生》走红视频，不仅免费获得了极高的点击率，还曾获得"中国最佳品牌建设案例"金奖。有的网友还上传自创的爆笑六神花露水广告，引起别人的兴趣和围观，进一步提高了其品牌知名度。

六神花露水的前世今生

为了使接触更加有效，企业营销人员应当制订相应的营销策略，以增加消费者接触营销信息的可能。一般可以从三个方面入手：促进有目的的接触；增加偶然接触的机会；维持接触。具体方法很多，如：将产品信息放在网上，并提高搜索排名；利用 KOC、KOL 的影响力；邀请目标客户参加公关活动；增强广告本身的吸引力；将广告安排在最靠近节目开始或结束的位置；通过多种渠道向消费者展露刺激和传播信息，充分挖掘整合营销传播的潜力；对网络信息的界面、链接与搜索要让消费者感到"如丝般顺滑的体验"，以增强对消费者的"黏性"等。

 资料链接 7-2

无处不在的二维码

不得不说，二维码的出现引发了一场营销革命。在短短的时间内，不论是地铁、公交车站、商场门口还是电视、报纸、杂志，甚至在电梯里，到处都可以看到供用户扫描的二维码，我们身边一下子变成了"二维码的世界"。

二维码带给我们的不仅仅是视觉上的冲击，还有很多新奇的体验。假如你要去看电影，不必辛辛苦苦地排长队买票，只要扫描一下二维码，就可以团购到便宜的电影票；假如你想给恋人或朋友送一束漂亮的花，只要去网店订购，并将二维码发送到对方的手机上，就会有人帮助你完成这个心愿；假如你去超市或者商场购物，只要扫描一下超市或者商场内的二维码，就可以直接注册会员并享受会员的优惠价格；假如你是一名营销人员，只需在名片上印上一个二维码，就能让客户通过扫描轻松将你的信息存入到手机中，为双方以后的合作打下良好的基础……

除了给个体用户带来诸多便利，二维码也给大量商家带来了全新的机遇。在很长一段时间内，大部分商家一直采用单向营销方式，通过制作电视广告、报纸广告、户外广告、DM 等，对用户进行填鸭式的宣传，用户只能选择看或者不看，却无法与商家进行互动。然而，二维码的出现改变了这一状况。

众多商家在宣传媒介上印刷形形色色的二维码，用户可以使用智能手机内的扫描软件扫描二维码，瞬间捕捉二维码内的信息，进而完成与商家的互动。虽然只是小小的一个方格子，却能包含各种产品信息，企业原本需要花费大成本制作灯箱、户外广告牌或者花费巨额广告费在电视、杂志等媒体上投放广告，二维码的出现让商家省下了巨额的广告费用，其宣传效果却有过之而无不及。而且，令商家感到惊喜的是，二维码不仅能够储存产品信息，还可以成为用户与商家互动的通道，比如下载电子优惠券、成为 VIP 会员、参加网络调查、关注商家的微博和微信、领取积分、下载商家的 App 等，让双方从"遥不可及"变得"触手可及"。利用二维码开展促销活动的方式还包括现场发券、互动抽奖、扫码享折扣优惠、扫码拿抵扣券、扫码拿会员卡等。商家还可以在后台对所有数据进行分类统计，方便企业开展各类产品和消费者分析，同时有助于会员注册、用户反馈调查等。

资料来源：李铭洋，2014. 二维码营销：移动互联网时代的赢利之道 [M]．北京：人民邮电出版社．

二、接触方式

尽管营销人员非常希望所发出的营销刺激能够成功地实现对消费者的接触，但接触的成功与否最终还是由消费者而非营销人员所控制。消费者往往会主动搜寻那些令人愉悦或是对他们有价值的信息，反之，他们会对那些令人痛苦或无价值的信息加以回避或排斥，这是一种选择性接触。

显然，能够呈现在消费者面前的广告信息非常多，但通常在一段时间内消费者只能观看某一个电视台的节目，阅读某一种杂志、某一份报纸、某一本书，或访问某一个网站，真正能够展露在消费者面前的刺激物大多数是消费者自主选择的结果。现在，越来越多的人热衷于手机、计算机，观看电视较少，还会选择 TiVo/DVR 等技术来屏蔽电视广告。

从消费者接受展露信息的主观意愿和自主性来分，接触有两种方式：一是有意识、有目的的主动接触；二是随机的、偶然的被动接触。

（一）主动接触

虽然消费者经常避开商业广告和其他营销刺激，但当他们需要购物、服务时，也会主动寻找商业信息，并对产品和服务进行较全面的了解，当然并不局限于广告。早期采用者、意见领袖比一般消费者更多地观看广告信息。消费者也会通过访问企业主页或相关网站来主动寻找商品信息，尤其是耐用消费品。调查发现，第一次购买汽车的用户平均至少访问 7 个站点，花费大约 5 个小时。

1. 主动接触的含义

主动接触是指消费者主动寻找、接触相关的营销信息，这主要取决于消费者的需要与兴趣。消费者在购买某些相对重要的商品时，往往会通过主动的、有意识的、有目的的搜索行为接触和收集商品信息。在网络时代，由于信息的获取更为便捷，消费者用手机输入单词或说出几个字，就能进行信息搜索，因此主动接触的情况大大增加。与此同时，由于消费者能非常便捷地接触到更多的信息，拥有更多的选择机会，他们也不愿被动地接受他人的观点和信息，不再消极地购买和消费，而要求参与、掌握主动权。

清新、别致的二维码

在购买商品时，消费者往往会主动通过各种途径获取与商品有关的信息并进行分析比较，以增加对产品的信任，从而获得心理上的满足。只要消费者对某种商品或服务产生了需要或兴趣，他们就会及时了解相关的产品详情，主动查看社会中立媒体的介绍与其他消费者的评价。甚至可能通过网上注册、手机订阅等方式获得企业更多的产品或服务的优惠券和定期更新的信息。这种具有自愿和自我选择性质的信息，可以使消费者有选择性地通过微信公众号、手机短信等形式获得促销信息，也被称为许可营销。

虽然消费者对弹出式广告和横幅广告的接触大多是非自愿的，因为消费者只是在寻找其他信息或娱乐的时候碰到了它们。但是那些主动点击横幅广告和弹出式广告的消费者则属于主动接触，这些广告的点击率可以帮助广告商分析有多少消费者对此商品感兴趣。

2. 提高主动接触水平

二维码、搜索引擎、视频直播、印刷媒体是潜在消费者和准消费者详细了解商品信息，进行主动接触的主要途径。在移动互联网时代，消费者只需扫描产品包装或广告资料上的二维码，就可以通过视频、音频、文字、图片等多重手段查看产品信息，更加直观地了解产品信息。有趣的是，二维码的形状、色彩或美感有时也会影响消费者扫码的欲望。

保时捷个性广告

日本二维码农田

在消费者有意识地接触营销信息的情况下，企业营销人员应当随时随地提供消费者所需的市场信息，方便和简化消费者的信息收集过程，为目标消费者提供接触广告信息的方便机会。例如，电话、电子邮件等DM广告（Direct Mail advertising，直邮广告）应当有针对性地向目标消费者寄发，而不是遍地撒网。选择传统广告媒体时要考虑目标受众的喜好，如专业杂志与专业人士。一些新产品推广企业还可以开展针对目标消费者的公关活动，如免费讲座、生活俱乐部、企业参观、赠送联谊等。美国特富龙公司就曾组织家庭主妇们开展"不粘锅"的烹调交流活动，"特富龙"甚至一度成为不粘锅的代名词。另外，在相关的自媒体，如微信群、QQ群、微博、直播间、SNS社群或BBS论坛中投放广告，也能使得广告主在最短的时间找到最精准的目标人群。例如，一家名为"绿蛙"的涂料商家，虽然在租金相对便宜的写字楼里进行产品展示，但广泛参与那些刚刚完成交房的小区业主QQ群或微信群，使之成为装修企业联系买主和展露商业信息的场所。还有的企业针对目标客户采取"个性化广告定制"。

富媒体广告是具备声音、图像、文字等多媒体组合形式的广告，还可以采用与用户进行互动的网络技术，当消费者把光标移到一些广告上时，广告就会被突然激活。例如，通用汽车的横幅广告通过程序的控制，当消费者把鼠标置于其上会使整个浏览器发生震动，画面也从车头变化成车厢内部，从而提供越野汽车的驾驶体验。

阳光二维码

案例链接 7-1

Luminate 与其他广告有什么不同？

大部分的广告，包括网络广告，都是广告商强加给消费者的。而 Luminate 的广告，是读者自己要求看的。

例如，你看到一张王菲在台上唱歌的照片，照片上的王菲穿着粉色丝袜和色彩斑斓的丝质短裙。看到之后你也想买同款，于是你点击那个丝袜或者短裙，就有销售这两款服装的网站链接弹出来，告诉你去哪里可以买到。

你看到一幅明星照片，照片里的明星拿的那个包包，你觉得很好看，你也想买一个。

于是，你点击那个包包想知道哪里有得卖。它弹出一个广告窗，告诉你这是 LV 的夏季新款，并且提供给你多个链接让你去买。

你在照片上看到一处风景优美的地方，你也想去玩，于是你点击照片，它弹出一个广告窗，告诉你这是哪个风景区，并且附上几个链接，让你可以订机票和酒店。

所以，Luminate 不同于绝大部分强加于人的广告，它是消费者自愿观看的广告。对于那些网站上不请自来、自己跳出来的广告，顾客大部分是带着厌恶的心情，立刻把它关掉，所以是无效广告，甚至是给品牌造成负面影响，有效率可能不到 10%。但消费者自愿观看的广告，有效性接近 100%。

另外，Luminate 是从图片开始的广告，消费者最初看到的不是文字，不是品牌名，而是图片上的实物。当你对图片上的东西产生兴趣，点击它，广告才开始。

资料来源：陈硕坚，范洁，2015. 透明社会：大数据营销攻略 [M]. 北京：机械工业出版社.

（二）被动接触

在营销沟通活动中，由于广告信息繁多且缺乏精准导向，消费者对营销信息有意识接触的水平相当低，被动接触的情形更为常见。

1. 被动接触的含义

被动接触是指消费者无意识地、偶然地甚至是不情愿地接触营销信息。如偶然看到户外广告；在商店随意浏览 POP 广告；观看电视和阅读杂志时看到商品广告；不得已观看热门视频前烦人的广告等。虽然无意中接触到的营销信息可能并未引起或仅低水平地引起消费者的注意，但是仍然能够在一定程度上影响消费者的行为。事实表明，在人流量大的地方做广告，在收视率高的电视剧播放时做广告，都能一定程度上增加商品的销售量。

如果消费者对自己现有的知识很自信或者认为较多的信息对购买决策没有什么意义，信息收集就会失去动力。大多数消费者是在日常生活和工作环境中无意识地、偶然地接触市场信息。

消费者在线观看视频时，开头总会有一些广告，有的网站广告时间超过 1 分钟，着实让人厌烦，但消费者又不得不被动接触这些广告。当然，也可以付费成为会员，从而规避广告。有的消费者批评道："企业花钱打广告，网站又让我们花钱去广告"。

2. 提高被动接触水平

从营销策略上讲，企业应当努力扩大目标消费者偶然接触信息的机会，善于寻找和发现能够引起消费者无意接触的、最适于做广告的环境和媒体。

比如，在零售店、繁华闹市、人流量大的车站和码头、读者面广的报刊、收听收视率高的广播电视和电影中做广告，传播产品信息。在超市经营活动中，可以通过增加产品陈列空间、利用更好的陈列位置等方式来提高展露水平。一些即兴购买的产品，如口香糖、小包装休闲食品等常被放在零售点的收银口，也是为了提高产品接触水平，以诱发冲动性购买行为。通用汽车公司与西北航空公司和泛美航空公司合作，每年分发数以百万计的小袋饼干或小袋花生米，包装上印有别克二维码。壳牌公司则在其加油泵旁边安装了播放其产品介绍的液晶电视。

对商店来说，由于消费者不愿意在走进商店之前主动了解商品信息，店内 POP 广告就尤为重要，如店内布置、货架位置、电子显示屏、悬挂式促销信息等，都可以起到有效的提示作用，有助于引起消费者对产品和品牌信息的注意。

分众传媒、新潮传媒的电梯广告利用了人们等电梯和坐电梯的无聊时间，消费者虽然被动接触，但却能主动观看。因为与陌生人一起坐电梯不自在，很无聊，况且手机信号也不强，看电梯广告就成了消磨时间的好方式。在封闭式空间里，人群对电梯媒体的记忆程度要强于半封闭式的地铁广告。电梯媒体还有强制性的特点，因为电梯空间封闭使得受众的视觉选择单一，视线必然落在电梯广告上。所以，电梯媒体不用像网络媒体那样，花那么多心思研究点击率和到达率的问题。没有了纷繁的干扰，电梯媒体与消费者的接触更加简单粗暴，也更加直接有效。面对线上流量遭遇瓶颈的局面，2019 年的"618"流量战场从线上打到了线下社区，京东、国美等电商平台纷纷首选高覆盖率、零距离接触用户、精准锁定传播对象的社区梯媒做"618"的营销推广，如图 7-1 所示。因为在所有线下媒介中，电梯这种封闭式媒体的传播效果最佳。

图 7-1 京东"618"的电梯广告

为了提高被动接触的可能性，一些营销人员在网络上设计了不能被删除的"弹出式广告"，如一些手机门户网站都有令人生厌的弹出广告，当消费者打开主页时就会弹出广告遮挡住页面几秒钟，强迫消费者观看其广告。在电影（或网络视频）放映之前通常也会播放广告，观众等待电影（或网络视频）开始时只能被动地接受广告展露，这种强制性广告比有选择性的电视广告效果好。然而，观众却很可能对这种强制性的广告展露十分反感。有研究发现，20%～37%的网络用户烦透了那些侵犯性的弹出式广告，他们甚至专门从网站上下载"反弹出式广告"软件来杜绝其干扰，或者采用技术手段屏蔽视频前面的广告。

Video In

较好的方式是把广告植入节目、游戏或影视作品中，消费者不能刻意回避这种植入式广告，并可能在潜移默化中受到广告商品的影响。比如《偷天换日》中的宝马 Mini Cooper、《E.T. 外星人》中的 Reese Pieces 巧克力等。

植入式广告
电影片段——
我愿意

蒙牛——电视剧《女王驾到》植入案例

爱奇艺的"Video in"视频动态广告植入技术,可以在剧情中随时植入或更换广告内容,大大拓展了广告植入的空间与时间。另外,还可以在社交游戏场景中融入广告,例如,在开心网的热门游戏"买房子、送花园"中,用户选择"打工挣钱"的时候就会出现多个"植入式广告",比如选择为王老吉"打工",其工资远远高于其他项目,因此就容易引起用户注意并选择该工作。一般来说,植入式广告要产生好的效果,需要根据情节来选择最佳植入时机,使产品能够真实、巧妙而又不特别引人注意地展露给消费者。

案例链接 7-2

大逃杀火爆之后,广告商纷纷植入"吃鸡"游戏

"吃鸡"游戏火了,网易的《终结者 2:审判日》《荒野行动》,腾讯的《荒岛特训》等,都试图占领移动端"吃鸡"市场的生意。而无孔不入的广告主们自然也嗅到了商机。在"双十一"的时候,京东就承包了游戏里开局必出现的运输机,甚至有了开屏广告的效果。而在《终结者 2》更新里,也出现了玩家可以扫码骑行的摩拜单车,以及百度外卖的医疗包,只要捡起来就可以恢复生命值。

资料来源:http://baijiahao.baidu.com/s?id=15847724297617771067&wfr=spider&for=pc [2020-11-30].

春秋航空社会化精准营销

(三)网络时代的精准接触

消费者网络数据挖掘技术在提高广告接触针对性方面有重要的意义。在传统广告中,传播方式是单向的,受众是被动的,广告主很难选择目标受众,也不知道究竟有多少目标消费者接收到了信息。"我知道我的广告费浪费了一半,但我却不知道浪费在哪里?"根本问题在于以前的绝大部分广告产品都是浏览者毫无兴趣的,而实施大数据营销之后,大部分广告都变成了浏览者有兴趣的东西。所以,这种量身定制的广告推送,减少了浏览者对无关广告的厌恶,用户体验反而会得到提升。广告也从媒体的细分向受众的精确定位、从被动营销向主动营销、从"门户式"广告向"关键字匹配"广告发展。

在大数据背景下,广告主展露营销信息将更加精准化,同时点击率(与注意率、兴趣率有关)等指标也可以更精确地统计广告的接触效果。许多网络平台都建立了较完整的用户数据库,包括用户的地域分布、年龄、性别、收入、职业、爱好等,这些资料可帮助广告主根据广告目标受众的特点进行有针对性的广告投放。同时,也可以根据消费者的网上行为判断消费者的特征。例如,如果某消费者几次点击或搜索了汽车广告,网站就可以知道其对购买汽车可能有着强烈的愿望。有一项研究发现,最能预测消费者购买汽车行为的并不是其重复访问网站的次数,而是消费者在网站浏览的时间长短。

以新浪微博为例,通过新浪微博能知道每名博友的生日,可在博友生日前向其好友(好友关系的强度可通过微博互动的频率来衡量)推送合适的生日礼物广告。根据每名博友所关注的名人、公共账号,猜测他的兴趣爱好和需求,例如,如果关注了很多 IT 达人,可能意味着他是数码控,可推送数码产品广告;如果近期关注了育儿专家,可能意味着有

宝宝了,可推荐育儿类产品。根据博友所发微博的内容(关键词),猜测他的兴趣爱好和需求,例如:如果他经常发各种游记、旅行动态,可以向他推送机票、酒店广告。根据博友所发照片,猜测其兴趣爱好和需求,例如:如果经常发美食类照片,说明是个美食家,可推送餐饮类广告;如果经常自拍,说明爱漂亮,可根据其自拍照中衣服的款式,推送类似风格或品牌的服装广告。

 资料链接 7-3

RTB——聪明的广告

RTB

品友互动:RTB
广告 Cookie≠
个人隐私

假如你是一个深度汽车控,浏览各大汽车网站是每天必做的事。而有一天,你要上新浪体育看最新的欧洲杯战况,就在你输入网址,按下回车键的那一瞬间,"你是汽车控"这一信息就迅速地传达到福特、比亚迪、丰田等汽车广告主那里。页面的左上角有个空白的广告位,这些广告主们会迅速地对这个广告位竞价,而最后福特胜利了,呈现在那里的是新福克斯的一段视频广告。就这样,一则 RTB 广告便在浏览器缓冲的那 100 毫秒之内完成了。

资料来源:蔡佩爽,2013.技术驱动互联网广告革命:让产业换个玩法[J].数字商业时代.

许多消费者会发现,当自己在淘宝、拼多多等网上商场购买、收藏甚至浏览过某一商品后,就会在自己的网页上看到许多类似的商品推荐,如"猜你也喜欢",这实际上是根据对用户浏览访问数据的挖掘产生的精准化、个性化定制广告。亚马逊最早根据消费者偏好记录设定独一无二的亚马逊首页,推送特定商品,为一场营销活动选择适合的消费者,定向发送促销邮件等。

宝马公司曾运用大数据分析,根据网络数据库的信息进行筛选,将目标客户定位在苹果的使用者、居住于我国一二线城市、年龄集中在 19~50 岁之间的用户,因为这部分消费者具备较强的消费能力。只有当某个消费者在网络数据库里的信息符合这三个条件时,他在微信里才会收到宝马的"悦"字新车广告。

当网上零售商可以事无巨细地收集顾客的所有消费信息的时候,传统的实体店零售商也可以通过线上、线下数据进行消费者偏好分析,开展个性化的广告信息展露。例如,消费者用会员卡在超市的智能型购物推车上面刷一下,原本打着"欢迎"的荧幕上会跳出一张购物清单,那是计算机根据其过去的采购形态而列出来的:牛奶、鸡蛋、小黄瓜等。智能系统可能还会指点走什么路线可以最快找到想买的每一样东西,它还容许自行编辑购物清单,比方说,可以告诉计算机以后不要再向你推销卷心菜或花生米。在美国唐恩都乐(Dunkin' Donuts)快餐店内,一个点了早餐咖啡的人会在收款台看到土豆煎饼或早餐三明治的广告。在一家德国商店里,宝洁公司在产品上安置了射频识别(RFID)标签,当购物者从货架上拿起一个商品时,这个动作会改变此人前方电子屏幕上的广告。武汉光谷、杭州银泰百货通过免费 Wi-Fi 收集顾客资料,如:该顾客每次光顾的日期、时间;该顾客在商场的行走路线;该顾客停留的柜台及停留时间长短等。进而对顾客的购物行为做出分析：该顾客光顾商场的频率与时间（节假日或工作日、白天或晚上）；该顾客喜欢的品类与品牌（高端、中端或低端）；如果该顾客是倾向于在搞大减价的日子来购物，说明这个顾客是价格敏感型的。然后根据以上信息，商场可以考虑采取相应措施来提升业绩，如可以向顾客的手机推送符合他品位的品牌信息；如果这是一个价格敏感型的顾客，可以及时推送优惠信息；通过分析成千上万的顾客的浏览线路和停留时间，知道哪些品类、哪些品牌生意最好，或者最能吸引人气，可以让商场及时调整布局，淘汰一些不受欢迎的品牌，引进更多的符合消费者品位的品牌。

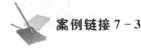

案例链接 7-3

银泰百货的精准定位与信息推送

银泰百货门店提供免费 Wi-Fi。顾客只要走进门店，打开 Wi-Fi，就会连接上服务范围的通信 ID，就可以接收到商家推送的信息。

与机场的实名注册一样，顾客手机号码是一个重要的身份识别入口。顾客第一次进入银泰百货门店注册后，再次进入银泰百货任意一家实体门店，都会自动连接 Wi-Fi。同时，银泰百货则会通过对访客（包含购买用户和VIP用户）身份的识别和定位，建立起交互渠道，把有关商品的信息目录、购买信息等导入后台系统，形成大数据，分析出顾客的购买行为和消费决策。

其实，银泰百货门店之所以可以通过 Wi-Fi 精准地定位顾客，并推送个性化信息，一个关键的原因就是，很好地融合了线上和线下等会员数据。顾客手机号一旦和数据库进行连接，银泰百货就可以得到该顾客网点的购买行为记录，从而利用历史数据，为顾客推荐其喜欢的商品。

顾客上线后，系统就可以从用户行为数据库里找到个人偏好，然后再通过 Wi-Fi 锁定顾客，做反向推送，从更全面的维度获得顾客信息。

Baidu Eye

银泰百货在其门店还使用了百度智能眼镜——Baidu Eye。基于 Baidu Eye 的大数据库，顾客只要佩戴眼镜进入商场，就能知道所见货品哪件是明星同款、哪件是自己偶像代言的、附近商圈内某品牌商品有哪些款式、商品背后的品牌故事、社交网络上的用户评价等。同时，顾客还可以通过官网和主流电商网站进行价格对比，还可以将 Baidu Eye 当作 GPS，尽快找到某品牌专柜、收银台、洗手间等。

同时，银泰网联合朝阳大悦城，打造了一家线下体验店——银泰网 IM 精品店。他们将网购体验区设置在柜台中岛，通过多台 iPad，顾客可以极速上网浏览商品信息，还可以现场买货取货或网上下单配送到家。这一设计，将线上客流引导与线下商品体验完美地结合在了一起，为顾客提供了线上搜寻、线下体验、在线支付的购买方式。

资料来源：赵予，2017. 全零售生态[M]. 北京：经济管理出版社.

在法国 SAP 超市中，会员顾客进入超市并主动用客户积分卡读卡器识别后，系统会基于其购买历史、所属细分市场特性等信息来为其选择产品提出建议，或者将优惠券发到其手机上。因此一位顾客可能会发现，在他进入护理产品的过道时，智能手机上出现了即刻可用的特定洗发水折扣券；当顾客扫描二维码并将一瓶葡萄酒放入手推车时，会被推荐一款味道强烈的奶酪。

同时，屏幕广告也可以个性化，从而减少一定的浪费。如把客户分为男性和女性、老年人和年轻人，并为他们匹配相应的广告信息。在一个大型连锁百货公司，屏幕被安装在每个收银台上顾客的视线处。当售货员把积分卡插入读卡器时，后台开始分析。例如，如果顾客在一楼购买三罐婴儿食品，他将立刻看到积分卡收到了四楼婴儿商品区的一张10%的折扣券。

当然，数据挖掘技术也会带来隐私权保护的问题，尤其是在消费者不知情或未经允许的情况下使用跟踪软件或公开、转让消费者信息。但相对而言，盲目的垃圾广告（如电话推销、垃圾电子邮件）对消费者的困扰更大。

随着 IPTV（即使用互联网协议传送的数字电视）的发展，电视和互联网正在融合，电视广告也会沿着根据收视习惯细分客户的路径走下去。机顶盒很清楚地了解谁在观看电视。比如，已经拥有房产的某个人不会再看到体育节目中间的五个按揭广告。

（四）虚拟接触

在网络购买中，消费者往往无法真实接触产品等相关信息，因而会对购买有所疑虑。4G通信技术使直播购物成为时尚，在一定程度上改变了这一状况。例如，消费者可能通过淘宝直播现场选择水果，称量后直接装箱，从而避免了水果出现烂果或未熟的情况。而5G时代的到来，不仅会使直播画面更加高清、流畅，还可以在直播中应用多源信息融合、交互式、三维动态视景的虚拟现实（Virtual Reality，VR）技术，从而大大提升消费者的购物体验。

虚拟接触是利用高科技手段，使消费者体验到在现实生活中不能感知到的情景与事物。Burberry 声称瞄准年轻消费者打造"第一个数字化时尚奢侈品牌"，并利用数字化手段给消费者华丽、时尚、高端、极致、舒适的消费体验，例如，几百名模特绕场向观众致意，相对而行的模特交汇的瞬间化成无数雪花洒落一地，"碎"了的模特引起全场惊呼连连，这实际上是 Burberry 打造的3D全息影像时尚秀。Burberry 还推出一项温情服务——Burberry Kiss（以吻封缄）。用户用 Chrome 浏览器登录 kisses.burberry.com 后，对着内置摄像头在屏幕上印下唇印，这个唇印就会封上你写有悄悄话的信笺，并发送到爱人眼前。

虚拟接触在网购中应用得较多。爱沙尼亚某公司开发了一种试衣机器人模特，能根据购物者在网上输入的身材尺寸而变换体型，从而使他们可以看到"自己"的试衣效果，这就解决了人们网购衣服时无法试穿的苦恼，增加了消费者在网上选购服装的信心。

1. VR购物

VR购物采用虚拟现实技术生成可交互的三维购物环境，能使消费者"看到"3D虚拟场景中的商铺和商品，从而获得一种沉浸式的购物体验。例如，顾家家居的消费者用手机扫描VR产品手册里的二维码，通过VR眼镜，就能感受到产品在实体空间里的摆放效果。

阿里巴巴开发的"BUY＋"是基于VR技术建立起来的无边界、可交互、高精度视觉质量的虚拟购物场景，消费者通过BUY＋可以获得视觉、

VR：让网购"触手可及"

淘宝发布VR购物产品BUY+

贝壳如视：VR看房新体验

听觉、触觉等感官的模拟，BUY+让消费者在一个更立体、更动态的虚拟现实环境中犹如身临其境地浏览商品，更利于消费者认知商品，并对商品产生感情上的联系。比如在选择一款沙发时，消费者戴上VR眼镜，直接将这款沙发放在家里，尺寸颜色是否合适，一目了然。但VR购物需要戴上一副连接传感系统的"眼镜"，因此消费者很难接受。

贝壳找房通过"VR看房""VR讲房""VR带看"，实现了"随时随地，说看就看，3D再现，在线浏览"等功能。消费者通过一部手机就可以随时随地、直观地获取房屋的内部真实环境和深度信息，享受沉浸式的看房体验，从而解决了消费者看房难的问题。

案例链接7-4

阿里巴巴利用VR技术打造家居新零售业态

郑州首家智慧家居馆——有住郑州店于2018年1月14日盛大开业。区别于传统门店，有住郑州智慧家居馆运用阿里巴巴的大数据、虚拟现实技术和人工智能等技术，实现商品、服务、会员与交易的互通。不单线上线下全渠道融合，更是以用户家装家居需求为核心，打造全新的购物体验。

有住郑州智慧家居馆通过一键购物、场景式体验等科技系统，为用户带来更直观有效的沉浸式体验，所见即所得。所有用户都可在店内云货架导购屏上体验虚拟样板间，自由切换各类风格搭配及选择整屋软装配饰。在有住郑州智慧家居馆中，云货架无处不在。云货架不但能为用户呈现3D样板间，更可以挑选主材、软装、配饰，搭配满意风格，所有商品都能在云货架内一键购买。

在样板间内参观浏览时，看中了款式却觉得色彩和家里不搭怎么办？以往的处理，是询问销售人员，去库房里翻出落满灰尘的同类型商品，等待的烦躁感让用户身心疲惫，而在有住郑州智慧家居馆，想要查看同类型商品不同色彩，只需在云货架上左右滑动，就能看到不同配色在全屋整装内的效果。除了云货架，用户的手机淘宝也是有住的"随身商城"，只要身处有住智慧家居馆内，样板区域的每一件商品都可通过扫描二维码，轻松加购心仪产品，让家装选购变得更有效率。

资料来源：http://www.sohu.com/a/216836417_713429 ［2020-11-30］．

2. AR购物

增强现实（Augmented Reality，AR）技术能在真实环境基础上添加虚拟场景或物品。AR技术是目前最具落地性的可提升购物体验的技术手段，消费者能借助这项技术获得更好的购物体验和做出更符合真实需求的消费决策。

宜家AR产品手册

例如，AR试妆可将女性最常购买的口红、美瞳、腮红等商品模拟出在消费者脸上实际使用的效果，颜色是否合适，色号是否匹配一目了然。欧莱雅就有一款千妆魔镜App，利用用户的前置摄像头和增强现实技术，让消费者选择化妆品并实时查看上妆效果。在IKEA Place App中，消费者可以看到宜家新款家具实际摆放在家里的样子，以判断它们是不是有足够空间布局放置、颜色风格是否和周围环境协调，这可以提高客户满意度及降低产品退回率。Facebook 为广告商提供了展示产品的新方式，让人们在新闻流中看到品牌广告时，能够通过前置摄像头对比自己戴上太阳镜等配饰、甚至穿各种衣服的样子。在 YouTube 上可以一边看美妆博主的化妆教程，一边在分屏之下跟着博主一起涂口红试色。IKEA Place App 让消费者在家中"放置"宜家产品，从而清楚地了解到家具在整个家庭中的环境搭配。优衣库的 AR 试衣镜能显示顾客虚拟试穿的画面，如图 7-2 所示。

虚拟试衣间购物新体验

哈根达斯召唤小提琴乐手

图 7-2　AR 试衣镜

AR 将会成为一个新的广告形态。在 AR 广告中，消费者可以 360°查看、旋转、放大、缩小和摆放商品，使消费者获得一种沉浸式体验。以前，人们往往是被动接受广告，但 AR 广告使消费者主动"侵入"广告，广告成了一种主动参与的过程。它不仅让消费者和品牌建立起更真实的关系，还能随时参与、持续互动，并响应内容。

其他产品也可以使用虚拟感知技术。"AR 地球仪"外形与普通地球仪相似，但由于使用了 AR 技术，只要手机上安装了相关的 App 软件，打开摄像头对准地球仪，地球仪就会"活"起来，使世界各国版图、建筑、动物、自然灾害等天文地理信息实现动态展示，如图 7-3 所示。

购物 MR "淘宝买啊"

3. MR 购物

与纯沉浸式的虚拟数字画面的 VR 和虚拟数字画面加现实画面的 AR 不同，混合现实（Mixed Reality，MR）是数字化现实加上虚拟数字画面。从效果上来说，MR 技术结合了 VR 与 AR 的优势，能够更好地将 AR 技术体现出来。

"淘宝买啊"能带给消费者一种虚拟与现实结合的购物体验。消费者通过戴上 HoloLens 智能眼镜，可以看到一个虚拟与真实无缝结合的未来购物街区，消费者可以获得一种沉浸式、互动、虚拟和现实结合的消费体验。"淘宝买啊"让每一件商品都能动会说话，动动手指就能购物。除了能让普通的商品活起来以外，还可以在眼镜里展现出这些商品的线上价格、销量和用户评论等各种信息，能与商品进行深层的交流。另外，只要两手指在空中轻轻一捏，商品就自动落入自己的淘宝

图 7-3　"AR 地球仪"广告

购物车。

4. Baidu Eye

Baidu Eye 亮相
人眼的延伸

Baidu Eye 可以"隔空辨物",并对眼前物品的信息进行图像分析,结合百度大数据分析能力和自然人机交互技术,为用户提供该物品的信息及相关服务,让人们具有"看到即可知道"的能力。Baidu Eye 的功能可应用于购物、物品鉴别、路径导航等场景,实现人与服务的连接。

比如,你在一家餐厅用餐,你拿起一瓶红酒,那么 Baidu Eye 就会告诉你,这瓶酒是什么品牌、年份,出自哪个酒庄,目前市场参考价是多少,甚至还能告诉你许多关于红酒的历史、故事、人物、品牌,它还会提醒你许多喝红酒的礼仪和讲究,比如每次往杯里倒多少,用什么手势端杯子,一次喝多少量,怎么碰杯,等等。

又如,很多女孩子在大街上看到别人穿了一身时装很漂亮,往往很想知道是什么牌子、什么款式、在哪里买的?但大多数时候又不好意思截住陌生人当面询问。但是,通过 Baidu Eye 就会立即搜索并提供诸如品牌、款式、价格及附近的销售专卖店等信息,然后还可以直接通过手机在线购买。

再如,当消费者看到一个电影海报或者广告,只需要指一指,Baidu Eye 就会告知周边最近的电影院在哪里,都有什么时间段的排期,如果消费者告诉 Baidu Eye 想看,它就会立即帮助下单支付并选好座位。

类似的图像识别技术还有不少。例如,亚马逊开发的"Firefly"应用程序,不仅能扫描条形码,还可以通过包装识别商品。消费者即使不知道产品的名称,也可以通过扫描获取产品的详细信息,并可下单购买。在甘肃省博物馆,只要用手机拍摄展柜中的"马踏飞燕"等文物,其出土经过、造型特征、铸造工艺等信息便会显示在手机屏幕上,甚至还能让马"飞起来"。

第二节　营销沟通与说服

为了影响和改变消费者的态度和行为,营销人员必须借助营销传播与消费者进行有效沟通。在自媒体和网络社群时代,消费者的口碑信息起着更为主要的信息传播作用,营销人员应更多地借助网络社群与消费者进行沟通,因为其成本低、收效高,甚至可能起到"病毒营销"的效果。

 资料链接 7-4

"影响力"的六大心理学法则

Cialdini 在其《影响力》一书中,提出了影响力的六个核心要素,即:互惠原则、承诺一致原则、社会认同原则、好感原则、权威原则、稀缺原则。

一、互惠原则

意思是人们如果感觉受到了对方的恩惠,就会产生回报对方的心理。因此,当人们给予你好处后,你心中会不自觉地产生亏欠负债感,并且希望能够通过同一方式或者其他方式回报这份人情。例如,品尝了免费小食品,往往想买一点;获得了特别优惠,愿意将海报转发到朋友圈。

二、承诺一致原则

一旦我们采取了某种立场或做出了一个选择，接下来的行为会尽可能地符合自己的立场，以证明自己先前的决定是正确的。因为人人都有一种言行一致（同时也显得言行一致）的愿望，如果一个人一旦做出了与自己的认知不一致的行为，内心往往会产生极大的不适感，从而迫使其按照承诺的那样去做。

三、社会认同原则

社会认同也就是"从众心理"。我们进行是非判断的标准之一就是看别人是怎么想的，人们尤其在不确定的时候，会根据他人的行动来指导自己的行动。例如，娱乐类酒吧总是营造出一种热闹欢畅的气氛，以吸引客人加入；电商商品处常附有"××人已购买"的信息。

四、好感原则

明星代言的广告，往往引起人们的关注；一个漂亮的女孩问路，常常得到热情的帮助……说明人们容易爱屋及乌，把好感迁移到与此无关的事情上，甚至影响我们的决定。

在营销上，"好感"就是"社交销售"，就是利用好朋友之间的好感、友谊而形成的一种社交销售模式。如拼多多、社群微商等。

五、权威原则

对权威的尊敬和信任带来的压力，使人们对权威盲目服从。人们喜欢遵从专家和权威人士的意见，有时候权威的话并没有什么道理，人们还是会毫不犹豫地选择相信。所以，不少企业愿意花钱拿各种权威的认证，当"权威"和"社会认同"结合在一起时，影响力会来得更直接。

六、稀缺原则

物以稀为贵，短缺的东西往往呈现超出其应有价值的价值。商家常用的"数量有限策略""截止日期策略"即基于这一原理，让人们感到机会难得或"短缺"的压力，从而迅速决定购买。通常，人们对失去某种东西的恐惧，要比对获得同一种物品的渴望，更能激发行动力。而且，人们一般会觉得难于得到的东西比能轻松得到的东西好。

沟通（Communication）是人与人之间、人与群体之间分享信息、思想和情感的过程。这一过程模型，如图7-4所示。沟通过程的基本模型包括以下几个要素：传播者（信源）、信息、信道（沟通渠道）、受众和噪声。在这些沟通要素之间，存在着编码、译码、反馈等动作。传播者必须对信息进行编码，以使其意义能被目标受众以既定方式理解。传播者用语言、图片、象征符号、代言人和特殊渠道对信息进行编码，信息接收者根据自己的个人经历、特征和动机对收到的信息进行解码，最好能将接收情况反馈给传播者。影响对说服性信息的解码和理解的因素包括：接收者的个人特征和动机、对产品或产品类别的卷入程度、信息与媒介的一致程度、接收者的情绪等。对于营销性信息，也存在沟通障碍。

营销人员所传递的信息能被消费者接受和认同，才可以起到影响和改变消费者态度和行为的作用。为此，营销人员在沟通中应当充分考虑各沟通要素对沟通效果的影响，借助有效的营销沟通方式与消费者进行沟通。下面我们从几个方面来加以分析。

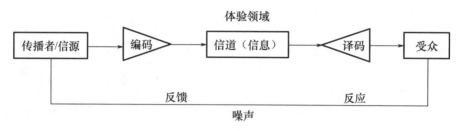

图 7-4 沟通模型

一、传播者

在网络时代，营销信息的来源与传播者已经多元化，而营销者的传播作用大大减弱。从淘宝到小红书的各种定性、定量的用户商品评价体系，以及豆瓣上的评分、微博上的吐槽段子，还有抖音短视频、Vlog（Blog 或视频博客）等，都反映着消费者正发挥着越来越强大的信息传播作用。例如，占卜奶茶、CoCo 青稞奶茶等都是通过抖音走红的。但不同的传播者或信息源，所产生的说服效果是不同的。从网红带货现象来看，粉丝对于微博、抖音、B 站、快手上的 KOL 的喜欢，大多是从人设开始的，喜欢网红的性格、风度、言谈、外貌、内容等。所以，当这些网红转战电商的时候，流量的转化则是从"人设"到货的转移，大家会因为喜欢某位网红，而选择购买他推荐的商品，即所谓"流量变现"。

所谓"私域流量"是指具有强关系链的客户群。其主要特征有：为自己所有、反复触达、免费使用。私域流量是一个社交电商领域的概念。"我把你当朋友，你把我当私域流量"就是这一概念的形象写照。而那些可直接触达用户的渠道包括自媒体、用户群、QQ群、微信朋友圈、直播平台等，也就是 KOC 可辐射到的圈层。小红书、云集等都被看作是运营"私域流量"的典范。很显然，私域流量的核心是用户关系，其留存和变现与传播者的影响力关系极大。

一般来说，影响说服效果的信息源特征主要有四个：传播者的权威性、可信性、外表魅力及被喜爱程度。

（一）权威性

传播者的权威性（或专业性）指传递者在有关领域或问题上的学识、经验和资历。它往往决定宣传影响力的大小。内行、老专家、权威机构等都有较高的权威性，容易使人信服并转变态度。例如，在药品广告中，采用一位医生介绍同采用一位喜剧演员介绍相比，前者会有更大的说服力，但可能违反广告法规。美国佳洁士牙膏的成功很大程度上应归于牙科协会这一专业机构的认证，其实牙膏品牌之间可能没有太大的差异。同时，认证不一定总能增强消费者对营销信息的相信度。如同其他信息来源一样，这些认证信息只有在消费者缺乏对某产品表现做出直接判断的能力，并充分信赖这些机构时才有效。

KOL 的一个主要特征就是具备出众的产品知识和产品经验，相比非专业人士，KOL或专家可以提供更多、更广泛的产品知识。当然，意见领袖并非普遍适用于所有的领域。一个人可能在某个领域或相似的种类中扮演 KOL 的角色，但在另外一个领域则不然，普遍意见领袖是很少见的。例如，一位旅游达人并不会被消费者认为也是服装方面的意见领袖。有些网红 KOL 试图利用自己的影响力代理更多的产品品类实际上并不明智，"口红一哥"李佳琦就曾因为一场不粘锅直播出现"翻车",原因竟然是"没按照说明书的要求操作和使用"。李佳琦没有分清 KOL 与明星的区别,KOL 只是某个垂直领域的意见领袖,是专业性人设的网红。比如说王自如是数码电子产品领域的 KOL,李佳琦是美妆界 KOL。KOL 最好是沿着品类上下游做延展而不应跨界带货,因为意见领导力往往受其产品类别的专业性影响。不过,有时这种专业性的影响力会扩散到其他的相关领域,这种现象被称为"意见领导力重叠"。例如,一位对于计算机产品具有高度意见领导力的人,有时也会被认为在电器、手机和数码相机等产品上也具有影响力;服装的时尚意见领袖可能对化妆品购买也很了解,但对微波炉则不然。意见领导力重叠的现象有时也可能会被扩散得过分严重。例如,某位知名的小说作家,却经常就婚姻或政治议题发表并非其专长领域的意见,这就是意见领导力过度重叠的例子。

还有一类为消费者提供决策建议的专业人士被称为"代理消费者"。与意见领袖不同的是,他们能够通过提供意见而获得报酬。例如,消费者委托室内装修公司装修住房,装修公司往往会成为家装材料、家具等物品的代理消费者;医生对病人的用药起着重要的指导和咨询作用,药厂很希望与医生保持良好的合作关系;许多网红 KOL 也与品牌签约,为品牌宣传和销售产品,但他们并不会被看作专业人士,只是比普通消费者更了解产品而已。

(二)可信性

传播者的可信性(或可靠性)指传播者在信息传递过程中能否做到公正、客观和不存私心与偏见。它与传播者的地位、动机、态度、个性特征、仪表风度、穿着打扮甚至表情等都有关,也与传播者与受众之间在人口统计特征和生活方式等方面的相似程度有关。它往往决定宣传影响力的有无,例如,中央级或其他主流官方媒体比较严谨,可信性就较高。

作为非营利性信息源的参照群体或意见领袖也会被消费者视为可靠的信息源,因为消费者认为,这些人不会从给出的建议中获利,是客观中立的。对使用过该产品的消费者或中立的新闻媒体等第三方也较为信任。但是,很多消费者对商业性(营利性)信息源缺乏信任,因为他们认为商业信息的传递者难以做到客观、公正。所以,公关宣传或公众媒体对品牌形象有着特别的意义,因为消费者认为:一篇褒奖某款产品的媒体社论要比商家付费策划的广告更可信。

同时,人们对宣传者是否通过宣传而获得某种个人利益的动机的判断,也是评价可信性的主要依据。比如,如果人们认为著名的影视明星只是为了获取巨额广告费用而向消费者推荐商品,这种宣传的可信性就会大打折扣。同样,尽管销售人员和广告主往往具有丰富的专业知识,许多消费者却怀疑他们的可信度,因为他们可能会为了自身的利益而误导消费者。

在网络时代,自媒体或网络社群往往是普通大众分享消费经验,传递信息的重要途径,其对消费者的影响作用很大程度上取决于信任关系的强度。自媒体往往比主流媒体更具平民化与中立性,对消费者影响较大,企业应当适当利用微信、QQ、博客、微博、BBS 论坛等网络社群进行产品与品牌宣传,尤其是社交电商性质的 KOL 和 KOC 能极大地影响消费者决策,名人或社群领袖的好评也能起到良好的带货效果。

无论 KOC 还是 KOL,都属于在某一行业内有话语权的人,通过社交媒体等平台,帮助品牌进行口碑发酵。KOL 或许具备快速且显著扩大品牌知名度的力量,但是他们与消费者的互动基本都是单向的。相比之下,KOC 的粉丝数量或许与 KOL 相差甚远,但

KOC 与普通用户更接近，往往是营销者所不可控的，因而更具有亲近感、真实感和可信性。当然，有些 KOC 会逐步转化成专业 KOL，成为某些品牌的代理商，背后甚至还有MCN 机构的扶持，这时其权威性会提高但可靠性会有所下降。从图 7-5 的影响力金字塔模型来看，KOL 置于顶部，KOC 置于腰部，而普通用户则位于底部。顶部 KOL 可以快速打造知名度、引爆产品；腰部 KOC 因为和底部的普通消费者联系更紧密，虽然无法迅速引爆，但却更容易对用户进行渗透；底部的普通消费者大都处于被动的信息接收状态。

图 7-5 影响力金字塔模型

一般来说，顶部大 KOL 更适合做品牌形象，小 KOL 适合带货。KOL 的流量变现，其实可以看作是一种信任变现：消费者正因为相信 KOL 的推荐，才会被种草或对某品牌有好感。通常来说，KOL 日常内容输出是用于建立用户信任，接广告变现是用于消耗用户信任。但如果KOL 广告接的太多，甚至推荐了假货，就会透支信任，并损害 KOL 自身的长期利益。

直播带货的品类偏向于体验型产品、非标性产品，如美妆、服装、珠宝玉石等。直播带货与电视购物有类似之处，其中之一就是所售产品的去品牌化。但直播带货是建立在消费者对主播或 KOL 的个人信任和好感基础上的，主播是人格化的，是以自身信任资产作担保的，低价刺激也是重要的原因。为了让直播更真实、更场景化，提高可信度，"淘宝直播女王"薇娅曾来到韩国明洞进行实地直播，打消了粉丝对化妆品假货的担忧，并让其直观感受价格上的优惠。结果，在 5 小时的直播中，观看量高达 458 万人次，总销售额高达 1.1 亿元。

从网络内容生产方式上看，一般来说，可信性高低的顺序依次为：UGC（用户生产内容）、PGC（专业生产内容）、PUGC（专业用户生产内容）、OGC（职业生产内容）。

 资料链接 7-5

意见领袖和超级顾客

"意见领袖"是以个体形式出现的信息源，他们能够频繁地影响他人的态度或行为，他们的意见会被他人认真考虑，他们对产品有着深入的了解。在移动互联网时代，意见领袖的一种形式是"超级顾客"。

意见领袖成为重要的信息源有以下几个原因。

(1) 由于他们具有专家的权威,所以在技术上有竞争力,因而具有说服力。
(2) 他们以无偏见的方式预先考察、评价并综合产品信息,所以他们拥有知识的力量。不同于商业支持者,意见领袖并非代表某一公司的利益,他们别无企图,更值得信赖。他们针对商品提供的信息既有正面的,也有负面的,所以更客观。
(3) 他们在社会上很活跃,在社区有广泛的联系。
(4) 他们在价值观和信仰上与消费者类似。
(5) 意见领袖往往是那些最早购买新产品的人,他们敢于承担较大的风险。

资料来源:所罗门,卢泰宏,杨晓燕,2014.消费者行为学:第 10 版[M].杨晓燕,郝佳,胡晓红,等译.北京:中国人民大学出版社.

(三) 外表魅力

外表魅力指传递者是否具有一些引人喜爱的外部特征。传递者外表的魅力能吸引人们注意和引起好感,也会增强其影响力。正因如此,小视频或直播平台上的网红们大都喜欢使用化妆、美颜和滤镜,提高颜值,以增强其吸引力与影响力。而"萝莉变大妈"的斗鱼主播乔碧萝殿下则成了大众笑柄。

很多商业广告都喜欢用俊男靓女作为打动顾客的手段,即使并非名人的形象代言人,如果具有外表或形体魅力,也能吸引人们注意和引起好感,并增强说服的效果。这其中可能有"光环效应"(或"晕轮效应")的作用。虽然漂亮的模特更容易引起观众的注意,但在引导观众认真理解广告信息时作用可能并不大。相反,观众可能因为欣赏广告中漂亮或英俊的人物(并由此产生好心情)而忽视了对广告信息的关注和理解,也没有影响其对产品态度的转变或购买倾向。另外,若是用高度迷人的代言人,有时可能会使消费者产生某些负面情感(例如忌妒),因而导致贬抑代言人,使产品受到不利影响。

此外,要使形体魅力在广告中发挥作用,还必须考虑代言人与产品的匹配程度。例如,当产品与消费者的外表魅力有关时,如香水、洗发水、护肤品、珠宝等,有魅力的代言人才会更有说服效果;如果广告宣传的是咖啡、计算机、面纸等与性感或魅力无关的产品,其效果就会受到限制。这表明,使用外表漂亮、性感的代言人做广告,并非在任何情况下都是合适的。

(四) 被喜爱程度

被喜爱程度指受众因传递者的社会价值而产生的正面或负面情感。消费者对传递者的喜爱程度可能部分基于其外表魅力,但更多的可能是基于其他因素,如举止、谈吐、幽默感、人格特质、明星、社会地位或与个体的相似程度等。在自媒体时代,传递者要善于利用幽默、卖萌、互动等方式,获取消费者的喜爱。例如,一封理由为"世界那么大,我想去看看"的辞职信在网络上爆红,雷军便在飞往印度视察印度市场前发表微博说:"世界那么大,我想去看看……待会儿就飞印度",末尾还放了一个十分卖萌的微博表情。这一微博短短几分钟之内便吸引了上百条粉丝回复,雷军不仅成功扩大了自己对小米品牌的影响力,更确立了一种十分亲善的公众形象。

喜爱之所以会引起态度改变,是因为人们具有模仿自己喜爱对象的倾向,较容易接受他的观点、受他的情趣的影响、学他的行为方式。

传播者与受众的相似度不仅影响可信性,也与被喜爱程度密切相关。人们一般更喜欢和自己相似的人接触和相处,从而也更容易受其影响。Brock 在 20 世纪 60 年代的试验发现：没有专长但与顾客有相似性的劝说者比有专长而与顾客无相似性的劝说者对顾客的劝说更为有效。聚划算与平台化妆品商家登录B站，在B站直播"我就是爱妆"的网红Coser直播秀，选取了当红Coser主播扮成动漫界人气角色，以"美妆直播"为切入点，交流Coser界的妆容经验，引发了数万二次元喜爱者的积极参与，粉丝弹幕几近霸屏。定位于平民化妆品的"大宝"采用"典型"消费者（就像邻家男孩、女孩或大婶）作为广告代言人也起到了较好的效果。

代言人与广告效果关系的研究

影星、歌星、体育明星等名人信息源有助于受众态度改变的原因有多种：可借助一般人对知名人士的熟悉度和爱屋及乌的心理，来提升对于产品的认同；能吸引人们的注意；消费者也许愿意将自己与名人相提并论或效法名人；消费者也许把名人的特征与产品的某些属性联系起来，而这些属性恰好是他们所需要或渴望的。所以，如果名人的形象与产品的个性或目标市场消费者实际的或所渴望的自我形象相一致，往往能提高使用名人信息源的效果。

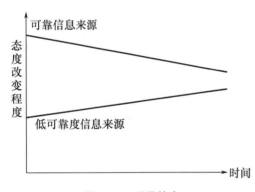

图7-6 睡眠效应

总之，企业应根据其产品的性质和定位及目标消费者的特征选择适合自己的形象代言人。代言人的类型有名人、专家、典型消费者和动漫人物等几种。根据产品类型和消费者卷入度的差异，不同类型的代言人也分别发挥着不同的作用。例如，从产品特点来看，专家型代言人对影响消费者对实用产品（如吸尘器、治疗顽固性疾病的药品）的态度会非常有效；名人作为珠宝、家具之类社会风险较高产品的代言人，效果会更好；在推荐食品、饮料、家用洗涤剂、普通化妆品时，"典型消费者"则是很能打动人心的一种形象代言人；卡通造型、动漫人物属于低可信度代言人，但对于小朋友、二次元消费者却有较大的影响力。例如，《哪吒之魔童降世》火起来后，某医院以哪吒的动漫形象作为牙齿整形的广告代言人，也取得了较好的效果。

但有研究表明，随着时间的延续，宣传者特点的作用逐渐减弱，受众的态度更多地受宣传材料的内容与观点的影响，以至于最后接受者的态度变化与宣传者有无声誉并无明显的关系。这种现象被称为"睡眠效应"，如图7-6所示。"睡眠效应"产生的原因在于，一段时间过后，信息与信息源分离，只在人的记忆中留下了信息内容。所以，为了取得一时的效果，聘用声誉高的信息传递者是一个决定性的措施，但要取得长期的效果还应充分重视信息的内容等其他因素。

资料链接7-6

广告代言人的失误

利用名人作为广告代言人常发生的错误有以下几项。

（1）在名人代言中只强调名人的地位，而忽略了名人与产品的联系。例如，某著名影星代言了一种经济型轿车,显然,他是绝对不会买这种车的。

(2) 内行代言一种他所专长的领域以外的产品。例如,一个汽车专家去代言建筑设备。

(3) 用普通人做代言时,代言人的服装和饰品太过华丽。例如,一个穿着三件套西装的人去代言低档香烟。

(4) 代言人很牵强地去强调产品看不见的特色。例如,有这样一则电视广告:丈夫骑摩托车带着妻子赶路,并对妻子说:"……我们肯定会准时到达的,因为我们的摩托装配的是 RD 牌变速箱……"。

总之,应该传达出"因为我们的产品好,所以他们用我们的产品"这样的信息,而不是"因为他们用了,所以我们的产品就是好产品"。

资料来源:https://baijiahao.baidu.com/s?id=1590433120318304907&wfr=spider&for=pc [2020-11-30].

二、诉求方式

广告诉求是指用什么样的广告内容和形式对消费者进行说服的广告策略。包括两种基本的广告诉求形式:影响消费者认知为主的理性诉求形式和影响消费者情感为主的情感诉求形式。

(一) 理性诉求

理性(智)诉求又被称为"硬销售"。其诉求策略是:通过提出事实或进行特性比较,展示商品固有的特性、用途和使用方法等,提供关于商品的事实性信息,或给消费者带来的实际利益,强调商品所具有的特性及优越性,以使消费者形成积极的品牌态度。

广告传播活动中的理性诉求应当注意引导和加强消费者对产品核心价值的认识。产品的核心价值的提炼可以从产品、消费者及竞争对手三个层面来考虑。对应地,主要有三种广告理性价值诉求策略。

1. 以产品拥有的最大优势价值为诉求

例如,某一品牌手机最大的优势价值是"高像素"(优势属性)带来的逼真效果(优势价值)。影星孙红雷为"瓜子二手车直卖网"说了句广告词"没有中间商赚差价",并成为网络流行语,互联网时代更是宣称要消灭中间商,其实这些平台本身就是最大的中间商,广告所言并不是其真正的优势所在。

2. 以消费者最看重的价值为诉求

例如,卫生巾生产商电通公司从"消费者最看重的卖点"出发,发现消费者比较关注的功能主要是"吸收量大""有护翼""触感舒适""透气性强"这四个卖点,对此,电通把它们概括为一个词——"安全感"。"安全感"成为其卫生巾最应该诉求的核心价值。

3. 以产品最独特的价值为诉求

"拥有程度"和"行业重要性"这两个指标只考虑了项目自身和消费者的情况,而"独特性"则考虑了竞争对手的情况。在市场竞争日趋同质化的今天,差异性、独特性是营销者和广告人无法绕开的话题。USP 理论强调广告的诉求就是要诉求这一"独特的销售主张",这基本上是很多营销和广告人员的共识。例如,某品牌洗发水打出"洗了一辈子的头发,你洗过头皮吗?"一下子颠覆人们过去数百年来洗头只洗头发的护理认知,提示消费者只有用某品牌洗发水清洗头皮才能解决头发的根本问题。

除了直接的功能介绍,理性诉求还可以利用网络热点事件、讲故事等更有吸引力的沟通方式。例如,Zippo 成为世界第一打火机品牌,故事沟通功不可没。比如,荒岛逃生者靠 Zippo 的火焰发送求救信号、被鱼吞入肚子中的打火机完好无损等一系列小故事都给消费者以极大的吸引力,增加了人们对 Zippo 品牌的好感度和美誉度。Airbnb 所塑造的品牌故事,则完全来自用户——"让顾客而非你的品牌成为故事的主人公"。在 Airbnb 网站上,每一个提供住宿的人都有机会展示自己的生活来吸引他人,这些故事正是最真诚的沟通语言;而客户则讲述着始终如一的故事——在当地人的家里,享受更"真实"的旅行体验。

对于趋于理性的消费者而言,即使其可能因情感化广告创意而备受感动,但那些更具说服力的理性资料,如产品参数的对比、用户使用前后的对比、评测跑分等,对其购买决策起着更重要的作用。

(二) 情感诉求

情感诉求又称"软销售"。其诉求策略是:不是传达产品给消费者带来的实际利益,而是设法激发起消费者的某种情绪或情感反应,传达产品带给他们的心理附加值或情绪的满足,通过某一品牌与消费者的情绪体验在时间上的多次重合,以使消费者产生积极的品牌态度。

尤其是戳中人们内心深处泪点或笑点的情感表达,往往会引发巨大的共鸣。例如,电影《你好,李焕英》反超《唐人街探案 3》,成为 2021 年春节的票房之冠,其重要原因就是其以其真挚、平等的母女亲情得到了广大观众的共情。

若一个广告中包含有亲情(包括爱情、友情等)、幽默、热情、怀旧、愤怒、恐惧、爱国之情等情感诉求手段中的一个或一个以上时,该广告就是情感广告,不管广告中是否含有产品特性的信息。若没有这些情感诉求手段,就是理性诉求广告。

情感诉求主要是为了建立积极的情感反应,而不是为了提供产品信息或购买理由。另外,还应注意避免消费者消极情感反应的发生。

除了常见的以社会性情感需要为中心的诉求方式外,情感诉求的常用方法还包括以下两种。

1. 幽默诉求

好的幽默诉求不但能吸引受众的注意力,而且也有好的信息传递效果。在广告中使用幽默诉求,可以使受众在接收有关广告信息时产生一种愉快或积极的情绪,同时,幽默也可以使消费者对于广告产生喜爱,经由对于广告的喜爱进而增加对于品牌的喜爱,比较适用于卷入程度比较低的产品或娱乐产品。饿了么的口号是:"饿了,别叫妈,叫饿了么",幽默且深入人心。电影《流浪地球》热播后,许多网友和政务蓝 V 以电影中的经典台词进行了"流浪地球造句大赛"。

但是,反对幽默的研究结果也发现,幽默有时会降低消费者对于信息的理解,而且幽默广告的寿命通常较短,淘汰率较高。

要使幽默诉求有效，需注意以下几点：①幽默应与广告所传递的产品和产品将带给消费者的利益联系起来。如果为了幽默而幽默，那就容易给人以哗众取宠之感，虽然也可以提高品牌知名度，却并不能提高品牌的美誉度；另外也可能转移消费者对广告要点的注意力，类似于美女模特所起的负作用。②集中于产品功效而不是使用者。用夸张、滑稽、可笑的方式描述产品使用者，可能导致受众的反驳和反感，降低劝说效果。③运用幽默诉求时，最好有几种不同的表现形式，因为幽默广告在最初吸引人们的注意后，如果反复播放会产生"疲劳"效应。④在现有产品、低卷入产品的广告中使用幽默诉求比新产品、高卷入产品更有效；幽默广告更多地使用在"快乐型"产品上，银行、殡仪等业务不宜采用。

幽默效果会受到很多个人因素的影响，如性别、种族、人格特征及社会态度等。如在年轻、受过良好教育的男性人群和对品牌已经具有好感的消费者中，幽默广告效果更为显著；男生通常会比女生对幽默产生较正面的反应。此外，我们也必须注意到有些消费者并不一定能领会广告的幽默点，此时常会有意想不到的负面效果产生。例如，以性别嘲弄为主题的幽默广告，反而可能引发消费者的反感。

 案例链接 7-5

"去啊"引发的公关营销

阿里巴巴的航旅品牌"去啊"最初取自一页宣传 PPT："去哪里不重要，重要的是——去啊"，结果，"去啊"这一富有情趣的表述引发了整个在线旅游圈的公关营销狂欢。去哪儿很快做出回击：人生的行动不只是鲁莽的"去啊"，沉着冷静地选择"去哪儿"，才是一种成熟态度！携程的段子也来了：旅行的意义不在于"去哪儿"，也不应该只是一句敷衍的"去啊"，旅行就是要与对的人携手同行，共享一段精彩旅程。驴妈妈则回归母爱：从起步到成长，真正与你同行的只有妈妈，"去哪儿"听妈的。途家的心态就放松多了，直接上图自己的即兴作品：人生旅途，"去啊"和"去哪儿"都不重要，重要的是想走就走的生活态度，以及不一样的住宿体验。爱旅行则回应说：旅行不只是鲁莽的"去啊"，也不是沉默的选择"去哪儿"，"爱旅行"才是一种生活态度。随后，在路上也加入了狂欢队列：不管你是随性的"去啊"，还是冷静的选择"去哪儿"，旅行终究是要"在路上"。同程则表示：无论是随性的"去啊"，还是纠结的选择"去哪儿"，我们始终与你同程。这时，春秋旅游说了：冬天太冷不知道去哪儿，夏天太热也不想去啊，携谁之手同谁之程，品质游，你还得找春秋！看到这几家的公关营销，途牛淡定地说：别闹了，什么去啊、去哪儿、这程、那程，只信一句话——要旅游，找途牛。

"去啊"狂欢还在升级，与旅游相关的网站都不甘寂寞了。游心：人生的行动不是鲁莽的"去啊"，也不是沉着冷静的选择"去哪儿"，游刃于心才是一种成熟的态度。我趣：旅行的态度不是"去啊"，旅行的意义不在乎"去哪儿"，让爷玩嗨了，才叫我趣旅行。欣欣：也不单纯只是为了"去啊"，更无谓"携"手同行的旅"程"，最重要的是和对的人开开"欣欣旅游"。遇见：去啊！去哪儿？这很重要吗？正好遇见的，正巧抵达的，就是你心里最美的风景。一块去：去哪儿和去啊都不重要，重要的是一块去！走客：在欧洲你不知道"去哪儿"，在欧洲你不会说去就"去啊"，在欧洲"穷游"那是玩笑，在欧洲"走客"才是王道。会玩："去啊""去哪儿"都不重要，会玩才是王道。易到用车："去啊"

是新的冲动,"去哪儿"仍是个问题,终究得容"易到"才行。租租车:你得知道一站搞定全球租车,才能说"去啊"就去啊,想"去哪儿"就去哪儿。最后,来来会说:你们都"去"了,只有我们"来"了。

甚至连周末去哪玩、百程等也加入了叫板队列。周末去哪玩:一年中有52个周末,更好的放松才能最佳的工作,因此,周末去哪儿玩才是你的日常所需。觅优代表商旅前来参战:不是你想去哪就能去啊,你还想报销吗?百程思路反转,显得清新有趣:"去哪儿"和"去啊"都很重要,更重要的是我们的签证。

终于,看准也放狠话了:无论是去哪儿,还是在路上,最好看准了再去吧。京东旅行则不慢不紧地说:他们说"去啊",就去吧。他们说"去哪儿",就去哪吧。他们要携家带口慢慢启程,那就这样吧。听从大家的安排,看着重复的风景,一辈子就这样活着,别上京东旅行。

这场旅商们的狂欢终究是没了尽头,于是装修界打算来做一个终结:"不管你是去哪儿还是去啊,家都在那里,不离不弃"。也是,再远的旅途终点也是家。没装修哪有家!于是惠装君做了狂欢终结者:"不管你去哪儿找装修,都得'惠'装才去啊。家,不只是一片遮头瓦,更是用心经营的浪漫。"旅途结束就回家吧!

资料来源:http://www.seohyq.com/1101.html [2020-11-30].

2. 恐惧诉求

为了影响消费者的态度,既可以告诉消费者使用商品的好处,即正面诉求;也可以告诉消费者不使用这种商品会导致的不良后果,即恐惧或反面诉求,也被称为"恐惧唤起",它强调态度和行为如果不做改变将会面临一系列令人不快的后果。恐惧诉求也是广告宣传中常常运用的一种说服手段,如头皮屑带来的烦恼、蛀牙所带来的严重后果、脚气患者的不安表情。恐惧诉求常常会伴随比较式宣传。例如,立邦油漆为了向消费者传达健康家居生活的理念,曾经运用"拥有绿色,地球才有心跳"的口号设计了一款公益广告,其中有两幅对比意义非常鲜明的图片,左图是郁郁葱葱的地球村,一双手托起了小婴儿,旁边还有一个正在跳动的心;右边的图片上灰蒙蒙一片,可以看到球体上到处是枯死的树木和垃圾残渣,情况惨不忍睹。通过这样的对比,让社会公众了解到保护环境的重要性,取得了很好的效果。

资料链接 7-7

恐惧营销文案

学区房:子女的未来,经不起等待(照顾好孩子);

儿童安全座椅:未安装儿童安全座椅的汽车,婴童致死率比已安装的要高8倍(照顾好孩子,远离危险);

洗发水和口香糖广告:约会场景的尴尬、羞耻和焦虑(获得异性伴侣);

《自学是门手艺》:没有自学能力的人没有未来(生存);

公众号爆文:你的同龄人,正在抛弃你(与人攀比,落单);

儿童培训:不要让孩子输在起跑线上(照顾好孩子,与人攀比);

王老吉：怕上火，喝王老吉（健康）；

洗碗机：知道吗？你一辈子整整有两年时间在洗碗（寿命）。

资料来源：http：//www.woshipm.com/marketing/2689395.html［2020－11－30］.

恐惧诉求并不适用于所有情况，奶制品标签上标明全脂、低脂和无脂就比警示标记更好。恐惧诉求较适合补救类、预防类的实用品（如护肤品、保险），主要涉及身体方面的恐惧（如吸烟引起的身体损害、不安全的驾驶等）或社会恐惧（如他人对于不合适的穿着、口臭等的鄙视目光）。人寿保险公司、防盗器具生产商、汽车制造商更多地运用恐惧诉求唤起消费者对其产品的兴趣。公益广告也常用恐惧诉求。例如，一个老烟民看了两张照片：一张是不吸烟的健康人的肺；另一张是因为吸烟而患有肺癌的病人的肺。这个有着30年烟瘾的老烟民看着被厚厚的焦油覆盖并损坏的肺忍不住打了一个寒噤，他彻底地被震撼了，恐惧唤起极大地加强了他戒烟的态度和决心。

恐惧感的激活有两个诉求方向：诉诸当下状态的严重性、强调未来风险的可能性。前者适合于补救类产品，如护肤品、时间管理课程、减肥茶等。例如，理财产品的广告是"你不理财，财不理你"。后者适合于预防类产品，如保险、避孕品。例如，杜蕾斯在父亲节的借势广告是"致所有使用我们竞争对手产品的人，父亲节快乐"。

但是，恐惧诉求并不适用于纯享乐属性的产品。例如，某巧克力品牌的电视广告是："某一年的情人节，男孩为了给女孩一个惊喜，特地准备了礼物，有玫瑰花、甜点，还有项链等。但是，女孩收到礼物后却并没有感到开心。原因是男孩没有送她××牌巧克力。"但消费者并不觉得巧克力和恐惧营销有多大关系。如果把产品换成护肤品："男生送了女生一款护肤品，女生用了之后却发生脸部感染，最后发现原来男生买的是不知名的劣质品。"消费者看到这个广告就可能会想"还是买大牌的吧，免得感染"。

一般而言，恐惧激活程度与购买欲望的关系符合倒U曲线，也就是说，中等程度的恐惧往往更有效。如果激活了较为强烈的恐惧感，但产品却并不能真正消除高水平恐惧，消费者可能会设法避开恐惧，或把那种恐惧说法当笑话。例如，否认其真实性（"没有确凿的证据证明吸烟引发癌症"）、对灾难免疫的信念（"不会发生在我身上"）、过于扩散以至于失去了真实性（"我只抽滤嘴香烟，我很安全"）。相反，如果恐惧激活程度太低，消费者会觉得为了这点小事就购买产品，完全没必要。例如，儿童安全座椅广告"如果身为父母的你，开车时加速或减速，车里的小孩就非常有可能发生磕碰，而××牌儿童安全座椅将有效避免磕碰的发生"，由于唤起的恐惧感太弱，消费者会觉得买一个几千块的儿童座椅不值，更简单的解决方式是改变开车习惯（如急刹车、突然加速等）。但是，如果广告文案是"发生车祸时，汽车内未安装儿童安全座椅的婴童死亡率是安装了儿童安全座椅的8倍，受伤率是3倍。一旦发生汽车碰撞事故，使用了儿童安全座椅可将孩子的死亡率降低71％。"这样就唤起了合适程度的恐惧感，而产品恰好能消除这种恐惧，从而激发起消费者的购买欲望。

（三）理性诉求与情感诉求的应用

从产品类别上看，实用型、功能型产品适合于理性诉求，享乐型、情感型、象征型、冲动型产品更适合于情感诉求。对于像香水、时装、烈酒等注重包装的产品，如果将广告与人的情绪、感觉联系起来，就比只理性地介绍产品的特点更有宣传效果。

情感性广告比较适合那些追求享乐消费的目标群体或主要为消费者创造特殊体验的产

品，但情感诉求不能传递全面的商品信息，对于那些消费者存在认知需要（消费者还未形成有效的认知）的功能性产品、高卷入产品，就应当采用理性诉求。例如，优乐美奶茶拍了一段唯美的爱情广告，广告语是"因为想要把你捧在手心"；香飘飘的广告语则是"一年卖出的奶茶可以绕地球两圈"，最后的结果是优乐美完败。原因是速溶奶茶的定位不应该是情感型、冲动型或象征型产品，购买速溶奶茶之后怎么也得回家烧开水再喝，所以，温馨的情感营销也就失效了。

对于低卷入度产品，情感诉求类广告更能引起受众的注意，并且有较积极的情感反应和态度变化。而对于高卷入度产品，理性诉求类广告更能引起受众的注意，并且获得更多的认知反应。如果商品同质化程度较高，不同品牌的实际性能差别不大，适合采用情感诉求，使产品在品位、情调等方面与同类品牌区分开来，以符合潜在消费群体的自我形象。而同质化较低的商品，则首先要让受众明白这种商品的特点在哪里。

此外，商品的使用场合也是必须考虑的因素。一般来说，公共场合使用的商品，宜于制定情感诉求策略，因为使用者的自我形象心理在公共场合更为突出。例如，名表大多是成功人士使用的，所以更多地暗示佩戴者的高贵形象和品位；一些汽车广告借助靓丽的模特引起男士的注意。这些情感诉求方式都容易作用于受众信息处理的边缘路径。非公共场合使用的商品，如家电、卫生用品等，其广告策略则应该以理性诉求为主。例如，牙膏广告强调"护牙洁齿"的功效，众多的药品广告强调"见效快"。

从时效上看，"以情动人"的情感诉求往往对消费者有较强的影响力和感染力，但效果容易消失；而"以理服人"的理性诉求产生的效果保持时间较长。所以，如果要取得立竿见影或气氛热烈的效果，应运用情感性的诉求，以及幽默、新奇、生动、有趣等富有情绪色彩的宣传手段，激发出消费者情感上的共鸣；但如果要使宣传收到长期的效果，就需依据充分说理的理智手段。表7-2对两种诉求方式的适用特点进行了归纳。

表7-2 理性诉求与情感诉求的比较

理性诉求	情感诉求
适合于实用产品	适合于感性产品
适合高卷入消费者	适合低卷入消费者
着眼于产品在功能、特性、价格或消费益处等方面的"硬信息"	着眼于目标受众的喜悦、恐惧、爱、悲哀等情绪或情感方面的"软信息"
注重广告信息的逻辑性、说服力	注重广告是否有感染力、诱惑力
针对的是消费者的物质需要或理性需要	针对的是消费者的情感性或社会性需要
追求长期效果	追求短期效果

从个体差异来看，内向的人偏向于理性诉求，外向的人偏向于情感诉求；男性更喜欢理性广告，而女性更喜欢情感广告；文化程度高的人偏向于理性诉求，而文化程度较低的人偏向于情感诉求；先前处于积极情绪状态下的被试者对于两种诉求方式的喜爱没有差异，而处于自然状态下的被试者更偏向于情感诉求。对于"00后"消费者而言，他们有着独立思考、反权威、崇尚内容深度的倾向，一方面让广告创意变得失灵，另一方面更加注重品牌所传递的独特观点。未来，中庸的大众品牌或许将会变得黯淡，而产品过硬、观

点锋利的品牌才会获得年轻一代的喜爱。

在广告设计中最好能将情感和理性诉求有机结合,即用理性诉求传达信息,以情感诉求激发受众的情感,互相补充其不足,做到"有理可依""有情可感""情理相融",往往可以兼顾不同对象的特点,还能收到既迅速又持久的效果,实现最佳的广告效果。例如,可先用富有情绪色彩的宣传介绍方式,引起消费者的注意和兴趣,继而通过理性论述,使其在思想上迅速接纳营销者的观点。

应当指出的是,在网络时代,消费者获取信息的主要渠道并不是营销者控制的广告,而点评网站的信息主要是理性而非感性的,人们根据评论做出的购买决策也大多是理性的。以前,消费者购买相机时,看到的广告词可能是"留下你的美好人生""展现你最好的自我",但现在的用户评论则更为直接、具体,更以事实说话,更关注相机的质量和使用价值。当消费者可以从专家和其他买家处获得大部分信息时,人们就不那么容易受广告的影响,尤其是那些缺乏实际价值的"煽情"宣传。

三、信息结构

信息结构涉及信息的安排方式,包括以下四个方面。

(一) 单面说明与双面说明

单面说明是指信息传递者只介绍商品好的一面,而不提及商品可能具有的任何消极特征或竞争商品可能具备的任何优越性;双面说明则介绍正反两方面的情况,将有利与不利的情况都加以介绍,只是强调优点强于缺点,给人们留下一种瑕不掩瑜的深刻印象和客观、公正的感觉,可以降低或减少受众对信息和信息源的抵触情绪。例如,男士生发水广告可能会宣称,经过临床试验,接近半数的男士使用过该产品后,发量由中度变为密集,1/3 的使用者增发量较少,1/6 的使用者没有增发。承认产品并不是总有效果或"包治百病",会增加广告的可信度。

Hovland 的研究表明,如果消费者现有的态度与宣传者一致,或消费者对所接触的问题不太熟悉时,即让消费者发生一致性的态度转变,采用单面说明能最有效地强化其现有的态度。而如果消费者还存在疑虑,或对有关问题还存在分歧与争论而受众对有关问题又比较熟悉时,就宜采用双面说明的方式。

从消费者的特点来看,如果其知识水平较高、较具批判性思维、理解判断能力较强,卷入程度高、爱挑剔或不太友好 (如使用竞争对手的产品),双面说明可以帮助其比较鉴别,效果较好。这个层次的消费者普遍对自己的判断能力非常确信,不喜欢别人替自己做判断。如果广告武断地左右他们的态度,会适得其反引起逆反心理。另外,当消费者很可能看到竞争者的反诉,或当消费者对该品牌的态度已经很消极时,双面说明也会很有效。

但对判断力较差、知识面狭窄、依赖性较强、卷入程度低的消费者,单刀直入的说明效果较好。另外,如果消费者是友好的 (如使用广告产品),对广告及产品持积极态度,或者消费者听不进负面评论,那么仅强调有利信息的说明是最有效的。

从时效上看,单面说明产生的即时效果优于双面说明。但是,从长期效果来看,双面说明的效果有上升趋势,而单面说明的效果有下降的趋势。

双面说明采取提出不利方面然后予以解决的方式,容易提高信息源的可信性和客观性立场,使那些对产品持怀疑态度的人更易于接受一个平衡的论据,并有效地避免消费者产生逆反心理。艾维斯汽车出租公司打出广告词"在汽车出租业中,艾维斯只是第二,我们自当全力以赴",有人还认为艾维斯在替排名第一的公司免费做广告,但结果是很多消费者喜欢上了艾维斯。

当然双面说明也可能降低信息的冲击力,从而影响传播效果。另外,消费者可能更关心负面论述,更倾向负面内容的传播。因此,负面说明最好不要涉及产品的核心功能和品质,以及消费者很难判断的产品特性。例如,可口可乐旗下的一款产品零度可乐,先被爆出其成分阿斯巴甜可能致癌的负面消息,公司通过食品卫生部门证实阿斯巴甜成分是安全的。表面上看,证实了阿斯巴甜成分的安全可以使人们放心,但在消费者进行消费决策时,难免会心存怀疑。另外,双面说明中优点的论述强度及比例,应当覆盖并反驳产品所拥有的缺点。最后,企业在传播过程中是否运用双面说明,最好事先认清广告对象是哪一层次的消费群体并了解消费者的反应后,慎重决定。

 资料链接 7-8

双面信息容易取得消费者信任

一直强调商品优点的推销术,真的能够吸引顾客吗?

其实,顾客心中想的事情通常是:"一直说商品的优点,未免也好到令人怀疑吧?"换句话说,顾客并不会因为推销人员强调产品的好处,而欣然埋单,反而是抱着"太好的事情不能当真"的想法,怀着"莫非是有什么不可告人的产品缺陷"的疑问,将推销员说的话"打对折"。

推销人员必须了解消费者的这种心理,否则说得太完美,难免会让人觉得"反正都是推销员天花乱坠的话术",从而起到相反的效果。毕竟,商品多少会有不完美的地方,因此不妨使用另一种方式,那就是强调产品缺点,引发顾客的兴趣,进而建立彼此之间的信任。

以数码相机为例,太轻的相机可以说:"这台相机很轻便,每天放在包包里也不会增加负担。不过,因为重量太轻,拍摄时可能会容易晃动,如果担心的话,我们有防手震的设计,可以克服这个缺点。"

相反地,如果是太重的相机则可以解释说:"这款相机的液晶屏幕设计为3寸这么大,希望老年人也能看得清楚。而且镜头有广角功能,变焦范围比一般相机大,所以相机整体重量比较重,不过优点是可以端得比较稳。"

当然,若能以推销人员的使用经验为出发点、站在顾客的角度设想,则更有说服力。例如:"我也在使用这款商品,跟其他竞争产品比较起来,运作速度可能不是那么快。不过,研发人员告诉我,这件商品是以产品寿命为首要考虑,速度与耐久性无法两全其美,因此只能舍弃一定的速度。大家买新东西总是希望可以耐用一点,所以如果您重视产品寿命长短的话,或许还是可以接受速度慢一点的问题。"

资料来源:文及元,2008. 产品缺点不隐藏,引诱顾客好奇赢得信任[J]. 经理人(49).

在口碑传播中,除了正面与负面口碑信息外,也存在双面口碑信息。双面口碑信息是指在一个口碑信息里既包括肯定支持性信息又包括否定反对性信息。已有研究发现:①与单面信息相比,消费者注意和处理双面信息的动机更强,因为双面信息往往更有趣、更新奇、更可信;②双面信息在改变消费者的负面态度和创造更好的正面态度方面比单面信息更有效;③双面信息中有关的负面评价应该放在比较靠前的位置,但是不能放在最前面;④如果消费者对品牌的先前态度是积极的话,双面信息的有效性取决于消费者对双面信息中所含的负面信息的先前认知:如果消费者先前没有意识到双面信息中所包含的负面评价的话,双面信息的有效性就会低于单面信息;如果消费者先前已经意识到了有关该产品的负面评价的话,双面信息将会与单面信息一样有效。

Bazaarvoice 公司创始人 Hurt 甚至认为,在网络平台中,保留负面评论反而能促进销量。首先,负面评论告诉消费者他们的购物环境起码是真实的,这就表示他们可以信任有关产品的正面评论。其次,人们的偏好各异,可能某个人的负面感受对另一个人却是正面的。例如,一个摄影新手要买数码相机,搜索产品时看到有些资深玩家评价某款相机自动拍照功能不错但手动操作的功能欠佳,但这个摄影新手感兴趣的只是自动拍照功能。

(二) 结论安排

在商业宣传中,可以明确地提出已有的结论,也可以只提供足以引出结论的支持性材料,由消费者自己来下结论。例如,一台主打音效功能的游戏耳机的广告词是"隔壁装修,也能听到敌人的脚步声",这是结论明确广告。而结论暗示广告,则希望消费者自己通过对广告中客观信息的理解加工来判断产品好坏,形成自己的结论。

采取明确结论的形式,可以避免消费者的推断与信息发送者的期望发生偏离,能更有效地转变消费者的态度,特别是在短期内尤为明显。但是如果企业或商品在消费者心目中尚未建立起信誉,采用有一定重复的、非明确结论的宣传,可以取得较好的效果。尤其对于某些文化水平较高的人,可以激发其兴趣和探究心。而经由消费者自己的思考而得出的结论,会使其态度更坚定、更有参考价值。

沟通信息是替消费者下结论,还是由消费者自己下结论?这主要视消费者的智商与卷入程度、广告信息复杂性及传播者的可信性而定。一般而言,在消费者对传播者或代言人未建立足够的信赖感之前,不要替消费者下结论;问题太简单或消费者太聪明,或是太过于个人化的问题,也不宜替消费者下结论。如果信息相当复杂或是消费者的卷入程度不高,则应替消费者下结论;反之,如果卷入程度很高或信息很单纯,则由消费者自己下结论。另外,消费者的个性特点也有影响,认知需要高的消费者更愿意相信论点突出的信息,喜欢结论寓于信息之中,而不是直接给出最终结论。

从广告决策上看,既要考虑消费者本身,还要考虑广告投放的环境。以数码产品推广为例,如果在专门销售数码产品的电子城针对特定目标人群投放广告,采取结论暗示广告会让消费者对产品产生更好的态度,因为这里的消费者对数码产品的卷入度较高。如果为了扩大曝光量而选择在人流量大、环境嘈杂的闹市区(如公交站广告牌、街头广告展板、商业区十字路口电视墙等)投放广告,采取结论明确广告会让消费者对广告目标产品产生更好的态度,因为这个时候环境相对混乱,并且人群对广告的卷入度较低。

(三) 信息量

信息量必须适度,做到言简意赅。比如,当年的 MP3 产品都宣扬自己的容量如何如何大,但苹果 MP3 的广告词"把 1000 首歌装进口袋里",显得简单明了,直击内心。

如果信息量不足,则消费者可能理解困难;而信息量太大,又可能使消费者难以处理太多的信息,产生混乱现象,并降低对重要内容的理解。有意思的是,充分了解商品信息的消费者有时还不如只知道产品模糊信息的消费者快乐,因为前者更容易发现产品的缺点,这被称为所谓的"幸福无知效应"。

(四) 重复性

一般而言,反复多次的宣传有利于消费者对商品态度的转变。这是因为重复可以增加消费者对内容的注意、记忆和理解;重复会产生一种暗示作用,使人们因熟悉而产生信任和好感;重复还可使信息扩散到较广的范围,当人们多次听到来自不同信息源的同一信息时,就容易相信了。所以,如果同一信息在不同的地点或通过不同的传播途径多次作用于消费者,就更容易使消费者相信。但是,单调乏味、缺乏吸引力和说服力的重复却可能产生相反的效果。因而,重复宣传应当新颖、变化并有适当的时间间隔,以避免重复可能引起的厌烦或疲倦心理。

四、信息形式

信息形式是指信息的各种表现方式,这些方式包括图像、文字、音乐、证言、证据、示范、暗示、生动、抽象、活动方式等。

(一) 文字、图像与视频

图像的刺激可以产生巨大的冲击力,尤其是当传播者希望引起受众感性的反应时,生动而富有创意的图像画面能发挥很好的效果。但是,在传递实质性的信息内容上,画面的效果却并不理想。从吸引注意上看,图片会比其他任何静态广告要素(品牌、文本信息等)能吸引更多的注意力,这种图片优先效应说明了印刷广告中大量使用图片的重要性。文字形式有助于影响消费者对产品效用、功能方面的深入评价,而图像形式则在审美评价方面具有较大的影响力。

相对来说,感性产品的信息易于通过符号和形象来传递,而实用产品的信息则更易于通过文字来传递。例如,某运动品牌的自行车广告为了重建它在自行车爱好者心目中的形象,它的广告试图以公路上的自行车手挑战小汽车的形象来打动自行车爱好者的心弦。这个广告绝大部分是图像,只有很少的文字。与此相反的是,它的自行车头盔的广告几乎全是文字,用以宣传它的产品属性。自行车头盔可能很难引发愉悦和想象,它是为了实用的安全目的而设计的。

当文字与图像表述结合在一起,特别是当图像与文字表述相吻合时(即画面中的广告语言与图像紧密联系),文字表述会更有效,而且文字表述也会点明画面的主旨含义,如图 7-7 所示。

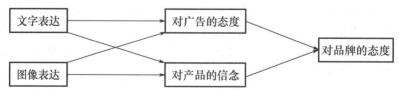

图 7-7 广告影响品牌态度的双因素模型

在 5G 时代,消费者用不到 1 秒的时间即可下载一部高清电影,而消费者接受信息也呈现碎片化趋势,视频形式将会更加符合消费者的阅读习惯。总体上看,视频的影响效果强于声音,声音的效果强于图片,图片的效果强于文字。从信息量角度而言,人们更容易快速把握视频中的信息和内涵,或者能快速把握声音中的情绪,或者快速通过图片把握传递的核心信息,而文字则是一种高卷入的信息方式。从情感体验上看,对语音和视频的情感体验及信任体验远远强于文字的体验,因为视频或者语音可以带来更多的感官体验,主要的原因是在生活中忙碌的消费者习惯于被动地接受信息,而不是简单地通过文字或图片去思考其内涵,消费者一般需要的是简洁放松的模式。因此,抖音等短视频的刺激比图片和文字更能激发消费者的购买欲,网红营销大都选择短视频网站作为内容输出平台。

在国外也有类似现象,在 YouTube 发布的内容,形式多为视频或直播,更容易吸引消费者的关注。相比视频及直播形式,上传到 Twitter 的图文信息就难以调动消费者参与的积极性,且包含的信息量十分有限,不容易获得消费者的集中关注,信息在消费者界面停留的时间也较短暂。由此可见,相较于 Twitter,经 YouTube 输出的内容价值含量更高,持续时间更长,更能保证早期信息推广的影响力。而 Twitter 更适合用于价值扩散。通常情况下,国外广告主对 Twitter 的关注度要远低于 YouTube。

当然,媒介形态的选择还与信息复杂度有关。一般越简单的信息,媒介形态越丰富,越能帮助用户形成观点或态度的变化,而信息程度越复杂,考虑的媒介形态则需要多样化选择了,如图 7-8 所示。例如,计算机、数码相机等复杂程度较高的耐用消费品,如果用声音方式可能很难表现出产品本身的特质,可以借助文字、图片、影像等形态,让用户充分了解产品的全貌。而奶茶、零食等快消品,除非文笔相当犀利,否则用户很难接受,倒不如在抖音上传一段视频、朋友圈贴一张图片来得更为直观。

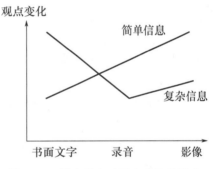

图 7-8 媒介形态对观点变化的影响

(二)活动方式

心理学家 Lewin 曾进行过"不同的活动方式对美国主妇改变吃动物内脏的态度"的实验研究。结果证明:实验组的主妇主动、积极地参与群体的讨论、操作等有关活动,态度的转变比较显著;而控制组的主妇只单纯地接受讲解,被动地参与群体的活动,就很少把演讲的内容与自己相联系,因此态度也难以转变。所以,个体态度的转变依赖于其参加活动的方式。

在营销活动中,让消费者积极参与动手操作、试用、示范、质量恳谈会、参观产品的生产和加工过程,或让消费者直接参与产品的加工制作及检验过程,就能提高消费者的兴趣和信任感,提高信息沟通的反馈水平,比那种单纯讲解、宣传的效果更好。在网络信息沟通活动中,也应加强消费者的参与和互动。

例如,小米发布新产品"米 Max"时,为了展示该产品的超长续航能力,小米联手 B 站开启发布会直播,其在线观看人数达 2000 万以上,粉丝也通过弹幕进行实时评述与沟通。此次直播活动全天候进行,并邀请了许多名人与观众进行互动。除此之外,用户还能参与抽奖,有大约 700 台小米"米 Max"新品作为奖品发放给了用户,每日访客数量超过 200 万人次,在顶峰时期,其在线人数超过 10 万,就算是在 24 点以后,仍有 1 万人以上在观看小米直播。可见,与以往的新品发布及展示方式相比,直播形式更能够吸引人们的关注，覆盖范围更大。

如果在沟通中增加一些奖励活动，如小礼品或优惠参与等，可以增加消费者对广告及广告宣传产品的好感。心理学研究中的可口可乐效应就证明了这一点。把被试者分成两组，让他们看某个广告传单，其中一组在发给广告传单时每人赠送一瓶可口可乐饮料，此组为实验组，而另一组则无任何奖励，称为控制组。之后让被试者说明自己对广告及广告宣传产品的评价。研究表明，实验组的评价普遍高于控制组。这说明可口可乐的实物奖励起了积极的作用，它帮助消费者接受了广告。这种奖励式呈递在应用时，应格外注意，所强调的奖励一定要能兑现，否则会适得其反。例如，海尔公司经常以免费赠送产品及抽奖的方式吸引老客户参加其新品推介活动。

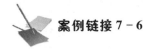

案例链接 7-6

新农优品让"游客"变为"微客"

与当下众多互联网企业所采取的做法不同，一网天下旗下的"互联网＋农业"O2O平台新农优品在与粉丝的连接和互动上更加注重互惠互利。不仅仅让粉丝成为"产品的消费者""产品的制造者"，更是直接提供平台让大家有机会转化为"产品的经营者"，在消费的同时也能创业，实现零风险的创业梦想。

在新农优品的网络平台上购买产品达到指定的交易笔数后，消费者就能够从"游客"升级成为会员。新农优品把这样的会员称为"微客"，因为从成为会员的这一刻起，用户将不仅仅是一个消费者，同时也会是一个微商。而随着客源的增多和交易量的增大，微商还有机会升级成为规模更大的"新农店""新农庄园"等实体店铺。

这种"人人可以开店""消费＝赚钱"的理念，让用户在购买产品的同时，还能拥有一个创业的机会，而新农优品平台则是在提供服务的同时，也成了用户们的"打工仔"。货源、运输、仓储和售后都由新农优品平台方来统筹，"微客"们所要做的，就是分享和接单，可以说是一场"零风险的创业之旅"。

创业需要连接，粉丝也需要连接，在连接中诞生无限可能。一网天下通过新农优品这一平台深度连接粉丝，大家彼此扶持，一路前行。借助平台创业无疑最能加深创业者对于企业和产品的了解，而这些成了"微客"的粉丝，也会成为新农优品平台最坚定的支持者和其商业模式的受益者。

除了用好的产品和服务连接粉丝之外，持续的交流互动也是粉丝经济的重要组成部分。通过丰富多元的线下活动能让粉丝们更具凝聚力，线上线下的充分结合能为会员的识别、认可、互动、激励提供更多的方式。

因此，新农优品的粉丝们不仅可以参加新品发布会及对微客、新农店主和庄园主的培训讲座，还可以到智能果园进行体验式旅游。这些活动的举办让粉丝之间形成互动性非常强的社交圈子。

资料来源：梁宁，2016. 成功营销要走心［M］. 北京：北京理工大学出版社.

（三）意图的表达方式

广告活动通常被认为是"王婆卖瓜，自卖自夸"，容易使消费者产生抵触情绪。但采用意会、含蓄、暗示等形式，就可以减少直接宣传的强加性和营销意图的明显性，较有利于消费者态度的转变。企业可以利用故事、电影、文学作品、新闻报道、社会荣誉或各种公关活动（如体育赞助、慈善捐助、活动冠名等）来宣传商品，类似所谓"植入式广告"，往往可以取得"'无心'插柳柳成荫"之效。例如，春节晚会某小品中使用的蒙牛牛奶；电影《碟中谍4》中的宝马系列豪车；法国有个葡萄酒品牌从不做广告，但却经常出现在影视剧的富豪家宴中，在国宴中也能看到其身影，从而维持其高档品牌形象。这种将具有鲜明品牌标志的产品实物放到内容载体中的做法已甚为常见。采用这种方法植入品牌的优势主要有两点：第一，能尽量消除受众对品牌的排斥感，借助内容载体本身的故事向消费者传达品牌信息；第二，能将内容塑造的人物形象与品牌融合在一起，造成一种晕轮效应，吸引消费者的注意力，引导消费者购买。

唯品会这个植入广告打得我真的佩服

案例链接 7-7

苹果手机的"橘子哥"事件营销

一个美国人在自己的苹果手机里看到了一名中国男人跟橘子树的大量自拍照。这个神奇事件的起因竟是这位美国人丢失的手机被中国的"橘子哥"买到了，最终在网友们的帮助下，他找到了住在广东梅州的"橘子哥"。更神奇的是外国友人应"橘子哥"之邀到梅州游玩，两个人上演了一场"有缘千里来相会"的画面。后来，这一故事还要拍成电影《橘子哥》（Brother Orange）。

这场跨国"良缘"除了带来苹果手机的高话题度外，对于苹果手机 iCloud 账号相片同步及保存的亮点也进行了宣传，可谓一箭双雕。苹果公司把品牌和产品植入事件中，神不知鬼不觉地引起了公众的广泛关注与传播。

资料来源：http：//www.zhicheng.com/n/20150731/27063.html ［2020-12-15］.

思考题

1. 在实际营销活动中，如何提高信息的接触水平？
2. 影响消费者注意的因素主要有哪些？在广告活动中如何才能更好地吸引消费者的注意？
3. 你认为还可以开发哪些广告媒体？如何利用各种网络媒体进行商业信息展露？
4. 大数据时代的精准接触还有哪些更好的方式？
5. 请绘出沟通的基本模型。
6. 在广告活动中，可以采取哪些诉求方式？有何特点？各自的适用情形怎样？

第七章 在线题库

第八章

问题认知与信息搜寻

学习目标

- 理解问题认知的含义与类型；
- 了解需要的不同性质；
- 了解问题认知产生的影响因素；
- 掌握激发消费者问题认知的方法；
- 了解信息搜寻的种类与特点；
- 理解影响消费者信息搜寻努力的因素；
- 理解 POM 模型。

思维导图

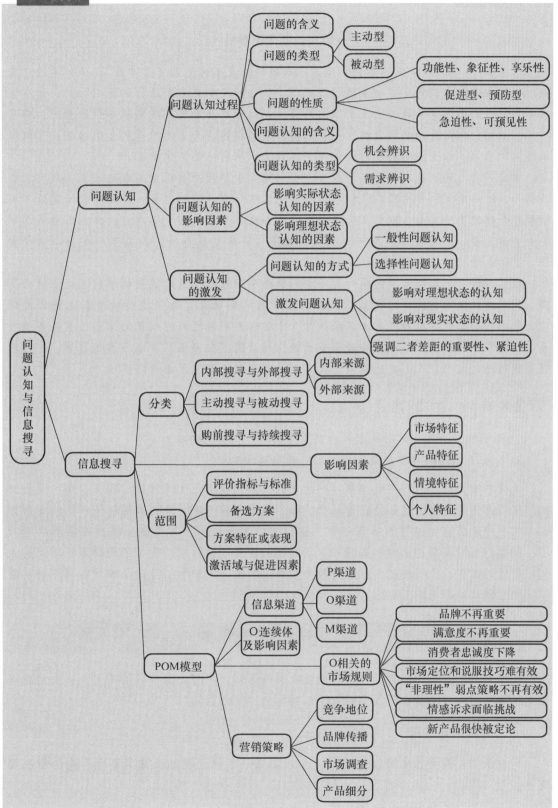

导引案例

徐女士选择洗衣机

徐女士是一位30多岁的家庭主妇,一次她到朋友家时受到了"冲击"。虽然通过广告她也知道市面上有新的全自动滚筒式洗衣机,但在朋友家里看到这样的洗衣机时,才感觉到七年前自己结婚时买的洗衣机是多么落后。新的全自动滚筒式洗衣机不仅容量大,而且节水、节电、能蒸汽清洗和自动烘干、配有透明的视窗,而且不用弯腰拿取衣物,可以站着使用洗衣机。徐女士向朋友详细询问了这台洗衣机的一些具体情况。

考虑到自己的家庭经济情况,徐女士决定购买中档的全自动滚筒式洗衣机。从网上查询得知,这种洗衣机可用蒸汽代替水进行清洗,不但可以节约用水,而且衣服清洗后不用熨烫也会非常平整。由于家电品牌很多,徐女士也不知道选哪个品牌好。她到百货商店家电部去看了看,发现款式和品牌都很多。她不仅咨询了服务员,搜集了一些产品宣传资料,自己也进行了仔细的比较。

回家后徐女士又给大学同学打电话询问价格合理而且性能比较好的滚筒式洗衣机的品牌。同学建议说国美比百货商店价格便宜,如果网购的话,即使支付运费,也还会更便宜,但网购的家电往往外观有点瑕疵。徐女士觉得购买滚筒式洗衣机的信息已搜集得差不多了,但究竟选择哪一品牌、哪种型号的性价比最高、在哪里买、以什么价位买、何时购买等问题还是没确定下来,也许某一天家电大优惠时才可能下决心购买。

问题

1. 影响徐女士萌生对新洗衣机购买需要的内外因素有哪些?
2. 徐女士通过哪些途径来了解洗衣机的商品信息?

消费者购买行为过程主要包括:问题认知、信息收集、比较评价、购买决定、商品使用、购后评价与分享、商品处置等几个阶段。但是,并不是说消费者的任何一次购买行为都会按次序经历这个过程的所有步骤。在有些情况下,消费者可能会跳过或颠倒某些阶段。例如,有时消费者是由于先获知了新产品的信息,而后才产生了消费需要;对于卷入程度较低的购买,往往跳过信息搜寻和方案评价阶段,比如购买特定品牌牙膏可能会从确定需要牙膏直接进入购买决定。

第一节 问题认知

消费者的购买行为起始于对自身需要状况的认知,同时,消费者的需要直接决定着消费者的购买行为。消费者行为学把这一过程称为"问题认知"。

一、问题认知过程

问题认知是消费者决策过程的第一步,如果缺乏对问题的认知就不会产生消费决策需要。

(一) 消费者的问题

1. "问题"的含义

在消费者行为学中,"问题"的含义是指消费者理想状态和实际状态之间的差距。其中,实际状态是消费者对其当前的感受及处境的认知;理想状态是消费者当前希望达到或感受的状态。

每个人都有自己想要的生活状态和实际的生活状态,从而形成当下希望的境况和感受到的实际境况。当消费者的理想状态与实际状态相符合时,我们会满足现状,而不会产生需求问题和行动。相反,当消费者感受到期望的状态与所处的实际状态存在不一致时,"问题"就产生了,就会促使消费者发现自己的需求,进而产生寻求满足需求的方法、途径。

2. 问题的类型

消费者的问题多种多样,但通常可以分为主动型和被动型两种类型。

(1) 主动型问题:是消费者在正常情况下就会意识到的问题。

营销策略上只需要提供有效证据证明产品能解决问题,特别是提供一定的证据证明比竞争者能更好地解决这些问题。

(2) 被动型问题:是指消费者尚未意识到或需要在别人提醒之后才可能意识到的问题。例如,乔布斯提出智能手机的概念时,多数消费者还满足和习惯于只有通信功能的按键式手机。

对于被动型问题,营销者不但要使消费者意识到问题的存在,而且要使消费者相信其产品和服务是解决问题的有效办法。激发消费者意识到问题的存在,比告知消费者问题的解决更重要。

被动型问题主要来自消费者的潜在需要,消费者并不总是能够清晰地意识到或准确地表达出自己的需要。汽车行业的先行者亨利·福特有句有争议的名言:"如果你问消费者他们需要什么,他们会告诉你需要一匹更快的马。"乔布斯也认为:只有当你把产品给消费者看了,他才知道这个产品是不是自己想要的,没有用户可以非常清楚地告诉你他们需要什么。因此,不应当一味地迎合消费者需求,而应当创造需求、引导需求。乔布斯并不依赖市场调查,而是采用一种设身处地的视角——一种直觉,来发现消费者尚未成形的需要,然后创造出产品来刺激消费者的潜在需要。

(二) 问题的性质

问题产生的根源来自消费需要,需要的性质也决定着其所面临的问题性质。

1. 功能性、象征性、享乐性问题

(1) 功能性问题,也可称为功利性或实用性需要。功能性需要是以满足实际利益为目的的需求,比如购买矿泉水解渴、购买手机方便联系等。它通常是透过产品客观与有形的属性来获得满足,其所产生的效益较具客观性,例如,低脂的健康食品、省油的汽车。

(2) 象征性问题。象征性需要与我们如何看自己,以及别人如何看我们有关,成就感与归属感都是属于此类需要。例如,购买一个 Gucci 手袋的钱可以购买多个其他品牌的手袋，驱动顾客购买 Gucci 手袋的不是其基本功能，而是功能之外的心理因素（如彰显个性、品味），这是基于个人情感偏好的象征性需要。

通常，出于社会象征性需要的消费者，对商品的实用性、价格等往往要求不高，而特别看重商品所具有的社会象征意义。这类需要在珠宝首饰、高级轿车、豪华住宅、名牌时装、名贵手表、礼品等商品的购买中，表现得尤为明显。俄罗斯圣彼得堡的商家向中国女性旅游者推销价格高昂的蜜蜡时，常强调是"波罗的海"蜜蜡，会产生"原产地效应"，而炫耀心强的女性消费者会觉得这种异国的高价蜜蜡才能体现自身价值，或对自己有象征意义，如表达了爱情、尊严等。

（3）享乐性问题，是以获取心理上的愉悦为目的的需求，与自身的情感体验紧密联系。它偏向经验性，消费者通常通过产品消费来使其满足兴奋、惊喜与想象。例如，在 KTV 等娱乐场所里的欢乐体验。

一般来说，在同等情况下消费者更加看中产品的功能性及性价比，其次才是享乐性、象征性。比如在吸引新顾客的时候，功能性往往是首要因素。而象征性需要与享乐性需要的效益偏向主观性、心理性，因此产品在这些方面可以发挥的空间更大。随着人们生活水平的提高，象征性需要与享乐性需要越来越受到消费者重视。当然，一项产品也可以同时满足上述三种需要。例如，轿车是一种典型的享乐功能、象征功能和实用功能齐备的产品，轿车的实用性功能比较确定，而享乐性功能与象征性功能可以不断增加。表 8-1 显示了购买汽车的消费者在三种问题（需要）类型上的区别。

表 8-1 功能性、象征性和享乐性问题的比较

	要求	动机	利益	评价指标
功能性问题	足够的运输能力	驾驶以便满足需求	实用性 经济性	每百公里耗油量
				维护保养成本
				价格
象征性问题	高端、大气、上档次	体现自我价值与个人形象	美感 个性化	外观
				品牌
享乐性问题	驾驶愉悦感	驾驶以便满足需求	舒适性 情感性	发动机噪声
				密封性
				驾驶平稳性

用来刺激功能性需要和享乐性需要的营销策略是截然不同的。激发功能性需要的广告一般信息更丰富、更理智。例如，普通自行车的广告可能宣传产品的经久耐用、骑乘舒适和折叠方便等特征；高档自行车则刺激人们的享乐性或象征性需要，其广告内容倾向于富含象征性和情感性。Okada 认为，人们往往对于享乐性产品愿意花费更多的时间，而对于功能性产品愿意花费更多的金钱。另外，许多低卷入产品没有实质性的品牌差异，广告商往往用象征性的竞争替代实际产品差异的竞争，从而维持消费者对某类品牌的兴趣。

2. 促进型、预防型问题

促进型问题来自成长和发展的需要，与消费者的希望和渴望有关，属于高层次需要。

预防型问题则来自安全和保障的需要，与消费者的责任感和义务感有关，属于低层次需要。

当促进型问题更为突出的时候，消费者会设法获取积极的结果，以更抽象的方式进行思考，主要基于感情和情绪进行决策，并在进行决策时，相比准确性而言，更偏好速度。当预防型问题更为突出的时候，消费者会设法避免消极的结果，以更具体的方式进行思考，主要基于大量真实的信息进行决策，并在进行决策时，相比速度而言，更偏好准确性。从本质上来说，当促进型问题最显著的时候，消费者是"激进的"，决策时敢冒风险，尽最大的可能来追求最好的结果。当预防型问题最显著的时候，消费者是"保守的"，决策时规避风险，尽可能避免消极的结果和错误。

表8-2描述了这两种动机的区别及与营销相关的决策制定。

表8-2 促进型与预防型问题的差异

类型		促进型问题	预防型问题
动机		希望、愿望和渴望	责任、义务
		调节培养需要	调节安全需要
		成长和发展	现状
特征	时间	长期导向	短期导向
	心理形象	抽象	具体
	理想的稳定状态	变化	稳定
	理想的感受	有趣和愉快	安全和保障
	失败情绪	沮丧	焦虑
	理想的自我特征	创造性	自我控制
	自我概念	独立	相互依存
决策制定	风格	最大化收获的激进风格	最小化损失的保守风格
	主要目标	速度而非准确性	准确性而非速度
	广告影响因素	情感和情绪	产品事实
	折中品牌的选择	可能性较低	可能性较高，折中品牌的极端性与风险较低
	在品牌延伸中"匹配"的重要性	不太重要	很重要，因为"匹配"降低风险

资料来源：霍金斯，马瑟斯博，2015.消费者行为学：英文版 原书第12版[M].符国群，等译.北京：机械工业出版社.

另外，对于不同的消费问题，消费者会有不同的满足标准或基本目的。消费者努力要达到的基本目的对问题解决过程有一定影响。例如，有最优化终极目的的消费者愿意付出大量的努力来搜寻最佳的备选方案。相反，有满意（维持）终极目的的消费者只愿意进行最小的搜寻努力。在其他类型的决策中，消费者的终极目的也许相互冲突，必须在问题解决过程中得到解决。表8-3列示了五种广泛存在的基本目的。

表 8-3 购买基本目的类型和相关问题解决过程

基本目的	基本购买动机	例子
最大化满意程度	寻找最积极的结果	在城中最好的餐馆吃晚餐
预防	避免可能发生的不良结果	为新车买防锈剂
解决冲突	在积极和消极结果之间寻找平衡	买一辆价格适中、质量好的车
逃避	减轻目前的不利状况,或从中摆脱出来	买一瓶洗发水,去除头皮屑
维持(满意)	用最小的努力来维持对基本需要的满足	在最近的便利店买面包

3. 问题的急迫性和可预见性

需要的满足根据其性质的不同可分为几种不同的类型,如按照问题的急迫性和可预见性两个指标可将需要满足的问题划分为四种类型(见表 8-4)。针对不同类型的问题,消费者采取的购买行为是有所不同的。

表 8-4 需要解决的问题

预见性	急迫性	
	需要立即解决的	无须立即解决的
在预期之中的	日常问题	计划解决问题
非预期之中的	紧急问题	逐步解决问题

(1)日常问题。日常问题是预料之中,但需要立即解决的问题。事实上消费者经常面临大量的日常问题,如主副食品、牙刷、牙膏、毛巾、肥皂等,经常要购买。在解决日常问题时消费者的购买决策一般都比较简单,而且容易形成品牌忠诚性和习惯性的购买。但是,如果消费者感到前一次购买的商品不能令人满意,或发现了更好的替代品,他也会改变购买商品的品牌或品种。

(2)紧急问题。紧急问题是突发性的,而且必须立即解决的问题。如汽车轮胎爆破、眼镜镜片失手打碎等。紧急问题若不立即解决,正常生活秩序将被打乱。紧急问题一般难以从容解决。这时消费者首先考虑的是如何尽快买到所适用的商品,而对商品的品牌、销售的商店,甚至商品的价格都不会进行认真的选择和提出很高的要求。

(3)计划解决问题。计划解决问题是预期中要发生,但不必立即解决的问题。计划解决问题大多数发生在对价值较高的耐用消费品购买,例如,一对开始筹备婚礼的恋人准备年内购买一套家具等。由于计划解决问题消费者从认识到实际解决的时间比较长,因而对于这种类型的购买活动,消费者一般都考虑得比较周密,收集信息和比较方案的过程比较完善。

(4)逐步解决问题。逐步解决问题是非预期之中,也无须立即解决的问题,它实际是消费者潜在的有待满足的需求。例如,一种使用新面料做成的服装出现在市场上,大部分消费者不必立即购买它,当然也无须计划过多长时间去购买它。然而随着时间的推移,这种面料的服装的优点日益显示出来,这时购买者便会逐渐增多。一旦该种面料的服装得到社会的充分肯定,原先的逐步解决问题很可能就演变成了日常问题或计划解决问题。另一个决策是我们何时去获取已拥有产品的新款或改进款产品,因为目前拥有的产品仍能使用或具有情感价值。但是,通过提供经济刺激,营销人员能够影响消费者是否要和何时去更新换代。

(三) 问题认知的含义与类型

1. 问题认知的含义

问题认知是消费者的理想状态与实际状态之间的差距达到一定程度而激发消费者决策过程的结果。

李叫兽:破解消费者需求密码

消费者所追求的生活方式与当前所处的情境决定了他们对理想状态和现实状态的认知。生活方式是指在资源约束条件下消费者选择如何生活。而当前所处的情境会对消费者如何认识其所处的实际状态产生重要影响。理想状态与现实状态是否存在差异、差异的性质及其大小决定了消费者对现实状态是否满意及满意的程度。在不满意的情况下,就可能引发问题认知,从而触发进一步的决策活动,如图8-1所示。

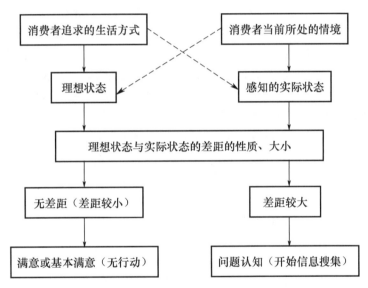

图8-1 问题认知过程

资料来源:HAWKINS D L, BEST R J, CONEY K A, 1998. Consumer Behavior: Building Marketing Strategy [M]. New York: Mc Graw-Hill.

具体来说,消费者的问题认知过程是这样的:在内部刺激与外部刺激的双重作用下,消费者所体验到的实际状态与其期望状态产生了不一致。当他们认为这种不一致程度不是很高的时候,就意识不到消费问题;反之,当消费者认为这种不一致程度很高的时候,就会产生购买需要,进而这些需要会形成购买动机,这也是问题认知的过程。当然,不同消费者,其所感受到的不一致程度的标准是存在差异的。对这些消费问题的认知,可能是瞬间形成的,也可能是长时间形成的。在认知问题的过程中,可以追求新的满足,或是追求更大的满足,也可以消除对产品的不满,或是部分地消除对产品的不满。

2. 问题认知的类型

问题认知是由消费者的理想状态与实际状态之间的差距引起的。由此,可以把问题认知主要分为需求辨识和机会辨识两种类型，如图 8-2 所示。

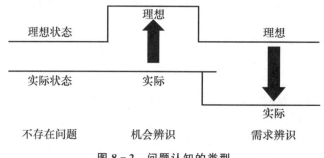

图 8-2　问题认知的类型

（1）机会辨识：消费者理想状态提升导致理想状态与实际状态产生差距时所产生的问题认知。在消费者生活水平不断提高，消费升级和产品更新换代加速的情况下，这种情况较为多见。

有时，消费者没有消费动机或不愿意去改变习惯，是因为他们认为其实际状态和理想状态之间并不存在问题。营销者如果能通过广告宣传等手段，以投其所好的方式，提高其理想状态，就可以刺激其问题认知。比如，许多消费者不愿意购买家用摄像机的主要原因是他们习惯使用数码相机，而操作相对复杂的摄像机似乎没有多大的用处。因此，有些精明的制造商曾尝试用这样的方法来激发消费者的需要，即强调摄像机在记录孩子成长过程，尤其是毕业庆典这样一些重要时刻时所起的作用。

（2）需求辨识：消费者实际状态低于正常需求水平时所产生的问题认知。也就是说，需求辨识来自现实状态的缺失。

从营销角度来看，当消费者缺乏问题认知，而营销者也没有找到提升理想状态的办法时，那就可以利用傲其所恶的方式，来降低其现实状态，从而引发其问题认知。恐惧诉求就是以厌恶、恐惧的情形来刺激消费者的需求。

二、问题认知的影响因素

消费者对购买问题的认知来源于其对实际状态与理想状态之间差距的感知。导致理想状态与实际状态之间差距的因素很多，这些因素有的与消费者的欲望有关，有的与消费者对当前状况的认识有关，而且远非营销人员所能直接控制的。当然，营销者通过广告宣传等手段也能够激发消费者的需要认知，尤其是潜在需要。

影响消费者购买问题认知的因素可以分为影响实际状态的因素和影响理想状态的因素两大类。但这种影响作用的区分并非是绝对的，实际上不少因素同时影响着消费者的实际状态和理想状态。

（一）影响实际状态认知的因素

实际上，有很多因素会导致消费者感受到自己的实际状态低于可接受的水平。

1. 消费物品缺乏

当消费者意识到产品已经或即将用完，或产品坏了而必须补充时，现实状态就会偏离理想状态。此时的购买行为通常是一种简单和惯例的行为，通常是去选择一个熟悉的品牌或该消费者信任的品牌来解决这个问题。如果消费者尚未拥有某物品，在一定情境下产生了缺失感；或原来想拥有某一物品，但并不急于获得，这种消费需要就处于潜在状态，而一旦条件具备，消费者就会从"不足之感"发展为"求足之愿"。另外，外部刺激可以突然改变消费者对实际状态的感知。例如，如果有人告知下周日是母亲节，消费者会突然意识到还没有准备贺卡和礼物。

2. 对现有用品或服务不满意

例如，空调的制冷效果不好或衣服已经过时等；当周围人觉得消费者使用的手机过时了，消费者也可能无法接受其实际状态。

3. 相关产品的获得

某些商品之间存在互补性关系，因此问题认知也可以由某种产品的购买激发起来。装修业者喜欢提到狄德罗效应（Diderot Effect）。狄德罗是18世纪法国著名哲学家，他曾买了一件新的家居服饰，之后就觉得屋内的家具都显得很旧，于是为了能跟家居服饰相匹配他先后换了新的书桌、壁挂装饰品，最终换掉了所有家具。

有时，设计时尚、精巧实用的配套商品也可能形成新的消费热点。例如，一些厂家虽然不能与手机巨头展开竞争，却能够在手机充电宝、手机自拍杆等配套商品上配合手机市场的高速发展。手机自拍杆使游客在景点拍照时可以更方便，不用麻烦他人，也与近年来流行的"自拍文化"相适应，不仅受到独自旅行者和自恋者的喜爱，而且许多女孩子或情侣们也将之视为"自拍神器"。在前往旅游目的地的班机、专列上推销此产品，常会受到热捧。还有一种具备蓝牙遥控功能的便携百变章鱼支架，不仅可以适应各种野外自拍环境，还可以作为直播神器使用。所以，主流市场的繁荣也会给各类配套的小商品带来了很大的商业机会，形成经济学中所谓的"长尾市场"（也称为"利基市场"）。

从消费需要的数量变化上看，消费者对于有互补性关系的不同商品，其需要数量间变化的关系是正相关的。尤其是主导商品对配套商品有较强的消费拉动作用。例如，随着汽车快速进入家庭及自驾游的日渐流行，汽车的娱乐功能、生活功能也在不断拓宽，"后备厢经济"逐步升温，拉动了行车记录仪、车载导航仪、车载电视、车载电源逆变器、汽车护航表、车载氧吧、车载冰箱、充气床垫等产品的热销。还可以通过"云服务"实现手机端、PC端、车载终端间的无缝链接，可以远程控制汽车（开空调、解锁、上锁）、导航及定位（GPS定位、历史行车轨迹查询等）、整车体检（胎压、发动机、ESP等）、汽车上网、应用商店、电话通信（汽车间组队通信、呼叫客服）等功能。而且智能驾驶技术也在不断成熟并进入市场。

4. 个人情绪

各种情绪（如厌烦、抑郁或狂喜）可能被作为支配购买行为的问题而被认知，"我心情不好，所以我要去看场电影。"有时这些情绪会导致未经认真思考的消费行为，如一个感到焦躁不安的人会下意识地决定去吃顿快餐。在这种情形下，"问题"并未真正被认知（在有意识的层次上），其尝试的解决方法通常也并不奏效（大吃一顿并无助于焦躁情绪的缓解）。

(二) 影响理想状态认知的因素

通常，环境变化与自我意识等因素会对消费者的理想状态认知产生影响，主要情形有以下几个方面。

1. 新期望的产生

随着消费者生活水平的提高，产品随科技的发展而不断升级换代，消费升级成为趋势，消费者对理想状态的认知也会趋于不断上升。消费升级即是从物质层面到精神层面的需求升级，从功能消费往精神消费的升级，从数量消费向品质、品味和品格消费方向的升级。

2. 新产品的上市

市场上出现了新产品并且这种新产品导致了消费者期望状态的提高时，也能成为问题认知的诱因。营销商应当经常介绍新产品和服务，并且告诉消费者他们解决问题的类型。例如，消费者最初购买手机，主要考虑到无线通话这一功能，但随着手机在功能、性能方面不断更新换代，消费者会对原有手机感到不满意。例如，号称"改变智能手机摄影规则"的华为P30 Pro手机一上市就引起了全球手机爱好者的热捧。显然，智能手机的出现，大大推动了手机产业的更新换代，而5G时代的到来也将掀起新一轮的换机热潮。

3. 社会阶层或参照群体因素

许多消费者希望得到同阶层和参照群体的认可或提升他们的社会地位，参照群体的无形压力会促使他们产生更高的理想状态。例如，当刚毕业的大学生走上工作岗位之后，他们会立刻感觉到工作环境对着装的要求与学生时代的着装要求是存在很大差异的。

4. 情况的变化

消费者生活中的变化（如收入、环境的变化等）不仅影响期望状态，也影响实际状态，从而导致新需要。例如，收入水平大幅度提高，不仅使得消费者对现有居住条件不满意，而且还会引起其对更为舒适和高档住宅的需要；新婚夫妇由于孩子的出生，会产生对奶粉、玩具等一系列新问题的认知；经济富裕起来后，不少人会对奢侈品牌产生浓厚兴趣；搬家时，可能考虑重新购置一些新家具，等等。

5. 社会潮流的兴起、消费观念的变化

追求时髦能给人以心理上的满足，所以社会上的消费流行或消费时尚可以刺激消费者产生新的消费需要，并形成新的购买欲望。例如，随着可穿戴设备成为不少年轻人的时尚选择，一些年轻白领开始淘汰曾经引以为豪的劳力士手表，转而购买具有强烈信息时代特征的智能手表。

另外，新的消费观念也会使消费者对已有状态产生不满足感，从而形成新的消费需要。例如，新奢侈主义消费观念使得一些消费者对LV、Gucci、Hermès等国际名牌商品趋之若鹜。

6. 自我意识

理想状态可以发挥建立未来的目标和渴望的功能。消费者对未来生活和工作环境的憧憬，或是对未来财富的预测等，均会对其理想认知状态产生直接影响。这些期望和渴望通常是由消费者的理想自我或所处的文化所激发的。

7. 营销因素

消费需要是可以被营销商激发或"创造"出来的，尤其是广告宣传能帮助消费者认识商品，激发消费者的潜在需要。例如，很多个人卫生用品的广告是通过创造一种不安全感，使消费者产生问题认知，而消除这种不安全感的最佳方式就是使用他们推荐的产品。又如，营销商通过改变服装的款式、质地和设计，在消费者中营造服装落伍的感觉，帮助消费者确认需要。

有时广告或其他环境信号会使消费者产生不平衡的心态。例如，一向对自家花园引以为豪的某位男性，可能会看到广告中的新式割草机比自己使用的割草机更舒适、效率更高，这则广告使他产生了严重的心理不平衡，由此产生了对新式割草机的购买需要。

三、问题认知的激发

在大多数情况下，为了将产品更快地卖出去，企业或商品经营者不能只是被动地对消费者意识到的问题做出反应，而是要在他们意识到问题之前就去激发消费者的问题认知。

（一）问题认知的方式

问题认知方式包括一般性问题认知和选择性问题认知。一般性问题认知和选择性问题认知与经济学中的一般性需求与选择性需求的概念十分相似。

1. 一般性问题认知

一般性问题认知所涉及的理想状态与现实状态的差别可以通过同一类产品中的任意品牌来缩小，是同类别产品都能解决的问题。基本上，当企业集中影响消费者的一般性问题认知时，对消费者来说，这个问题往往是不重要的，或是潜在的。

激发消费者的一般性问题认知时，往往并不会特别强调某个特定品牌的特点，影响的是整个品类的消费需求，有利于某类产品整体市场份额的扩大，但个别品牌的市场份额未必能得到同步的增长。例如，著名的广告语"钻石恒久远，一颗永流传"成功地塑造了钻石的特殊价值，但戴比尔斯这个品牌却鲜为人知；牛奶行业协会的宣传海报试图让人们认识到牛奶能满足人们对钙的需要，却没有提到任何品牌的牛奶；银杏产品既具有药用价值，又具有很强的保健作用，但一般消费者对这些产品了解很少，而且也缺乏主动了解这些产品的积极性，因此，经营这类产品的企业需要通过各种广告或促销活动，激发消费者对这类产品的一般性问题认知。显然，这一推广工作需要全行业的通力合作和努力，受益的是全行业，最大的受益者是行业的领导企业。

激发一般性问题认知有利于整个行业的市场扩大，甚至会帮助竞争对手扩大市场，其适用情形有：①问题比较隐含、目前不是很重要；②产品处于生命周期的前期；③企业品牌具有很高的市场占有率，属于强势品牌；④问题认知之后的外部信息搜寻相对有限，可供消费者选择的品牌数量很少，且各品牌产品的差异度较小；⑤需要全行业协作努力。

2. 选择性问题认知

选择性问题认知所涉及的理想和现实状态的差别通常只有特定的品牌才能够解决。尽管一般性问题认知经常引发整体市场的扩大，但是，更多企业还是通过激发消费者选择性问题认知的方式来增加或保持其市场份额。它们在促销与传播活动中，非常强调自己产品的特色或独特功能，强调消费者的问题只有特定的品牌才能够予以解决，这实际上就是一种试图激发消费者选择性问题认知的行为。例如，某新型环保涂料宣称其产品不会造成任何空气污染，是"可以喝"的绝对环保的绿色产品。所以，企业刺激选择性问题认知要强调其产品或品牌的独特性、差异性，它有助于增加某一特定品牌或特定企业的产品销售量。当然，不少消费者对"绿色"消费品持怀疑态度，他们无法知道一个产品是否真如宣传的那么绿色，这时产品的独特性就会降低。

可见，营销人员可以通过一般性问题认知来刺激整个品类的需求，还可以通过选择性问题认知来刺激个别品牌或产品的需求。

（二）激发消费者的问题认知

从根本上讲，问题认知是指消费者意识到理想状态与实际状态存在差距，并且考虑是否有必要采取进一步行动。当消费者的理想状态与实际状态之间产生差距时，"问题"便产生了，消费者有可能会意识到没有满足的需要。需要如被满足了，问题也就解决了。但是当消费者意识到问题的存在却不一定会导致消费行为的产生，消费者是否采取行动或采取何种行动取决于问题对于消费者的重要性、当时情境、该问题引起的不满或不便的程度等多种因素。

消费者认为理想状态与现实状态的差距越大或者越重要，问题就越容易被其所认知，而且解决这一特定问题的购买意愿水平也越高。例如，某个消费者觉得自己汽车的油耗水平与他的期望水平有差距，但这一差距并没有大到促使其产生购买新车的地步。而且，即使理想与现实之间差距很大，但如果由此引起的问题相对于其他消费问题处于较次要的位置，消费者也不一定着手搜集信息。例如，某个消费者现在拥有一辆开了10年的吉利车，他希望能拥有一辆新款奥迪A6，应当说差距是相当大的。但是，与他面临的其他一些消费问题（如住房、子女教育）相比，这个差距的相对重要性可能很小。在经济能力有限的前提下，该消费者换车的计划可能要暂时搁置起来。相对重要性是一个很关键的概念，因为所有的消费者都要受到时间和金钱等资源的约束，只有相对更为重要的问题才会被重视和解决。总的来说，重要性取决于该问题对于保持消费者理想的生活方式是否关键，或者说与消费问题的优先解决顺序密切相关。

对于营销工作而言，可以从三个方面来激发消费者问题认知。

（1）影响消费者对理想状态的认知。在广告宣传中给消费者描述理想的生活状态、工作状态，从而感受到生活或工作中的差距。可以通过广告宣传来说明其产品的优越之处，并希望这些优点成为消费者所追求内容的一部分。例如，率先为汽车配备安全气囊装置（SRS）的汽车制造公司曾一再强调这一装置的重要性，似乎安全气囊是汽车的标准配置，其目的就是影响消费者关于"理想汽车"的观念。

（2）影响消费者对现实状态的认知。在广告宣传中用夸张的形式让消费者感受到生活中的不方便、不舒适、不健康等。当消费者习惯性地重复购买某一品牌时，就不会考虑是否存在性能更好和品质更优的替代产品。这时，替代产品的生产企业就需要改变消费者习惯性的决策思维模式，使其意识到他们现在所购买的产品并不是最好的。同样，一些企业在推广新产品或新品牌时，运用比较广告突出新品的优点，同时影射市场上现有品牌的局限和不足。

（3）强调二者差距的重要性、紧迫性。用情感特别是用恐惧诉求的方式让消费者意识到如果现实和理想的差距不解决对生活、对工作，甚至对人生会产生重要的影响。

有时消费者往往是在发生困难或找不到解决办法时才产生问题认知，例如：当被困在大风雪中时才知道需要汽车防滑链；在事故发生之后才想到买保险等。营销者可以在问题发生之前就激发起消费者的问题认知。也就是说，如果消费者能够在潜在问题暴露之前就意识到并解决它们，那么对消费者自身和营销者来说都是有益的。如国外的趣味保险广告语：如果一辆车突然开门，在你受伤之前，还剩下 1.5 秒去购买意外保险，等你受伤就晚了（见图 8-3）。

营销者除了需要激发消费者的问题认知以外，还应当洞察消费者面临的问题是什么，要知道如何运用营销组合解决这些问题。在某些特殊情况下还应当压制消费者的问题认知。尤其是发现消费者的问题所在，对于市场营销有着至关重要的意义。

图 8-3 国外的保险广告

 资料链接 8-1

保健品商家忽悠老人的招数

不法商家忽悠老人的惯常骗术有四招。

第一招，"洗脑"营销。打着免费健康讲座的旗号，向老年人灌输歪曲的健康理念，虚构夸大他们的病情，诱惑老人购买保健品和治疗仪器。

第二招，亲情营销。营销人员一见面就喊爸爸妈妈、爷爷奶奶，哄着老人高兴，其实看中的就是老人兜里的钱，让他们最后购买保健品。

第三招，体验营销。拉着老人体验各种医疗器械，吹嘘疗效，忽悠老年人花钱。

第四招，免费体检。打着免费体检的幌子，在体检报告上做手脚，吓唬老人赶紧掏钱治病。

资料来源：http://jingji.cntv.cn/2015/03/15/VIDE1426428/30945682.shtml [2020-12-02].

第二节 信息搜寻

一旦消费者意识到一个重要的问题或需求可以通过购买某种产品或服务得到解决，他们便开始寻找相关的产品信息。如果需要很强烈，对可满足需要的商品又很熟悉且易于得到的话，消费者就会马上采取购买行为。但是，在多数情况下，消费者往往需要寻找或搜集相关信息，以便寻找能满足其消费需要的最佳目标对象。

消费者搜集信息的方法有翻阅报纸、杂志上的信息，查阅广告，去商店观察实物，直接向厂家询问，向同事、朋友咨询，上网查找商品信息，利用个人记忆或经验中的信息，阅读包装、标签和产品说明书上的信息等。但网络信息搜寻是目前消费者获取信息的主要方式。消费者在广泛搜寻的基础上对所获信息进行适当筛选、整理加工，即可建立解决问题的多种方案。

但是，消费者一般不会致力于广泛地搜寻信息，除非消费者认为补充收集的信息价值与获取这一信息的成本，对其决策的影响价值相当。一项研究发现，当消费者面对多种可供选择的日常消费品时，仅用很少的信息收集进行决策。但在购买汽车和住宅时，并不仅仅依靠经验、销售商的宣传做出购买决策，而是需要大量信息的及时补充，除非他们认为自己已经拥有了足够的信息。

一、信息搜寻的分类

（一）内部搜寻与外部搜寻

信息搜寻可以从内部、外部或内外部同时产生。在一般情况下，消费者的信息搜寻首先从内部搜寻开始,也就是说先从记忆里提取相关信息,当此类信息比较充分的时候,消费者不再搜寻信息。但是,如果记忆里的信息不充分的时候,消费者就得从外界搜寻相关信息。

1. 内部搜寻

内部搜寻是指消费者试图从长期记忆中提取与购买产品或服务有关信息的过程。由于消费者处理信息的能力有限,加上记忆会随着时间衰减,因此消费者在进行内部搜寻时很可能只回忆起很少一部分信息。

2. 外部搜寻

外部搜寻是指消费者通过外部环境的各种不同来源获取相关产品或服务信息的过程。其来源主要包括商业来源、公共来源、个人(社会关系)来源、体验来源;内容主要包括品牌名称与特性、价格、其他消费者的反映或口碑等。其中,消费者的切身体验可信度最高,获得的信息也较生动,也更容易记住,所以产品试用往往比广告或口碑更有效。如果在搜寻过程中,消费者发现了以前不被重视或不了解的新的重要信息,也可能改变早先的关注度,而对新特性进行更深入的信息搜寻。

消费者外部搜集信息的来源可以根据"营销人员可控制性"和"人际来源"两个维度,将外部信息来源分为四类:可为营销人员控制且属于人际来源,如销售员;可为营销人员控制且非人际来源,如广告、二维码、销售点展示;不可为营销人员控制且属于人际来源,如口碑和专家意见;不可为营销人员控制且非人际来源,如商业评论或新闻。不同的信息来源具有不同的专业性和客观公正性。通常,非营销来源往往更为可靠,而大众媒体途径影响范围大但双向沟通有局限性,如图 8-4 所示。

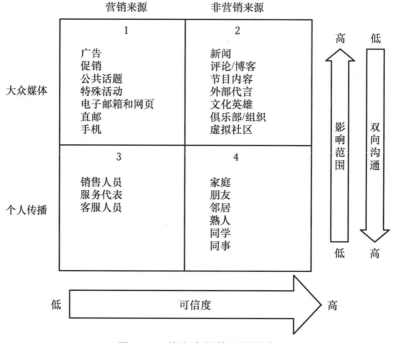

图 8-4 信息来源的不同影响

资料来源:霍伊尔,麦金尼斯,2011. 消费者行为学:第 5 版 [M]. 崔楠,徐岚,译. 北京:北京大学出版社.

根据消费者从不同的来源获得信息需要付出的努力与信息的可信度，表8-5对五种一般的信息来源进行了比较。其中，内部来源（储存于记忆中的经验）和个人来源（朋友与亲属），比较容易取得且具可信度。营销来源（广告）也常被用来获取信息，它容易取得，缺点是可信度不高。最后，公共来源和体验来源（个人对产品的测验或检测）比较不常用到，至少在早期阶段不常用到，因为取得这类信息需要付出很多努力。在个人来源中，网络口碑正显示出越来越大的影响作用。网络口碑可以突破时空限制，帮助消费者从大量素不相识的消费者那里获取他们的消费体验，在降低信息成本的同时，信息的丰富性和可信性也大大提高。网络口碑也导致商业来源的作用大为降低。网络口碑对高卷入产品、大众化产品、性能变化快的产品（如电子产品）有更高的重要性，但对那些个性化产品，如服装、啤酒，他人观点的参考价值就会减小。

表8-5 信息来源的比较

来源	所需努力程度	可信度
内部（储存于记忆中的经验）	低	高
个人（朋友、亲属）	低	高
营销（广告）	低	低
公共（消费者报告、其他研究）	高	高
体验（测验或测试产品）	高	高

（二）被动搜寻与主动搜寻

在卷入程度较高的情况下，消费者会积极、主动地搜寻有关品牌、价格等方面的信息。外部信息搜寻常常是消费者的主动信息搜寻，而被动搜寻类似于被动接收信息，如偶然看到高速公路旁的商品广告，被动接触电视广告等。在消费者被动接受信息的情况下，店内刺激会更重要。消费者不愿意在走进商店之前就已经搜寻信息，店内的布置、货架的位置、价格折扣、店内人员促销等，都可以起到有效的提示作用，有助于引起消费者对产品和品牌的注意。表8-6显示了针对不同信息搜寻行为的营销策略。

表8-6 针对不同信息搜寻行为的营销策略

被动搜寻信息	主动搜寻信息
使用重复的广告	经常改变信息内容
使用电视	使用二维码、印刷媒体
重点在于价格促销	重点在于广告
强调店内营销刺激	强调进入商店前的营销

如果消费者积极、主动地搜寻信息，营销人员可能需要更频繁地改变信息内容以提供更充分的信息。营销者更可能在大众或网络媒体的广告上，而不是在店内的促销上花钱，因为消费者可能在进入商店之前已经从事信息的搜寻活动。消费者在网上有目的地搜索信息，也是一种主动信息搜寻。主动搜寻所获得的信息通常具有较高的效能性，因为人们对积极主动搜寻的信息，往往更重视并觉得应当尽快应用。

如果某个品牌的市场份额不高，在市场中并未取得支配性的地位，营销人员通常会希望消费者利用信息搜寻行为来找到其品牌的信息,从而刺激消费者转向购买本公司的品牌。但是,对于市场份额很高的名牌产品来说,却希望消费者依靠品牌形象而不是更多地从外部搜寻信息,因为这可能会导致消费者转向竞争者的品牌。

(三) 购前搜寻与持续搜寻

购前搜寻是指消费者以购买为目的所采取的信息搜寻活动,这在生活中较为常见。而持续搜寻是消费者在日常生活中持续主动地收集资料,这种情况容易发生在一些并不急着购买的耐用消费品上,有时也并非为了特定的购买目的而仅仅是因为消费者对某种商品感兴趣(如"持久性卷入")。例如,有些人本身对单反相机非常有兴趣,即使他所拥有的相机还没有损坏,他还是会持续追踪有关于单反相机的新产品或是新信息。但是在实际生活中,这两种搜寻是很难严格加以区分的。有时候,消费者原先有购买的准备,但在经过一段时间的信息搜寻后,可能会因为某些原因没有进行购买活动。而有时候,消费者原本没有购买的打算,而是出于兴趣进行信息搜寻活动,但是经过一番搜寻后,却产生了购买动机进而采取了购买行动。由于这两种搜寻活动非常相似,两者的行为差异无法通过观察消费者的实际搜寻行为来区分。两者的区别如表 8-7 所示。

表 8-7 消费者购前搜寻与持续搜寻

	购前搜寻	持续搜寻
决策因素	卷入购买 市场环境 情境因素	卷入产品 市场环境 情境因素
动机	制定更好的购买决策	建立信息库以备将来之用 体验乐趣与愉悦
结果	产品与市场知识增加 更优的购买决策 增加购买结果的满意度	产品与市场知识增加,提高未来购买效率 冲动购买增加 提升个人影响

在网络信息时代,由于信息获取更为便捷,持续性信息搜寻的意义已大为减弱,同时,两种搜寻还有融合的趋势。例如,消费者出于持续性信息搜寻通过扫描二维码而添加了微信公众号,在购买时再打开查阅其中的商品信息。

二、影响信息搜寻努力的因素

根据信息经济学学派的观点,对信息搜寻的收益与成本的估计决定着消费者搜寻信息的努力,消费者信息搜寻的量是由消费者搜寻的成本与搜寻所产生的利益之间的平衡点来决定的。外部信息搜索的利益与成本都包括有形与无形两种形式。网络信息时代极大地降低了信息的搜寻成本,消费者搜寻信息也十分方便,这时其努力程度更多地受收益大小的影响,而且对不同商品信息搜寻努力的差距也大大缩小。

在网络时代到来之前,消费者搜寻商品信息较为困难,主要的信息搜寻活动是访问店铺,而这将耗费大量的精力和时间。因而即使是复杂的购买情形下,消费者的这种外部信息搜寻也是十分有限的。虽然如此,我们并不能得出消费者是在不大了解情况的条件下作出购买决定的结论。因为虽然消费者在购买之前访问的店铺较少，但仍然存在着消费者面对同一店铺里各种备选品进行过广泛信息搜寻的可能性。例如，在选择食品时，消费者可能事先花了很多时间阅读关于不同品牌食品的信息，然后做出购买决定。另外，消费者可能对于所选商品已有较丰富的消费经验，或者在做出购买决策之前，已经被动地接触了广告或其他宣传媒体，从而对所购产品有了较多的了解。

消费者有时会进行较多的外部信息搜集，有时则只作有限的搜集活动。是哪些因素影响着消费者搜集外部信息的努力程度呢？这些因素可以分为四种基本类型：市场特征、产品特征、个人特征及情境特征，这四类因素及其构成如表8-8所示。

表8-8 消费者搜集外部信息努力程度的影响因素

	影响因素	该因素增加引起搜寻活动的变化		影响因素	该因素增加引起搜寻活动的变化
市场特征	备选方案的数目	增加	个人特征	学习与经验	下降
	价格幅度	增加		购买导向	兼有
	商店集中程度	增加		社会地位	增加
	信息可获得程度；广告、购买点、销售人员、包装、有经验的顾客、公众信息	增加		年龄与家庭生命周期	兼有
				卷入程度	兼有
				感知风险	增加
产品特征	价格	增加	情境特征	时间可获得性	增加
				为自用而购买	下降
	差异程度	增加		令人愉悦的环境	增加
				社会环境	兼有
	积极性产品	增加		体能与脑力	增加

三、信息搜寻的范围

消费者应当明确信息搜寻的内容方向，确定信息收集的范围。消费者内部或外部搜寻的信息主要涉及三个方面：①解决某个问题的评价指标与标准；②潜在或备选的解决方案；③每一备选方案在每一评价指标上的表现或特征。

如图8-5所示，信息搜集就是寻找上述三种类型的信息。

消费者所面临的可解决其需求的信息是众多的，他们一般会对各种信息进行逐步地筛选，直至从中找到最为适宜的解决问题的方法。这个过程将针对特定的品牌而不断缩小搜寻范围，它不仅在内部信息搜集中会发生，在进行外部信息搜集时也会不断调整信息搜寻范围。

以品牌信息为例，有些同类品牌不被消费者所知或记忆，处于未意识域。能被消费者所回忆的备选品牌是意识域，意识域可以进一步分为三个次级域，即激活域、惰性域和排除域。其中，激活域是消费者为了解决某一特定问题将要进行评价的品牌集合；惰性域是由那些消费者了解但不关心的品牌组成；排除域是消费者认为完全不值得进一步考虑的品牌。

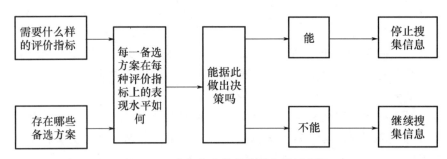

图 8-5 消费者决策中的信息搜寻指标

显然，品牌进入激活域特别重要，否则被选择的可能性很小。因此，营销战略仅仅以提高品牌知名度为目标是不够的，必须努力使自己的产品进入消费者选择的激活域，即能够被消费者很快联想并作为重点考虑对象。

品牌进入消费者激活域的促进因素有：①品牌熟悉程度。越熟悉的品牌，自然更可能被激活。②典型性。品牌如果能代表某一类产品，则在内部信息搜集过程中越容易被消费者想起。如提到高档汽车，马上会想到奔驰、宝马，而不是捷达、伊兰特等，因前者比后者更能代表高档汽车，更具有类别典型性。③目标与使用情境。消费者有时会按目标或使用情境对产品进行分类，如正式场合穿的鞋、运动时穿的鞋、散步时穿的鞋等。企业如果将自己的品牌定位于某个特定目标或使用情境，在这些购买目标和消费情境下，品牌更有可能被回忆起来。④品牌偏好。越是被消费者喜欢的品牌，或消费者态度越正面的品牌，越可能被纳入激活域。⑤回忆线索。如"瓜子二手车直卖网"的广告词、"红豆新车网"的女模特、孩子们喜爱的麦当劳叔叔，都可以作为回忆线索，帮助品牌进入激活域。另外，相比之前考虑过但又被否决的已有品牌，新品牌更容易进入激活域，即使额外提供已有品牌的正面信息，情况也是如此。对营销者来说，消费者这种不愿给被否决品牌第二次机会的行为，正强调了产品从一开始推出就要保持良好表现的重要性。

意识域与激活域的规模随产品而异，而且对于所有的产品，激活域远远小于意识域。另外，激活域本身也是动态可变的。已有证据表明，随着消费者品牌忠诚度的增强，激活域的规模将变小。影响激活域规模的因素主要有消费者受教育程度、消费者的家庭规模、意识域所含品牌数量、消费者对不同品牌使用于不同场合的认识水平。

在网络时代，消费者行为已发生了深刻的变化。Court 认为，消费者的数字化决策进程不再是逐步地缩小品牌选择范围，而是环状循环往复的，由"购买环"和"品牌忠诚环"两个环内切组成，包括考虑（Consider）、评估（Evaluate）、购买（Buy）、体验（Experience）、互粉（Advocate）和互信（Bond）六个关键阶段。

在实际的购买活动中，大量的信息从不同的角度影响着消费者，有正确的，也有错误的。而消费者的时间、精力及识别和评估信息的能力有限，因此，消费者往往不想知道有关商品的所有信息，也越来越无暇顾及和比较产品的细小差别，而只是需要可信的、简明扼要的信息，并依靠这种信息决定自己将购买什么样的产品。这时，消费决策的对象就容易从产品变成品牌。品牌的导入可使整个消费决策过程得到简化。在消费者心目中，品牌不仅代表着产品的品质，还可以是一种偶像，一种社会地位。品牌帮助消费者处理产品信息，降低购物风险，使消费决策更加容易，也更满意。

四、POM 模型

(一) POM 信息渠道

美国斯坦福大学商学院营销学教授 Simonson and Rosen 提出了 POM 模型，认为消费者的购买决策受到三个信息渠道的综合影响。

1. P(Prior)

P（认知驱动）即个人原先的偏好、信念、知识和经验。消费者可能倾向于认为 P 是清晰而确定的，但实际上 P 往往是模糊而易变的（特别是对某些不常购买的产品），容易受到情境等外在因素的影响。当然，如果消费者对某款产品有着极强烈的个人偏好（或消极认知），这时 P 是清晰而明确的，P 就会对决策起主导作用。许多出于个人嗜好、品牌忠诚或习惯性的购买行为就是如此。例如，消费者在超市里的日常或习惯性的购买行为多数是由 P 主导的，把牛奶、面包和鸡蛋放进购物车是一种习惯，主要受到之前偏好的影响，M 或 O 的外力作用不大（除非有新的促销因素）。当然，有时 P 也可能是在 M 和 O 的影响下形成的。

通常，P 营销模式适用于消费者能够被动产生需求的行业，比如教育、保健品、金融服务等行业。

2. O(Other)

O（口碑驱动）指其他人的意见和公共信息服务，包括：用户评论、亲友意见、传媒报道、专家观点、比价工具、名人看法、政府检测机构、第三方鉴定机构、其他先进技术等。在购买决策过程中，消费者希望做出正确决策，并规避风险，而 O 往往被认为是最可信的渠道。O 还有个特点是信息丰富多样，能提供差异化信息。该信息来自许多不同背景消费者的消费体验，他们会根据自己的亲身经历，从不同角度对产品与服务进行评价。

通常，O 营销模式适用于有较高的社交属性的产品，如化妆品、奢侈品等。例如，女生在买口红之前，会询问身边人这个色号是否适合自己。这就不自觉地形成了一个较高的社交属性，那么这就需要我们以 O 为主、P 和 M 为辅。

在网络信息时代，消费者可以很方便地获取各方面（如网络社群）的信息，O 的作用越来越大，用户体验反馈、用户评价及专家意见对消费者起着越来越大的影响作用。品牌营销、情感营销、情境营销、广告营销都将受到巨大挑战，依赖 O 的消费决策将成为主流。

资料链接 8-2

"喜茶"是怎样炼成的——5T 分析 O 的崛起

在网络时代，Others 崛起，Prior 通过创新来干扰 O，Marketers 助力为 O 提供传播物料。喜茶的胜利，最重要的是 O（他人评价）在发挥作用，O 的崛起削弱了 M。为什么这么说，喜茶当初是怎么在江门发家的？就是靠消费者的口碑传播，然后慢慢扩张。口碑是如何影响喜茶消费者的购买决策的？下面用五个 T 来拆解 O。

1. Talkers（评论者），喜茶的用户画像是：16～25岁的年轻人占比超过5成；女生占6成。

2. Topic（主题），即内容。年轻人为什么喜欢与喜茶合照晒图？当打卡喜茶成了时尚，成为一种人设增强的朋友圈仪式，这个时候不是茶好看，而是人好看，和喜茶合照增加了她们的谈资。

社交货币的观点认为，我们在微信和微博上讨论的东西就足以代表君，并定义了我们自己，所以我们会比较倾向于分享那些可以使我们的形象看起来"高富帅"或"白富美"的内容。

3. Tools（工具），今天我们可以通过微博去@雷军投诉小米的服务不到位，一个奔驰车主女子也可以引发轩然大波。

空前自由的表达，空前容易团结的集体，给企业带来了巨大的挑战。同时，点评网站、微博、朋友圈、抖音、小红书等工具也使口碑传播变为可能，喜茶就通过运营微博、微信、自媒体，去影响和引导消费者，因为从"个人"视角发出来的评价更主观，更可信，人设也更真实。

4. Taking Part（企业对口碑的参与），企业的参与有两个角色。

第一是聊天人，比如在喜茶的微博，很多评论下面都有喜茶官方的小编在跟读者进行调侃式的互动，使谈话变得生动有趣，这是一个品牌的人设。

第二是解决者，比如倾听并解决问题，让用户高兴，消费者的内心得到了巨大的满足，这样就激活了潜在的支持者，同时改变了批评者。一个批评你的人一旦改变了对你的看法，会比其他人都更加忠诚。

5. Tracking（追踪），作为一个企业要一直知道用户在说什么。今天的消费者你已经很难预测了，但是你能追踪他们的想法。

如果微博有人说"果肉是不是太少了？"那你就增加果肉，如果大众点评有人说"没有恋爱的感觉"，那你就发力制造能带来惊喜感和爆发感的口感。追踪主要是看差评，从中了解顾客的喜好，不断修改配方。

5T共同作用，使得Others（他人评价/口碑）崛起。

资料来源：https://www.jianshu.com/p/b7b6a4abf1a1［2021-01-13］.

3. M（Markerters）

M（营销驱动）即营销者提供的信息，包括通过广告、推销员、经销商、包装、品牌、展览等方式获得的产品信息。以前消费者的信息来源主要是M，但M并不太可信。消费者会怀疑营销者为了提高销售业绩而不能客观、公正地提供信息。通常，M来源起到通知的作用，而O来源起到对做出购买决定是否合理或评价的作用。消费者也经常从广告或企业官网上获得基本信息，他们还是比较相信营销者提供的有关性能、颜色、实用性和特价优惠等信息。在一些品类中，品牌的影响力是十分强大的，比如代表身份的手表、名牌包等。根据一些电商网站的数据显示，类似一些高端化妆品、名牌包、时尚类的产品，尽管用户的差评时有发生，却很难影响这些品牌产品的销售。但对于评价产品质量或可能存在的负面问题，营销者的客观度不如专家或消费者。

一般来说，M营销模式较适合于消费者主动产生需求的行业，比如医疗、设备、生活服务等行业。

虽然三种渠道的影响力是互补的，共同主导着消费决策。但信息渠道影响力的组合是一种零和博弈，消费者对某一信息源的依赖度越高，对其他来源的需求就越低。因此，某一渠道的比重上升，必然导致另一渠道的重要性下降。当然，对信息渠道的依赖度也有成本和收益的权衡，过去十年里，O 的收益急剧上升，而信息成本却大幅下降，这极大地提高了这一渠道的相对贡献值。另外，由于网络信息获取十分方便有效，市场变化太快，消费者也更多地依赖于网络信息渠道，而 P 既模糊又片面不足，消费者对 P 并无信心。这时，其他渠道往往会夺取 P 在决策机制中的份额。

总之，因为 P 往往是模糊而易变的，所以在消费者考虑是否要购买某件商品时，M 和 O 通常更能影响消费者。过去，M 很容易左右消费者的选择，但随着信息时代的到来，消费者如今越来越多地依赖 O，通过 O 去预判商品的绝对价值。

（二）POM 影响力组合

在不同的消费情境下，这三种信息渠道对消费者的影响作用不一样，企业的营销策略也应当有所变化。营销者必须了解产品的影响力组合，即消费者购买决策中 P、O 和 M 三大因素的重要程度。了解影响力组合的前提是考虑产品所在类别、消费者特性（这当然是因市场细分而异的）及品牌定位。例如，对于直观和个人经验难以判别的、迭代更新快的产品，消费者更多地依赖口碑、网络点评、专家意见和信息搜索工具等。

消费者对 O 因素的依赖程度可以用一个"O 非相关——O 相关"的连续体来表示（见图 8-6）。

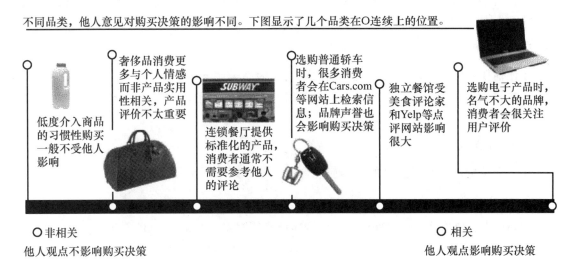

图 8-6　O 连续体

如果产品处于几乎与 O 非相关的品类中（也就是接近上图左端的位置），这就表明其大部分消费者在购买过程中不考虑 O 的因素，或者即便有很多 O 的因素，这些 O 因素对他们的购买决定也几乎没有影响。比如回形针、衣架或者糖果，就可以被划分在上图 O 非相关的一侧。相反，如果产品越靠近渐变轴上"O 相关"的一端，消费者卷入产品信息传播变革的程度越深，其购买决定就越易受 O 因素的影响。对于大多数产品来说，它们的实际情况应该介于两个端点之间。

产品在"O非相关——O相关"连续体的位置受以下几方面因素的影响。

1. 决策重要性

对于那些不太重要的商品，消费者不会依赖O因素。例如，买一包面巾纸，通常不需要去网站上查阅第三方的评价。对于这类产品，广告和卖场布置等传统营销方法比较有效。但如果某一消费决策对他们来说很重要，消费决策会向"O相关"偏移。如买一台计算机，消费者可能就会综合考虑第三方及其他评测方的意见。

2. 产品质量和多样性

产品质量的重要性和产品的多样性决定了消费者会花多少精力去搜索质量信息。比如，对于回形针这样不太重要的商品，质量信息就不那么重要，因为回形针对大多数消费者来说意义有限，而且质量差异也较小。相反，如果产品的同类品很多，而且消费者又十分关注商品的质量好坏，那么就会偏向"O相关"。

3. 风险和不确定性

风险、不确定性和复杂性会把消费者推向O相关的一端。这就是为什么刚上市的新产品、技术含量高、复杂的产品，参考O因素的人会更多。

4. 产品所在品类的变化速率

变化会导致不确定性、风险和与时俱进的需求，所以，某些行业（如电子产品）中，经常会有新对手出现，市场份额经常变化，新的产品功能层出不穷，那么消费者很有可能会依赖O因素。

5. O的有用性

在评估质量和合适度上，O能起到的作用是因品类而异的。例如，类似服装这种个人喜好存在较大差异的体验性产品，O的有用性就打折扣了，这与个人的品位和审美观有关。

6. 消费大众化

在大众消费产品领域，O的影响应该会大一些。如家用电器、手机、电影等。

7. 消费情景

时间压力、急迫性、信息获取成本、购物环境等因素也会影响O的作用。例如，"双十一"购物节时，不少消费者急着抢购商品，减轻了O因素的影响，增强了M因素的作用。跟团去国外旅游的消费者，由于没有充足的时间和精力，加之语言障碍、环境生疏、纪律限制，旅游产品本身的可比性也较小，所以更容易受到M因素的影响（当然团友的影响也不可小视）。在移动互联网时代，许多消费者在碎片化时间里成为"低头一族"，消费者不太可能盯着手机看广告，因此手机会减弱M的影响，而楼宇广告和电视则较适合M的传播。

8. 分销渠道

有些渠道有利于O因素发挥作用，而其他渠道则不一定。如和电商相比，实体销售受M因素的影响更大，消费者在传统的实体店购物，容易受到品牌、包装、商品陈列或售货员的影响。又如，汽车保险，此类服务经常采用一对一销售或电话销售，因此消费者难以获取他人的评论。但如果在淘宝平台上推出汽车保险服务，那么消费者肯定会看到更多评论，并给销售带来更大的影响。自营型B2C平台（如考拉海购）有时会限制负面评论的发布，导致消费者对O的信任度下降，而淘宝等第三方电商平台则有利于O因素发挥作用。对于知名度不高的行业新进入者，需要依靠质量和价值竞争，应当选择在那些利于比较的O因素渠道进行投资，从而抑制品牌资产和客户忠诚度发挥作用。当然，尽管大品牌具有品牌优势与广告优势，像苹果等少数大品牌可以在某种程度上免受O的干扰，但从长远来看，最终还是将无法抵御O的影响力（尤其是大品牌的新产品）。

（三）POM模型的市场规则

在网络信息时代，O因素对消费者的影响越来越大，"O相关"的市场规则已发生了令营销者警醒的显著变化，这些变化包括以下几个方面。

（1）在越来越多的品类中，品牌正在丧失其作为质量标识的角色。
（2）在购买决策中，消费者过去的满意度已经不那么重要了。
（3）消费者忠诚度在下降，并且对未来购买行为的影响不大。
（4）市场定位和说服技巧已经不像过去那样有效了。
（5）那些利用消费者"非理性"和偏好不稳定性的销售策略已经不像过去那么有效了。
（6）情感诉求面临大量"理性"信息的残酷挑战。
（7）新产品可以更快被下定论，传统的采用者类型已经不太重要了。

在新的市场规则下，营销者不能再把自己看作消费者购买决策的推动者，而是应该成为购买决策的追随者。换句话说，因为消费者已经把目光从M转向O，所以营销者也必须关注O，更要关注应当做些什么来增加O对消费者的影响力。

确实已经有营销者真正意识到这种转变，但是总体来说，多数营销者还是认为自己能大大影响消费者的感知、偏好和购买决策。他们仍然相信，如果营销者可以适当地划分市场、锁定客户、准确定位市场、选择合适的工具，消费者就很有可能购买其商品。当然，对于那些处于连续体上O不相关这一侧的产品，这些做法依然适用。下面是"O不相关"产品的传统市场规则，可以与"O相关"的市场规则进行对照。

（1）品牌依然是重要的质量标识。
（2）消费者仍然依赖过去的满意体验。
（3）消费者或许仍然保持品牌忠诚度。
（4）市场定位和说服技巧奏效。
（5）情感诉求仍和过去一样有效。
（6）消费者偏好容易受到非理性因素的影响和操控。

（四）POM模型与营销策略

在POM三个因素中，有一个会对消费者的决策占据主导地位，这通常取决于产品或者服务的属性及消费者的人口统计学特征。营销者在做消费者调研时，需要找出这个决定性的因素，以及三大渠道的比重组合，并根据这个影响力组合制定真正有效的营销策略。例如，如果消费者的购买决策更多地受专家和其他用户的评论，那么在广告上过多地投入就会造成浪费。

既然最主要的变化在于O，营销者通常可以根据O对消费者影响力的大小来制定营销策略。如果 M 的信息依旧很有影响力,那么不必改变原有的营销策略。但如果企业的消费者在很大程度上依赖于其他用户的评论,那么通过 O 渠道去影响他们会更快、更有效。

Simonson（2014）认为,企业可以根据产品在 O 连续体上的位置,从下述四个角度重塑战略。

1. 竞争地位

在消费者高度依赖 O 因素的领域,品牌效力不高,壁垒较低。餐饮业是一个典型例子。哈佛商学院 Luca 的研究表明,在点评网站 Yelp 影响力大的城市,独立餐馆生意红火,连锁餐厅则营收不佳。在 O 因素影响力大的市场,全新对等的信息颠覆了传统固有的观念,新进入者的阻力不大。小米、三只松鼠等品牌都是通过打造 O 因素迅速占领市场的,成为新兴的重要品牌。

在消费者决策依赖 O 因素的领域,市场份额变动更快,如诺基亚手机的销量迅速下滑。反之,主要依赖 P 和 M 因素的品牌则相对稳定,如宝洁的一系列品牌受 O 因素的影响较小。

2. 品牌传播

在 O 相关的领域中,营销者很难直接影响消费者偏好的形成,触手可及的信息和不断变化的市场意味着消费者会主动寻找最新的信息和最好的选择,并据此做决定。换句话说,消费者所考虑的候选品是被主动创造出来的,他们不太可能仅从脑海中浮现出来的品牌中做选择。即使广告和知名度能起到提醒作用,但是真正到了购买的时候,消费者还是会更多地依赖更可信的 O 渠道信息进行购买决策,那么这种提高品牌知名度的方式也是缺乏效率的。因此,在 O 相关情境下,品牌传播应当做出改变。

（1）品牌传播应当专注于创造兴趣,而不只是创造最高知名度或只关注说服技巧。例如,吸引消费者兴趣的话题营销也是网络时代的广告策略之一。

案例链接 8-1

华为手机挡过的那些子弹

2016 年 8 月,一名外国人在其住宅外停车时,遭到两名持枪劫匪枪击,他应声倒地。其女儿回家后发现了躺在车外的父亲,将之送到医院急救,幸运的是,这个人没有受到严重伤害,劫匪射出的子弹没能穿透他夹克胸袋里的华为手机,被卡住了。华为手机能挡住子弹,这种功能不可谓不强大,华为手机官微以此为焦点,推出了一篇"华为手机挡过的那些子弹"的文章,详细地介绍了华为手机在世界各地所挡住的子弹。粉丝为华为手机"挡子弹"的这种"副业"所震撼,纷纷留言,表达了对华为手机的赞赏之情。如此一来,华为手机就为消费者营造了丰富的想象空间,在消费者心中留下了深刻的印象。

资料来源：https://www.sohu.com/a/114708290_400354 ［2020-12-03］.

（2）品牌传播应当从说服消费者转变为利用"O 信息"来与消费者进行沟通。社交媒体上消费者的评论（甚至某些负面评论）可以帮助企业更客观地展现产品,从而使消费者更好地了解产品的使用体验。例如,时尚购物平台蘑菇街搭建了一个可以分享时尚、分享搭配的交流空间，让女孩们有一个修炼变美的购物分享社群。蘑菇街通过"达人"社群、"街拍达人"使女孩们聚集、分享自己的时尚心得、美肤美妆、购物经验、搭配秘籍等。女孩的这种分享需求，既丰富了网站的人气，又帮助商家进行了商品宣传。

在网络时代，口碑营销应当"让大家告诉大家"，让消费者主动、自发地进行口碑宣传，最好能产生一种快速滚雪球式的病毒式传播效果。这里所说的"O渠道沟通"并不只是利用消费者传播信息的社交媒体或方式，来提高消费者的参与度。同一社交媒体既可以用来传输 O 信息，也可以用来传输 M 信息，关键是消费者是否主动地为营销方传播信息。例如，小米在公司成立日举办的米粉节，引来"米粉"的狂欢；小米手机举办"吼一吼"有奖活动，只要用户向小米手机的微信公众账号发送一句语音信息"我爱小米手机"，小米后台系统对音量进行判断，分贝数高的用户就有机会赢得大奖，而且还有机会以优惠价格购买米兔玩偶。在这种活动中，尽管消费者参与度很高，但仍然是 M 渠道。而小米利用"米粉"在论坛上为其新品手机点赞、好评，才是真正的"O渠道沟通"。

 资料链接 8-3

想要获得用户主动口碑推荐，除了质量，还要想想这六点

1. 借势

为了吸引用户的关注，可以借助一些热点事件，有时甚至是借助竞争对手的声势来为我所用。这一方法尤其适合初创品牌。

当年百事可乐刚刚创立时，面对老牌饮料可口可乐，他们打出了"新一代的可乐，新一代的选择"为主题的广告，借助可口可乐的"新老论"来树立百事可乐的品牌形象。而可口可乐铺天盖地的广告帮助自己树立了新一代可乐的品牌形象。

2. 利益

口碑营销的另一种方法，就是把产品和目标用户的利益挂钩。美国有一家饼干制造企业为了打垮竞争对手，开展饼干的大量免费派送活动，竞争对手则指控其不正当竞争，工商部门开始介入调查。因为赠送饼干与消费者的利益相关，所以，事件的发展引起了消费者广泛的关注，这家企业就发动消费者，博取同情与支持，民众也纷纷发表言论，支持该企业。虽然最终赠送活动被迫叫停，但是该企业的口碑却立住了，产品销量也大幅提升。

3. 新奇

在今天这个信息爆炸，媒体泛滥的时代里，只有制造新颖、奇特的口碑传播内容才能吸引大众的关注与议论。

例如，海尔老板砸冰箱事件在当时是一个引起大众热议的话题，可之后又传出其他企业类似的行为，就几乎没人再关注——因为大家只对新奇、偶发、第一次发生的事情感兴趣。

4. 适当利用争议

具有争议性的话题很容易引起广泛的传播，但争议往往又都带有一些负面的内容，企业在口碑传播时要把握好争议的尺度，最好使争议在两个正面的意见中发展。

5. 秘密

世界上很多传播最广泛的事件曾经都是秘密，这是因为我们每个人都有探听私密的兴趣，越是私密的事物，越是能激发我们探知与议论的兴趣。但是，制造私密性事件时切忌

故弄玄虚或给受众一种受到愚弄的感觉，这样就得不偿失了。

6. 故事化

产品要让消费者喜欢，除了要将内容品质标准化，还要主动让消费者了解你的产品精神，认同你产品背后所传达的故事。品牌文化故事化，将产品与一段新奇有趣的故事联系起来，更容易得到消费者的传播。

资料来源：http://www.qseeking.com/news/89.html [2020-12-03].

3. 市场调查

在人们对 O 因素不敏感的领域，企业可以继续使用传统市场调查方法；反之，营销者不能只盯着消费者的个体喜好、满意度和忠诚度，应对点评网站、用户论坛等社交媒体上的信息进行跟踪、归纳和量化。传统的市场调查通常主要研究 P 因素，通过了解消费者的喜好预测他们将会购买的产品，而购买决策权却越来越由 O 因素所掌控。P 可以反映消费者的偏好、预期，但这些往往是模糊和不稳定的。O 则是反映消费者预期和体验结果的最终因素，而且还具有即时性，能提供最新的消费者意见，而市场调研往往在时效性上比较落后，很容易过时。尤其在市场变化较快，竞争对手不断推出新产品的环境下。例如，iPhone 手机在 2007 年年初上市前，一项市场调查表明美国、日本消费者对融合手机、MP3 播放器和相机功能的综合设备不感兴趣，而事实却恰恰相反。这项调查只考虑了 P 因素，随着 iPhone 手机的问世，早期用户的溢美之词极大地影响了后来的购买者，O 因素开始起作用了。

针对网络时代的市场环境，Simonson 对市场调研的建议是：可以利用智能化的大数据技术对消费者的即时购买行为进行跟踪、分析和回应，而不是去预测消费者的长期偏好；不能总是研究个体消费者的偏好、预期、满意度和忠诚度，而应该更系统地跟踪评论网站、用户论坛和其他社交媒体上的消费者反馈或共享信息。

4. 产品细分

对同一种产品，不同消费群体的认知模式不尽相同：有的消费者可能更依赖 O 因素，有的则更看重 M 因素。例如，我国老年消费者对网络不太熟悉，是容易受 M 因素影响的细分市场。而且保健品又属于信任产品，其效果很难在短时间显现。因此，保健品推销者的"亲情""免费"营销策略就容易奏效。产品对 O 因素的敏感度并非一成不变，企业应针对不同消费群体制定不同的营销策略。对易受 M 因素影响的群体，可以加大广告投入、提高品牌知名度、宣传优惠活动等；但这些措施对看重 O 因素的消费者未必有效。营销者还应考虑临时性因素的作用，如全凭 O 因素网购电子产品的消费者也可能被购物季的特价所吸引，转向 M 因素。他们会受打折促销的气氛影响，等不及浏览评论就下订单。

思考题

1. 谈谈"问题"的类型及特点。
2. 功能性、象征性、享乐性需要有什么不同？以这三种不同需要的消费者为目标市场的营销策略有何区别？

3. 哪些情形会导致消费者进行问题认知?

4. 消费者往往对一些商品存在"消费惰性",你觉得应当采取哪些措施来激发消费者的消费热情?

5. 刺激一般性问题认知和选择性问题认知有何区别?企业在什么条件下应当刺激一般性问题认知?

6. 信息搜寻的种类有哪些?有何特点?

7. 影响消费者搜寻信息努力的因素有哪些?

8. POM 三个信息渠道对消费者决策的影响作用有什么不同?

9. 在哪些消费情境下,POM 三个信息渠道的作用会出现明显的差异?

10. 在网络信息时代,与"O 相关"的市场规则有哪些重要变化?

11. 在网络信息时代,如何根据产品在 O 连续体上的位置来重塑营销战略?

第八章 在线题库

第九章

方案评价与购买实施

学习目标

- 熟悉并掌握消费者对产品购买方案的评价过程;
- 了解消费者常用的评价线索;
- 理解消费者的品牌选择规则;
- 掌握购买意愿的形成模式和感知价值的含义;
- 掌握消费者感知风险的含义、分类与影响因素;
- 理解并掌握冲动性购买的含义与影响因素。

思维导图

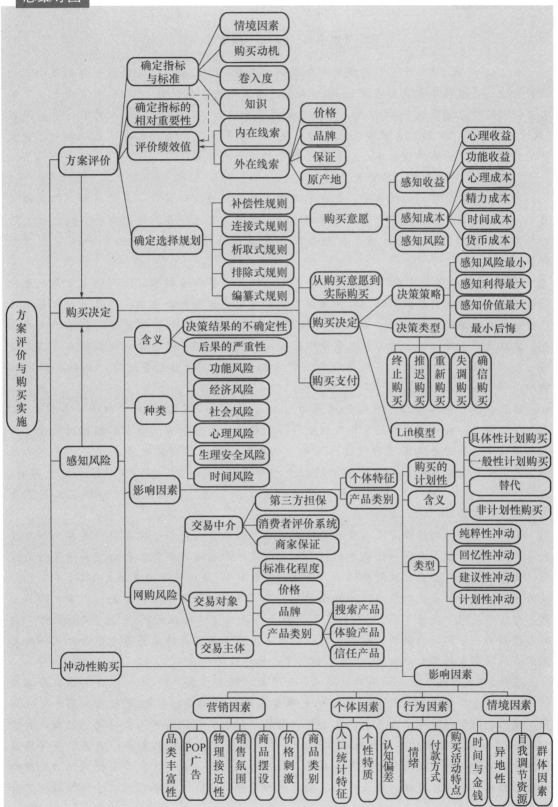

导引案例

"双十一"缘何"剁手"

自2009年起,"双十一"已成为一个崭新的消费现象,每年的促销盛会都创造中国的消费奇迹,并且历年交易额呈现逐年大幅度递增的趋势。据统计,2019年"双十一"淘宝天猫的销售总额高达2684亿元,而京东的成交金额为2044亿元,惊人的数字背后是在"双十一"期间"辛勤"贡献腰包的"剁手族"。"剁手族"是指那些在网上购物中花费大量金钱,回头一看账单懊恼不已,自嘲要剁手的消费者群体。

"双十一"为什么会让消费者"剁手"呢?

第一,从感官营销的视角看,红色的视觉设计会促进冲动消费。在"双十一"促销活动中,点开淘宝、京东、苏宁等电商网站,映入眼帘的都是一片鲜艳的红色。红色代表活力与紧张,能够让人心跳加速,在无形中会制造出催促感,从而使人们产生冲动消费行为。

第二,"限时限量抢购"会让消费者产生一种紧迫感和稀缺感,使人们更容易产生冲动消费。购买限制引发的稀缺感容易激发人们的危机意识和竞争意识,这是一种容易让人产生不安或焦虑的情绪体验。在这种情绪的影响下,消费者会更多地采取感性的决策模式,更容易产生冲动购买行为。电商采取限量限时抢购,似乎是善意地提醒消费者这是最后一天"占便宜"的时间,目的却是让消费者抛弃理性,做出更多的非计划购买和冲动购买。

第三,原价虽不可信,可它仍然成为暗示我们的"心理锚"。在"双十一"促销中,几乎每件商品都会标明高昂的原价及便宜许多的现价。虽然很多消费者从理性的角度了解到所谓高昂的原价是商家可以随便标高的,但在鲜明的价格对比之下,这个"无用的原价"无形中也会成为人们购物决策中的一个"心理锚点"。当人们以促销价买进物品时,内心往往会产生"赚下了多少差价"或者"省了多少钱"的满足感,而非"又花了多少钱"。

第四,不理性的消费者陷入盲目的从众之中。从众行为是指个体在群体的压力下改变个体意见而与多数人取得一致认识的行为倾向,是一种普遍存在的社会心理和消费行为现象。由于商家在广告中往往特意强调"全民购物狂欢",经过几年的发展,"双十一"已经成为一个社会大众公认的集体性购物活动日。在"双十一"这几天,朋友、同事之间见面第一句话不是问"你吃了吗?"而变成了"你今天抢到了啥好东西?"可见,"双十一"网购已经成为一个热门的公共话题,这使得很多本没有购物需求的消费者也跟着大家一起凑热闹,就像商家的那句广告语:"大家都买了,你还在等什么?"

最后,"剁手族"购买的不只是商品,还有自己的存在感。"双十一"是购物狂最喜欢的日子。对于很多购物狂而言,他们的大部分消费行为都是补偿性消费而不是功能性消费。理性的消费行为是量入为出,需要什么功能,就购买相应的产品来使用。然而,对于"剁手族"来说,他们情不自禁地疯狂购物并不只是为了购买商品本身,还为了获得购买商品时的那种内心的满足感和自我存在感。心理学调查研究表明,很多女性在压力大时都会选择购物作为一种有效的减压手段。购物为何能够减压呢?主要原因在于购物补偿了女性消费者内心的缺失感,在拆开快递的瞬间,好像重新拥有了对于生活的控制感,内心得到的满足会减轻生活中令人烦恼的事件带来的负面情绪。

资料来源:苏子悦,2016."双十一"购物节,"剁手党"为何忍不住"买买买"?[J]. 科学大众(中学生),(Z1):82-83.

问题

1. 你在"双十一"购物时有何心理现象?是什么原因吸引你"剁手"的?
2. 请从心理学角度分析"双十一"背后的消费心理。
3. "双十一"商家是如何利用心理学中的"蔡格尼克效应"对消费者购买意愿产生影响的?
4. 你觉得网络营销中还有哪些营销措施可以影响消费者的冲动性购买?
5. 你如何看待"双十一"的社交话题属性对消费者的影响?

在搜集信息阶段,消费者掌握了商品的相关信息,并形成一个品牌考虑域或激活域。在方案评价与购买决定阶段,消费者将对激活域的备选品牌进行购前评价、确定评价标准及其相对重要性、确定备选品牌在每一标准下的绩效值,并运用一定决策规则从各备选品中做出选择。消费者将对感知利得、感知利失、感知风险进行衡量,最终做出购买决定。然而,也有一些因素可能致使消费者改变购买意向。实际上,消费者的购买并非全部都是有计划的,无计划或冲动性购买占有相当大的比重。

第一节 购买方案的评价

消费者收集到有关商品信息后,还要对这些信息进行加工、整理、对比和评价,最后挑选一种商品作为购买目标。消费者不仅在信息搜寻阶段存在激活域、惰性域,在购买方案的评价阶段,也会在信息搜寻基础上形成的品牌激活域中进行商品选择。由于激活域中往往存在多个品牌,且各有利弊,消费者要进行比较选择,权衡利弊后方能做出购买决定。购买方案的评价与选择过程如图9-1所示。

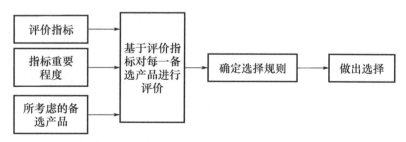

图9-1 购买方案的评价与选择

消费者通过收集到的信息对各种商品的评价主要从以下几个方面进行。

一、确定评价指标与标准

在收集商品信息阶段,消费者已经大体知道了应当从哪些属性来对商品进行评估。在本阶段，消费者还要根据本人的使用需要，进一步明确评价指标，即消费者选择备选品时所考虑的产品主要属性或特征。例如，消费者对智能手机，所关心的属性可能是：外观、处理器、运行内存、显示屏等。这些属性或特征与消费者在购买中所追求的利益、所付出的代价直接相关。

除商品本身的特点外，消费者采用何种评价指标（及其重要性）还受以下几个因素的影响。

1. 情境因素

例如，公司职员午餐选择餐馆，主要考虑的是位置的便利性、上餐的快捷性及卫生等方面，但是以充分时间来接待客人时就要考虑餐馆的氛围和客人的喜好与口味。当然，情境因素对评价指标的重要性影响更大些。

2. 购买动机

消费者的购买动机可分为实用性购买动机和享乐性购买动机。例如，购买运动鞋时，如果实用性动机起支配作用，就会利用耐用性或经济性等评价指标；如果享乐性动机起支配作用，则会以款式、品牌作为指标。

3. 卷入度

由于产品、消费者及情境不同，评价指标数量也是不同的。但由于消费者认知容量的限制，一个消费者对一个品牌的评价指标一般不会超过九个。消费者的卷入度不同，所利用的评价指标数量也是不一样的。例如，高档的耐用消费品（轿车、冰箱等）一般是高卷入产品，所以利用较多的评价指标；但是像牙膏、肥皂、手纸等简单、低价的日用消费品一般是低卷入产品，所利用的评价指标也就相对少一些。

4. 知识

缺乏产品知识的消费者一般很少掌握有关方案（品牌）的评价指标信息，一般愿意接受品牌宣传或者参照他人的劝说。

同时，消费者还要根据本人的实际需要，明确相应的评价标准，即对商品在这些指标（属性）方面应达到的水平。评价标准因人而异，差别较大，有人要求很高，有人则大体满意即可。如有的老年人对手机的音量和字体大小有较高的要求。大多数消费者的评价标准是其心目中理想或合适产品的大致形象。也就是说，消费者会根据购买动机等设想出一种"理想产品"标准（各属性、指标应达到的水平），然后拿"实际产品"与这种"理想产品"相比较，而最接近"理想产品"的品牌最能实现消费者的期望满足程度。

二、确定评价指标的相对重要程度

消费者对激活域里同类产品的不同品牌进行评价时，首先要确立一定的评价指标，然后还要衡量这些指标的重要性，即赋予不同的重要性不同的权重。不同消费者在对同类产品评价时使用的评价指标、标准和权重不尽相同。因为消费者购买不同的产品是为了满足不同的需要，寻求特定的利益。

消费者不一定对所有感兴趣的商品属性都视为同等重要，而是有所侧重的，并存在个体差异。例如，摄影爱好者对相机性能的要求更高，而旅游者则对便利程度看得更重。一一般而言，商品的功能是影响消费者决定是否购买的最基本的因素。而对于功能相同的商品，消费者就会考虑质量、外观、包装、商标、价格、服务等方面的因素，并有所侧重。除了消费者的自身因素外，评价指标重要性还会受到一些外在因素的影响，这些因素包括三个方面。

1. 使用情境

产品或服务使用的情境可能会对使用何种指标进行决策有重要影响。如某一消费者在大多数情况下把食品价格看成最重要的指标，但在赶时间的情况下，服务速度和购买的便利性会变得更为重要。

2. 竞争态势

一般来说，竞争品牌之间评价指标的差别越小，则指标在决策过程中可能的影响就越小。即使是商品的重要属性，如果备选品间缺乏差异，也不能成为消费者选择的依据。只有消费者认为重要且备选品存在显著差别的属性才能成为选择依据，这种差异性属性成为决定性指标。例如，消费者在选择乘坐哪家航空公司的飞机时，安全无疑是最重要的考虑因素，但如果消费者认为各家航空公司在这一属性上并无实质差别，此时决定其选择行为的可能并非安全属性而是其他因素，如服务水平的高低。对美国一家银行的新储户所做的调查表明，虽然某些属性如银行的营业时间非常重要，但消费者认为不同银行在这些方面差别很小。因此，这些因素并非选择银行的最重要的决定因素。某些属性如支票账户的透支优待虽然各银行在规定上有很大不同，但它们对消费者选择在哪家银行开户影响也很小。只有那些被大多数消费者视为非常重要、同时各家银行又存在很大差别的属性，如员工的友好态度、信用的可获性等才是选择的决定性因素。

3. 广告影响

广告可以通过多种途径影响评价指标的重要性。例如，唤起人们对某一属性关注的广告，可能会提升这一属性在消费者决策过程中的重要性和影响力。

应当注意的是，消费者、经销商及生产者的属性偏好会存在差异。例如，当被问及消费者如何评价与选择商品时，生产者列出了工艺、性能、外形作为关键评价指标，而消费者却列出了不同的指标：外观、可清洗性、耐用性。

企业营销人员应当关心消费者在评价备选品时采用的指标及其相对重要性，尤其应更多地关心属性权重。营销人员首先要确定在某一具体的产品购买上，消费者会采用哪些评价指标。其次，要确定各种评价指标的相对重要性，分析不同类型的消费者分别对哪些属性感兴趣，以便进行市场细分，对不同需求的目标消费者提供具有不同属性的产品，这样既满足顾客的需求，又最大限度地减少因生产不必要的属性所造成的资金、劳动力和时间的浪费。企业应该努力在目标消费者认为最为重要的方面超过竞争对手，并且应该向消费者传递自己的产品在这些属性方面拥有很强的优势。

三、评价备选品牌属性的绩效值

消费者根据各评价指标及其相对重要程度，对各品牌的商品进行主观评价，从而建立起对各个品牌的不同信念。例如，确认哪种品牌在哪一属性上占优势，哪一属性相对较差。

消费者必须具备一定的购买经验和具体商品的信息，才能有效地对商品进行评价。通常情况下，消费者难以拥有、理解并掌握产品的检验方法或全部信息，很难对产品的属性做出全面、准确的客观判断，如果还要在不同品牌之间进行比较，那就更加困难。有研究指出，消费者一般不能辨识品牌之间相对很小的差异或品牌属性较小的变化。另外，许多产品和服务十分复杂，消费者只有在大量使用后才能对产品的一些方面做出判断，由此对诸品牌做出精确评价比较困难。消费者不能准确评价许多现代新型产品，这使他们产生了很多不合适或不明智的购买行为（如超出所需，以较高的价格购买了较低质量的产品）。在网络时代，其他使用者的口碑与经验能有效弥补消费者个人辨别能力的不足。

消费者用来评价商品好坏的产品属性或指标大致分为内在线索和外在线索两种。

1. 内在线索

产品的内在线索是指与产品的使用价值相联系的内在属性，包括大小、颜色、味道等。具体来讲，耐用品的内部线索一般指质量、性能、可靠性等方面的指标；对食品则指口味、营养价值、新鲜程度等。消费者倾向于根据产品的内在信息来评估产品质量，这样显得他们的购物决策（不管是积极的还是消极的）是理性客观的。然而，消费者在很多情况下是通过外在信息来评估产品质量。例如，虽然许多消费者都声称他们选择某个品牌是因为它的绝佳口感，但事实上，接受盲测时他们常常无法将那个品牌挑选出来。

有时候，有的内在线索对产品质量的影响很大，但消费者由于缺乏产品的相关知识，只能通过其他内在线索判断质量，常常将可见的、具体的产品属性用作更抽象的属性、结果和价值的推断线索。比如决定汽车内在质量最重要的线索应该是汽车的发动机系统，但对绝大多数消费者来说，根本不具备了解这些内在线索的知识和技能，因此他们只能通过汽车内饰，比如坐垫所用材料的纹路和柔软程度，以及车门、把手的精细程度等次要的内在线索作为判断汽车质量的依据。售卖旧车的人总会把汽车外表处理得光洁如新，而购买者也会以此作为汽车内在质量的依据之一，结果消费者有可能买到一辆外表光洁的烂车。在高度熟悉的环境中，这些推断也许会在没有意识的情况下自发做出。例如，一些消费者会从洗衣粉颗粒的颜色来推判其去污力：蓝色和白色似乎意味着清洁、干净。或者，消费者可能依据包装的物理特性来做出对产品质量的推断，例如，香水瓶子的颜色、形状和材质都是推断质量好坏的重要线索。

可见，如果消费者了解到某个产品范畴中两个属性是相互关联的，那么，产品具有其中某一属性也就意味着它很可能也具有另一种属性。一些研究表明，与不提供产品的营养成分信息相比，提供产品的营养成分信息更可能会使消费者认为这种产品更加健康。但是，他们同样会推断，更健康的产品可能味道不如不太健康的产品。此外，消费者会推断那些有不同寻常风味或颜色名称的产品要好于普通味道或颜色名称的产品。

总之，消费者采取任何购买行为，都是为了获得自己需要的产品以满足自己的需求，因此产品的内部线索是影响消费者购买意愿的最直接和主要的因素。

2. 外在线索

当产品信息不完全时，消费者通常要通过对共变关系的理解来做出判断，利用一些可能与产品质量有联系的外在线索（又称为"替代指标"）作为产品质量的信号。外在线索是与产品自身属性或物理产品无直接关系的外部因素,比如价格、品牌、保证、原产地、消费者口碑、出售场所及零售商的声誉等。一般来说,当消费者缺乏知识做出判断、对购买决策兴趣不大或者其他一些与质量有关的信息缺乏时,外在线索的作用会增大。例如,消费者在超市面对众多的护肤品,选择了欧莱雅这样的大品牌,其评价线索其实是基于间接证据的,比如,行业排名、品牌知名度、广告投入、产地等,而不是基于原料、工艺或测试效果等内在线索。

主要的外在线索有以下几个方面。

(1) 价格。消费者往往会认为价格和质量之间有着较强的正相关关系,价格越高,产品的质量越好。当购买风险比较高,消费者对所购买产品的品牌不太熟悉时,消费者倾向于用价格作为质量判断的线索。

类似的,包装、色彩、样式也会影响对质量的知觉。例如,消费者一般认为,紫色或葡萄色的果汁饮品是酸的,橙色的果汁饮品是香甜可口、清爽宜人的。

(2) 品牌。品牌是商家无形的重要资产,品牌与感知质量、感知价值之间存在着正向的关系,知名品牌代表高的感知质量、感知价值,从而增强消费者购买意愿。出售场所及零售商的声誉也有类似作用,但生产商品牌比经销售商品牌的作用更大。此外,在对品牌延伸进行评估时,消费者往往也会推断与父品牌相关的某些特征会延伸到子品牌。

(3) 保证。保证是在交易双方信息不对称的情况下,厂商提供给消费者有关产品可靠性的一种承诺,如"三包"规定等。保修期越长,保修内容越广,人们会觉得其质量越好。消费者认为对自己产品质量没有信心,没有人力、财力和相应的售后服务网络的厂商是不敢提供高保证的,而且保证也解除了消费者的后顾之忧。Bearden and Shimp 运用外部线索分析新产品的采用,结果发现,产品外部线索,尤其是保证条款方面的信息对消费者减少质量方面的认知风险具有重大影响。

(4) 原产地。"原产地(国)效应"是指与某国或某地区相关的产品或品牌原产地形象,给消费者评价产品及做出购买决策所带来的影响。消费者对产品原产地的总体认知或刻板印象会影响对该地相关产品或品牌的评价,进而影响其消费行为。例如,葡萄酒产地是消费者感知葡萄酒质量时最重要的参考因素。

我国不少消费者都有一种"原产地(国)效应",认为原产地不会有假冒产品、更正宗,所以不少旅游者喜欢到原产地购买土特产品或通过"海淘"获得原产国特色产品。例如,我国不少旅游者都喜欢到东南亚购买乳胶制品,却对国内的乳胶产品不放心。对于外国知名品牌商品,消费者可能会寻找那些与他们对该国印象一致的产品,如意大利的皮具、日本的电子产品、韩国的化妆品、法国的香水、澳大利亚的保健品、新西兰的奶制品、美国的娱乐产品等,并且认为原装进口商品比合资品牌可靠,合资品牌又比自主品牌商品质量好,如汽车。

原产国效应会因消费者的产品熟悉度、产品卷入程度及消费者人口统计因素的不同而不同。消费者对一国产品的购买及使用经验与原产地(国)效应呈反比;消费者对产品的卷入程度与原产地(国)效应呈反比,即当消费者对产品卷入程度较高时,原产地(国)印象对其评估产品的影响较小,因为此时消费者还有其他产品相关信息可以参考,如品牌、价格、产品、功能等;另外,消费者的性别、年龄、受教育程度、文化背景等个人因素也会影响他们对原产地(国)持有的信念和态度。

随着国际贸易和经济全球化的不断发展和跨国公司组装的盛行，导致"混合产品"的出现，产品"Made in"标签的准确性和有效性日益模糊。另外，"原产地效应"也会被不良商家所利用。例如，有的俄罗斯商家觉得中国旅游者辨识力不高，推销价格惊人的琥珀、蜜蜡，其琥珀价格是本地价格的10倍以上，甚至还在原产地售卖工业合成的假蜜蜡，就是抓住了消费者迷信原产地蜜蜡物美价廉的这一心理。而很多消费者购买时无法辨别真伪，回国后则很难维权，只能不了了之。

总体上看，与内在线索相比，外在线索比较容易获得，认知过程简单。但消费者往往更相信内在线索，因为根据内在线索做出的购买决定更为合理、客观。当产品本身的特征能够在较大程度上预示产品的内在质量时，消费者可能主要依据内在线索而不是外在线索来进行判断和评价。比如，对靠眼看手摸就能对质量好坏大体做出判断的商品，消费者通常是根据某些产品特征做出购买取舍。但是，当产品特征不易观察或对产品质量的预示作用比较小，消费者由于知识经验的局限与信息的不足而对购买又缺乏信心时，可能更多地依赖产品的外在线索进行评价。在网络信息时代，消费者很容易获取来自其他消费者的产品质量评价信息，如消费体验、专家评价等，更注重从"绝对价值"角度评价产品质量，外部线索的作用正在减弱。

另外，对服务质量的评价也会更多地使用替代指标（也就是外在信息），因为服务的特点是无形、易变、无法保存、生产和消费同时进行，消费者无法像比较不同产品的质量那样直接比较不同服务的质量。例如，若要评价一位医生的服务，消费者会关注办公室的质量、屋内的摆设、墙上悬挂的证书的数量和发证方、接待人员是否和蔼可亲，以及护士的专业程度。这些因素都会影响消费者对医生服务质量的总体评价。

服务质量的差异性较大，因为每个服务人员的服务质量不同，同一个服务人员面对不同顾客的时候服务质量也会不同。肯德基、麦当劳等快餐连锁努力让服务达到标准化，以保证服务质量的一致性。但同时也牺牲了服务的个性化，而个性化却是许多消费者所看重的。

3. 判断连续体

由上可知，消费者评价选择方案时要进行两种判断，即：客体（品牌、产品及其属性）出现可能性判断，以及客体（品牌、产品及其属性）重要程度的价值判断，这些判断处于一系列认知连续体上的一点。图9-2是关于家电节能情况的可能性和价值判断。如果消费者很看重家电的耗电性能，而他判断某家电品牌又很省电的话，其选择此品牌的可能性就很大。

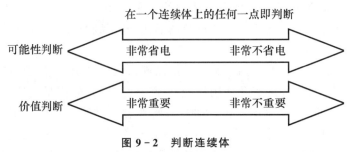

图9-2 判断连续体

消费者还会把各个属性的零散评价归类为某一范畴。例如，判断一个产品的时候，把这个产品归类为"价格贵"或"高档"等范畴之中。最后达成一个整体的认知。

四、确定品牌选择规则

消费者要从已评价的各种牌号商品中选出最合适的商品,这就得先确定"选择规则"。需要注意的是,消费者的选择规则不一定是单一的,实际上,消费者有很多比较评价策略。

当然,对于习惯型、情感型商品的购买,消费者往往并不需要那么理性的决策规则。例如,消费者购买流行时装时,消费者的评价常全部或主要基于对产品或服务的即时情感反应。

消费者的选择规则有补偿性规则和非补偿性规则两大类。例如,某家餐厅虽然卫生条件一般,但价格却较便宜,此时某些消费者基于经济考量,可能会选择这家低价的餐厅,因而价格的优势能弥补卫生属性上的缺憾。但另一些消费者认为健康是无价的,因此一律不考虑卫生条件较差的餐厅,这时卫生条件不能被价格或其他属性所弥补。非补偿性规则还包括连接规则、析取式(分离式)规则、排除式规则和排序式(编纂式)规则四种。连接式规则和析取式规则可能产生几个可接受的选项,而其他规则通常只产生一个"最佳"选项。

1. 补偿性规则

消费者在选择、评价商品信息时,把某商品所具有的非常好的与比较差的某些特征加以综合看待,以决定对该商品的偏好程度。因此,补偿策略也就是让各项评价指标同时起作用,从而为商品提供了弥补缺陷的机会。具体消费活动中存在两种补偿规则。

(1)简单补偿。消费者选择那些具有最多积极属性的品牌。

(2)加权补偿。消费者将属性的重要性和属性的评价值综合考虑,采用加权求和的方法,计算每个品牌商品的得分,消费者将选择所有被选对象中分值最高的品牌商品。加权补偿表示为:

$$R_b = \sum_{i=1}^{n} W_i B_{ib}$$

其中:R_b——对方案 b 的总评价;

W_i——评价指标 i 的重要性或权数;

B_{ib}——以评价指标对方案 b 的评价;

n——评价指标的个数。

所以,补偿式决策规则也被称为最高分入选法,它在各种评价指标的运用过程中,选择对有关的评价指标的判断所得的总分最高者。

那些使用补偿性决策规则的消费者,对产品和服务可以用一些相对较高的属性值去弥补那些相对较低的属性值。但是,消费者对品牌的更重要特征的要求应该与竞争者的相等或者相接近,因为这些更重要特征在其决策中比其他的特征占据了更大的分量。总之,补偿性决策要求相关属性的集合必须超出其他竞争者。

2. 连接式规则

在连接式规则下,消费者对每一评价指标设置最低可接受的表现水平,然后选择所有超出了这些最低标准的品牌。

因为消费者处理信息的能力是有限的，所以连接式规则在将信息处理任务缩小到一个可操作的水平时是很有用的。它首先排除那些不符合最低标准的对象，这在购买像住房等商品或租赁公寓时常被采用。例如，在购买房屋或租房的交易中，消费者对所有不符合其所考虑的价格范围、所喜欢的地理位置、或所希望具有的特征的房子都将被排除在进一步信息调查的范围之外，对符合这些最低标准的选项则再采用其他规则来做出选择。可见，连接式规则也会导致可接受的商品选项过多，需要结合其他规则辅助才能做出最终决策。

连接式规则也常用在低卷入度购买中。在这类购买中，消费者在一个品牌集合中每次评价一个品牌，然后选择第一个符合所有最低标准的品牌。如果把连接决策规则运用于某个目标市场，企业重要的是提供的产品在每个标准上都要超出消费者的最低要求。由于消费者通常会购买经过他们的评价，符合其最低标准的品牌，因此，这种品牌的广泛分销和充裕的货源是非常重要的。

3. 析取式规则

析取式规则对一些较重要的属性建立一个最低可接受的表现水平（它通常比较高），任一品牌只要有一个属性超出了最低标准都在可接受之列。可以用一句话来概括析取式规则，即"我将考虑所有（或首先购买）在任何一个我认为重要的属性上表现确实好的品牌"。这一规则同样可能导致满足最低标准的商品选项过多，需要结合其他规则辅助做出最终决策。

当析取式决策规则被用在目标市场上时，重要的是企业生产的产品至少要有一项重要属性超过消费者要求的关键标准的最低要求。这点应在商品的广告信息宣传中和产品的包装上做出强调。由于消费者经常购买他们所遇到的第一种超过某一项他们所要求标准的产品，因此，广泛的分销和充裕的货源是非常重要的。

4. 排除式规则

排除式规则要求消费者对评价指标按重要程度来排序，并对每一指标设立最低标准（切除点）。然后从最重要的指标开始考察，将低于最低要求的商品排除在考虑范围之外。如果不止一个品牌超出最低标准，考察过程将根据第二重要的指标重复进行，这将持续到仅剩一个品牌为止。

将排除式决策规则用于目标市场时，企业重点应该考虑本企业的产品超出消费者要求的重要标准（按排序）能比竞争对手多出一项。这个与竞争对手相比的优势，应该在带有广告信息的产品包装上加以强调。另外，企业也不应试图改变消费者对评价标准所赋予的相对重要性。

5. 编纂式规则

编纂式规则要求将评价标准按重要程度进行排序，然后选择最重要属性中表现最好的品牌。如果有两个或两个以上的品牌等序，它们将再按次重要属性进行评价，直到只剩下一个品牌。消费者的思想可以这样表述："我将选择在对我而言最重要的属性上表现最好的品牌，如果有两个等序，我将根据次要属性选择表现最好的一个。"

编纂式规则与析取式规则很相似，差别只是编纂式规则在每一步都寻求最佳表现的品牌，而析取式规则只是寻求表现满意的品牌。

将这一规则应用于目标市场中，你必须保证你的产品在最重要的属性上的表现等同于或超过其他任何竞争品牌，如果我们不能在最重要的属性上具有竞争力，那么次要属性上再好的表现也无济于事。企业应该将这个优于竞争者的优势在广告宣传信息上做出强调。企业的产品在最重要的指标上至少要与其他竞争者相当（势均力敌）。如果竞争者的优势不在最重要的特征上，注意力就应转移到第二重要特征上了（假设在最重要的特征上不分上下）。如果不能在关键的属性上赶上或者超过竞争对手，公司就应该试着把另外一个属性变得更重要。

应当指出的是，消费者并不真的会对每个重要属性赋予详尽的数值型权重，他们也不会对不同品牌的表现水平打一个数值分数。这些决策规则仅仅是代表消费者在品牌选择上常用到的模糊的决策规则。

消费者决定使用何种选择规则的因素主要有两个：需要性质和卷入程度。当消费者为功能性需要所驱动时，他们更可能使用补偿法。在评估汽车的经济性、可靠性或舒适性时，消费者可能会使用多重标准。在评估经济性时，合理的服务成本和较低的每公里油耗可能会抵消较高的品牌价格。而当消费者为享乐性需要所驱动时，他们会更倾向于非补偿性的选择规则。如果某一品牌汽车不能给消费者带来舒服愉悦的驾驶享受，消费者就不会再考虑这一品牌。另外，对于卷入程度低的产品，如牙膏、洗衣粉，消费者往往觉得不值得花时间和精力用补偿性来选择品牌。而高卷入的决策和购买因为涉及相当高的知觉风险，人们会趋于更仔细的评价：不仅会应用更复杂的决策规则（补偿性规则），而且还有决策的阶段性，每一阶段中，应用不同决策规则评价不同属性。Vayne et al. 就认为，把补偿性选择规则和非补偿性选择规则混合使用，可以帮助消费者提高决策的效率和质量。首先，通过非补偿规则将被选方案减少到3～4个，然后，用补偿性规则再进行比较和选择。

上面我们主要探讨了消费者面对可比方案时，如何进行信息选择和方案比较，并最终做出购买决策。其实，在日常生活中消费者也经常面对不可比方案的选择问题。比如，消费者要决定的不是购买哪个品牌的相机，而是面对要购买相机，还是立体声音响，或者一把吉他的抉择。这些物品之间除了价格几乎没有什么相同属性可以用上述规则来比较。此时，消费者会对它们的必需程度、时髦程度、创新性，当然少不了价格进行比较；或者单独比较自己对这些商品的总体印象。这种选择与消费者的生活形态密切相关，在经济条件受限时，消费者经常会面对这些不可比方案的选择。

第二节 购买决定与购买实施

品牌评估的结果是形成购买（或不购买）的意向。消费者在经过信息搜集和评价选择阶段之后，可能会在心目中形成购买目标，并产生购买意愿。但还需进一步解决购买时间、购买商店、购买方式、付款方式及资金的筹集、配套产品的选定等方面的问题，最后将做出购买决定并导致购买行动。

一、购买意愿

（一）购买意愿的含义

购买意愿是指消费者愿意做出某种购买行为的可能性或主观概率。因此，购买意愿可视为消费者选择特定产品的主观倾向。购买意愿与购买行为的关系也被多数学者所肯定，普遍认为购买意愿可作为预测购买行为的重要指标。

Zeithaml 提出的"感知价值"侧重从消费者的角度来理解产品的价值判断，如图9-3所示。感知价值等于消费者感知收益减去感知成本。感知价值和购买意愿具有正相关关系，消费者在做购买决策时，会选择感知价值最大的方案。增加消费者感知收益与减少消费者感知成本都能增加消费者感知价值，从而提高购买意愿。我们可用图9-3来进一步理解这个概念。消费者之所以对产品的购买意愿不强，很可能是因为产品在某个因素上对感知价值产生了阻碍。例如，以前修图软件主要是 Photoshop（PS），但 PS 学习成本太高，普通用户很难掌握。于是出现了各种美图 App，降低了学习使用的精力和成本。

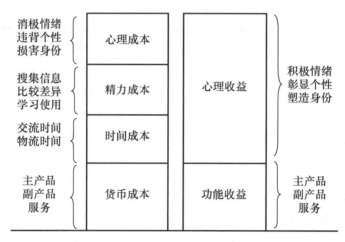

图9-3 消费者感知价值结构

Wood et al.（1996）将感知风险也视为获得某产品所必须付出的成本之一，认为感知利得（收益）、感知成本（利失）及感知风险会透过交易的整体评估来影响购买意愿，其中感知风险也会直接影响购买意愿，其模式如图9-4所示。

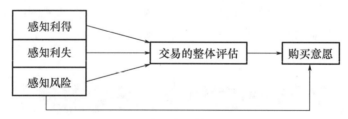

图9-4 购买意愿的形成模式

在这一模式中，交易的整体评估是对所获得的利得和付出的成本加以权衡（类似于感知价值的概念）。货币成本是立即确定的支出，而风险则是代表一种未来且不确定的可能花费或遭遇。感知风险是购买产品时所必须承担的精神成本，除了直接影响购买意愿外，也透过感知价值间接影响购买意愿，而且消费者对某产品的感知风险越高，则对该产品的感知价值越低。

显然，要使消费者产生购买意愿，必须使消费者的感知利得大于感知利失。而且感知风险必须降低到消费者可以接受的程度时，消费者才会决定购买。当然，消费者对感知利得、感知利失、感知风险的评估都是主观的，不同的消费者也会有不同的侧重。例如，小米手机定位于年轻粉丝群体，这个群体对金钱的感知较敏感，而时间和精力对他们来说并不太重要。对此，小米首先针对价格，做出了高性价比的承诺，然后通过饥饿营销带出来的稀缺感提升了自己的价值；最终买到小米手机的用户，往往不会意识到自己守在计算机前抢购所耗费的精力和时间，而只会感觉到用相对低的价格买到了好产品。这样，小米就用非敏感的感知成本扩大了消费者的感知价值。

（二）从购买意愿到实际购买

在传统购买活动中，从购买意愿到实际购买容易出现"时滞"现象。在网购中，由于实际购买行为更为快捷，信息不对称性也大为改善，"时滞"情况已有所减少。

一般情况下，消费者对商品有了购买意愿后，就会很快着手购买，尤其是那些在商店中才做出决策的冲动性购买。但对于卷入程度较高的购买活动，如买房子、汽车、大家电，在经过评价、比较对某一品牌产生好感和购买意愿后，消费者不一定马上采取购买行动。原因可能有：还需要做一些购买准备工作；太忙以至于没有时间；消费需要尚不迫切；想知道有关该商品的更多信息；以为该商品的价格可能会马上下降或以为更好的品牌会马上出现；等待优惠促销的时机再购买等。因此，购买意愿和实际购买之间可能会有"时滞"。

在形成购买意愿到采取购买行动这段时间里，消费者可能会受到一些意外因素的影响而推迟购买，甚至改变最初的购买意愿。有人对100名声称一年内要购买A牌大容量电冰箱的消费者进行追踪研究以后发现，只有44人实际购买了该种产品，而真正购买A牌家用电冰箱的消费者只有30人。

因此，只让消费者对某一品牌产生好感和购买意愿是不够的，有时由于意外情况会有中断购买行动的情况。真正将购买意愿转为购买行动，其间还会受到多方面因素的影响。

1. 他人态度

他人态度对消费者意图影响力的强度主要取决于以下三个因素。

（1）他人否定态度的强度。否定态度越强烈，影响力越大。

（2）他人与消费者的关系。关系越密切，影响力越大。

（3）他人的权威性。此人对产品的专业知识了解越多，对产品的鉴赏力越强，则影响力越大。由于许多产品具有在他人面前自我表现的作用，因而人们在购买时会更加在意他人的看法。他人看法与消费者意见相悖，将会导致消费者犹豫不决，很难在短期内做出购买决定甚至会放弃购买意图。

2. 对购买风险的再认识

一般而言，购买风险越大，消费者对采取最后购买行动的疑虑就越多，对购买就会越谨慎。实际上，不少消费者常常因为商品的某些方面还不能完全令人满意或有疑虑而延期购买。

3. 价格预期的改变

当消费者预期该商品的价格不久要下降或将有更好的品牌出现时，部分消费者宁愿等待一段时间。例如，手机等高科技产品的更新换代越来越快，新款手机一般半年都会降价1/3以上，在这种情况下，很多消费者都会等，愿意牺牲时尚而换来更低价格的产品。有些耐用消费品（如家电、家具）往往会开展节假日优惠促销，这将影响消费者对购买时间的选择。

4. 意外情况的出现

意外情况包括收支的变化、工作的变动、新产品的出现、竞争产品降价等。例如，消费者看好的车型在当地的4S店无现车可提货，或者购置税可能下调，这些都会导致消费者推迟或终止购买。

在复杂决策中，购买意向和购买之间的时滞会更大，因为此时促成购买决策需要更多的活动。在购买所需的辅助性活动中，选择商场是其中最重要的一项活动。例如，意欲购车的夫妇需要与经销商们谈判，从中选择在价格、服务和贷款方面提供最优惠条件的经销商。

因此，营销人员应消除或减少从购买意图到购买决定，再到购买行为之间的干扰因素，"鼓动、刺激"消费者尽快采取行动。

二、购买决定

（一）购买决定策略

一般而言，消费者在做出购买决定时可能采取以下四种策略。

（1）感知风险最小策略：选择可使预期损失最小的品牌。对于质量风险而言，消费者强调产品品质、性能的可靠、安全，确保购买选择是最低风险的。例如，在众筹网站上买产品是没有安全感的。相反，知名品牌会给人安全感。又比如企业采购，往往不追求性能最好，但要求产品稳定可靠。对于社会风险而言，消费者的选择会趋于保守。例如，购买服装时，可能不会选择太招摇的款式，而选择相对平庸但容易被人接受的时装。

（2）感知利得最大策略：选择可使预期报酬最大的品牌，而不在意成本因素。在这种策略下，当各项性能都能满足需求，产品最大优势决定着产品的选择。例如，选择一个音质最好的智能音箱。

（3）感知价值最大策略：选择可使净预期报酬最大的品牌。这是很多复杂决策时经常出现的策略，消费者会对产品的质量、成本等各项性能进行全面的权衡比较，其中，性价比是最重要的影响因素。

由于感知价值最大策略需要详尽全面地占有信息，对各种备选方案进行准确的评价比较，但受主客观因素限制，消费者往往很难实现感知价值最大化。

（4）最小后悔策略：选择质量稳定、保值及满足个人最主要需求的品牌。这时，消费者可能会放弃某个产品属性以获得另外一个重要的产品属性。例如，某消费者打算买一款手机，如果他最看重手机的待机时间，那么他只需从备选手机中选出待机时间最长的那款就能够做出购买决定。对于高档家电，消费者更强调核心产品属性，宁愿买贵，不愿买错。对于成熟期的耐用消费品，消费者往往更注重产品质量，而不是价格。

（二）购买决定类型

在购买决定阶段，消费者对交易的整体评估大体上有五种价值判断：不满意（准备放弃）、基本满意（继续观望）、比较满意（犹豫不决）、非常满意（准备购买）和惊喜感（迫不及待地想拥有）。绝大多数品牌的产品处于第二、三阶段，消费者容易在同质化的竞争中观望和犹豫。第四个阶段则是主流大牌常见的状态，基本能保持一定规模的竞争力。而第五个阶段就是新品牌在初入市场时或老品牌进行品牌升级时（比如苹果的新品换代）必须达到的状态。

相对于消费者对产品的满意状态,购买决定可分为以下几种类型。

1. 确信购买

消费者认为商品质量、款式、价格等符合自己的要求和标准,决定立即购买。除了处于以上第四、第五阶段的消费者,品牌忠诚型或习惯购买、重复购买的消费者都容易产生确信购买。

但是,对复杂决策而言,消费者在决定进行购买以后,还会在执行购买的问题上进行一些决策:到哪里去购买;购买多少;什么时候去购买;购买哪种款式、颜色和规格;选择何种支付方式等。例如,意欲购车的夫妇可能会继续考察一些市场,进行一些辅助性活动;选择经销商,确定购买时间,考虑支付方式,选择汽车内饰等。

2. 失调购买

在多数情况下,消费者做出购买决定时处于认知失调状态,表现为对产品的质量、性能及使用等方面还存在不放心、不踏实的认知,尤其是对于高卷入产品。同时,由于选择某一产品是以放弃对其他产品的选择或放弃其他产品所具有的诱人特点为代价的,消费者可能对购买决定是否是最佳选择还存在疑虑。

3. 重新购买

消费者对商品是否能符合自己的需要还没有把握,这样就可能回到前几个阶段,重新认识需要、寻求商品信息、比较评价选择,最终做出另外的决定。

4. 推迟购买

消费者认为商品的某些方面还不能完全令人满意而延期购买,如期待产品进一步完善或降价。

5. 终止购买

消费者认为商品功能等不能满足需要而决定不买。营销人员既要了解消费者购买商品的原因,也希望理解消费者不购买商品的原因何在,尤其是当消费者已经进行过相关信息搜寻和评价。由于各种外部限制,决策过程在任何阶段都可能终止或推迟。终止或推迟的理由是多种多样的,例如,消费者可能怀疑他们能否有效应付或使用商品;技术的发展可能使这种产品很快过时;他们甚至可能认为一些企业将会破产,从而导致他们无法获得售后支持或服务;道德与伦理使一些消费者不想购买存在劳工问题或民族感情问题的企业所生产的产品;或不想看未经授权而下载、复制和分享的电影;营销或消费情境变化也会导致延迟或终止购买决策过程。

三、购买支付

交易或购买的完成最终伴有货币的支付。以前常用的支付方式是现金结算和银行卡刷卡,而信用卡支付还可以利用银行给予的免息期,但现在更多的消费者使用移动支付,可以避免携带现金和现金找零的麻烦。在互联网时代,各种网络支付手段层出不穷,微信支付或支付宝支付尤其受到习惯存钱到理财通、余额宝等互联网"影子银行"的消费者的喜欢。手机NFC近场支付方式也有运用,如"云闪付"、Apple Pay,由于不需要点击进入

App，消费者使用更为方便快捷。蚂蚁金服还推出了"Smile to Pay"刷脸支付技术，无须现金、信用卡、手机、密码，刷脸确认即可。相较于二维码支付、指纹支付及密码支付等，刷脸支付更具备独一无二的特性，不但可以方便、迅速完成支付过程，还可以在一定程度上避免个人信息泄露。这是继现金、银行卡、手机支付之后，又一种新的支付方式。消费者也有了更多的选择：即便忘带钱包、手机没电，也能进行支付。

Amazon Go 颠覆购物体验新创举

同时，自助收银、无人售货也已经开始流行，Amazon Go 的"径直出门"方式更颠覆了人们对于支付行为的传统认知。这些支付方式除了让消费者感到方便快捷以外，某种程度上还可以在心理上减轻支付时的痛苦感（"支付的无感"）。

有的商家会以优惠条件吸引消费者购买储值会员卡，一方面，可以回收部分资金，也可以锁定部分目标消费者。另一方面，对于一些大型耐用消费品，如汽车、商品房等，分期付款等消费信贷方式可以帮助资金紧张的消费者实现其消费愿望。银行可以给予优惠贷款利率并简化办理手续，鼓励消费者提前消费。网购消费者喜欢使用的蚂蚁花呗和京东白条，其性质类似于银行信用卡，都是以"先消费，后付款"的方式来鼓励消费者购买，但"分期付款"的利息要比银行低一些（如蚂蚁借呗、京东白条）。

第三节 感知风险

因为消费行为本身就含有冒险的成分，消费者在购买活动中，往往很难确认其预期的结果，而某些结果可能令消费者不愉快。消费者在购买决策时会对这些可能发生的损失进行预期或评估，并影响消费者是否做出购买决定并实施购买。

消费者的感知风险直接关系着消费者是否做出购买决定。高海霞认为：感知风险对感知价值的影响显著，二者呈负相关；感知利得和感知风险呈正相关，但感知质量与感知风险呈负相关。研究显示，消费者购买时倾向于减少其感知风险而不是最大化其感知利得，感知风险在消费者购买行为的解释上更强而有力，在传统购买行为中尤其如此。也就是说研究感知风险比研究感知利得对准确把握和理解消费者的购买行为更重要。现代营销学之父 Kotler 也指出：消费者改变、推迟或取消购买决策在很大程度上是受到感知风险的影响，因此研究消费者的感知风险无论在理论上还是实践中都具有重要的意义。

一、感知风险的含义与种类

（一）感知风险的含义

消费者对购买风险的评估又称为感知风险、风险感知、风险知觉或风险认知。它是指消费者在进行购买决策时，因无法预料其购买结果（是否能够满足购买目的）的优劣，以及由此导致的不利后果而产生的一种不确定性认识。感知风险包括两个因素，第一，决策结果的不确定性（尤其是不利后果发生的可能性）；第二，错误决策的后果严重性，亦即可能损失的重要性或主观上所知觉受到的损失大小。

Cunningham 将以上第一个因素称为不确定因素，第二个因素称为后果因素。消费者知觉风险是两者的函数。也就是说，感知风险主要是对发生各种不良后果的可能性，以及不良后果的重要性进行的主观估计，风险的大小来自二者的乘积。例如，如果一个消费者正在考虑吃一种新品牌的饼干，可能的不利因素只是金钱方面的，并且相差不多，即使不知道饼干的味道如何，但风险很小，因此尝试性的购买行为就可能发生。

感知风险是个体对损失的主观预期，就预期本身而言，它并不能给消费者带来任何损失，同时它也并非是真实风险。因此，感知风险既可看成一种产品特征，又可看成消费者特征。实际上，在产品购买过程中，消费者可能会面临各种各样的实际风险，这些风险有的会被消费者感知到，有的则不一定被感知到；有的可能被消费者夸大，有的则可能被缩小；个人只能针对其主观感知到的风险加以反映和处理。因此，感知风险与消费者在购买产品时遇到的客观风险是有区别的，无法感知的风险，不论其真实性或危险性多高，都不会影响消费者的购买决策。例如，人们对乘飞机的感知风险一般要大于它的实际风险，事实上如果按公里计算，因空难而死亡的人数要远远低于因车祸而死亡的人数。

(二) 感知风险的种类

感知风险是从不同类型的潜在消极后果中产生的，在不同产品的购买决策中，各个风险维度的相对重要性会有明显不同。主要的风险种类或维度包括以下几个方面。

(1) 功能风险：指产品没有所期望的功能的风险。如担心减肥商品没有效果。

(2) 经济风险：指感知到购买、使用或处置某一提供物可能带来的财务危害。如买了iPhone 12 Pro苹果手机，却担心是否物有所值、是否买贵了、是否还有更优惠的促销、是不是会很快降价等。

(3) 社会风险：担心所购买的商品不被亲朋好友所认同、降低自身形象或社会地位、给社会关系带来损害、造成环境污染等问题。如担心买低档商品是否被取笑，买高档商品是否会被人指责摆阔、逞能。又如，高保真音响设备可能会给周围的邻居带来噪声污染，进而影响与周围邻居的友好关系，带来社会关系的负面影响和损害。

(4) 心理风险：产品可能无法与消费者自我形象配合或者因为所选购的商品不能达到预期的水准时，造成对心理或自我感知产生伤害的风险。如对自尊心、自信心的打击。例如，很多女孩都喜欢吃甜食或巧克力，甜食总是让自己心情愉快。但女孩也可能会想，蛋糕、巧克力会让她变胖，如果这块蛋糕还不好吃就会让心情更差，这就是心理风险所在。

(5) 生理安全风险：担心产品是否会对自己或他人的健康和安全造成伤害。比如，就餐的食品是否卫生、财物是否安全、人身安全能否得到保障、药品与电器是否会伤害身体等。电子烟企业常以"健康无害""年轻""时尚""潮流"等宣传来误导、诱导青少年，但当消费者意识到电子烟对人体健康和公共健康的危害后，还是会对其进行抵制。

(6) 时间风险：是指对购买、使用或处置产品或服务所必须投入的时间长度，或者掌握难易程度的不确定性。如老年人对复杂的电子产品往往担心不会正确使用其功能，需要较长时间才能学会；加入某个健身俱乐部需要签订一年以上的合同，时间风险就会较高。

另外，消费者往往会对商家也抱有防备心理，"讲价文化"就是这一心理的体现。同时，也担心是否买到假冒伪劣商品。网上购物还包括如个人隐私泄漏、银行卡卡号和密码被盗、付款后不发货、物流太慢、缺少产品质量保证和满意的服务、商品退换不便等新的风险。

Dowling et al. 提出整体感知风险（OPR）可以分为两个要素，一是对某产品类别中的任意产品都知觉到的风险，即产品类别风险（PCR）；二是

三聚氰胺毒奶粉事件影响中国奶业发展

针对具体产品的风险的特定产品风险（SR）。其衡量风险的模式为：

$$OPR=PCR+SR$$

例如，如果一个消费者认为口红这种产品具有很大的潜在风险，同时她有一个自己喜爱的品牌，那她可以放心购买。在这种情况下，虽然产品类别风险大，但特定产品风险低。当产品特定风险大于消费者可接受的风险（AR）时，消费者将不会选用该产品。

案例链接 9-1

预付式消费暗藏风险当心陷阱"卡"住你

办会员卡
消费屡见风险

在健身中心交了定金，健身中心突然关门了；在理发店充值了会员卡，理发店关门了；在美容店买了好几个套餐卡，没做几次，美容店就关门了……近年来，随着预付式消费的盛行，这种消费方式带来的纠纷也屡见不鲜。而这种看似价廉物美的消费并非个个"明明白白""货真价实"，有的甚至暗藏陷阱。例如，市民杨小姐花了350元在一个洗车店办了12次的洗车卡，刚用了4次，再去洗车店洗车的时候，发现已经人去房空，连洗车店的牌子也摘掉了。洗车店老板"跑路"，让其办理的预付卡成了一张不能兑现的废卡。某健身中心突然无法正常营业，引来上千健身会员质疑。办理的会员卡和私教课就这么没了？

"在所有的消费投诉类别中，涉及会员卡、优惠卡的投诉大部分集中在餐饮、美容、理发、健身、干洗等行业，尤以美容、理发行业居多，多数以事先隐瞒消费内容等形式诱导消费者办理会员卡，让消费者哑巴吃黄连有苦说不出。或者商家在毫无征兆的情况下以停业或转产等借口'跑路'或是'停止优惠服务'，这就使得许多消费者持有的会员卡余额打了水漂。"市消协的工作人员向记者透露。

美容美发的 VIP 预存卡、饭店的打折卡、商场购物的积分卡……在这个"凭卡消费"的时代，市民们打开钱包，各种形式的会员卡填满了人们的钱包，而预存卡是馅饼还是陷阱，市民对此褒贬不一。

记者从健身、美发、洗衣等多个经营场所发现，预存卡的金额从几百元至上千元不等，其中，美甲、饮品等小店预存金额较少，健身、美容及商场等预存金额较多。同时，积分卡、消费卡、会员卡、代金券等预存形式也五花八门。

"它既有利于商家提前回笼资金、锁定客户，也能让消费者省去每次交付现金的麻烦并得到价格上的优惠。但是，预付费式消费具有单方风险性，经营者集中获取了权利而分散地承担义务，处于极为优势的地位，而消费者是以分散的方式获得权利，存在着很多不稳定的因素。"对预付卡消费一向谨慎的吴先生无奈地告诉记者。

对于预付式消费，市民刘宇在某影城消费时也遭到了尴尬境遇："过年期间和家人一起去看电影，当划卡的时候被告知所持有的会员卡余额不足，需要继续充值才能享受会员价，充值金额必须为200元或200元的整数倍，且卡中余额不予退还。"为了不影响过年的情绪，刘宇也没多理论就被动地充值了。

"有的商家往往把预付款消费和普通消费的价钱拉得很大，所以不少消费者都会选择预付款消费。因为预付款消费具有'先给钱后消费'特点，一旦消费者在消费过程中遇到问题，维权就会陷入被动。"采访中，曾吃过预付式消费亏的田女士表达了自己的观点。

所以，在办理会员卡时，首先要选择正规的、信誉良好的、管理规范的商家，不要贪图便宜，需要预付款时，不要一次性充值太多，尽量选择风险较小的会员卡类型。此外，一定要签订书面合同，并了解清楚相关的优惠事项及办卡后相关事宜，以便事后维权时使用。如果权益受到侵害，必要时可以拨打12315热线进行投诉。

资料来源：闫立辉．预付式消费暗藏风险 当心陷阱"卡"住你［N］．承德晚报2016-02-23．

二、影响感知风险的因素

蒋晓川指出以下因素使消费者产生了知觉风险（即感知风险）：第一，由于所依据的信息十分有限，而对购买决策的正确性缺乏信心，从而产生一定的知觉风险。第二，以往在同类产品或同一品牌的其他产品的消费中有过不满意的经历，从而使人们对本次购买这类产品或这类品牌就具有一定的知觉风险。第三，购买中机会成本的存在。人们的时间和金钱是有限的，要购买这种产品就必须放弃对其他产品的购买，这就是购买决策中的机会成本。人们的时间越紧迫，可支配的时间和金钱越少，购买时的知觉风险就越高。第四，要购买的产品是刚上市的新产品或从未购买和使用过的"老"产品。由于对这种产品缺乏经验，他们心中就有一种"前途未卜"的感觉。第五，所要购买产品的技术复杂程度高。下面着重从消费者个体特征和产品类别谈谈消费者感知风险的影响因素。

（一）个体特征

消费者对风险大小的估计，以及他们对冒险所采取的态度，都将影响到他们的购买决策。但不同消费者面对同一产品的感知风险会存在明显差异。其影响因素包括人口统计变量、购买经验、产品知识、购买意愿、卷入程度、风险态度和情绪状态等。其中，人口统计变量主要指消费者的年龄、性别、职业、受教育程度、收入等，是对个人的客观描述，也是市场营销管理中区分消费者群体最常用的基本要素。

一些研究表明，消费者的个人特点与感知风险大体上有以下几个方面的关系。

（1）性别：男性消费者比女性消费者感知的生理安全风险小。

（2）年龄：老年消费者比年轻消费者更多地感知到生理安全风险；年轻女性比年龄较大的女性更看重社会风险。

（3）职业：职业对感知风险的影响不大。

（4）受教育程度与感知风险呈负相关：学历越高，感知风险越小。

（5）收入与感知风险呈负相关：收入越高，感知风险越小；而且收入较低的消费者更容易知觉到经济风险。

（6）卷入程度与感知风险呈正相关。

（7）购买经验、产品知识与感知风险呈负相关。

（8）购买意愿与感知风险呈负相关。

（9）风险规避态度与感知风险呈正相关：风险规避型的消费者感知到的风险比冒险者要多。

（10）情绪状态与感知风险存在正相关：情绪状态越高，消费者卷入程度也越高，因而感知到的风险也更高。

(二) 产品类别

感知风险是基于具体产品而言的，购买不同的产品，消费者感知风险的大小不同，风险评价的维度和风险要素也不同。一般来说，购买不熟悉的高档商品要比购买低价的日常用品感知到的风险大些；决定服务类型比决定产品类型的感知风险大。

表9-1显示了不同类型产品往往具有不同的经济与社会风险水平，而且，感知风险随情境而异。例如，葡萄酒供自己或家庭消费时，经济和社会风险均比较低，但如果用于社交场合或用于接待客人时，社会风险会骤然升高。

表9-1 不同类型产品的经济与社会风险水平

社会风险	经济风险	
	低	高
低	葡萄酒（家用） 袜子 厨房用品 钢笔与铅笔 汽油	个人计算机 汽车修理 洗衣机 保险 医生或律师
高	流行饰品 发型 一般礼品 葡萄酒（招待客人） 除臭剂	商务着装 客厅家具 汽车 滑雪板 滑雪服

消费者产生感知风险的原因之一是信息不足或缺乏经验。缺乏信息和有关的知识会加深感知风险。显然，几乎不需要信息就能购买的产品或是几乎没有什么消极结果的产品，可能被感知为低风险购物。而需要大量信息，信息又匮乏时，感知风险会增加，如果不良选择会带来不良后果，那么消费者的感知风险也可能增加。如那些价格较高、较复杂的产品。不少消费者对于手机、存储卡等技术含量较高的电子产品，缺乏辨别能力，往往认为京东商城这样的B2C平台比C2C的淘宝商城更可靠一些。

从市场因素上看，市场信息不对称是产生感知风险的一个重要原因。对于搜索产品而言，生产者无法隐藏产品质量的信息。而对于体验产品，一般而言，生产者了解其质量，而消费者在第一次购买之前则不清楚，因此生产者和消费者之间便产生信息不对称问题，消费者就容易产生较高的感知风险。市场上有"买家没有卖家精"的说法，也就是说，商家对自己所经营的商品情况很了解，而消费者所进行购买活动大多是非专家型购买，不具有所欲购产品或服务的完整信息，同时搜寻信息的活动本身也会给消费者带来一定的搜寻成本，因而其所掌握的市场信息总会与商家存在信息不对称的情况，也就容易产生感知风险。例如，保险公司的精算师可以依据大量历史数据通过精算来估算风险的可能性，而普通消费者掌握的信息却非常有限，他们经常会面对全然陌生的产品服务或购买情境，依据自己对产品的内在质量和实际价值的猜测做出的购买决定不一定可靠，因而消费者就会感觉到购买风险的存在。当然，在Web2.0时代，信息搜寻成本已大大降低，信息不对称现象已发生重大变化。

三、网购感知风险

消费者在网上的虚拟环境中购买商品，网络交易主体和交易对象的不可感知性，以及交易过程不同步性都将加深消费者在网购过程中的风险感知。而且一般需要先付款后送货，不同于传统购物的一手交钱一手交货的现场购买方式，网上购物中的时空发生了分离，交易过程中物流与资金流是相互分离而且非同步发生的，消费者有失去控制的离心感。因此，网络环境下的购买者面临着交易和购买结果的双重不确定性，这些不确定性增加了消费者的风险认知。消费者的顾虑主要体现在支付、产品质量、产品信息、个人信息、物流配送、售后服务的可靠性与安全性方面。

二维码带来的风险

案例链接 9-2

网红成"网坑"，带货背后问题不小

不少网友抱怨，自己被某网红坑了，购买的网红产品存在质量问题，然而网红却让消费者去找背后的商家，找网红的社交平台投诉最终也杳无音信。网红带货背后的"货"问题不小。

1. 虚假宣传泛滥，产品质量不过关

在多个短视频、直播平台上可以看到，一些天花乱坠的夸张宣传，主要集中在化妆品、日用品、食品等领域。很多人都曾购买过"网红"力荐的"爆款"，但是产品到手后才发现，不少产品是"三无"或高仿产品，甚至在使用后引起身体不适。此外，代写代发"种草"内容的团队，会根据商家需求，编造带有亲身体验感的宣传软文或视频，误导消费者。

2. 直播数据造假成灾，暗藏灰色产业链

网红刷粉丝量、评论量、转发量等数据的情况并不鲜见，还可进行"代开淘宝直播间、推抖音热门、改销量、处理中差评、升等级"等造假行为。与此同时，甚至还能够完成在直播间显示"某某进入直播间""某某关注了主播""某某正去购买"等全流程造假。

3. 付款方式随意，退换货维权难

在有的短视频和直播平台上，不少主播在其主页简介中直接标注微信号，并在号码前添加"V"等字样，将顾客引流到微信，让他们直接下单购买产品。而通过微信等方式私下交易，一旦产生纠纷，后期退换货与维权都会非常艰难。部分商家通过短视频等方式卖出一批劣质产品后，很快就会将产品下架，以防消费者"找上门"，同样给维权造成困难。

作为推广这些网红产品的网红或KOL，他们大多是一些纯做内容带货的，不具备足够的产品鉴别能力和售后服务能力。有些网红为赚广告费，忽视产品存在的质量问题，夸大宣传产品的功效等，这些人与产品商家形成了赤裸裸的推销与被推销的关系。当然，也有一些实力较强的网红既做内容又

被网红带货"种草"要谨慎

开电商,为兼顾品牌影响力加上本身也负责产品的销售机运营,尚能对产品质量进行把控和售后。

资料来源:1. http://www.sohu.com/a/318206738_100191017 [2020-12-03].
2. http://xiaogan.hbcredit.gov.cn/xyzx/fxts/201910/t20191011_97080.shtml [2020-12-03].

网购同样存在传统购物环境下的经济风险、性能风险、身体风险、社会风险、心理风险、时间风险、信息风险等问题。同时,风险认知的维度有了新的含义,如个人数据(或信息)风险、权益保障风险等。但是,除了对消费者造成的身体风险和社会风险类似于传统购物,其余风险类型的表现在网购时则有所不同。

消费者网上购物感知风险的影响因素主要来自三个方面:交易中介、交易对象和交易主体。

(一)交易中介

交易中介是指网络购物平台和交易商(店铺)的特质,包括:网站的便捷性、真实性、安全性,店铺的声誉、交易量等交易商特征。

降低消费者感知风险就必须取得消费者的信任,这在电商交易中尤其重要,电商增强消费者信任有三种机制。

1. 第三方担保

第三方是指独立于交易双方的第三方且具备一定实力和信誉(淘宝网、亚马逊、当当网、支付宝等),它能调解买家与卖家之间的交易冲突,以保护交易在网络环境下公平、正常进行。网络交易受到第三方担保能使消费者在网络购物中感到更安全,如第三方支付就是资金安全的重要保证。

2. 消费者评价系统

通过对卖家的商品及服务进行购后评价,有利于其他消费者获得产品的真实信息,降低感知风险。如卖家交易表现的信誉等级,可以表示该卖家在相对应的标准上(如产品描述、服务)表现如何,是高于还是低于平均水平。如果一个商家受到多个消费者差评和吐槽,网络口碑欠佳,那它是很难长久经营的。就大部分 C2C 电子商务平台(如淘宝、拼多多等)而言,诸如交易评价、商家信用等级等简单的信誉评价系统在一定程度上有助于消费者判断商家的可信度。如果消费者评价机制不健全,网购平台就可能混迹着假冒伪劣产品,消费者的购买风险也会加大。当消费者与某个商家没有交易经历时,消费者往往更加看重商家的声誉。当商家期望未来有更多的交易并担心消费者投诉时,这些反馈信息可以影响商家的行为,促使商家在交易中诚实守信。在线声誉系统在保障网上交易安全、防范网络欺诈、建立良好信任关系和提高市场效率等方面发挥了积极的作用。大量研究表明,商家的声誉是影响消费者对商家产生信任的关键因素,但店铺信誉对销量的正面影响是非线性的。

3. 商家保证

商家保证包括 7 天无理由退货政策、运费险、隐私保护政策、沟通方式等信息。

这三类机制可以提升对网络卖家的信任,很大程度上减轻消费者的感知风险。而网红

"带货"就缺乏这些保障机制。一些消费者认为网红是社交媒体、直播平台的"大V",所以退款有保障。实际上,网红们对自己的微博、直播间、微信朋友圈的控制权往往让消费者无处发声。如果遇到粉丝对自己所售商品的质疑、投诉、要求退款,他们可以选择删除粉丝的评论,到删除也没办法解决问题的地步时,则会选择直接关闭评论区。

(二) 交易对象

交易对象指产品的特性,包括产品的标准化程度、历史销量、售后保障、广告、消费者评价、价格水平及品牌的知名度等。

从商品类别上看,低卷入产品购买风险相对较小,容易产生网购行为。大多数消费者的网络购物都开始于与日常生活联系较为紧密的低价用品,对较为昂贵、与自我(自我价值观)关联度高的产品网上购买则持谨慎态度。亚马逊最初成功的重要因素在于产品的类型,因为书籍的标准化高,消费金额较低,在消费者看来网上购书的风险小。而若网上购买高价产品,消费者的潜在风险就大。调查发现,与关注的产品类别相比,购买最多与最为关注的产品类别大体一致,但图书音像类商品的购买排名要高于关注度排名,而小型数码产品则属于"关注度高、购买率低"的商品。正是由于产品类别风险差异不同,消费者购买大型家电或者电子产品时,通常都不会选择去拼多多购买,而更倾向于京东。

与经常购买的商品相对的就是消费者拒绝在网上购买的商品类别,主要是:奢侈品、收藏品、保险、交通工具、乐器、摄影写真、服务类产品、大家电、虚拟产品等。有意思的是,虽然许多中国消费者会到国外购买奢侈品,但对网络购物中的奢侈品消费不买账,这与仿制品太多、购物网站信誉度缺失、价格不透明、风险大等因素有关。拒绝网络购买的产品类别大都有价格高、质量要求高的特点。

从 Nelson 的产品分类来看,消费者对搜索产品做出错误的购买决定的风险较低,消费者更倾向于在网上购买搜索类产品。而体验产品由于在购买前无法了解产品的主要属性,如香水,消费者对体验类产品的感知风险较高。虽然消费者无法通过网络对产品的触觉、味觉等属性进行体验,但 Brown 发现,一种物质产品当它的触觉属性在网上有语言描述时,消费者会更喜欢购买。因为产品的触觉属性是消费者很难在网上评价的,增加对触觉属性的描述就降低了消费者的评价难度,也就增强了消费者的购物意愿。

(三) 交易主体

交易主体指的是消费者的特征,包括性别、网络使用经历、网上购物经历、产品知识、卷入程度等。例如,女性相比男性的网购感知风险更强;网络口碑对女性的影响更高,并且男性倾向于进行网络口碑传播,而女性则倾向于对这些口碑信息做出应答性反应。

网购刚出现时,消费者对网购有疑虑,感知风险很大。但随着良好购物体验和口碑的积累,"7天无理由退货"等法律规定的施行,网购支付手段和信用体系不断健全,买家有了拒付和对卖家进行公开评价的权利,消费者网上购物的感知风险正在不断降低。消费者感到风险减小的另一个原因是科技水平的进步,这使消费者可以利用多媒体技术、虚拟感知技术(如 VR)等从不同角度详细了解网上售卖的产品。

无论是传统购买还是网络购买,消费者都可以通过很多方式来降低感知风险,如寻找更多信息、保持品牌忠诚、购买名牌货、从众购买、寻求商家保证、推迟购买等。这些策略会增强消费者做出购买决定时的信心,即使这

虚拟试衣镜

些决策的结果依然存在不确定性。营销人员在推出新产品时，对于那些风险感知度高的消费者应采取一些降低风险的策略，例如，借助知名品牌（有时可通过授权来实现）、选择信誉良好的商店出售、在广告中详细介绍该产品、寻求媒体的关注报道、获得中立的测试结果、提供免费试用品、提供退款保证等。消费者还可以利用网上资源来降低感知风险。在一个特定的产品范畴内，他们可以找出所有产品的特点、价格和评价，制成详细图表，进行对比分析。

第四节 冲动性购买

一、购买的计划性

在通常情况下，消费者在进入购物场所之前，往往经历从确认需求、搜集信息、评估选择到形成购买意图的决策过程。但有时消费者在进入购物场所之前，不仅尚未形成购买意图，而且还可能尚未意识到购买需求，购买决策完全是在进入购物场所之后形成的。实际上，消费者经常会出现这种非计划性购买。

消费者并不是将想要购买的东西逐条列出，才属于计划性购买，因为消费者往往无法将其购买意图清楚、完全的表达出来。相反，许多消费者会将见到的陈列商品作为其购物清单的替代品，这也是一种计划性的购买行为。

按照消费者购买行为的计划性，可分为四个方面。

（1）具体性计划购买：在进店之前已经决定了所要购买的具体产品与品牌，并且按计划进行了购买。

（2）一般性计划购买：进店之前已经决定购买某类产品，但没有决定具体品牌。如打算购买一个洗衣机。

（3）替代：在进入商店之前，已经决定好要购买具有某种功能的产品，至于要买何种产品及品牌则并不清楚。如打算购买一种驱蚊产品，但驱蚊产品品类较多，有电子灭蚊器还有蚊香等，消费者事先都没做好决定。

（4）非计划性购买：购物者在进店之前没有计划，但购买了该商品。非计划性（包括冲动）购买可以较为宽泛地归为额外消费和提前消费两种。也就是说，一些非计划的消费实际上是存储行为，随后会减少购买。可见，对零售商来说，只有那些消费者从来没有计划购买的商品的冲动消费才会为零售商带来切实的利润。消费者在零售商店的非计划性购买（其中主要是冲动性购买行为）占很大的比例。

二、冲动性购买的含义

随着消费者生活水平和收入的提高，人们的消费观念和消费品位发生了很大的变化，追求刺激、引领时尚成为当代消费者的潮流，越来越多的消费者更注重自我享受和情感的释放，这种消费观念的转变使消费者冲动性购买行为日益增多。在超级市场、百货大楼、名牌专卖店等开放式销售场所，冲动性购买被商家看作是最有潜力的消费者行为。研究发现新产品的购买更多是由冲动性购买产生的，这也使得消费者冲动性购买的商品在商场和超市的零售比例中占有相当高的份额。

(一) 冲动性购买的含义

非计划性购买并不等同于冲动性购买,如果消费者进行了认真仔细的比较和选择,那么其非计划的购买行为就不能称之为冲动性购买。要了解冲动性购买的含义,首先必须对非计划性购买、冲动性购买、强迫性购买这三种行为进行区分。表 9-2 对三者从购买动机、行为控制、购买情绪、购后反应等角度进行了比较。

表 9-2 三种购买行为的比较

	非计划性购买	冲动性购买	强迫性购买
购买动机	环境刺激、产品	环境刺激、产品	消除心理焦虑
行为控制	自由意志	自由意志	无法控制
购买情绪	无	短期情绪因素	长期情绪因素
购后反应	无	负面多于正面	完全负面

非计划性购买是指消费者在购物环境中购买了事前没有计划购买的产品,购买过程中没有伴随产生强烈的情感驱使,很多非计划性购买实际上属于理性购买。例如,消费者常因某种生鲜食品降价促销而购买,这种非计划性购买是其本来就有需要且进行了客观评价与选择的理性行为。

而冲动性购买是消费者由于外在刺激物(如产品促销)刺激个体而做出的购买决策,在购买过程中伴有强烈的瞬时购买愿望驱使,属于非理性购买。比较而言,消费者的冲动性购买更为情绪化,伴随的是一种失控的感觉。非计划性是冲动性购买的必要条件但非充分条件。

强迫型购买是指消费者因为上瘾而造成被迫地重复购买行为;或者是为缓解心理压力或摆脱孤独感觉而产生的购买行为,如为了摆脱紧张、焦虑情绪,而将逛街及花钱作为一种逃避,以购买活动所产生的心理体验来帮助其减轻现实生活中的压力。市场调研发现,当消费者利用购买行为来摆脱心理压力时,就会在商场内待上更长的时间,购买更多的商品。有些研究者认为强迫性购买是冲动性购买中的一种特例。

由此,我们可将冲动性购买行为定义为:在购买之前没有明确购买意识的消费者被情境所刺激,产生了强烈的情感活动,在缺少理性评估的情况下,所实施的一种购买行为。

冲动性购买行为的特点包括以下几个方面。

(1) 这种购买行为是非计划的,事先没有购买意识或购买意图,突发和自发的,但却是一种出自本身可以选择的自由意志,并非不得已的购买行为。

(2) 受到外界刺激而引发的购买冲动。

(3) 这种购买行为是非故意的、立即的和没有反省且粗心大意的。

(4) 这种购买行为是情感的反应(如愉快、刺激或迫切的感情),往往存在"控制"和"放纵"之间的心理斗争,是暂时失控。

(5) 具有强烈的冲动想要立即购买,而缺乏认知评估或深思熟虑。

(6) 忽视购买可能导致的负面结果。

冲动性购买行为不仅发生在传统的店铺购物场所,也适用于无店铺购物方式,比如电视购物或网上购物。对于传统电商而言,用户的购买行为一般是"搜索式"的,即用户有了购物需求后,再到电商平台上搜索自己需要的商品,这个过程是有明确目标的、计划式的,消费者购物往往也较为理智。而社交电商的购物模式是"发现式"的,即把商品分享到用户的面前,用户的选择一般是有限的,同时通过低价、内容等方式,激发用户的购买欲望,是一种非计划式的购买行为,并通过信任机制快速促成购买。尤其是抖音、快手等直播社交平台对网络冲动性购买有很大促进作用,跨界营销和网红直播带货都具有冲动购买的特征,让消费者进入一个决策时间短、有恐吓因子(限时、限量、特惠)或人际互动的场景,快速促进消费者的消费转化。麦肯锡的调查显示,社交媒体交互,包括与KOL互动、发布UGC、查看熟人推荐的产品等,促成了40%受访者的冲动购物。

(二)冲动性购买的类型

Stern根据购买决策的理性与感性、是否反映需求、是否有先前的购买经验,是否事先有计划,以及冲动的决策时间、地点为基准,将冲动性购买行为划分为四种广义的类型。

1. 纯粹性冲动

纯粹性冲动即消费者事先完全无购买愿望,没有经过正常的消费决策过程,只是出于心理反应或情感冲动,如一时的冲动与好奇,而临时决定购买。纯粹性冲动购买往往是消费者"一时兴起"或"心血来潮",或是"图新奇""求变化"而决定购买的,也可能是看到别人排队抢购,自己虽然不明就里,但"大家买,我也买"。

2. 回忆性冲动(提醒性)

回忆性冲动指当消费者因看到商场POP广告、货架陈列的某一产品而回想起家中该产品的库存不足或者促使消费者回忆起有关的广告或其他有关的信息,而导致购买者发生购买行为。

3. 建议性冲动

建议性冲动指消费者在没有产品知识或购买经验的情况下,在购物现场见到某种产品或某些广告宣传、营销推广,提示或激起消费者尚未满足的潜在消费需求,或者提醒消费者某种尚未满足的现实消费需求,从而引起消费欲望,决定购买,它是购物现场刺激的结果。例如,有不少消费者在国外旅游,看到有的药品可以治疗自己或家人的疾病,出于崇洋心理或盲目地听从导游或售货员的介绍,在不了解其真实疗效的情况下,就决定购买。

建议性冲动购买与回忆性冲动购买的差异是后者具有对该产品的知识及经验,以支持他买下这个产品。而建议性冲动购买与纯粹冲动性购买的差异,在于前者是一种较理性的行为,购买者虽不了解该产品,但是他在商店内会依据价格、功能说明、以及由经验累积出的知识来从事购买决策,纯粹冲动性购买行为则是由情绪等因素所导致的非理性购买行为。

4. 计划性冲动

计划性冲动指消费者已有某种购买需求,但未确定购买地点与时间,购物场所特定的营销刺激(如商场降价促销活动)促使消费者当即做出购买决策。如消费者得知某超市因周年庆典要进行让利促销活动,专门到该超市购物,但并不打算一定购买某种商品,因而买"便宜货"是有计划的,买何种"便宜货"则是冲动的。

三、冲动性购买的影响因素

消费者的冲动性购买是在多种内外因素交互作用下产生的,其形成机理较为复杂,所以一些实证研究有时会出现相互矛盾的结论。从传统的店铺购物来看,主要的影响因素包括以下几个方面。

(一)营销因素

营销现场的 POP 广告、营销推广活动(尤其是降价促销)、卖场气氛、营销人员的提醒和建议、货架展示与产品布局、特定产品的吸引力等都是刺激消费者冲动购买的因素。但在对消费者实施刺激的过程中,商家应注意最优刺激水平(即营销刺激不能太小也不能过度)和营销道德问题。

1. 商品类别

一般而言,属于消费者经常需要但又不愿花费时间精力去选购的便利型消费品往往是消费者冲动购买的主要商品,如:低价格、低卷入度的商品(如零食和杂志);情绪化的商品(如服装、玩具)等。但如果消费者因个人兴趣对某种产品产生了强烈情感,其对某种商品的卷入程度越高,就越有可能进行冲动性购买。另外,当某些商品的用途与自己的健康密切相关时,消费者的冲动购买的可能性较小,例如,药品方面。

Stern 从商品角度上提出了冲动购买的九大重要影响因素:低价、非常用品、在商店中反复出现的商品、自助式购物、经过大量广告媒体宣传的商品、摆放在商店显著位置的商品、保质期较短的商品、小巧重量轻的商品、易于携带和储存方便的商品。

2. 价格刺激

在众多可能激发消费者购买欲望的因素中,以价格刺激最容易引发消费者的冲动性购买行为。同时,在营销刺激措施中,价格折扣也是商家最常用的刺激措施之一。对于某些商品来说,消费者可能处于可买可不买的边缘,但促销折扣却往往能够引起消费者的购物冲动。

消费者对价格敏感度较高,尤其是低收入群体。但并不是所有的价格折扣都会引发冲动性购买行为,由于消费者长期暴露在多种价格折扣信息中,那些平淡无奇的一般性折扣已难以引起消费者的注意,如积分、抽奖,对冲动性购买不会产生太大影响。相反,限量购买的价格折扣、突发性价格折扣或捆绑价格促销则易激发消费者的冲动性购买意愿。例如,优惠购物券大多是有时间限制的,在较大的时间压力和较小的金钱压力下,消费者容易冲动性购买。

3. 商品摆设

商品摆设包含了客流路线设计、货位分布、产品陈列、货架空间、货架高度等。研究发现,货架空间与冲动性购买之间并无关联,但小食品、日常用品等在商店中的摆设位置,会刺激消费者的冲动性购买,而且消费者倾向于关注同其眼睛处于同一水平线上的商品,所以商品在货架上陈列的位置也同冲动品的销量相关。

此外,通过商品组合也能唤起消费者的购买欲望。很多情况下,一个单件装饰品卖不出去，但若把许多装饰品连同家具摆放在一起，营造出一种气氛，会为商品赋予另一种符号学意义，这时，商品就代表了一种生活方式，对消费者的诱惑力更大。消费者就会容易忽视商品本身的价值，为了追求商品所包含的生活方式，而不惜重金。

4. 销售氛围

购物场所是消费者实现购买行为的基础条件，购物环境包括商场的总体构思特色、店内装潢、背景音乐、现场气氛、名人示范、同种类型商品的数量，以及购物的便利程度都直接影响消费者的购买行为，直接激发或者抑制消费者的购买欲望。例如，著名学者或明星在讲座现场或在书店签名售书往往会激发人们的冲动性购书欲望。

商场可通过整体环境的布置，给顾客造成一种心理错觉，从而形成冲动消费的氛围。如明快的灯光可以增加消费者的购物热情，提高精神的兴奋度，增强了消费者的购买冲动。不同音乐对销售的促进作用不同，通常应当播放比较舒缓的音乐，但在商场最重要的返券打折时段，可以播放节奏感非常强的音乐。

5. 物理接近性

不能只是让消费者看见店内或宣传册上的商品，消费者的使用体验、触摸、品尝或嗅闻商品等都会提高物理接近性，方便消费者在没有心理压力的环境中挑选商品，从而激起购买欲望。这也是采用开架自助服务方式的超市经营比传统柜台销售更易引起冲动性购买的关键因素。

研究发现，在顾客参与、顾客学习、顾客娱乐这三种体验活动中，顾客参与在激发旅游者冲动性购买行为方面效果最好。顾客参与使其与产品有更全面的接触，互动性更强，导致更多的快乐的情感反应，而快乐的情感反应对冲动性购买意愿的影响最为显著。

触摸会改善消费者对一件产品的态度、提高他们对产品评价的信心及增强消费者的购买意愿。有研究显示，触摸可以给消费者提供产品信息，比如产品质地信息，进而能增强对消费者的劝说性。虽然有时触摸并不能给消费者提供任何与产品相关的信息，但由于触摸影响了消费者的情感，从而影响了消费者的购买决策过程，增强了购买说服力。可见，向消费者提供触摸商品的机会有助于提高商品销量。另外，触摸的效果并不是对所有消费者都相同。本能性触摸需求高的个体把触摸看作是一种享乐性体验，更易产生冲动购买；高触摸需求者比低触摸需求者购买更冲动。

6. POP 广告

POP 广告会增加冲动性购买，但不是主要因素，且只能对某些产品产生较大的效果，并与广告数量的关系不大。当然，醒目的打折促销广告容易促使消费者提前消费，联想起自己暂时不需要或还没用完但是将来一定需要的商品，并"提前购买"该商品。在大超市里，挂在货架上的醒目标志或价格信息也为消费者指明了广告产品的位置。

7. 品类丰富性

当门店的商品种类增多时，消费者在门店中的购物时间也就随之延长。在这种长时间的浏览过程中，受很多新型商品的吸引，消费者比较容易产生冲动购买行为。

另外，还有一些营销因素也会刺激消费者的冲动性购买，如商品包装、免费试用、搭售、销售员的热情与能力等。

(二) 个体因素

1. 个性特质

消费者内在的冲动性特质说明了他们进行冲动性购买的内在原因，在消费者冲动性购买行为中起决定性作用。

(1) 冲动购买倾向：是指个体可能实施非计划的、不经仔细考虑的冲动购买行为的个性因素。高冲动购买倾向者比低冲动购买倾向者更有可能进行冲动购买行为。高冲动购买倾向者的性格特点包括：直率、随意、易受诱惑、占有欲强、享乐、喜欢花钱、奢侈浪费、追求刺激、情绪冲动等。而低冲动特质者的个性特点包括：深思熟虑、有远见、有责任感、有条不紊、理性、有计划、能自我克制、谨慎节制等。从气质类型看，胆汁质的消费者最容易出现冲动性购买，而抑郁质的消费者在购买过程中更习惯于按部就班的消费，不容易出现冲动性购买。

高冲动者与低冲动者面对营销刺激会有不同反应，例如，当采用不同形式进行捆绑价格促销时，高冲动性购买者在面对免费赠送和共同定价时，比起分别定价，会有较冲动的购买行为；而低冲动性购买者会谨慎计算每件商品上自己的获利，免费赠送和分别定价更易引起他们的冲动性购买。

冲动性购买倾向是消费者日常生活中冲动性购买方面的总体表现，是消费者在面对诱惑时的欲望与抵制诱惑的自我控制两种相反力量的作用结果，能够在一定程度上反映不同消费者在冲动性购买行为方面的区别。因此，冲动性购买倾向能较好地预测消费者的冲动性购买行为，对冲动性购买倾向的判断有助于商家锁定目标消费群体。当然，消费者在购买不同产品方面的冲动性并不相同，因此，消费者对特定产品的冲动性购买倾向能更准确地预测其冲动性购买行为。

(2) 自我不一致：指的是消费者自我概念中的理想自我与真实自我之间存在差距。当消费者发现实际自我和理想自我之间的差距时，就会力求借由产品的使用来弥补这个差距，因而冲动性购买与自我不一致呈正相关关系。消费者会主动选择与自我评价一致或者认知一致的商品与品牌，那些更能体现身份的商品也更容易成为冲动性购买的对象，比如与厨具相比，服装更有可能成为冲动性购买的对象。

(3) 购物享乐性：是指消费者能够从购物过程中获得乐趣的程度。王庆森（2010）对基于网站特性与消费者个体特征对在线冲动性行为的影响进行了探索。其研究认为，消费者的购物享乐性越高，浏览网站的频率也越高，其浏览网站产生的正面情绪也越高，从而最终导致冲动性购买。

(4) 物质主义：是指完全基于物质享受的生活态度、方式和趋势。物质主义倾向与冲动性消费水平呈显著正相关。

(5) 时髦摄入度：时髦摄入程度和积极情绪对以追求时髦为导向的冲动购买行为有正向影响，时髦创新者更易激动、放纵和更自由，也更容易进行冲动购买。

(6) 理财观念：消费者的理财观念与冲动性购买呈负相关关系。

2. 人口统计特征

一般而言，18～35岁，随着年龄的增长，消费者冲动购买水平整体上呈上升趋势，35岁以后，消费者随着年龄的增长，冲动购买水平整体上是呈下降趋势；女性总体上比男性具有更高的冲动购买水平；收入相对较高（或可支配收入多）的消费者较易产生冲动性购买行为；未婚男性、新婚夫妇容易进行冲动购买。

还有研究表明，崇拜偶像的青少年比不崇拜偶像的青少年会进行更多的冲动购买；无工作经历的青少年比有工作经历的青少年更易进行冲动购买；女性容易对服装、化妆品、饰品、食品发生冲动性购买（而且随着年龄的增长，女性消费者对化妆品的冲动性购买会增加，对服装的冲动性购买会减少），而男性则更青睐于高技术、新发明产品。

(三) 行为因素

1. 购买活动的特点

购买活动的特点包括一次购买的金额、购买的产品数量、购买用途、购买时间、购物过程、购买行为的类型、产品购买的频率，以及是否使用购物单等。例如，具有较低购买频率的商品往往具有较高的冲动性购买比例；消费者一次购买的金额和数量越多，消费者可能面对的商品项目及所接受到商店的刺激可能也会更多，冲动购买的可能性与比重就越高；自发性送礼与应景式送礼，以及生日、节日时易出现冲动性购买；专程到商店购物，冲动性购买的比率要高于消费者路过商店顺便购物，等等。

2. 付款方式

信用卡、红包支付、移动支付、现金卡和分期付款等付款方式更易引发冲动性购买行为。例如，由于信用卡不用立即偿还，消费者在消费的过程中会不自觉地进行冲动性购买。微信钱包的大额提现会收取手续费，消费者更愿意用来消费，即使是不太需要或迫切的消费品。

3. 购买时的情绪

有研究显示，愉悦、高兴等积极心境或情绪与冲动购买、过度消费存在正向关系，如对新产品所具有的兴奋会促使消费者进行冲动购买。原因可能是积极情绪的消费者容易对环境的刺激产生积极的反应；而消极情绪的消费者往往漠视或忽略外界环境刺激，不容易产生冲动性购买倾向。但也有研究指出，冲动购买可能是消费者试图缓解压抑、沮丧的结果，当消费者处于消极心境时，他们倾向于通过购买能使其高兴的产品以修补心境。

另外，消费者对某种产品的卷入水平越低，积极的情感反应就更容易引起直接购买行为。超市中的消费者购买行为有70%左右属于冲动性购买，主要就是因为它所销售的大多数商品是一些价格不太昂贵或经常购买的低卷入日用消费品。但是，积极情绪对符合个人爱好的高卷入商品也会产生较强烈的冲动性购买影响。

4. 认知偏差

一些认知偏差也会影响着消费者做出冲动决策，如诱饵效应、从众效应、光环效应、最后期限、赌徒谬误、热手效应、暗示效应、刻板印象等。

(四) 情景因素

1. 购物时的可用时间及金钱

消费者的可用时间及金钱越多，越易发生冲动性购买。所以，商家的一些大型促销活动往往刻意安排在工资、奖金发放日，以及节假日等消费者普遍拥有较多可支配资金的日子。

但也有人认为，时间与冲动性购买呈负相关关系。因为当消费者的购物时间较少，消费者迫于时间的压力，会急于做出购买决策，而更易引发冲动性购买行为。我们由此假设：购物的可用时间与冲动性购买之间也许不是线性关系，而是倒 U 型关系，即适当地拉长消费者的购物时间可能会引发更多的冲动性购买行为，但过长的购物时间则可能降低消费者的冲动购买水平。

2. 异地性

相对于同城购买，异地购买的消费者心理特征主要表现在：文化差异、时间压力、重购成本和购买压力这四个方面。消费者在异地的冲动购买行为与其所感到的购买压力、文化差异和重购成本成正相关关系，而延长旅游者在异地的停留时间并不会导致更多的冲动购买。实际上，消费者在异地停留时间有限，缺乏了解市场情况的机会，更容易发生冲动购买。

3. 自我调节资源

作为冲动欲望的对立面，消费者面对诱惑时的自我控制能力是冲动性购买行为是否会发生的关键影响因素之一。一些研究表明，冲动购买是消费者自我控制失败的结果。尽管有时消费者进行的是有意识加工，他们仍然难以控制自己的消费冲动。要求消费者做出一系列的决策还可能会进一步消耗他们的自控力。实际上，完美的自我控制绝非易事。

自我控制的有效实施主要依赖控制标准、行为监控及改变行为的能力三个要素。标准指的是目标、理想、规范等，比如，节食者的理想体重或体态就是其标准。通常，标准明确的消费者更少实施冲动性购买行为，更少受促销人员、广告等的影响。标准不明或标准冲突都会降低消费者的自我控制能力，从而导致冲动性购买。行为监控是指消费者密切跟踪自己的行为。例如，记录自己的每笔支出及支出原因，总结以往的购买得失等；前两个要素对自我控制的有效实施是重要的，但如果缺乏改变自身行为的能力，即自我调节能力，前两个要素将没有任何作用。而自我调节能力主要取决于消费者在购物场所的自我调节资源（或称精力），原因在于自我调节（控制）需要消耗精力。因此，当消费者处于精力耗竭状态时很容易做出冲动购买。

人们在一天的活动中会消耗大量的精力，因此傍晚往往比早晨更容易进行冲动性购买。所以，在傍晚开展一些刺激性促销活动能更有效地刺激消费者进行冲动性购买。此外，设法让消费者在店内进行试穿、比较，不断地做出权衡、判断，以消耗其精力，也可以提高其进行冲动性购买的可能性。实际上，冲动性购买本来也是为了节省时间、体力和脑力而产生的。

4. 群体因素

一般而言，群体规模与冲动性购买呈负相关关系。群体因素对冲动性购买行为的影响主要通过其社会影响的性质与方式发挥作用。群体提出的阻止建议对冲动性购买有明显的负面效果，而鼓励和中立的建议对冲动性购买的促进作用不太明显。

通常，消费者和同龄人一起购物时会更冲动，而和家庭成员一起购物，这种冲动性会降低。因为，同辈群体的规范更易于接受购买的欲望并且很少对个体购买过程施加监控的压力,所以同辈更易于奖励自然发生和追求立即的、享乐的目标,认为冲动性购买是可取的。但家庭成员(如父母)能形成对家庭和其他成员的责任感,因此不鼓励浪费和奢侈,认为冲动性购买是不被接受的。

 思考题

1. 消费者常用的商品评价方法与评价线索有哪些?
2. 怎样理解消费者在选择、评价商品信息时的品牌选择规则?
3. 消费者的购买意愿是怎么产生的?
4. 如何理解感知价值的结构?请举例说明感知价值中的结构因素对消费者的影响。
5. 这些是什么购买风险?

(1) 消费者在买电热水器时会担心与燃气热水器相比的能源使用的节省性和安全性的问题;

(2) 买了计算机,担心功能会不会稳定;

(3) 花5000元买了一款新手机,担心会很快降价;

(4) 购买了一款新手表,担心不被同事或朋友认可,被同学或朋友们认为不符合年龄和社会角色的特点,是不时尚、落伍的;

(5) 购买了转基因的食品之后担心它会不会影响人的健康。

6. 厂商在营销活动中,可以采取哪些措施来减少消费者的感知风险?
7. 零售商可以采取哪些营销措施来刺激消费者的非计划购买行为?

第九章 在线题库

第十章

购后行为

学习目标

- 熟悉消费者购后行为模式；
- 了解消费者的商品使用特征；
- 理解并掌握消费者满意度的影响因素及其影响机制；
- 掌握并熟练运用消费者满意度分析的四分图模型；
- 了解品牌忠诚的含义、分类与行为表现；
- 理解消费者重复购买与品牌忠诚的差别；
- 掌握品牌忠诚度的影响因素；
- 掌握消费者抱怨的表现方式及抱怨行为的影响因素。

思维导图

购后行为

- **安装**
  - 时间
  - 地点
  - 方式
- **使用**
  - 原方式
  - 创新方式
  - 数量
    - 配套品购买
    - 闲置
  - 使用量
    - 使用频率
    - 使用间隔
- **处置**
  - 保存或寻找新用途
  - 永久性处理
  - 暂时性处理
- **消费者满意度**
  - 测评模型
    - 四分图模型
    - ACSI模型
  - 满意度
    - 感知价值
    - 信任度
    - 转换成本
    - 替代者吸引力
    - 产品卷入与市场特性
    - 广告与营销策略
      - 程序性
      - 财务性
      - 情感性
    - 价格促销
  - 期望和绩效
  - 公平性
    - 结果公平性
    - 程序公平性
    - 互动公平性
  - 归因
    - 稳定性
    - 焦点
    - 可控性
  - 重要性
    - 产品性质
      - 魅力条件
      - 必要条件
- **品牌忠诚**
  - 分类
  - 行为表现
  - 影响因素
- **抱怨行为**
  - 应对策略
    - 积极应对
    - 寻求表达性支持
    - 逃避
  - 表现方式
    - 直接抱怨
    - 个人抱怨
    - 第三方抱怨
  - 影响因素
    - 个人因素
    - 情景因素
    - 环境因素

> 导引案例

免单的廿一客蛋糕

一位顾客在情人节当天订购了一款 260 元的廿一客的蛋糕,但工作人员却一直没有送货上门,让这位顾客白白饿了两个小时。事后,这位顾客在微博上吐槽这件事。让人出乎意料的是,廿一客官方微博第一时间对这位顾客进行了道歉并积极和他进行沟通,试图弥补过失。

令这位顾客没想到的是,两天之后,客服联系他,对他表达了真挚的歉意,并表示为了弥补这一过失,将免费回馈他一款价值 260 元的蛋糕,需要时来电即可安排。

这位顾客很受感动,并且从那之后经常向别人推荐廿一客这个蛋糕品牌。

廿一客的免单行为很大程度上超出了人们的理性预期。相对于其他企业,廿一客明显更有诚意,面对这样的品牌,顾客还能再说什么呢?免单之后,廿一客的账面价值看起来是损失了 260 元,但赚到的其实是 260 元的 N 倍。

资料来源:根据网络资料整理.

 问题

1. 本案例对你有何启发和借鉴?
2. 在营销活动中,应当从哪些方面入手来提高消费者的满意度?

消费者购后行为包括购后满足、商品使用及处置、后续购买、购后评价等方面,如图 10-1 所示。消费者获得产品后,有时会产生不放心、不踏实的感觉,即产生所谓的购后冲突,这种现象发生于顾客对购买行为的明智性产生怀疑时。另外一些购买则伴随不采

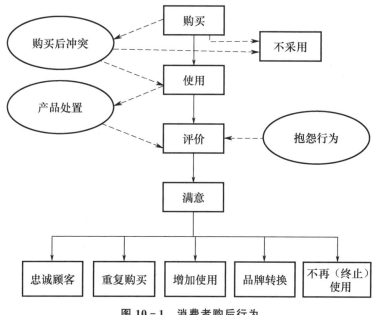

图 10-1 消费者购后行为

用现象，即消费者将产品退还或保存而不加使用。对大多数购买来说，即使存在购后冲突或不和谐，仍会伴随产品使用。使用产品通常涉及包装和产品本身的使用与处置。在使用过程中和使用后，消费者会对购买过程和产品进行评价。不满意的评价会使消费者产生抱怨，而厂商做出的适当反应会减少消费者的不满情绪。购后的满意与不满，要么导致消费者的重复购买与忠诚，要么导致转换品牌或不再使用此类产品。

消费者购后行为比较隐蔽，不容易被企业所观察和检测，但是消费者态度的形成和对品牌的忠诚源于消费者购买产品后的使用、体验与评价，因而相比消费者购买前和购买中的行为，消费者购后行为的研究对于企业生产经营和市场营销活动理论的影响和意义要更加深远和重要。

第一节　商品的使用与处置

营销人员要研究消费者对产品的使用与处置，以便发现可能存在的问题或机会。

一、商品的安装

有些产品尤其是耐用消费品购买后必须经过安装调试才能使用，比如空调、热水器等，而消费者往往缺乏相应的经验与技能，厂商应当提供必要的安装说明或安装服务。现在，许多消费者在网上购买集成灶、家具、净水器、大型电器等，往往都会遇到安装上的困难，可以通过电话指导、观看安装视频或告知下载教学视频的网址（如优酷、爱奇艺），帮助消费者正确安装。还可与当地的安装维修人员结成战略联盟，为消费者提供上门安装服务。宜家家居提倡消费者自己动手安装半成品家具，因此在产品设计时就很注意安装上的方便、易懂。

二、商品的使用

消费也是指消费者对所购买商品的使用。企业应当通过使用说明书、视频、图像资料或网上论坛等帮助消费者正确使用商品。某健身房虽然没有为健身者提供私人教练，但却提供了100种以上的视频健身课程供用户选择，可以满足所有层次顾客的兴趣需要，这使得用户在这个俱乐部健身可以实现自我管理。

案例链接 10-1

令人费解的产品使用说明书

某名牌激光打印、传真和复印的多功能一体机的说明书上有这样的文字："自动纠错模式是在传送过程中检验 MFE 传真完整性的一种方法……如果可以使用自动纠错模式，在发送传真与接收传真过程中，传真机将连续不断地核对传真的完整性。在这种模式下工作，MFE 需要有足够的可用内存……建议为 MFE 配备电涌保护器……打开硒鼓和粉盒的包装，将粉盒放入硒鼓的盒仓内，按左图所示的那样轻轻摇动五六次……可以使用组合的设置项发送传真，如添加覆盖率、注释或设置对比度、分辨率，用越洋模式发送，唤醒保留或延时计时，远端发送或实时发送。"其中许多文字令人费解，如"电涌保护器"，连该公司的技术服务人员也不知道是什么东西。

资料来源：龚振，2014．消费者行为学［M］．北京：高等教育出版社．

营销人员了解消费者如何使用商品、使用中有什么问题，不仅可以帮助并确保消费者正确使用商品，也有利于营销策略的制订与改进。深入跟踪、理解消费者在商品使用过程中的特点，可以发现现有产品的新用途、新使用方法、产品在哪些方面需要改进，还可以为广告主题的确定和新产品的开发提供帮助。例如，小米公司在坚持建设好论坛、微博、微信等粉丝互动平台的同时，还号召全体员工集体"泡吧"，每人每天都要抽出至少15分钟去逛逛小米论坛或者小米的百度贴吧等社交平台，一旦遇到能够解答的用户提问便要予以回应，并且一旦发现有价值的用户建议便将之准确地收录在案，随时向上级汇报。这样一来，便大大缩短了从发现问题到解决问题的时间。小米的广角镜头、红眼预测等技术，都是在与用户交流后进行的改进与创新。

图10-2将消费者分为使用者和非使用者，产品当前使用者的数量直接反映了公司的市场吸引力，而非使用者（或者说是潜在消费者）的数量则代表着行业未来发展的机会。图10-2显示，商品的使用特征可以分为四个方面。

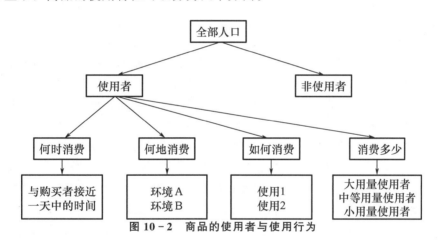

图10-2　商品的使用者与使用行为

1. 使用时间

当我们在购买商品时，就已经决定了将在何时使用或消费它。在一些情况下，购买和消费是同时发生的，尤其是劳务消费。例如，在餐馆吃饭，购买和消费是同步的。但大多数情况下，二者是不同步的。比如，买了期刊、书籍，阅读是在购买之后完成的。对病人而言，何时使用药物对治疗效果和身体健康尤为重要，例如有的药物应当饭后服用；有的应当空腹服用。

除个体因素外，消费时机还受到气候、家庭、文化、风俗习惯、居住地的传统等方面的影响。像节日、出生、毕业、结婚、退休和死亡之类的变迁都会影响我们获取、使用商品的时机。例如，我们只有在准备结婚的时候才会购买结婚戒指、婚庆礼服和婚庆蛋糕；月饼通常在中秋节前后会形成消费高峰。一天之中的时间也影响着许多使用决策，娱乐场所、咖啡馆、酒吧、"鬼饮食"、麦当劳的外卖店可以营业到很晚的时间，从而迎合夜猫子、晚班工人、年轻人或情侣的需要。在通宵服务的消费场所外面常常会有许多出租车，等待着疲劳或不能酒驾的消费者。

对企业而言，有时鼓励及时消费要比鼓励购买更有价值。美国食品制造商发现，很多消费者在购买食品后很长时间才消费这些食品，这一发现使得食品制造商发起一场广告运动：鼓励消费者在晚上将这些食品当夜宵吃掉。欧美消费者习惯在吃早餐时喝果汁，橙汁制造商们试图用广告口号"橙汁不仅仅是为早餐准备的""橙汁不仅是早餐饮料"来告诉消费者橙汁不仅是早餐饮品，以扩大其橙汁的销量。

有时，根据消费何时发生来细分市场也是很有益的。以国内的旅游市场为例，学生、教师、机关团体往往会在暑期参加旅游，法定节假日的黄金周更是旅游的旺季。相对而言，每年春节后、高考前的这段时间，气候温和，游客较少，价格也便宜很多，对于时间充裕的消费者来说，这是他们的黄金旅游时间。同样，乘坐民航的"红眼"（夜间）航班要比白天的航班便宜很多，低收入的经济型消费者会对"红眼"航班更感兴趣。春秋航空曾经有过一个乌龙：他们请年乘坐飞机30次以上的顾客前来参加VIP客户的答谢活动，本以为他们都是在基层打拼的、注重经济实惠的商务人士，但一位大企业的CEO却也在邀请之列，他经常最早出门，最晚回家。虽然春秋航空机票价格便宜、航线不好，但却满足了其时间上的需求。

2. 使用地点

消费者会根据使用目的、使用条件来选择使用地点。例如，由于隐私的需要，消费者会在家中使用测试她们是否排卵或怀孕的产品；Wi-Fi等无线连接方式使得消费者能在各种场所读头条新闻、看视频、玩计算机游戏，以及下载音乐或资料。当然，更多的消费品只是使用于消费者家里。

对于营销者而言，理解消费者在什么环境（场合）、什么地点使用商品也是很有用的。调查发现，美国国内生产的啤酒大部分是在家里喝掉的，而进口的啤酒大部分是在外面的酒吧或者饭店里喝掉的，显然很多人相信在社交场合喝进口啤酒可以赢得更好的社会形象。由此，经销商重新调整了进口啤酒的分销渠道与广告策略。又如，城市写字楼里的不少公司白领为了节省时间或省却煮饭、洗餐具等工作，喜欢购买便当、外卖来解决午饭，有时也用微波炉来加热食品，但市场上大量使用的以聚苯乙烯为主要原料的一次性泡沫餐具，在微波炉里加热时会释放出有害物质，从而影响了消费者的使用信心。有些厂家为此开发出了绿色生态的玉米淀粉一次性餐具，这是一种不会产生对人体有害物质的环保产品，适合在办公室使用，结果一投放市场就受到了欢迎。

3. 使用方式

消费者的商品使用方式多种多样，但从消费目的上看，可以分为功能性、象征性和享乐性使用等类型，弄清产品的使用方式，有助于企业改进产品设计（包括款式、包装）和广告策略。对于象征性产品，由于其具有重要的象征意义、纪念意义或品牌价值，即使它已不具有先进的功能或已过时，消费者也会认为无所谓。对于享乐性产品，消费者主要考虑它能否给自己带来快乐，强调包装、款式等情绪化的因素。但大部分商品的使用都是功能性使用，对于这类商品，消费者一般会在初始目的背景下使用商品；但也有可能在购买后发现商品无法完成其初始目的，却能完成其他目的或有新的用途，如表10-1所示。其他例子比如，购买了洗碗机的顾客发现用其洗碗很不方便，却可用来进行餐具消毒；洗涤灵在人们的日常生活中通常用来洗碗刷锅、清洁水池等，但事实上，有许多消费者用它代替领洁净来洗衣服，甚至刷运动鞋，且洗涤效果强于洗衣粉和肥皂。又如，强生公司通过研究发现，30%的成年人不但给小孩用婴儿爽身粉，而且自己也用它，于是打出针对成年人的促销活广告"如果它非常适合你的小孩，同样它也非常适合你"，从而使它的销量增加了80%。美国某发酵粉品牌在U&A研究（"消费者使用习惯和态度研究"）中发现，19%的美国家庭用它作为冰箱防臭剂和空气清新剂，于是对这一新用途做了促销，第二年将该发酵粉作为冰箱防腐剂的家庭达到了63%，渗透率提升了两倍多。

表 10-1 家庭日常用品的新用途

产品	原来的用途	新用途
纸巾	擦拭或者吸干溢出物	吸干水分，储存蔬菜
		吸取汤表面的油脂
		过滤咖啡
剃须膏	剃须时润滑胡须	不用水洗去机油
		清洗大理石台面
		擦去溢出的乳胶材料
香皂	洗衣服或洗手	润滑拉链
		润滑钉子
		消除蚊子叮咬后的痛痒感

所以，了解消费者如何使用商品（尤其是使用创新）有利于开发新的商业机会。当消费者采用创新性方式使用产品，改变使用目的而继续使用产品时，企业的生产计划就必须考虑到消费者对商品的额外需求，同时应当改进产品设计和销售，以适应产品的新用途。在以往，通过问卷或网络调查获取客户反馈，往往反应较为迟钝。在网络社群时代，品牌与客户之间容易实现无缝、无隔阂的沟通。小米手机为什么每推出新款产品，即便市场有一定争论，但总会得到绝大多数客户的欢迎？因为小米通过微博、微信、百度贴吧、论坛等，建立了完善的社群体系，客户的建议、抱怨都会第一时间被捕捉，从而在新产品开发之时进行规避。甚至，小米论坛中还有一种"荣组儿"，其成员不仅可以第一时间获知小米的相关动态，还可以参与公司新产品的开发、试用和决策，这种模式是过去完全不可想象的。直接连接品牌与客户，引导客户成为公司产品、服务的策划人和创建人，这是社群3.0时代的一个重要标志。在未来，越来越多的企业会将产品设计、价格制定、活动制定、渠道发布等方面沉淀至社群之中，社群提供源源不断的创意和话题，品牌要做的就是帮助客户实现梦想。

美国一家公司的婴儿湿巾销量不佳，为找到原因，公司决定让消费者戴上装有摄像头的谷歌眼镜，以观察消费者的使用过程。结果发现，虽然消费者说他们在床上为宝宝换尿布，但实际上，他们可能在床上、地板上、洗衣机上为宝宝换尿布。由于一只手必须抱着宝宝，而打开湿巾和乳液的包装需要两只手，因此他们忙得不可开交。公司重新设计了只用一只手即可抽取的按键式湿巾包装和乳液瓶子。

所以，企业在设计产品时不仅要确保产品在正常条件下的使用安全，还应预计消费者可能采用何种创新性方式使用产品，或将产品使用到设计时所没有考虑到的场合，并对有可能导致身体伤害的使用行为提出警告。例如，在美国，一些消费者将香水撒到点燃的蜡烛上，还有消费者将烘箱当凳子使用，由此带来了伤害，并引发诉讼。如果企业发现消费者对正确使用其产品存在困惑，则应通过重新设计使产品更易使用，或通过详尽、易懂的使用说明书使其掌握正确的使用方法。

有时改变消费者的使用行为将有利于商品的销售。不少美国消费者认为：牛奶是小孩子喝的；而且与可口可乐和百事可乐相比，牛奶喝起来太无聊，太没劲。为了纠正消费者的这个态度，美国"got milk?"公益活动邀请一些有影响力的娱乐界、体育界的明星拍摄一系列"牛奶胡子"的广告，不仅宣传了喝牛奶的好处，更将喝牛奶这么一件让人会感到厌烦的事情变成了一种娱乐、新鲜和时尚的消费行为。在"got milk?"广告运动的发展过程中，了解消费者如何使用牛奶是非常关键的。以前的牛奶广告将牛奶描述成一种单独消费的商品。但是实际上牛奶是可以和其他食品一起消化吸收的，例如，甜饼干、谷类食品或三明治。因此，通过向喝牛奶的人展示牛奶可以和其他食品一起消费，"got milk?"广告运动反映出了牛奶的这种属性。

4．使用数量

西方国家的销售学信奉"8∶2法则"（帕累托法则），即企业80%的业务是由20%的顾客带来的。使用量也可作为衡量消费者价值，细分消费者市场的一个基础。所以，企业应了解消费者对产品的使用频率、每次使用量及消费总量，以便采取相应的营销措施。

不同的消费者会使用同一种产品，但他们的消费量却有很大的差别。消费者对商品使用的数量可用以下三方面来分析。

（1）当前和未来的使用量

使用数量与相关工具有关。比如同样喝酒，用大杯比用小杯要喝得多些。使用数量与现有供应量也有关，清洁用品剩余量的减少，消费者使用量也随之减少。消费者也要估计未来的使用量。比如对健身热情不高的消费者在加入健身俱乐部时，需要判断自己可能使用健身服务的次数，以及是否能够抵消所支付的成本。

当消费者以固定费用获得商品或服务时，使用量通常会提高。如自助餐、电话包月服务等。但是，一些选择固定费用计划的消费者会高估了他们可能的消费量，从而会比按照每次使用定价的方式支付更多的费用。一些旅游者往往认为酒店提供的一次性用品"七小件"（一次性牙刷、牙膏、香皂、浴液、拖鞋、梳子）是酒店赠送给自己的，不要白不要，而不顾自己的实际需要，造成了不少浪费。所以不少酒店不再免费提供"七小件"，旅游者也能理解和接受，但如果酒店能给消费者提供可循环使用的洗漱用品（如罐装形式的洗发水、沐浴露、消毒拖鞋等），就可以既满足消费者的需要，又能达到节约的目的。

（2）使用频率

消费者在使用数量和频率上有较大差异。产品的使用数量一般指消费者每次所使用的产品数量多寡，比如有些人喝啤酒能喝十几瓶，有些人则连一瓶都不能喝。消费频次是指消费者多久使用产品一次或者使用的次数，比如有些消费者天天用洗发水洗头发，而有的则几天才洗一次头发。高频使用者虽然人数不多，却在产品使用总量上占非常大的一部分。比如经常喝啤酒的人占总人数的 25%，对啤酒的使用量却占总量的 75%。所以，大多数啤酒公司针对经常喝啤酒的人开展广告宣传，而不是花钱吸引中频和低频的消费者。例如，淡味啤酒将经常喝啤酒的人锁定为目标消费者，从而获得了成功，因为淡味啤酒可以大量饮用。高频消费者也常被视为优质客户，通常能得到更优惠的待遇。例如，商务客人常年乘坐飞机航班，而有的乘客则是偶尔为之。对于前者，世界各大航空公司无一例外地均对他们有里程奖励、票价折扣优惠等。

但是，由于某一市场内的所有竞争者都会将同一群高频使用者确立为目标市场，要想吸引这批消费者需要投放大量广告。一些营销人员在推销那些明显不符合高频使用者的产品时，会将中频和低频使用者确立为目标市场。例如，每一届"超级碗"的转播都会有美国主流品牌啤酒的广告，目标消费者为常喝啤酒的人，广告费用不菲。但是，超市里的啤酒专区售卖各种品牌的酒，采用的是小范围的广告营销。这些超市的目标市场是喝得没那么多，但更注重啤酒口感、可支配收入更多的人群。

美国某公司开发出一次性餐碟，并花巨资进行营销推广，但最后却不得不退出市场。原因是此产品相对于竞争产品定价偏高，也比真正的一次性餐碟产品昂贵，消费者舍不得买，即使买回来也舍不得用完就扔，而是多次使用，结果是公司所期望的消费者重复购买并没有出现。

（3）使用间隔

使用间隔即两次使用之间的时间长短。一些食品具有保质期，它会促使消费者缩短使用间隔。企业在广告中宣称"冬天喝热露露"，也是试图缩短使用的时间间隔。

显然，当消费者使用更多数量的产品、更频繁地使用产品、更长时间地使用产品时，产品的销量将会提升。企业可以通过促销来扩大现有消费者对现有产品的使用量，对消费者进行累积性数量优惠可以刺激消费者不断地购买某种品牌，如购买某品牌食品达到一定数量后，可以兑换奖品或得到现金折扣。对食品而言，当贮存产品很容易时，消费者更可能提高他们的购买量。而对于耐用消费品，在产品的使用寿命期内劝说消费者重复购买比较困难，但可以通过一定的刺激促使消费者购买相关的产品，实现大量的相关销售。以成套优惠的方式推销有互补关系的商品，不仅会给消费者的购买带来方便，还会增加商品销售额。对于 IT 产品、家具、床上用品等，都宜采用系列组合性的营销策略，使商品成龙配套。广告宣传也可以促进消费量的增长，例如，"got milk?"广告运动的目标是增加现有牛奶消费者的消费量，而不是关注那些非牛奶消费者。

另外，还可以通过改进自身产品的方法来达到这一目标。比如，可乐、雪碧的瓶装容量从 1.5～2 升的变化；巧手洗衣粉从 1.5～1.7 千克超值家庭装的变化，都会在相当程度上鼓励人们更多地消费企业的产品。同样，随着人们消费文化水平的提高，在日常生活中大家也会自觉减少对某些商品的消耗量，如含糖量高、缺少营养价值的烹炸食品，以及垃圾食品的销售量，都呈下降趋势。

三、配套产品的购买与使用

某些商品之间存在补足关系，例如，买了手机后，消费者会购买充电宝、保护膜、耳机等配件；买了计算机后，会买计算机桌、软件等配套产品。事实上，很多零售商试图主要从配套产品的销售中获利。例如，不少零售店以成本价出售照相机，目的是将顾客吸引到商店并向其推销利润丰厚的照相机配件。许多汽车厂商也会从汽车配件的销售中获得更高的利润。

对于很多产品，只有同时伴有其他产品的使用才会更方便、更安全和更富有乐趣。而且，这些产品的购买一般遵循一定的规律和顺序。比如，野营爱好者起初可能只买野营帐篷，但他可能很快就会发现需要买与之相关的很多其他产品，如背包、睡袋、炉子、电筒或马灯等。为获得连带销售或联合促销的好处，一些企业已经使其业务日益多样化。如吉列公司，不仅销售剃须刀架和刀片，还销售剃须膏、除臭剂和护发剂等产品。购物网站可以根据消费者已经购买的商品情况，有针对性地向其发送广告，推荐相应的配套商品，从而提高销售量。

 案例链接 10-2

最厉害的销售

一位乡下来的年轻人去应聘城里"世界最大"的"应有尽有"百货公司的销售员。

老板问他："你以前做过销售员吗？"

他回答说："我以前是村里挨家挨户推销的小贩。"

老板喜欢他的机灵："你明天可以来上班了。等下班的时候，我会来看一下。"

第二天差不多该下班时，老板真的来了，问他说："你今天做了几单买卖？"

"一单。"年轻人回答说。

"只有一单？"老板很吃惊地说："我们这儿的售货员一天基本上可以完成 20～30 单生意呢。你卖了多少钱？"

"30 万美元。"年轻人回答道。

"你怎么卖到那么多钱的？"目瞪口呆、半晌才回过神来的老板问道。

这位年轻人说："是这样的，一个男士进来买东西，我先卖给他一个小号的鱼钩，然后是中号的鱼钩，最后是大号的鱼钩。接着，我卖给他小号的渔线，中号的渔线，最后是大号的渔线。我问他上哪儿钓鱼，他说海边。我建议他买条船，所以我带他到卖船的专柜，卖给他长 20 英尺有两个发动机的纵帆船。然后他说他的汽车可能拖不动这么大的船。我又带他去汽车销售区，卖给他一辆丰田新款豪华型'巡洋舰'。"

老板后退两步，几乎难以置信地问道："一个顾客仅仅来买个鱼钩，你就能卖给他这么多东西？"

"不是的，"年轻售货员回答道，"他是来给小孩买纸尿裤的。他说他妻子出差了。我就告诉他'你这个周末算是毁了，为什么不带着孩子去钓鱼呢？'"

资料来源：https://wenku.baidu.com/view/8b62ed2058fb770bf78a5535.html［2020-12-04］。

四、商品的闲置

商品的闲置或不使用是指消费者将商品搁置不用，或者相对于商品的潜在用途仅作非常有限的使用。例如，许多中国家庭购买了面包机和烤箱，却并不习惯自己做；银行发行的信用卡数量不少,但消费者使用率较低;家庭储存的名酒尤其是洋酒多为摆设。

商品闲置的原因主要有以下几个方面。

(1) 使用情境未出现。由于购买决策与使用决策不是同时做出,存在一个时间延滞,购买时所设想的某种使用情境未出现,使得消费者推迟消费甚至决定将产品闲置不用。例如,有的消费者会在"双十一"或其他优惠降价的时候买一些以后打算使用的商品、或并不需要的商品甚至是根本用不了的商品;某女性在生小孩之前买了漂亮的裙子,但生完小孩后身材走样不能再穿。

(2) 缺少相应的使用条件与环境。例如,有的消费者买了电磁炉,却因为难以防护电磁辐射污染和电价上涨而闲置不用;有的消费者购买净水器时没考虑后续保养成本,以后才发现更换滤芯不仅成本高昂且不方便,而如果滤芯失效,会造成了二次污染,净水器变成了"污水器",只好闲置不用了。在某些情况下,企业也通过提醒或在合适的时机给予触动与启发,推动消费者使用所购的产品。比如消费者有体育运动会所的会员资格,但由于消费者认为自己不在运动状态或其他原因而很少再去。营销者通过消费记录发现消费者很少使用会员卡,这时可以电话询问并邀请这位消费者开始消费或参加某种培训活动。这时的促销任务不是鼓励购买,而是鼓励使用。

(3) 商品情况不如预期。在网络购买中,不仅购买决策和消费决策会有明显"时滞",而且消费者做出购买决策时,并没有真正接触到商品,收到商品后,消费者通过触摸、试用商品,会拥有比订购物品时更多的商品信息与使用体验。如果消费者觉得商品没有预期那么好,就可能会闲置商品。例如,网上购买的被子固定器在实际使用时发现并没有明显的作用;网上购买的电子驱蚊器效果不明显,消费者只好把它弃之不用。当然,如果消费者对商品主要功效很不满意,也可能会做出退货的决定。例如,会计师网购的某型号打印机打印会计凭证时会出现严重的吃纸现象,他就会选择退货。显然,经营网上购物的零售商希望客户保留而非退还产品。表面上看来,制定一个严格的退货政策似乎可以减少退货,但这样也会减少开始订货的数量。

五、商品及包装物的处置

产品在使用前、使用中和使用后都可能发生产品或产品包装的处置。这些物品包括不合意的、无意义的或是使用完的物品。只有完全消费掉的产品(如蛋卷、冰激凌)才不涉及商品处置问题。对于不同类型的物品,人们有不同的处置方式。例如,当人们的储藏空间有限时,可能会通过直接丢掉、送人或是抛弃等方式来处置这些失去价值的物品。然而,当处理价值高昂的物品时,人们往往会选择将其出售、置换或是赠予亲朋好友,而不是简单的一丢了之。对于一些具有情感意义、象征意义或纪念意义的物品,即使人们不喜欢它,仍然有可能被保留下来。尤其是人们发生角色变迁的时期(如青春期、毕业、结婚),人们可能会纠结如何处理那些象征着旧角色的物品。例如,有人可能对过去的恋人念念不忘,但在结婚时,也可能会放弃掉象征着旧恋情的照片、礼物等物品。年老多病的消费者还会对遗产做出安排,让子女继承或赠予亲友或捐赠给慈善组织等。

我们可以把产品处置的行为分为自愿性处置行为与非自愿性处置行为两大类,图 10-3 显示了消费者处置产品或包装物的几种替代性方案。营销人员要研究消费者对产品或包装物的使用与处置,以便发现可能存在的问题或机会,有利于使自己的产品与消费者更新换代的周期相匹配。

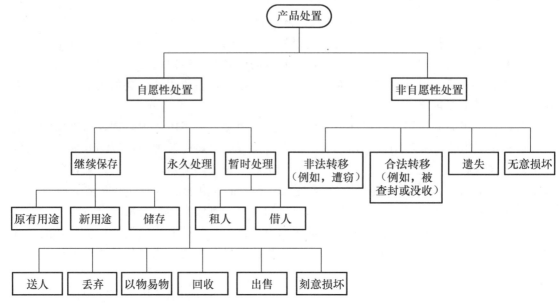

图 10-3　消费者对产品或包装物的处置方式

下面介绍几种自愿性处置方式和对厂商营销策略的影响。

1. 保存或寻找新用途

消费者购买产品以后，一般会用于最初用途，也可能用于新用途，如将旧衣物作为抹布使用。但有些产品并不马上使用或消费，而是将之暂时储存。不仅是产品，有些产品的包装也成为消费者的收藏对象，例如，马爹利 XO 制作精美的瓶子是许多收藏爱好者的目标。

一项调查显示，15%的成年人承认自己爱保留东西，64%的人说自己是有选择的储物者，还有 20%的人说他们会尽可能地扔掉或处理掉没用的东西。最爱保留东西的消费者是老年人及单亲家庭成员。

生活小妙招

消费者可以在网络上查到许多生活小妙招或小窍门，它们提供了物品或废品的新用途。一些小视频还指导人们如何动手进行废物利用，以制作出新的实用物品。

2. 永久性处理

大部分商品或包装物在使用后会被扔掉或作为二手商品、废品卖掉，但很多商品被闲置或淘汰后，其基本的使用功能并没有完全丧失，可以进行易物交换或赠送他人。尤其是一些更新换代较快的电子、电器产品，虽然过时但又舍不得扔掉，如一些城市家庭里往往有多余的淘汰手机，有的拿给小孩或老人使用，有的送给经济状况较差的亲友，或者捐赠给那些无力购买的消费者。

面对物价的上涨，网购市场上的换客族也变得越来越多，以物易物、各取所需逐渐变成一种时尚的生活方式。不少换客族将自己用不着的东西交换目前需要的可用物品，既解决了旧物品占用空间的问题，又能够不花钱获得实用的东西，可谓一举两得。一些网站也提供了专门的服务，如淘有网、换客网、95TIME 交换网、以物易物在线等。换客族为避免上当受骗，应选择正规的换客网站，最好是同城交易，并在换物时仔细验货。

更多的不用物品会被卖到二手市场，除了传统的线下旧货市场，网络给二手商品的交易提供了更多方便。闲鱼、58 同城、京东商城等 C2C 或 O2O 等电商网站都提供了闲置或二手商品的交易市场。但闲置商品与二手商品不完全一样，闲置商品指的是买家自用但很少或从未使用的物品，闲置物品很有可能是全新的，而二手商品一般指的是已经使用过的商品。

另外，一些产品使用后可以被回收或再利用，尤其是容易引起环境污染或部分材料有回收价值的产品，如对用过的电池、旧手机、旧计算机等电子垃圾的回收或循环使用，而且汽车、电器的旧零配件往往利润很高，是非特约修理服务商的主要配件来源，一些厂商也开始翻新旧构件以安装到新产品上。固体废弃物（如医疗垃圾）的处理也已经成了一个日益受到社会各界重视的环境问题。

3. 暂时性处理

消费者暂时不用的产品可用于出租或借给第三者。这种情况主要出现在价格高的住房（或挖掘机）等大型生产资料，但房屋出租也会附带家具、家电等耐用消费品出租。

另外，消费者有时会对所拥有的物品产生某种情感联系。所有物有助于消费者表现自己的想法和自我概念，或者具有某种纪念价值。因此，处理所有物的决定会受到消费者情感的影响，尤其那些对许多物品都看得很重的年纪较大的消费者。消费者会向许多物品倾注强烈的情感，特别是那些所谓的传家宝、纪念物。售卖、送出、捐赠、出租这些物品会让消费者感觉失去了自我。相反，消费者会非常乐意处理那些会让他们回忆起悲惨的过去，或让他们感觉不自在的物品。

处置决定不仅影响那些对产品进行处置的个体的购买决策，还会影响该市场上其他个体的购买决策，主要表现在以下几个方面。

（1）由于物理空间或财务资源的限制，在取得替代品之前必须处理掉原有产品。例如由于空间较小，住公寓的家庭在买入新的家具之前必须处理掉现有的家具。或者，某人需要卖掉旧车以筹钱购买新车。若现有产品难以处理，消费者可能会放弃新产品的购买。因此，协助消费者处置产品无论是对制造商还是零售商均是有利的。

（2）消费者经常做出的卖出、交易或赠送二手产品的决策可能会形成巨大的旧货市场，从而降低市场对新产品的需求。低收入或经济敏感型消费者是二手旧货商店的主要惠顾者。

（3）消费者有节俭心态，感到丢弃物品是件浪费和痛心的事。例如，如果一个人确信旧吸尘器会被重新利用或转卖，他可能会乐意掏钱买一个新的。然而，他们却不愿意将旧吸尘器扔掉或自己设法将其折价卖出去。许多轿车车主喜欢时尚的 SUV，现在使用的轿车成了"食之无味，弃之可惜"的"鸡肋"。一方面，旧车折旧率太高；另一方面，买主也对旧车的质量心存疑虑，结果使得新车市场也受到影响。因此，制造商和零售商可以采取措施以确保这些旧的或二手物品被重新利用。例如，家电产品的"以旧换新"策略曾大大促进了产品的更新换代。

在以旧换新的消费中，衡量消费者如何平衡买方和卖方的角色既复杂又至关重要。消费者同时扮演买方和卖方的双重角色,消费者是如何把两个部分信息整合到一起从而做出整体性价格评估的呢?Anderson 认为,消费者可能通过对新产品和旧产品赋予一定的权重来评估整体的交换过程,消费者可能给一部分产品赋权更加重要而另一部分产品赋权不那么重要,使得对重要部分的变化更加敏感。

第二节　消费者满意与品牌忠诚

一、消费者满意

如同消费者会基于思考或感受做出购买决策一样,他们也会基于思考或感受做出满意/不满意的判断。

(一) 消费者满意的含义

消费者在购买商品后,往往通过对商品的实际消费使用与体验,会对自己的选择是否明智进行检验和反省,形成购买后的评价、感受及相应行为,包括:购买后冲突、消费者的购后满意度、重购意向、抱怨行为、品牌忠诚、口传行为、与企业的关系行为等方面,其中消费者满意度通常被认为是形成其他购后行为变量的中间变量。

消费者满意(Customer Satisfaction,CS)是消费者对某一事项已满足其需求和期望的程度的感受或态度。一般而言,消费者满意是其消费后的一种心理体验,也是其对企业提供的产品和服务的直接性综合评价。

消费者满意度指数(Customer Satisfaction Index,CSI),由瑞典最先于 1989 年建立,是根据顾客对企业产品和服务质量的评价,通过建立模型计算而获得的一个指数,是一个测量顾客满意程度的经济指标,也被许多国家作为监测整个国家经济运行状况和未来经济发展前景的一项指标。

不同的购后满意度会大致形成几类消费者:极其满意的消费者会成为持续购买的忠诚型消费者,并成为正面信息的传播者;叛离型消费者是仅仅感到品牌表现尚可或中立的消费者,往往是出于习惯而重复购买,但很可能会停止与公司的交易;恐怖型消费者有着强烈的负面情绪与体验,会成为负面口碑的传播者;质押型消费者是仅因垄断环境而重复购买的消费者;唯利是图型消费者,是很好满足的消费者,但他们对各种品牌没有忠诚可言,更低的价格就足以诱其背离品牌,他们的行为并不服从于满意——忠诚的基本原理(反复被满意的消费者能够被转化为品牌的忠诚消费者)。

消费者满意源于消费与使用而非购买。如果消费者对企业的产品和服务感到满意,他们会将他们的消费感受通过口碑传播给其他的顾客,扩大产品的知名度,提高企业的形象。但顾客满意并不等于信任,更不等于"顾客忠诚"。美国贝恩公司的调查显示,声称对产品和企业满意甚至十分满意的顾客并不意味着"品牌忠诚",其中 65%~85% 的顾客会转向其他产品。

(二) 消费者满意的影响因素

王俊男提出了满意度影响因素模型(见图 10 - 4),包括:个人因素(期望、感知价值、期望感知价值比、购买重要性)、产品因素(质量、价格、性价比、品牌形象)、环境因素(相关群体的评价、竞争产品性价比)三个方面。这些因素大都通过形成价值实现程度，进而影响消费者满意度并最终导致购后行为。另外，根据消费者购后行为的性质，可以将购后行为分为正向购后行为（包括重复购买、正向推荐、交叉购买）和负向购后行为（包括消费者退出、消费者抱怨、品牌转换）两类。

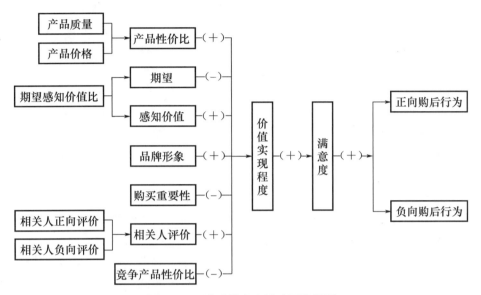

图 10-4 购后满意度影响因素模型

一般来说，影响消费者满意的因素主要有以下几个方面。

1. 期望和绩效

（1）期望

① 期望的含义。这里，期望指的是理想中的产品/服务结果。例如，消费者可能会期望日本轿车质量好且省油。这些期望来源于广告、品类、对于产品的研究、之前对于类似产品的体验及其他消费者的体验等。

例如，某款针对孩子学习的智能机器人产品，其广告标榜为"孩子贴身全能老师"，家长会抱有很大的期望，一旦产品达不到期望，他们就会认为产品不合格。扫地机器人的情况也类似。但是，索尼开发的机器狗宠物 AIBO，偶尔出现不稳定、出故障的情况。这时，消费者却觉得，AIBO 不开心了，发脾气了，觉得很好玩、很呆萌，有时候不听指挥才好玩嘛。可见，人们对智能机器人的性能、科技及实用功能要求非常苛刻；而对机器宠物却没有那么大的期望，不会要求机器宠物和智能机器人一样精准，反而会非常有爱和包容。可见，索尼对 AIBO 的"宠物"定位策略降低了消费者对其性能的期望，因而取得了成功。

消费者选择某种商品、品牌或零售店是因为认为它在总体上比其他备选对象更好。无论是基于何种原因选择某一商品或商店，消费者都会对其应当提供的表现或功效有一定的期望。没有这些可能被满足的期望和愿望，消费者可能就不会产生某项服务的购买行为。同时，期望也形成了一个可以对产品、服务进行比较、判断的参照点，期望的实现程度是消费者满意的关键因素。例如，消费者对装修高雅的酒店往往有较高的期待，不能容忍酒店房间脏乱现象，而如果是在一家廉价宾馆，消费者可能对此视而不见。

可见，消费者期望是一把"双刃剑"。一方面，它是吸引消费者的动力；另一方面，消费者期望的存在，也给产品绩效建立了一个最低标准。如果企业达不到这个标准，消费者就会表现出不满意。

企业往往会对消费者做出夸张、诱人的承诺，以此达到吸引消费者的目的。但是，如果企业确定的消费者期望值不切合实际，不能实现自己的承诺，就会引起消费者的不满。因此，对消费者的期望管理应当在两者之间寻求一个平衡：企业建立的消费者期望，既要对消费者有充分的吸引力，又要保证企业能够实现，不仅如此，还要努力去超越这些期望值，使消费者成为忠诚顾客，从而实现企业的长期利益。

亚马逊首席执行官 Bezos 说："用户的需求总是不停地提高，如果你今天给了用户一个非常了不起的产品，用户觉得很满意，超出他的期望，可是明天他重新使用这个服务的时候，你今天的超标准也就是明天的最低标准。"因此，消费者的需求不停地提升，在供给端也必须不断提高产品与服务水平，才能让消费者不断获得新的满意体验。

② 期望的容忍域。Parasuranman et al. 按消费者期望水平的高低分为理想区域、合格区域和宽容区域（容忍域）。其中，理想区域是消费者渴求的最佳水平，但最佳水平没有上限，是一个理想区域。当消费者感受到的商品特性或服务居于理想区域内，消费者会感到非常满意甚至是惊喜。合格区域是一种较低水平的期望，是消费者的容忍底线。宽容区域是指消费者认可的，介于理想区域与合格区域之间的期望水平区间，消费者期望可以在容忍区域内部上下浮动，通常对满意度影响不大。一般情况下，消费者对其所认为的最重要的产品属性和特征会有较高期望，与不太重要的因素相比，消费者更有可能强化对重要属性的期望，使最重要属性的容忍域缩小，使理想区域和合格区域的水平相应提高，如图 10-5 所示。

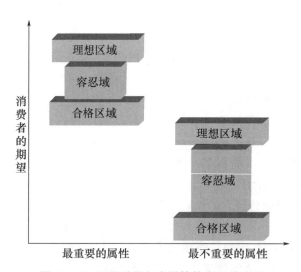

图 10-5　不同重要程度属性的容忍域差异

另外，不同的消费者具有不同的容忍域。一些消费者的容忍域较窄，而另一些则较宽松。例如，工作繁忙的顾客有可能时间有限，因此购买服务时想尽量缩短等待时间，并且对可接受的等候时间长度有一个紧迫的范围；而对于家庭主妇来说，她们可能会在银行内排长队等候，因为她们对于时间的要求不是很紧迫。

(2) 绩效

绩效是消费者对于一项产品/服务是否满足了其消费需要的衡量。这种衡量或评价既可以是客观的（基于实际的绩效，这种情况下不同消费者的评价基本相同），也可以是主观的（基于个人的感觉，此时不同消费者的感觉可能不同）。例如，对于一辆车而言，客观的绩效评价是指车的运行状况及车的油耗如何，而主观的绩效评价则表述的是这辆车有多么时髦或是这辆车给消费者的感觉如何。

产品的属性为消费者带来的利益，即满足消费者需要的程度，直接影响消费者的满意水平。因此，产品绩效越高，消费者就越满意，反之消费者则越不满意。

但并不是每个人都有相同的需要或欲望，而且，不同的消费者对相同的需要也有不同的需求强度。所以，产品的不同属性（如价格、质量、使用成本、牌号、性能、式样等）对消费者满意度的影响作用大小是不一样的，因为各种产品属性在消费者心目中的价值或重视程度不一样，消费者认为较重要的属性对满意度影响大，而有些属性可能被消费者认为无关紧要而影响不大。例如，多数消费者购车时重视汽车的价格、品牌、款式、配置等，但会忽视对环境造成的污染，并不在意汽车尾气的排放情况，而在要求减少汽车使用时又可能会以减少空气污染作为理由之一。因此，如果企业不去考察所提供的产品和服务是否真正符合消费者期望、要求，就对自己的产品、服务质量、服务态度、价格等指标是否优化做主观上的判断，这样很难形成消费者满意。例如，由于人们收入水平和消费心理的不同，消费者对汽车的品牌、功能、款式、价格有不同的需求强度。收入丰厚的人们，喜欢高档名牌，因此对品质和功能需求的强度要求就高，而对价格需求不强烈。也就是说，当品质不满足他们的要求时，就会产生不满或强烈不满。对低收入工薪族，他们消费的心理追求是物美价廉，以实惠为原则，因此对价格和服务的需求强度要求高，而对功能需求强度则不强烈。

(3) "期望-绩效"失验模型

Oliver 认为，消费者购买商品后的满意程度是消费者对商品的期望功效 E 和商品使用中的实际功效 P 的函数，即 $S=f(E,P)$。这就是说，如果购后商品在实际消费中符合预期的效果，消费者就感到基本满意；如果购后商品实际使用的性能超过预期，消费者就感到很满意；如果购后实际使用中不如消费者预期的好，消费者则感到不满意或很不满意。实际同期望的效果差距越大，不满意的程度也就越大。

如图 10-6 的"期望-绩效"失验模型所示，当我们对某一产品先前的期望与它的实际绩效（见图 10-6 中的粗箭头）产生了差异（正向或负向）的时候，失验也就产生了。超出预期的绩效会带来正面的失验，进而使人满意。如果绩效与期望的表现相同，此时只会发生简单确认，同样会让消费者满意。相比之下，如果绩效比人们的期望要差，负面的失验将会发生，这将导致人们的不满。

但是，Churchill 发现，不同类别的产品对失验模型有不同的符合程度，例如，非耐用品较符合失验模型，对耐用品来说，则存在两个显著的特点：期望的影响变小，绩效的影响显著增大。还有学者研究发现，绩效的信息相对于期望越强越清晰，则感知绩效对满意的正面影响就越大；相反，绩效的信息越弱越含糊，则期望对满意的作用就会增大。例如，耐用品绩效的信息比其他产品更为强烈，因此绩效的作用也更强。一些研究还发现负面的绩效水平（如让客户等待）比积极的绩效水平更能影响消费者的满意度，这意味着产品和服务都必须在最大化某些方面的功效前使所有的功效先达到消费者的期望值。

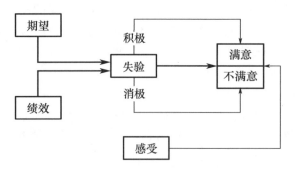

图 10-6 "期望-绩效" 失验模型

绩效、期望和感受也可以不通过失验而影响满意（见图 10-6 中的细箭头）。仅产品绩效好这一事实就可以不受期望影响而对满意产生正面的影响。同样，仅仅是产品或服务的不好绩效就足以导致不满意。汪纯本等人的研究表明，与绩效和期望之差相比较，消费者需要满足程度对其满意程度的影响更大。期望主要影响消费者在购买时对产品或品牌的选择，而绩效对购后满意度的影响更大一些。例如，不少消费者明明知道一些廉价集市上的产品质量不能保证，但一旦买到了质量较差的廉价品，仍会表达其抱怨和不满。

另外，这个模型只强调了认知因素（期望、实绩和两者之差）对消费者满意度的影响，忽略了情感等因素的作用。Oliver 后来也认为，消费者满意度是消费者对其消费经历的认知与情感反应的综合。

2. 认知公平性

消费者满意还取决于消费者对交易是否公平合理的认知。公平性可以包括三类：结果公平性、程序公平性与互动公平性。

（1）结果（交换）公平性：是指消费者对其在交易中的投入与所得是否相等的判断和感受。如果消费者用公平的价格买到了称心如意的商品，他们就会认为交换是公平的。如果消费者认为自己占到了便宜的话，他们的满意程度将会更高。很少有人会对开市客（Costco）的商品价格感到不满意，只不过购买商品少的消费者可能会对会员费略有微词。因为 Costco 商业模式的本质是经营会员，而不是经营商品，其销售商品的纯利润几乎为零，消费者购买的商品越多，会员费带来的收益就越大。

我们也可以用现代营销学之父 Kotler 的 "顾客让渡价值" 概念（见图 10-7）来理解交换公平。顾客让渡价值（与 Zaithaml 提出的 "感知价值" 相似）是消费者获得的总价值（包括产品价值、服务价值、人员价值、形象价值等）与消费者在评估、获得、使用及维修商品时所付出的总成本（包括货币成本、时间成本、精神成本、体力成本等）之间的差异。只有顾客总成本低于顾客总价值，消费者才会感到满意。例如，消费者打算去西餐厅就餐，虽然价格不到百元，但开车到店所花的时间、交通拥堵引发的烦躁情绪，可能还有因为没有做顿像样的饭菜给孩子吃而受到的良心谴责等，都可能打消消费者前往消费的念头。机场等特殊场所商品价格过高，以及暴利行业、暴利产品都容易使消费者产生不公平感。当然，除了 "顾客让渡价值" 的绝对比较，与竞争品牌的相对比较也决定着消费者对交换公平性的认知。

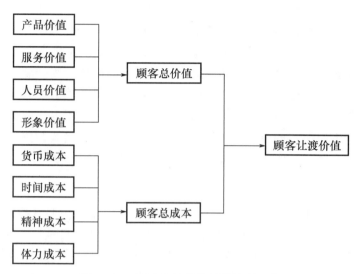

图 10-7 顾客让渡价值及其构成要素

 资料链接 10-1

付费会员制的价值体验

如果做到了 10 倍于会员费的价值体验，消费者就会毫不迟疑地为会员资格买单。

对于 Costco 的顾客来说，花 60 美元办一张会员卡，带来的是如下收益。

超低价：任何商品的毛利润率最高不得超过 14%，超过 14% 的商品要报董事会批准，事实上 Costco 的实际毛利率只有 7%。

超省时：这个时代，时间成了最宝贵的资产。Costco 的活跃 SKU 只有 4000 左右，只是沃尔玛的 1/10。这样降低了顾客的选择成本，也降低了 Costco 的经营成本。

超省心：彪悍的售后服务，退货、退卡没有时间限制。例如，有人把用了 10 多年的 Sony 录音机拿回来退了！

我们做一个简化的公式，以顾客最为感知的价格作为主要参数，由于 Costco 全场低价，不存在限制，所以可以理解为无限次交易数。

用户价值 =（无限次交易数 × 交易价 × 交易价差）- 持卡成本

亚马逊推出的 Prime 会员，对于那些经常在亚马逊购物消费的人群来说，79 美元是一个不错的选择。没有人想要付运费，没有人愿意眼巴巴等一个礼拜才能收到包裹，而亚马逊给出的是：无限次的两日内送达。

亚马逊 Prime 会员用户价值可以简化为下式。

用户价值 =（无限次交易数 × 运费）- 持卡成本

最重要的是，公式里面的无限次交易数，越趋向于它，价值越大，持卡成本也就越趋向于零了。所以从这个我们也可以解释，付费模式下用户为什么存在报复性购买行为。

资料来源：http://www.woshipm.com/marketing/976938.html［2020-12-14］.

（2）程序（过程）公平性：是指交易过程与方法、规定的公平。例如，消费者受到了欺骗或服务项目没有明码标价就违反了程序公平性。企业也常常会以"不符合公司规定"来搪塞消费者的合理要求,而不合理的规定本身就违背了程序公平性。

(3) 互动(交互)公平性:是指消费者如何被营销人员所对待或人际处理方式。例如,消费者认为花钱便应该享受店员的尊重、获得亲切的服务,因此店员的冷淡态度代表消费者受到了不公平的待遇。当消费者遇到服务失误时,服务人员的态度对消费者的满意度会产生很大的影响,互动公平常常会占据主导地位,一定程度上支配着结果公平和程序公平。当然,消费者对公平的感受是主观的,而且更倾向于以自我为中心,不会过多地考虑营销方的难处。

3. 归因

归因就是指人们对自己或他人行为原因的认识。具体地说,就是观察者对他人的行为过程或自己的行为过程所进行的因果解释和推理。归因可分为外部归因与内部归因两种类型。

消费者在购买和使用产品过程中,会对企业的各种活动、其他消费者的行为,以及产品品质的好坏做出归因。比如,当产品出现故障和问题时,消费者可能将其归因于生产或销售企业,也有可能将其归因于自己没有详读产品说明书而使用不当,运气不好,或气候、环境等外部因素。当消费者将产品问题归因于供给的企业时,消费者将对产品产生不满,而在另外的归因情况下,则可能采取较为宽容的态度。曾经有一个调查,询问乘客在航班误点时的反应,结果发现,消费者是否不满,很大程度上取决于归因类型。当将误点原因归咎于气候条件时,乘客反应比较缓和,对误点表示理解;如果将航班误点与航空公司可以控制的一些因素相联系,乘客的愤怒和不满情绪就比较大。企业应当引导消费者做出正确的和有利于企业发展的归因。百事可乐公司在对可口可乐发起强劲攻击的过程中,曾邀请一些消费者"蒙眼"品尝两种可乐,结果大多数被试者喜欢"百事可乐"的口味。百事可乐公司将此摄制成广告片,大肆宣传,由此使其市场份额急剧上升。面对咄咄逼人的攻势,可口可乐则在另一收视率极高的电视节目中,影射品尝活动的"被试者"是为了获得上电视的机会,从而淡化百事可乐公司广告信息的影响。

在营销情景中,当产品或服务未能满足消费者的需求时,他们通常会从以下三个因素来寻求解释。

(1) 稳定性:事件的原因是暂时的还是持久的?

(2) 焦点:问题是消费者或其他客观因素造成的还是营销方造成的?

(3) 可控性:事件是处于消费者还是营销人员的控制之下?

当问题的原因是持久的,是营销方造成的,且消费者无法控制或解决时,消费者更有可能会感到不满。例如,新车的挡风玻璃上出现了裂缝,如果消费者认为是由于在开车过程中被石头砸中所致,纯属意外或巧合,营销方没有过错,也不在营销方的控制范围之内,消费者也许不会对此感到不满。但是,如果很多消费者都遇到了同样的问题,也就是说问题是持久性的,是企业的产品质量出了问题,是企业应该解决的问题,那么消费者就很有可能会产生不满。

如果消费者自主选择了廉价品或处理品,当商品出现质量问题或售后服务得不到保障时,消费者至少会将部分负面结果归因于自己,而不会产生强烈的不满情绪。另外,企业的态度及处理方式也会在很大程度上影响消费者的满意度。当企业付出了额外的努力或真诚来为消费者服务时，哪怕是最终结果不尽如人意，消费者仍会感到满意。同时，如果营销人员以诚恳的态度积极解决出现的不良问题，也将容易得到消费者的谅解。

4. 购买的重要性

当产品失误对于消费者的重要性较高时，他的不满意或愤怒也会较高。例如，如果摄影师把消费者的婚纱照拍坏了，相较于家庭聚会的合照而言，消费者对摄影师的不满意或愤怒的情绪会较高。最后产品失误的稳定性也会影响消费者的不满意程度。当产品的失误是重复不断地出现，而非偶发状态时，则消费者的不满意或愤怒会较高。

5. 产品性质

消费者对满意度的衡量是建立在与产品或服务相关的各个层面和因素上的。各种产品属性对消费者满意度的影响作用，不仅会有程度上的不同，同时也有性质上的差异。从功效上看，产品功效包括以下层面：功能性、象征性和享乐性。

（1）功能（工具）性功效。功能（工具）性功效与产品的物理功能相关，通常其所产生的效益具有客观性。如对洗碗机、电脑或其他电器产品，正常运转和发挥作用至关重要。

（2）象征性功效。象征性功效与自我意识和社会认同有关，而有些商品具有表现自我、形象强化的作用。

（3）享乐性功效。享乐性功效则偏向经验性，能给消费者带来兴奋、惊喜与想象。它可能源于功能性功效、象征性功效或产品本身。在产品与信息过剩的时代，营销活动应当充分满足消费者的情感、需要，制造 Wow Moment（哇哦时刻），为用户创造意外和惊喜，并乐于分享与传播。例如，运动衣的耐穿性是功能性功效，款式则是象征性功效，参加体育活动带来的欢乐是享乐性功效。

日本学者小岛外弘根据美国心理学家 Herzberg 的双因素理论，在消费者行为学研究中提出了 MH 理论（类似于 KANO 模型），M 是激励因素，是魅力条件；H 是保健因素，是必要条件。MH 理论认为，功能性功效的缺陷是导致消费者不满的主要原因；象征性（享乐性）功效的不足并不会使消费者感到强烈不满，而完全满意则同时需要象征性（享乐性）功效达到或高于期望水平。如果一件产品不具备某些基本的功能价值，就会导致消费者的不满。比如收音机杂音较大，电冰箱制冷效果差，洗衣粉去污力不强等，都会使消费者产生强烈的不满，并可能因此而采取不利于公司的行为（如把不满告诉其他消费者，转换品牌，向媒体或监管部门投诉等）。事实上，产品具备了某些基本功能和价值，也不一定能保证消费者非常满意。要让消费者产生强烈好感，还需在基本功能或功能性价值之外，提供某些比竞争对手更优秀的东西，比如某种产品特色，更具个性化，或者更有内涵和象征价值的品牌形象等。

Chang et al.（2013）研究表明，高象征性（享乐性）的产品能够让消费者产生兴奋和欢乐，这种感受会随着时间不断增强并增加消费者忠诚。高功能性产品能够给消费者更多的安全感和自信，但是这种感受会随着时间的变化强度减弱并且会减小消费者忠诚。低象征性（享乐性）的产品容易导致消费者的不满，但是这种感受会随着时间的消逝而减弱，并且会导致低水平的消费者忠诚上升。低功能性的产品则让消费者愤怒，并且这种感受随着时间的增长而增长，且削弱消费者忠诚。这个结论在一定程度上也验证了 MH 理论的合理性。但是，这种影响作用也存在个体差异，激进型消费者往往更喜欢产品的象征性（享乐性）价值，保守型消费者则往往更看中产品的功能性价值。

总之，虽然象征性（享乐性）功效与功能性功效在消费者评价产品时的重要性可能随产品种类和消费者群体的不同而异，但一定程度上说，功能性功效主要起着消除不满的作用，而象征性（享乐性）功效才可能产生高度满意的作用。这就提醒企业应致力于将导致不满意的属性功效保持在最低期望水平，同时要尽量将导致满意的属性功效保持在最高水平，而后者并不会花费太高的成本。

 案例链接 10 - 3

麦当劳的儿童娱乐

麦当劳在全世界增长最快的消费群体是儿童。对儿童而言，吃什么样的汉堡其实并不重要，价格也不那么重要，关键是要"吃得开心、好玩"。

于是，麦当劳推陈出新速度最快的是不断变化的儿童套餐玩具。对于"爱宠大机密"电影中的 8 个卡通形象构成的成套玩具，有些儿童生怕凑不齐，这在无形中增加了消费频率。每到节假日，麦当劳还不忘推出逗乐儿童的游戏。

在麦当劳看来，新的食品品种并不是它所在市场的关键要素，它所在市场的关键要素是给儿童快乐和新奇，它所在的空间坐标是儿童价值，所以它必须不断推出把孩子们逗乐的娱乐项目。

资料来源：陈春花. 营销中常见的误区［EB/OL］.（2019 - 09 - 11）［2020 - 12 - 14］. 春暖花开公众号，ID：CCH_chunnuanhuakai.

（三）消费者满意度测评模型

1. 四分图模型

四分图模型（见图 10 - 8）是一种对客户满意度进行分析的重要工具，又称重要因素推导模型。它通过调研和访谈列出影响消费者满意度的所有绩效指标，对每个绩效指标设重要度和满意度两个属性，由消费者对该绩效指标的重要程度及满意程度进行评判打分，最后将影响满意度的各因素归纳进四个象限：A 优势区（高重要性、高满意度）、B 改进区（高重要性、低满意度）、C 机会区（低重要性、低满意度）、D 维持区（低重要性、高满意度），从而确定消费者对不同因素的需求特点和企业改进的重点，提高企业营销服务的针对性。

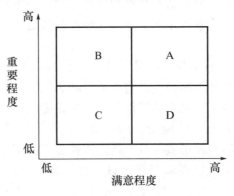

图 10 - 8　满意度四分图模型

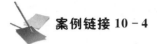

案例链接 10-4

基于四分图模型的南京地铁服务质量测评

南京财经大学钱煜昊等人对南京市地铁服务质量和乘客满意度进行了大范围问卷调查。通过信息汇总，得出乘客满意度及服务重要度数据（见表 10-2）。

表 10-2 由调查问卷得出的乘客满意度及服务重要度

服务内容	满意度均值	服务重要度
① 对南京地铁部门的信任度	8.42	87
② 地铁的设备和设施如何	8.51	28
③ 乘车秩序和安全运行	8.25	66
④ 列车是否准时快捷	8.57	125
⑤ 南京地铁导向指引是否到位	8.32	99
⑥ 车站及列车环境如何	8.41	84
⑦ 相对当前服务票价是否合理	8.06	156
⑧ 地铁部门的社会责任感	8.38	78
⑨ 工作人员服务态度和水平	8.36	63
⑩ 购票是否方便快捷	8.18	102

将数据填入四分图模型中，得到图 10-9 所示的四分图模型。

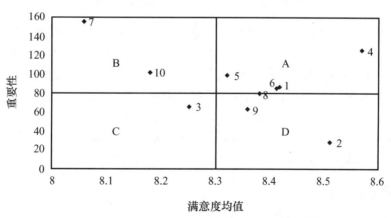

图 10-9 南京地铁乘客满意度四分图模型

A 区，优势区：即满意度和重要度均高的区域。1、4、5、6 号指标在该区域内，说明乘客对南京地铁的信任度、列车的准时快捷、地铁导向指引、车站及列车环境等方面的服务不但很重视，而且还是满意和认可的。但是，5 号指标（地铁导向指引）接近 A 与 B 区域的交界线，说明在这方面的服务并不尽人意。

B 区，改进区：即产品满意度低但重要度高的区域。处在该区域的指标是整个服务体系的软肋,必须密切注意并马上改进。模型中,7号指标(车票票价)以最高重要度和最低满意度处在该区域内,说明旅客最重视也最不满意于票价服务;10号指标(购票快捷程度)也在该区域内,必须对购票的便捷性引起足够的重视,尽快改进。

C区,机会区:满意度和重要度都低的区域。处于该区域的指标并不是目前急需解决的问题。3号指标(乘车秩序和安全)处在这个区域,说明乘客乘车秩序并不太在意,也并不满意。

D区,维持区:满意度高但重要度低的区域。2、8、9号指标位于该区域,说明乘客对地铁站的设备设施、地铁部门的社会责任感、工作人员的态度和水平虽然感到满意,但是认为并不重要。因此,在有限资源的限制下,应将此区域内的资源运用于更重要的B区域。

资料来源:钱煜昊,夏凡,朱天淳,2014.南京市地铁服务研究:基于四分图模型的服务质量测评[J].经济研究导刊(26):131-133.

2. ACSI模型

ACSI是美国密歇根大学商学院Fornell博士等总结提出的。它在国家、行业、部门和企业四个层面的测评中均可应用,尤其是侧重于前三个层面的应用,基本模型如图10-10所示。

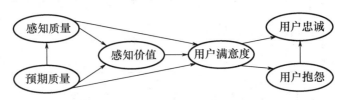

图10-10 美国消费者满意度(ACSI)模型

该模型是由六个结构变量构成的因果关系模型,其中,用户满意度是最终所求的目标变量,预期质量、感知质量和感知价值是客户满意度的原因变量,用户抱怨和用户忠诚是结果变量。每个结构变量又包含一个或多个观测变量,观测变量可通过调查收集数据获得。该模型可解释消费过程与整体满意度之间的关系,并能提出由于满意度高低不同带来的后果,从而赋予整体满意度前向预期的特征。ACSI模型各组成要素间的联系呈现因果关系。它不仅可以总结客户对以往消费经历的满意程度,还可以预测企业未来的业绩。该模型的一个突出的优势是可以进行跨行业、跨时间段的比较。

二、品牌忠诚

(一)品牌忠诚的含义

所谓品牌忠诚,是指消费者对某品牌感到十分满意而产生的情感上的强烈认同与偏好,并试图重复购买该品牌产品的倾向。

当然,品牌忠诚也具有时效性,即某个消费者在生活的某一阶段可能具有强烈的品牌忠诚,而在生活的另一阶段这种忠诚可以随着环境的改变、社会生活条件的变化而减弱甚至完全消失。例如,随着收入水平的提高和对生活品质的更高要求,人们可能对性价比不错而质量并非一流的手机不再持有品牌忠诚。

同时，品牌忠诚作用在新产品不断涌现、品牌众多且相似、商品信息铺天盖地的网络时代受到了冲击，许多消费者已很难对某一品牌形成忠诚，而且对特定品牌的"黏性"也大大降低。根据尼尔森的一个报告数据，全球仅有8%的消费者对日常使用的品牌保持忠诚，42%的全球消费者"很爱尝试新东西"，49%的消费者"时而尝试新东西"。在网络信息时代，品牌资产的影响力将随着人们日渐依赖更准确的质量信息而减弱，其中品牌认知度、品牌忠诚度受到的冲击最大。当消费者能更多地获取网络口碑及其他公共信息服务时，他们就不会因为品牌忠诚而固执己见。尤其是品牌转换成本很低的情况下，长期客户的建立越来越困难。消费者本来打算购买其一款名牌产品，但他在网上浏览相关产品时，发现很多消费者对另一款不知名的品牌评价很高，而且价格还很便宜。这时，消费者就可能不再根据其以前的消费经验和品牌认识去进行购买决策了。某一品牌的产品过去质量很好，已不能成为评判它的其他产品或与别的品牌进行比较的依据了，专家和众多消费者的意见成为决策的主要依据。当然，如果消费者难以准确了解产品或服务的质量，过去的满意度和忠诚度还是会有重要意义。比如，在卷入度低的浅涉购买中，消费者只想找捷径，并不愿意费力地评价各个选项，这时，品牌忠诚度就能发挥较大作用。

AIPL模型是营销中非常经典的消费链路模型之一，即对于一个品牌或产品，消费者都会经历认知（Awareness）-兴趣（Interest）-购买（Purchase）-忠诚（Loyalty）这四个环节。当然，不可能每个用户都会成为忠实粉丝。市场营销就是要通过产品优化、品牌升级、活动运营等方式，让更多的消费者逐渐向上层运动。以电商产品为例，"A"对应的是新消费者，"I"对应的是访问过页面但没有成交的消费者，"P"对应的是有过个成功订单的消费者，"L"对应的是经常购买的消费者。营销者应当为每一个层次的消费者设计适合他们的体验，目标就是使其向下一个层级移动。

在传统的营销手法中，由知名度入手，继而打造美誉度，最终确立忠诚度是最常见的手段和方式，而互联网企业受体验经济和双向传播的影响，往往是先打造品牌的美誉度，进而通过网络的快速扩散，扩大知名度，最终收获忠诚度，即"美誉度-知名度-忠诚度"的方式。例如，女装运动裤品牌Lululemon以瑜伽运动这一细分小众市场为切入点，先找一小部分领袖人群（如瑜伽教练）培养初步忠诚度，再通过KOL的辐射形成品牌美誉度，最后扩大品牌知名度。Lululemon不打广告，不找明星代言，依靠素人传播，通过大型瑜伽集体体验活动来营造社区文化，实现了从小众走向大众，从简单的商品销售到生活方式的灌输。其品牌建设思路是"小众忠诚度初显→美誉度加持→知名度扩大"。又如，小米手机"入行"较晚，再加上品牌定位的特殊化（做互联网手机），所以，在品牌营销的手法上也采取了"先做忠诚度，让忠诚的粉丝帮忙做品牌知名度"的方式。在网络时代，通过加强与粉丝的情感联系，利用粉丝的示范效应来宣传品牌形象，品牌建设"粉丝化"已成为潮流。如"花粉""果粉""米粉"对手机产品的推广有着巨大的影响作用。

（二）品牌忠诚的分类

按照不同的分类标准，可以将品牌忠诚分为以下几种类型。

1. 按品牌忠诚的层次来分类

根据Oliver的研究，消费者品牌忠诚一般可以分为四个层次或阶段：认知忠诚、情感忠诚、意向忠诚和行为忠诚。消费者在前一阶段形成的某类忠诚感会影响他们在后一阶段的忠诚感。

（1）认知忠诚。认知忠诚是忠诚的最初阶段，在这一阶段消费者获得的信息表明某种品牌好于其他可供选择的品牌。认知忠诚是建立在前期间接知识或者近期体验信息的基础之上的，来源于对某品牌产品或服务的信任。认知忠诚的形成主要是基于产品或服务的纯功能特性（如成本、利益和质量等），因而是最浅层次、最为脆弱的忠诚阶段，只要其他品牌提供了更有吸引力的信息（如价格更低），消费者就可能发生品牌转换行为。

（2）情感忠诚。情感忠诚是忠诚形成的第二阶段，情感忠诚是消费者在多次满意的消费活动基础上形成的对品牌的偏爱；或者来源于认同，即消费者认为该品牌反映或强化了他的自我概念的某些方面，这主要体现在奢侈品、装饰品等象征性商品上。我国各车险公司的理赔政策并没多少区别，车主通常不会形成品牌忠诚。但如果车主遭遇过重大车祸，而保险公司又给予了大力和合理的赔付，车主往往会心存报恩之心而对保险公司产生品牌忠诚。

情感忠诚反映了消费者满意得到实现的快乐程度，一般以认可和喜欢的方式根植在消费者的意识里。情感是相对稳定的，但情感忠诚也并不足以保证消费者对某个品牌具有真正的忠诚。

（3）意向忠诚。意向忠诚是忠诚形成的第三阶段，它意味着消费者对某个品牌进行持续购买的承诺。这种承诺已经超越了情感，具有动机的特点。如果说情感意味着动机的倾向，那么行为承诺则表明实施行为的愿望。

（4）行为忠诚。行为忠诚是忠诚的最高阶段，此时消费者的购买动机转化为准备就绪的购买行动。这一阶段往往伴随着克服可能出现的障碍的强烈愿望，因此，实际购买行为的发生被认为是必然的结果。这种忠诚阶段已经可以不受竞争品牌营销活动的影响，因为消费者已不再对相关信息进行搜寻和评价，不再留意其他品牌的产品或服务。

其中，前三个层次的忠诚容易受环境因素的影响而发生变化，属于态度忠诚层面，是行为忠诚的基础；行为忠诚则不易受到外在因素的影响，是真正意义上的忠诚。

2. 按消费者对品牌忠诚的数量来分类

品牌忠诚有专一品牌忠诚和多品牌忠诚之分。专一品牌忠诚是指消费者在某一类商品中，只忠诚于一个品牌。而多品牌忠诚则是指消费者在某一类商品中，同时有多个品牌的偏好，可能有不断轮流的购买行为。这种情况的发生往往与环境有关，如产品缺货导致的顾客品牌转换，也与消费者本身寻求产品多样性的特征相关。

在竞争逐渐加剧、产品和服务日趋同质化的环境下，绝对选择一个品牌或店铺的专一消费者逐渐减少。例如，很多人认为单反数码相机中，佳能和尼康都是可信任的品牌，实际购买中主要根据具体型号的比较来决定品牌选择。根据消费者对品牌的忠诚程度可以分为专一的品牌忠诚、偶然改变的品牌忠诚、有改变的品牌忠诚、分散的品牌忠诚、品牌中立五类（见表10-3）。

表10-3　以购买序列表示的品牌忠诚程度

购买类型分类	品牌购买顺序
专一的品牌忠诚	A A A A A A A A A A
偶然改变的品牌忠诚	A A A B A A C A A D

续表

购买类型分类	品牌购买顺序
有改变的品牌忠诚	A A A A B B B B
分散的品牌忠诚	A A B A B B A A B B
品牌中立	A B C D E F G H I J

其中,专一的品牌忠诚是最理想的状态。而更常见的是偶然改变的品牌忠诚,偶然改变的原因形形色色:惯用的品牌无货了;新品牌上市,尝试一下新品牌;一种竞争性品牌以特殊低价销售;在极偶然的情况下购买了一种其他品牌。有改变的品牌忠诚是指消费者在某一段时间购买某品牌商品,在另外时段又转而购买另一个品牌的现象。分散的品牌忠诚(多品牌忠诚)是指对两种或两种以上品牌的连续交替购买,例如,许多消费者喜欢交替选择不同品牌和药用功能的牙膏,以使牙齿得到多方面的保健和治疗作用。可见,为满足忠诚消费者"见异思迁"的需求,企业可以通过开发新的系列产品来迎合消费者。例如,宝洁公司设计并推出了九种不同类型的洗衣粉来满足不同顾客的需求。有些类型强调洗涤和漂洗功能;有些类型会使织物柔软;有些类型具有气味芬芳、碱性温和的特点。

3. 按消费者心理、行为来分类

品牌忠诚可以分为态度忠诚和行为忠诚。消费者稳定的品牌偏好、信仰和购买意图就是态度上的品牌忠诚;消费者不断地重复购买某一品牌,就是行为上的品牌忠诚。Dick et al. 认为,只有当重复购买行为伴随着较高的态度取向时才产生真正的消费者忠诚。如果因垄断市场、增加转换成本而迫使消费者别无选择,只会赢得消费者迫于无奈地在重购行为维度上表现出来的虚假忠诚,无益于培养长期良好的消费者忠诚关系。Jones 把那种对企业没有满意感而又无法脱离该企业的顾客称作"人质型顾客"。Dick et al. 根据态度和行为两个维度,将忠诚分为四种:真正的忠诚、潜在忠诚(较少光顾和积极的态度)、虚假的忠诚(经常光顾和漠然或敌对的态度)和无忠诚,如表10-4所示。

表10-4 品牌忠诚度的形态矩阵

态度取向	重复购买行为	
	高	低
高	真正的忠诚	潜在忠诚
低	虚假的忠诚	无忠诚

4. 按"重复购买"情况来分类

(1) 垄断忠诚。指消费者只能在指定或特定状态下进行重复购买,别无其他选择。例如,对一些垄断行业如电力、自来水、铁路、天然气等产品或服务,消费者由于没有其他选择,往往也就表现出一种"忠诚"。

(2) 价格忠诚。将价格等同于价值的消费者,认为所有厂商提供的产品都是相同的,他们会倾向于同类产品中最低价格的品牌,并表现为重复购买。这类消费者并不是真正的忠诚消费者,因为一旦出现更低价格的产品,他们马上会更换品牌。

(3) 方便忠诚。由于地理位置比较方便，或因彼此熟悉、有特定关系及出于习惯而重复购买，即是方便忠诚。

(4) 惰性忠诚。消费者会因惰性而不愿意去寻找其他供应商而形成重复购买，属于惰性忠诚。对于这类消费者，企业应通过产品和服务的差异化来改变他们的忠诚度，使他们成为真正的忠诚消费者。

(5) 激励忠诚。企业通常为经常光顾的消费者给予优惠或奖励。当有奖励活动时，消费者会来购买；当优惠和奖励活动结束时，他们就转向其他有奖励的厂商。

以上五类消费者通常都是低依恋、高重复的购买者，都容易被竞争对手所吸引。

(6) 超值忠诚。消费者对于那些从中受益的产品或服务情有独钟，不仅自己重复购买，而且还主动向周围的人宣传推荐。这种消费者是高依恋、高重复的购买者。他们的忠诚是基于情感的，这种忠诚对企业来说最有价值。

(7) 潜在忠诚。消费者有时放弃选择所偏好的品牌是由于某些外在条件的限制。例如，许多家庭愿意外出就餐，但因夫妻口味和喜好不同，结果只能选择双方都能接受而不是自己偏爱的饭店。对于这类消费者，企业只要改进服务和营销方式，就有可能使之转变为现实的忠诚消费者。

(三) 品牌忠诚的行为表现

品牌忠诚是消费者的一种非随意性的购买行为反应，单纯口头上的偏好表示或偶然性地连续选择某一品牌并不能作为确定品牌忠诚的依据。消费者品牌忠诚所表现出的行为特征主要有以下几个方面。

(1) 重复购买：再次或大量或长期购买同一企业该品牌的产品；乐于接受其新产品、产品延伸或品类延伸（跨界产品）。例如，小米是以手机品牌出名的，但小米并不只是单纯打造手机，而是有着许多跨界产品，小米生态链的产品几乎已经覆盖了消费者生活的方方面面，小米公司甚至声称"除了雷军什么都卖！"。这些跨界产品能获得成功，很大程度上得益于"米粉"的认同与购买。

重复购买可以简单分为习惯型购买和忠诚型购买。前者是出于习惯，或者没有其他更好的备选品，或对该品牌较熟悉，他们对所购买品牌并无忠诚感，易受竞争者行为的影响。后者是消费者对某产品或品牌有情感偏爱时的购买行为。另外，不满意顾客如果无法期望从其他企业获得更好的服务或存在市场垄断，或者认为重新寻找的预期利益低于预期成本，他们也会被动地成为重复购买者。同时，满意的消费者可能会转换品牌，但其中一些人也会成为重复购买者。只有少部分消费者会对产品产生高度满意，不仅再次购买，还表现出忠诚行为。图 10-11 描绘了消费者购买的转化关系。

重复购买对于企业而言可以创造更多的利润，主要原因是获取新顾客的成本往往远高于老顾客，而且随着时间的推移老顾客的获利性越来越高。例如，保健食品在开拓市场的初期往往需要较高的获客成本，而一旦消费者对保健品形成了消费习惯，其对保健品的消费需要会随年龄增长而呈现稳定提高的趋势，极高的复购率就会给企业带来丰厚的利润。

(2) 评价分享：主动向亲朋好友和各种网络媒体推荐、好评该产品或服务。在网络时代，"种子"消费者的正面口碑对企业是非常有价值的，它能在更大范围内提高产品的美誉度，增加其他受众成为客户的可能性。

(3) 参与企业活动：如积极回应企业的调查与回访；愿意参加企业所组织的某些营销

活动等。

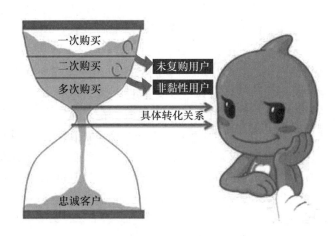

图 10-11 消费者购买的转化关系

(4) 对竞争产品的态度：几乎没有选择其他品牌产品或服务的念头，能漠视或抵制其他品牌的促销诱惑；即使因促销活动的吸引而购买了其他品牌，他们通常在下次购买时又会选择原来喜爱的品牌。

(5) 对产品质量问题的态度：发现该品牌产品或服务的某些缺陷，能以宽容、谅解的态度主动向企业反馈信息、求得解决，而且不影响再次购买。

(6) 挑选时间：购买该品牌时挑选时间少，购买产品时不大可能考虑搜集额外信息。

虽然在网络时代，消费者的忠诚度及其"黏性"作用已大大下降，培养和维护忠诚的客户并不容易。但一些研究表明，企业维系老客户比争取新客户更重要，这些研究结论包括：开发新客户的代价相对较高（如证券公司向新客户赠送苹果手机或平板计算机等）；挽留一个不满意的客户的成本是保持一个老客户的10倍；新客户的获利性低于长期客户；客户保持率提高5%，利润将会提高25%以上等。因此，企业在发展新客户的同时，不可忽略老客户的流失。同时，企业应当确定哪些是企业应该保持的客户，并把有限的资源投入到有利可图的客户身上，尤其是那些具有重复消费性质的服务性行业（如汽车修理、银行、证券、保险、餐饮等）。重点放在现有客户身上的营销通常被称为"粉丝营销""关系营销"或"客户关系管理"。

当然，对于一些低卷入度的产品，厂商不太可能真正突出产品的特别之处或是提供特别的服务。这时，厂商应该将重心放在创造满意的重复购买上，而非培养忠诚的客户。

(四) 品牌忠诚的影响因素

影响品牌忠诚度的因素还很多，如消费者价值（感知价值）、消费者满意度、品牌信任度、转换成本、替代者吸引力、认知风险、自我概念、消费者特质、特定社会规范和情境因素等。这些因素中，只有消费者价值、消费者满意同时推动消费者在内在情感和外在行为上对企业的忠诚，才是严格意义上或真正的品牌忠诚的驱动因素，而其他因素只是驱动重复购买行为，促进消费者保留的非态度因素。

1. 消费者满意度

消费者满意和忠诚是正相关关系，彼此相互加强。消费者满意虽不是消费者忠诚的充分条件，却是必要条件，消费者满意一般被认为是消费者重复购买、口碑效应和品牌忠诚的先决因素。有时，消费者对产品的功能、特性、价格和服务等方面满意，但并不一定达到忠诚，只有消费者对品牌提供的产品或服务感到非常满意时，消费者才会有可能上升到对该品牌忠诚的层次。

众多学者对消费者满意和消费者忠诚二者的关系进行了大量的研究，一些研究发现，在多数情况下，消费者满意和消费者忠诚并不是线性关系。根据 Coyne 的研究，消费者满意度与消费者忠诚度的关系变化存在两个关键的阈值：在高端，当消费者满意度到达一定水平后，消费者忠诚度将急剧增加；而在低端，当消费者满意度下降到某点后，消费者忠诚度同样猛烈地下降。同样，McKinsey 发现，如果把满意程度分为不满意、满意和很满意三个区域，消费者忠诚度在不满意和很满意区域会随着满意度的改善而有不同程度的攀升，但在满意区域，消费者忠诚度保持不变。McKinsey 把消费者忠诚度不变的满意区域称为"无关紧要区域"，意思是企业在这个区域为满意而投资没有多大实际效果。Jones et al. 则认为满意度和忠诚度关系在不同产业之间差异很大。他们认为在竞争激烈的行业，消费者只有在"高"满意区域才会产生较强的忠诚效应，而在"低"满意区域，满意度提高而忠诚度变化甚微。但在完全垄断的行业中，"低"满意区域甚至不满意的消费者都显得很"忠诚"，而一旦垄断被打破，这种关系将会发生剧烈的变化。Hartley 也认为，在垄断的行业里，满意度不起什么作用，顾客会保持很高的虚假忠诚度，除非满意度降到了令其无法容忍的地步。而在高度竞争领域，导致消费者忠诚的消费者满意的基点较高，满意和比较满意难以有效地令消费者产生再购买，只有最高等级的满意度才能加强忠诚度，而且如果顾客的满意度略有下降，就会引起消费者忠诚度的急剧下降。

2. 消费者感知价值

如前所述，消费者感知价值（或让渡价值）是消费者从产品或服务等感知到的收益，与其为此所付出的成本相权衡后的总体评价。品牌只有在能为消费者提供比竞争品牌更多消费者感知价值的时候，才能使消费者成为品牌的忠诚消费者。

3. 消费者信任度

消费者会倾向于与所信任的品牌保持长期关系，消费者对品牌的信任感会影响其品牌态度性忠诚。良好的企业形象、品牌可预知性、消费者对品牌的喜爱、品牌竞争力、品牌声誉都可以增强消费者的信任感。但是，以财务回报或让利为内容的所谓"忠诚营销"活动（如消费积分、折扣、抽奖、赠送礼品等）可能增进双方的情感，却并不会赢得消费者的信任，很多消费者认为这些活动只不过是一种促使顾客购买更多商品的手段。

4. 转换成本

转换成本是消费者重新选择一家新的产品和服务时所付出的一次性代价。转换成本不仅包括货币成本，还包括面对一个新的产品/服务提供者所导致的不确定性而引起的时间、精力、风险、情感等成本。转换成本的加大有利于消费者忠诚的维系。虽然消费者发现了更适合自己的产品，由于诸如垄断、时间压力、地理位置等原因需要付出较高的转换成本，不足以弥补给消费者带来的新增价值，消费者就会放弃品牌转换。相反，当竞争强度大而转换成本低时，企业就要承担消费者即使满意也可能发生转换的风险。另外，特色产品和服务的不可替代性也能够大大地增强消费者的忠诚度。Andreasen 通过对医疗服务的实证研究发现，较高的感知转换成本造成了患者在心理上对私人医生的依恋和对更换医生的抵触，从而形成了医疗服务市场中的高顾客忠诚。一般情况下，服务的转换成本要高于产品的转换成本。

转换成本主要包括：程序性转换成本、财务性转换成本和情感性转换成本。

（1）程序性转换成本

程序性转换成本就是用户更换一个品牌或产品所需要的时间、精力或学习成本。比如，在"QWERT"排序的键盘普及之后，曾出现过更好用的键盘，但依然取代不了"QWERT"排序的键盘。其中原因就是新的键盘学习成本过高，还有相关行业产品的更换，涉及的成本会更大。

消费者的手机换新号码需要逐个通知好友，也提高着程序转换性转换成本。而且手机号码往往"捆绑"着许多日常使用的 App，还绑定了银行卡、网盘及支付宝、微信等账号，一旦换了别的运营商手机号，将无法收到短信验证码。即使消费者换了手机号并重新注册，还必须同时解除以前所有的绑定信息，否则会带来隐私被窥探、银行卡遭盗刷等多重危害。可见，更换手机营运商及号码的程序性转换成本很高，转换障碍太大。即使不满意的手机用户也会容忍当前签约供应商不完善的服务而不会转签别的电信运营商。但如果有一天，他们在转签的同时可以保留原来的号码，他们就可能会马上行动。

同样，如果你想让自己的产品快速获取新用户，就要降低产品的程序性转换成本。比如：很多 App 的界面设计和微信大同小异，就是降低人们的程序性转换成本，快速熟悉上手。

（2）财务性转换成本转换成本

财务性转换成本就是继续使用原来产品或品牌的累积性利益、好处，转换品牌将放弃这些既得利益，如会员制、贵宾卡、积分、累积消费优惠等。

亚马逊、Costco 等的会员，比非会员享受到明显的优惠打折等好处。所以很多达到一定积分值的会员不会轻易换成其他品牌或平台，因为会员或积分制度对用户就是一种绑定作用，提高了财务性转换成本。

某航空公司设计的"常客计划"：乘客在一年内乘机飞行的距离越长，获得的"积分"就越多，积分达到一定值时可以获得一次免费乘机的优惠。小米公司不定期地举行"米粉节"或"答谢老用户"的有奖活动，以邀请发帖、赠送礼物等方式吸引老用户常"回家"看看。在每次"回归计划"举行期间，"老用户"只要连续三天登录小米论坛，并进行发言或回帖活动，便会获得小米论坛系统奖励的 500 积分，以及米兔等精美的小礼物。小米甚至专门为老用户准备了新品优惠抢购专场，凭借小米的 VIP 账号登录，才能参与网上抢购。当然，不少消费者申请成为会员并不仅仅是为了赢得消费积分、让利或免费物品，他们更多的是希望被"认可"，并受到"特别对待"，尤其是在一些高档服务性企业，消费者最希望得到的是对其特殊身份的确认，并享受到特殊的待遇。如金卡用户可以不用排队等候；有专门的 VIP 休息室；能够由经理或优秀服务员来接待等。

（3）情感性转换成本

情感因素也可以成为消费者转换其他产品的一个阻碍成本。很多品牌或企业经常邀请自己的用户参加各种线下的沙龙、交往或其他福利活动，除了更好地了解用户之外，还可以增进与用户的情感交流，让用户增加了情感性的转换成本——"这家企业对我这么好，我下次还要支持他们。"

一些线上品牌社区也有自己的交流圈,让用户之间建立关系,也提高了用户的情感性转换成本——"我在这个平台认识了很多志同道合的人,不舍得走啊!"

因此,企业应当注意利用感情投资、注重情感交流。可以根据消费者的不同需求为其提供针对性更强的定制产品和个性化服务,通过贵宾卡等方式,提高其对品牌的认同感和归属感。还可以通过品牌社区、电话回访、特殊关心、邮寄销售意见卡、赠送纪念品、客户见面会、联谊会等方式,表达对用户的关爱,加深双方的联系,培养消费者对企业的特殊情感和忠诚度。目前许多大公司通过建立起消费者数据库来识别忠诚的消费者,进而进行有的放矢的营销沟通。

5. *替代者吸引力*

替代者吸引力在理论上是指消费者在消费市场中选择竞争者产品的可能性,缺乏有吸引力的竞争企业是保持消费者的一个有利条件。如果消费者感知现有企业的竞争者能够提供价廉、便利和齐全的服务项目或者较高的利润回报,他们就可能终止现有关系而接受竞争者的服务或者产品。因此,替代者吸引力越小,消费者忠诚度越高。

一般来说,大部分消费者的需求与"忠诚"并不是恒定的。因此,企业应当去"忠诚"于消费者——根据用户的需求变化和市场的消费趋势,进行不断的产品或营销上的迭代。而能够满足消费者需求的产品,是保持消费者"忠诚"的前提条件。产品老化或老用户不再喜欢产品了,主要原因是产品没有持续迭代,这并不是通过降价能解决的。

6. *产品卷入度与市场性质*

高卷入度会驱使消费者广泛搜集信息,并且如果此次消费让其满意,就非常可能导致重复购买行为和极高的品牌忠诚,而低卷入度则常常会形成品牌习惯。品牌转换可能导致风险,品牌忠诚消费者可以通过重复购买某一品牌来降低风险。如果产品消费与某一社会群体或个性特征密切相关,或者品牌可以反映或强化消费者的自我概念的某些方面,那么忠诚度会提高。当消费者个人与品牌产生联系并感知到市场风险时,继续选择有满意经历的品牌,会使消费者面临的风险得以降低,使消费者预期的价值得到保障,因而满意的消费者会表现出较高的行为忠诚倾向。

由于市场性质不同,其产品的卷入度会有很大差异。快消品市场由于可感知风险小,卷入度较低,并且消费者每次的交易量不会很大,因而消费者常常会尝试其他品牌。而且快消品市场的品牌忠诚很容易受到价格促销等因素的影响,而投入到其他竞争企业的怀抱;在耐用消费品市场,消费者在购买一次产品后就会暂时退出该市场,因而在一定时间内,消费者往往表现出唯一忠诚或双品牌忠诚。而在服务市场,由于服务的不可见性和多样性,大部分消费者会感知到比有形产品更高的风险,随着风险性的提高,品牌忠诚度也会提高。因此消费者容易表现出唯一忠诚。

另外,在有些市场环境下不容易或不可能建立起消费者忠诚。比如,在旅游景区、机场、火车上的购物商店等顾客流动性非常大且竞争性较小的地方,消费者的重复购买率是非常低的,建立消费者忠诚也几乎是不可能的,商家可以选择能提高利润率的高价位出售。如不少旅游景区的饮食摊点质次价高,因为他们根本不注重有无"回头客"。但是,在过街地道里、小街道两边,应当以低价位刺激行人,激起他们的购买冲动,虽然顾客流动性大,但整体的销售量却不会很低,同时他们的顾客开发、维系成本也几乎为零,利润额也较为丰厚。

7. 广告与营销策略

高广告投入、高价格、良好的商店形象和高分销密度与高品牌资产相关。广告通过加强与品牌相关的信念和态度,从而可以提高品牌忠诚。选择形象好的商店经销产品本身是对品牌的一种广告,有利于建立和提高品牌忠诚。高分销密度给消费者带来了便利,节约时间、服务便捷,从而提高了消费者满意度,有利于建立品牌忠诚。

8. 价格促销

价格促销的主要目的是增加销售,但从长远来看会对品牌资产产生负面影响,是一种短期行为。尤其是对表现身份、地位和生活情趣的高档品牌更是如此。因为,降价其实相当于牺牲了老顾客的利益,他们并不能从已购买的产品中获得实惠;反而只是让那些从未给品牌带来利润的顾客得到了实惠。对于原本忠诚的消费者,价格促销则会产生两种后果:一是部分消费者会产生对低价的期待,一旦期待落空便会产生不满;二是降低了消费者的知觉质量和品牌形象,对品牌忠诚不利。当然,专门针对忠诚顾客的非价格促销可能会提高品牌忠诚度,但要谨慎处理,以免得不偿失。

相比出售商品而言,服务营销中失去消费者的潜在可能性更大,因为大多数服务的"成果"比起生产物质产品更难以控制,也更容易产生失误。因此,理解如何留住顾客对于服务提供商而言至关重要。美国一项关于银行顾客的研究表明,维持顾客忠诚度的关键因素为:转换障碍及确定顾客与服务提供商维持关系的原因。这些因素还有为测量它们所设计的调查项目,在表 10-5 中有所体现。

表 10-5 顾客对服务提供商维持忠诚度的原因

分类		维持忠诚度原因
转换障碍	时间及精力	花费时间和精力寻找一个新的服务提供商 花费时间和精力做出转变 花费时间和精力了解新的服务提供商 建立新关系花费精力
	替代选择	我不了解任何可行的替代选择 我并不认为替代选择相比之下更好 我考虑到替代选择有可能更糟
	情感纽带	对于告知现有的服务提供商我不再接受其服务,让我感到十分为难 我害怕会伤我现有服务提供商的感情 我对现有服务提供商有一定忠诚度
	转换成本	转换带来的经济成本 选择新服务提供商可能引起的新问题 现有的服务提供商提供便利 现有的服务提供商具备专业知识 朋友和家人也选择该服务提供商

续表

分类		维持忠诚度原因
确定因素	信心	并没有发生促使我想做出转变的严重事故 我对我当前的服务提供商十分熟悉 我长期以来一直选择这家服务提供商 我信任我现在的服务提供商 现在的服务提供商提供的服务让我感到舒心 我对现在的服务提供商的服务感到满意
	社会联系	我与我现在的服务提供商工作人员关系良好 我被现在的服务提供商工作人员认可 我了解我现在的服务提供商工作人员 我现在的服务提供商工作人员十分友好
	服务补救	服务投诉得到妥善解决 问题得到妥善解决

资料来源：希夫曼，卡纽克，维森布利特，2017. 消费者行为学：第 10 版 全球版［M］. 张政，译. 北京：清华大学出版社.

三、抱怨行为

网购成消费者投诉重灾区

在网络购买中，消费者的"差评"就是一种抱怨行为。很多因素会导致消费者的抱怨或不满，对于企业而言差评也是一种有价值的反馈资源。

（一）对不满意问题的应对策略

在商品的使用过程中，当出现消费者所不愿看到的情况时，如何应对这种情况，不同的消费者会采取三种不同的应对策略：积极应对、寻求表达性支持和逃避，如图 10-12 所示。例如，一个消费者遇到了产品的技术故障，那么他可能会去阅读使用说明书

积极应对	寻求表达性支持	逃避
行动应对 • 我努力想解决问题的方法 • 我尝试制订行动计划 理性思考 • 在行动之前我先分析问题 • 我尝试控制我的情绪 积极思考 • 我试着看到事情好的一面	情绪发泄 • 我花时间来表达情感 • 我试图了解自身的感受 工具性支持 • 我询问有相关经验的朋友，看他们如何处理相关问题 • 我向懂行的人进行咨询 情绪性支持 • 我寻求他人的安慰 • 我依靠他人来使自己感觉良好	回避 • 我避免去想它 • 我尝试做其他事情而不去想它 否认 • 我否认该事件的发生 • 我拒绝相信问题已经发生

图 10-12 消费者处理不满意问题的三种策略

资料来源：霍伊尔，麦金尼斯，2011. 消费者行为学：第 5 版［M］. 崔楠，徐岚，译. 北京：北京大学出版社.

(积极应对)、去找一位懂行的朋友寻求帮助(寻求表达性支持)或者否认问题的存在。采取何种策略与消费者的人格特点、能力、动机、机会等因素有关。比如,相对而言,男性消费者可能更多地采取积极应对的策略,而女性消费者则更多地寻求表达性支持,甚至采取逃避策略。

(二)抱怨行为的表现方式

抱怨是指消费者由于在购买或消费商品(或服务)时感到不满意,受不满驱使而采取的一系列(不一定是单一的)行为反应。抱怨与投诉是两个概念。投诉指的是向企业或消协投诉,而抱怨包含的范围更广,除了投诉之外,还包括信息传播、抵制购买等行为。

维护消费者权益

Singh整合了关于消费者抱怨行为的研究,将抱怨行为分为以下三类。

(1) 直接抱怨:指消费者直接向零售商或生产商进行抱怨。

(2) 个人抱怨:指消费者传播负面口碑或再也不在该企业进行消费的行为。

(3) 第三方抱怨:指消费者向政府机构、消协、大众媒体等进行投诉。

而且这三类行为存在一定的替代性,有研究指出,如果消费者遇到服务失误时没有直接向企业进行抱怨,则很可能向第三方投诉或向其他消费者进行负面口碑传播,从而对企业的声誉带来巨大的影响。

可见,消费者若对产品不满意,并非只会无助地自认倒霉,而是会通过多种途径进行"反击"。尤其在Web2.0时代,消费者会通过在网上散布各种信息来发泄不满,还可能形成扩散型口碑传播,对企业形象、信誉度产生很大的负面影响。美国有些不满意的消费者还会开设网页,供大家相互交流、分享其消费遭遇并发泄不满。而企业也十分忌惮消费者的抱怨或差评。例如,一个让人们抱怨唐恩都乐甜甜圈连锁店的美国UGC网站很受欢迎,最后唐恩都乐公司只得买下它,以控制负面新闻。

消费者因不满而直接向企业进行投诉的抱怨行为最有利于企业改进工作,同时,通过鼓励消费者进行正当的抱怨并积极处理这些顾客问题,也有利于企业留住那些有价值的消费者。例如,一位松下电熨斗的客户,因电熨斗电线老化漏电伤及使用者,不顾产品已过保修期,投诉到了松下总部。松下居然重金酬谢了这位"鸡蛋里面挑骨头"的客户。原来,电熨斗的使用者一直埋怨这根无法摆脱的电线问题,或者深怀着电线太短使用不便的苦恼,或者经历着电线老化发热甚至缠绕结节的惊吓……总之,这个从来不曾有人想去割掉的电线尾巴,在给使用者带来不便的同时,平添了安全隐患。这位客户的投诉引起了松下对安全问题的高度重视。于是,松下根据这个真实的需求开发出了一款无绳移动电熨斗,并成功上市。

 案例链接 10 - 5

小米开发用户反馈平台BUGLIST——MIUI论坛,听取米粉意见

2014年,韩寒的第一部公路电影《后会无期》引爆荧幕,其中主角之一王洛丹凭借着一流的演技,再次火了一把。很多细心的观众发现,电影中,王洛丹用的正是小米2S手机,而在现实中,王路丹其实也是个不折不扣的"米粉"。

一次,不堪粉丝电话骚扰的王洛丹在BUGLIST——MIUI论坛上提问:能不能开发一个只接通信录电话的功能?本来只是抱着试试看心态的王洛丹没有想到,她的问题才提出来不到十天,小米方面便在更新后的MIUI系统里添加了这一功能,效率之高简直让人瞠目结舌。后来，每当朋友聚会，王洛丹总是忍不住要和朋友们分享一下这件事，并且极力向朋友和亲人们推荐小米手机，简直成了小米的免费代言人。

还有一个年近60岁的老年"米粉"反映，为了不错过一些重要电话，他的手机必须24小时保持开机状态，然而，晚上12点以后一旦有人打来电话，他就睡不好觉。于是，小米研发团队很快便推出了VIP电话设置业务，设置后，MIUI系统会为用户在休息时间内自动过滤非重要来电，只有VIP电话才能24小时都打得通。

在小米论坛，用户的任何反馈都可以直接递交，MIUI团队会对每个用户所递交的改进点进行初级判断，并且根据优先级列入系统改进的排序表中，最多不超过三天便能得到准确答复。

而且，用户还能通过实时更新的论坛公告查看每一个Bug的责任工程师，以及解决状况、仍需耗时多久，等等，并且还可以随时与该工程师进行互动，一起对问题进行修复和改进。

资料来源：梁宁，2016. 成功营销要走心［M］. 北京：北京理工大学出版社.

Bazaarvoice公司是一家利用网络口碑来促进商业成功的"社会化商务"企业，它在整合网上用户评论时，如果消费者认为某产品缺少某项性能，这一内容就会标注一个产品建议代码。如果类似操作数量较大或覆盖多个国家、地区，企业就应当针对性地对产品进行改进；某公司发现客户对某款产品由原来的一致好评转为集体差评，经过深入调查，发现是某一批次的产品出现了问题，于是迅速召回产品，并解决了问题。三星公司（简称三星）有一款冰箱必须在电源插上6个小时后，制冰机才开始运转。检测产品评论时，三星发现很多消费者都以为是产品有问题，要求退货。于是，三星很快制作并在网上发布相关视频，解释制冰机性能，帮助消费者掌握使用要领，这使得退货率有所下降。

（三）影响抱怨行为的因素

用户最关注的消费投诉大数据（2018年）

当消费者的动机、能力及机会都比较高时，或者说不满意程度越高，他们越有可能产生抱怨行为。可见，影响消费者满意度的因素通常也是影响消费者抱怨行为的因素，但消费者的抱怨行为还取决于对抱怨收益与成本的衡量。从公平理论来看，如果消费者对交换公平、程序公平或互动公平越不满，消费者也就越有采取抱怨行动的动机。从归因上看，如果消费者把问题归因于企业，自己没有责任，而且问题可能是持久性的，是营销方造成的，且在企业掌控或处理范围之内的时候，他们更有可能会抱怨。如果不满意感过于强烈，消费者有时甚至会对公司实施"报复"行动。但是，如果消费者发现抱怨费时费力且他们不大可能从中获益，或是产品或服务无关紧要时，消费者也不大可能会采取行动。宋竞的研究表明，消费者感知利益、服务失败的严重程度，以及公司相关规定是导致顾客抱怨的主要因素，同时顾客的价值观和感知的抱怨成本在这些因素和抱怨行为中起调节作用。

但面对相似的问题情境，消费者是否采取抱怨行为或采取何种抱怨行为则有较大的个体差异。例如，中华人民共和国工业和信息化部网络舆情研究中心调查显示：消费情绪的表达途径主要有12315投诉、微博、微信、新闻途径、网络论坛，而愿意就网络购物发布个人情绪的消费者中，男性占比62%，女性占比38%。这说明，在网络购物的抱怨情绪表达方面，男性消费者比女性消费者更为积极。也有人认为那些更有进取心、更自信、有过抱怨行为或获益经验的消费者更有可能产生抱怨行为。一些购物网站的商家往往以小恩小惠（如发红包或赔偿）笼络给予其差评的抱怨者，希望其删除不良评价，如果消费者发现通过抱怨更有可能得到补偿，也可能会更愿意抱怨，哪怕他们的抱怨并不正当。当然，这些消费者也会顾忌如果差评率过高会影响自己的网购声誉，导致恶意差评或职业差评嫌疑。

总的来说，约束或激励消费者产生抱怨行为的因素包括：个人因素（如人口统计特征、个性特征、对抱怨的态度等）、情景因素（如产品的重要性、不满的强度、归因、投诉的成本、成功的可能性等）、环境因素（如文化背景、生活水平、消费者援助、政府管理等）几个方面。

图10-13是朱美艳等提出的消费者投诉行为影响因素模型。

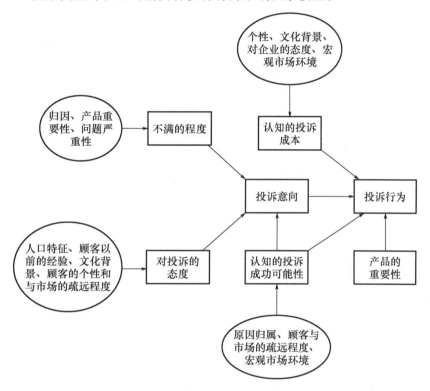

图 10 - 13 消费者投诉行为影响因素模型

资料来源：朱美艳，庄贵军，刘周平，2006. 顾客投诉行为的理论回顾 [J]. 山东社会科学（11）：137 - 144.

思考题

1. 研究消费者的购后使用行为可能带来哪些商业机会？请分别举例说明。
2. 消费者的购后满意度可能受哪些因素的影响？
3. 如何理解"期望-绩效"失验模型？
4. MH理论对产品的营销活动有什么启发？
5. 影响消费者品牌忠诚度的因素有哪些？
6. 厂商应当采取哪些措施来争取消费者的品牌忠诚？
7. 影响消费者抱怨行为的因素有哪些？企业应当如何应对消费者的抱怨反应？

第十章 在线题库

第十一章

网购消费行为

学习目标

- 了解消费者网购行为特征；
- 熟悉消费者网购行为的影响因素及营销措施；
- 掌握消费者网购行为过程；
- 了解费者网络信息搜寻行为的特点；
- 了解移动互联网环境下消费者行为的特点；
- 理解传统互联网和移动互联网下的消费行为模式；
- 掌握并运用 AARRR 模型、Hook 上瘾模型。

思维导图

网购消费行为

网购行为

行为特征
- 个性化
- 主动性
- 理性化
- 便捷性
- 低价化
- 躲避干扰心理
- 时尚化

行为模式
- AISAS
- FIIAS
- AARRR
- HOOK 上瘾模型

行为过程
- 需求唤起
  - 网媒激发
    - 背景筛选
    - 事件触发
  - 智能推荐
  - 场景激发
    - 私域流量适合产品象限图
  - 社交激发
- 信息搜寻
  - 分类
  - 信息来源
    - 商业来源
    - 个人来源
    - 中性来源
  - 特征
    - 搜索行为
    - 浏览行为
    - 主动性、目的性、互动性
    - 低成本、高效率
    - 方式多样
    - 谷歌效应
- 比较选择
- 下订单
- 授权支付
- 验收产品
- 评价与分享
  - 分享动机
  - 产品与分享意愿

移动网购行为

行为特征
- 移动化
- 碎片化
- 场景化
- 定位化
- 快速化
- 移动支付
- 诚信化
- 低价化
- 远程操控

行为模式
- 社交化
- 及时关注
- O2O
- 信息分享
- 热衷化
- SICAS
- SIPS
- ISMES
- IERAS
- SOLOMO

导引案例

亚马逊败走中国的血泪与教训：放不下面子与对手交锋的美国巨头

对于中国电商市场而言，亚马逊是赶了个早集，但最后结束的时候却什么也没有带走。亚马逊败走中国还是因为不够了解，不够了解中国电商市场的变化，不够了解中国消费者需求的变化，不够了解亚马逊在中国消费者心中的实际地位。

亚马逊对中国电商业务的管理，可以用时下还不算过时的词来形容——"佛系"。

然而亚马逊中国"佛系"的管理方式背离了中国电商竞争激烈的事实，"佛系"管理也表现得有些"不思进取"了。久而久之导致的结果是，亚马逊于2019年7月18日停止为其中国网站上的第三方卖家提供服务，即停止在中国的电商业务。这个在中国市场驻足了15个年头的国际电商巨鳄，以撤离画上句号。

追溯源头，亚马逊在华的故事要从2004年开始说起，这一年，淘宝和京东还在探索电商市场的生存法则，彼时亚马逊已经顶着"全美最大的电子商务公司"的头衔打入中国，并收购了卓越网。就在不少人以为亚马逊将在中国电商市场掀起一场"腥风血雨"时，亚马逊回以市场的，是光有雷声而迟迟不见雨。

2004年，亚马逊以7500万美元收购卓越网，此时阿里的淘宝网成立还不到两年，并且淘宝与eBay的战争还没有结束。当时的亚马逊有足够多的时间去占领市场，然而亚马逊一拖再拖，耗时三年才完成对卓越网后台的整合。

在之后的15年里，中国电商市场发生了翻天覆地的变化，阿里、京东跻身电商第一阵营，唯品会、考拉海购等跨境电商也从兴起到稳定，值得一提的还有用时三年突围成功的黑马拼多多。电商赛道挤满了选手，竞争变得异常激烈。

然而亚马逊中国好似一位旁观者，在电商市场潜伏了15年也没有做出大动作，亚马逊中国似乎从未加入战争。只不过，不在沉默中爆发，就在沉默中灭亡，亚马逊中国最终走向了后面那步。有点惋惜，但更遗憾的是，亚马逊好像什么也没带走。

话说回来，对于中国电商市场而言，唯一不变的是永远在变，亚马逊中国的败走与它滞后的市场意识不无关系，实际上其对中国市场判断的迟钝早就有迹可循。

如果说亚马逊刚来中国时的市场还是一片蓝海，那么从市场蓝海一直等到红海，亚马逊在这个本该大展身手的中国市场"翻船"了。有意思的是，关于亚马逊的大撤离众说纷纭，甚至有网友调侃道，"亚马逊中国不过是贝索斯在中国的试错成本，毕竟亚马逊总部有钱，失去了一个中国市场，丝毫不影响亚马逊在国际的排名。"

调侃归调侃，但也不无道理。电商服务的核心对象是用户，然而亚马逊对中国的消费者还是不够用心。15年可以让一个襁褓婴儿长成如树少年，亚马逊在华的15年同样有足够的时间了解中国的消费者，但亚马逊中国表现得更多的是不屑的态度。

都知道亚马逊是美国影响巨大的电商品牌，因此业务能力毋庸置疑。于是亚马逊将在美国的那套打法在中国直接进行复制粘贴，并以高姿态傲立市场。但水土不服导致其美式网站设计，以及几乎不存在的营销节日让不少国内消费者失望。反应出亚马逊中国没有做好市场调研，从而导致了失败。

而彼时的阿里、京东们为了迎合消费者偏向惠利的需求打造出了各类促销节，比如天猫"双十一"、京东"618"等，这些建立在充分的市场调研之后产生的市场效应，进一步抬高了阿里、京东等电商平台的商业价值。

低价促销符合多数中国消费者的需求。亚马逊接受不了这样的竞争，亚马逊中国只好选择成为促销竞争的旁观者。亚马逊中国就此错过了与国内本土电商们正面交锋的机会，避开竞争也意味着亚马逊中国失去了中国电商市场。

另外，照搬亚马逊在美的策略引起了中国消费者的"不适"，也因此抓不住中国消费者的核心需求。

再者，亚马逊中国对用户的消费理念存在误区。市场在变，用户也在变。过去，兴许消费者的消费理念是以主动搜寻商品去满足消费需求，但时过境迁，随着互联网推荐机制的不断完善，以及用户消费观不断升级，如今的中国消费者更加青睐于商品推荐机制。

况且对于本土电商而言，目的从来都不限于只满足用户需求，他们真正的目的还包括创造需求，创造源源不断的需求。然而这些，在亚马逊身上看不到，在亚马逊中国几任CEO身上同样看不到。

因为界面新闻曾经报道，张军表示，"亚马逊最核心的理念是让消费者主动去搜寻东西满足他们的需求，这是一直以来不变的宗旨。"这也就直接表达了亚马逊将"满足需求"的策略贯彻到底，也意味着亚马逊不会突出商品品牌给予消费者引导。

一步错，步步错。亚马逊守旧的价值观与国内淘宝、京东用户的消费观背离，因为创造用户需求已经成了国内电商市场的主流。也因此，在电商直播、电商KOL们持续输出PUGC的时代，亚马逊已经与这个时代背离，因为亚马逊不搞直播，甚至商品的信息介绍都是文字及图片简单的描述，吸引力度远远不如国内电商。

总的来说，亚马逊败走中国主要的原因还是不够了解中国消费者，以及不能遵循中国电商市场的变化。所以，目前尚在中国的外资电商应该引起注意，巨头的退场并不是因为实力不够，而是因为营销策略不当，才导致了退场。

资料来源：刘旷. 下一个败走的亚马逊？[EB/OL]. （2019 - 05 - 04）[2020 - 12 - 14]. 刘旷公众号，ID：liukuang110.

 问题

1. 你认为电商巨头亚马逊败走中国的原因有哪些？
2. 从"亚马逊败走中国"的案例中，你受到了哪些启发？你觉得应当吸取什么教训？
3. 根据你对淘宝、京东、拼多多、唯品会、亚马逊等电商平台的比较分析，你觉得电商平台还应当开展哪些网络营销策略与方法？

第一节 网购行为

随着网络经济的快速发展，越来越多的消费者热衷于上网购买商品，网络消费已成为一种大众化的个人消费模式。网络购物是指消费者通过相关的网站，在网络上购买商品或服务的形式。相对于传统的购物形式来说，网络购物有很多优势，如突破时空限制、商品选择空间很大、缺货情况很少出现、信息丰富且搜寻方便、价格较低、送货上门、个性化和定制化的商品等，因而获得了消费者的喜欢，同时也对传统的店铺商业活动产生了巨大的冲击。随着移动互联网的发展，随时、随地、随性的移动消费行为也已成为新的发展趋势。

一、网购行为特征

中国互联网络信息中心第十次调查结果显示，我国消费者网络购物的主要动机依次是：节约时间（48.5%）、价格便宜（43.67%）、购物操作方便（42.4%）、寻找稀有商品（33.5%）、尝试新事物和有趣（25.5%）等。国内外许多研究都发现价格便宜、方便快捷是导致消费者网上购物的两个主要因素。而重视社会交互、购物体验导向的消费者对网络购物的兴趣少一些。

在网络环境的影响下，网络消费者在交易选择上呈现出有别于传统消费方式的行为特征，具体表现在以下几个方面。

（一）个性化

网购消费者多以年轻、高学历用户为主，他们喜欢拥有不同于他人的思想和喜好，渴望变化、喜欢创新，其具体要求越来越独特，个性化越来越明显。而网络时代的消费品市场呈现出产品设计多样化、选择范围全球化的特点，网上的消费品在数量和种类上都极为丰富，使得消费者在选择产品时有了巨大的选择余地和范围，为满足消费者的个性化需求提供了良好的条件。同时，与传统消费者的被动接受方式相比，网络消费者可以通过互动式的交易过程把个性化的需求告知厂商，甚至亲自参与到生产设计中去，从而获得专为自己定制的更具个性化的产品。另外，在网络环境下，消费者在购物过程中有效避免了环境的嘈杂和各种影响的诱惑，消费者在购买活动中的理性大大增强，理性增强的结果是需求呈现出多样化的特点，个性化随之显现出来。

在传统模式下，进行市场细分和市场定位的对象是消费者群，不可能是单个消费者。而大数据条件下可以把市场细分到单个消费者，实现"超市场细分"和一对一营销，能充分满足消费者的个性化需求，为其提供特定的产品和服务，同时盲目的促销也会大大减少。另外，厂商与消费者之间信息传递的便捷性尤其为那些具有特殊需要的消费者提供了方便，消费者可以绕过中间商直接向生产者订货，消费者和生产者直接构成了商业的流通循环，消费者可以直接参与到产品的设计之中，按照自己的特殊需求要求企业生产适合自己的产品。

随着互动设计平台、3D 打印等先进技术的成熟，企业生产运作可以考虑由消费者订单驱动，实现柔性化生产。许多企业推出了量产产品的定制版，并在一定程度上接受消费者参与设计的个性化定制商品。海尔在我国率先推出了 B2B2C 全球定制模式，可以按照不同国家和地区不同的消费特点，进行个性化的产品生产。目前可以提供 9000 多个基本型号和 20000 多个功能模块供消费者选择。用海尔首席执行官张瑞敏的话说就是"如果您要一个三角形的冰箱，我们也可以满足您的需求"。现在的 4D 打印技术比 3D 打印还多了个时间维度，使产品能在特定时间或激活条件下（如温度、湿度改变），按照事先的设计改变形状或自我组装。

Utme

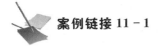

案例链接 11-1

用户参与设计的海尔"萌"冰箱

2014年9月,海尔冰箱推出了为孩子量身定制的"萌"款匀冷冰箱的产品设计活动。互联网上的万千海尔用户通过网络交流互动,为孩子们设计了一款"长颈鹿萌装"定制冰箱。首先,冰箱的图案可以测量儿童身高,让家长见证孩子成长的每一步;其次,用户还可以在冰箱内部贴上孩子成长的照片,将家庭美好的瞬间永恒记录下来。

资料来源:兰马,娟子,2016. 卖什么都不如卖体验:互联网+时代,将用户变成粉丝的营销策略 [M]. 北京:人民邮电出版社.

(二)主动性

在传统购物中,营销是由企业来推动的,企业通过传统广告、直接营销、POP营销刺激等向消费者进行推销。消费者处于信息不对称状态,往往显得较为被动。在互联网时代,网购消费者往往比较主动、独立性很强,其选择的自主性大大提高。随着互联网技术的发展,消费者已经不习惯被动式的单向沟通,他们善于和乐于主动选择或搜索信息并且进行双向沟通,而不是被动地接受厂商的广告信息。他们在做出购买决策前,常常都会主动运用各种搜索引擎"货比三家",并积极地查看已经使用过产品的消费者的评论,而不只是听企业说什么。同时由于网络自身的特点,他们对产品和服务的体验得不到满足,因此消费者在对产品产生兴趣的时候就会同时产生很多疑问和要求,网络消费者会通过即时通信等网络通信技术,在第一时间积极主动地与商家取得联系。如果此时卖方不能及时地解答消费者的疑问,而是在消费者发出购买咨询后很久才给予回复,那么消费者极有可能对卖方产生不满进而转向其他卖主。

同时,如果市场上的产品不能满足其需求,网购消费者还会主动向厂商表达自己的想法,自觉不自觉地参与到企业新产品的设计开发等活动中来,这又同以前消费者的被动接受产品形成鲜明对照。消费者主动参与生产和流通,与生产者直接进行沟通,有助于减少市场的不确定性。

另外,在Web2.0时代,消费者不仅是信息的接受者,也是信息的发布者,消费者愿意主动地将自己的消费体验和商品评论发布在网上,倾诉自己的情感并希望获得共鸣,并为其他消费者的商品选择提供有益的参考。

(三)理性化

在传统购物中,消费者往往容易受现场的购买气氛、商品的丰富程度、陈列方式及售货人员的态度等外在因素的影响,产生冲动性的购买行为。而在网络环境中,消费者面对的是计算机,能够在没有干扰的情况下,冷静思考,理性分析。网购消费者利用在网上得到的信息,经常进行大范围的选择和比较,力求所购买的商品价格最低、质量最好、最有个性。Simonson et al.(2013)认为,在网络信息时代,消费者能够根据"绝对价值"进行判断,容易保持理性,而营销者很难再利用情景设计等营销措施使消费者产生"非理性"的消费行为。有些消费者在国外旅行时,容易受导游的鼓动,购买一些没什么用的高价保健品,虽心存疑惑但也真心希望"物有所值"。但如果像在国内一样能够从容地在网络上搜索到相关商品信息，这些消费者就难以发生这种非理性的冲动性购买了。

网购消费者以大城市、高学历的年轻人为主，他们对各种产品宣传有较强的分析判断能力，购物动机往往是在反复思考、比较、精打细算后产生的。有数据显示，在网上购物时，女性比男性更干脆，决策时间更短。这与线下购物时的表现是完全相反的，也说明男性网上购物会比线下更加理性、稳重。

还有一个现象，网购消费者有时会把自己看好的商品放在虚拟"购物车"里面，以方便选购，但抛弃"购物车商品"的现象经常发生。相反的是，实体店的消费者很少会挑选了商品到购物车中最后却放弃付款而走人，因为实体店消费者会承受很大的心理压力；而且，在亲眼看见、亲手触碰、亲身尝试的体验刺激及销售员的热情推销下，也令实体店中的消费者容易情绪化地更快做出购买决定。

当然，由于受到网络信息泛滥、知识水平局限、错误信息误导等多种因素的影响，消费者有时也很难对众多产品信息做出理性的判断，而且网络具有明显的信息扩大的乘数效应。例如，2003年SARS出现时，关于SARS的恐慌言论和误导信息在网络上广泛散布，以致部分消费者听信传言大量购买囤积食用醋、板蓝根。

（四）便捷化

电商激战影响消费者购买行为

在传统的购物环境下，消费者不但会遇到诸如交通安全、寻找商品、购物环境、服务质量、礼貌服务等方面的问题，还要经过到收款台排队、付款结算、打包，再把商品带回家等烦琐的购物过程。现代消费者大多不喜欢烦琐、费力的购物活动，而网络购物为其提供了前所未有的便利，网络作为媒介直接沟通了卖家与买家，简化了更多程序，使购物活动更为方便快捷。网上商店全天候营业、网上支付、送货上门等服务特色带给了消费者许多便利，消费者可以随时在计算机或智能手机上查询商品资料并完成购物过程。正如天猫广告语所言："没人上街不等于没人逛街"。

网上购物还从时间和空间两个方面体现出便捷性。

（1）时间便捷性。网上商店可以每天24小时营业，全年无休，而不像在传统模式下受到商店营业时间的限制。艾瑞咨询的统计显示，国内网民每周网购主要集中于工作日，每日网购高峰出现在上午10点和晚上9点，这与传统购物时间很不一样。

（2）空间便捷性。"货比三家不吃亏"是人们在购物时常采用的技巧。在网上挑选商品时，可以足不出户利用搜索引擎的强大功能，方便、快捷地获得全国乃至全世界的不同产品信息，商品挑选余地大大扩展。网购真正实现了"没有买不到，只有想不到"。而且，消费者还可通过公告栏告诉成千上万的商家自己的需求，在家中坐等商家与自己联系。此外，网购还可进行异地买卖送货，例如，为外地父母通过网络商店购买老人用品，为朋友购买馈赠礼品等。

（五）低价化

网络购物之所以能发展起来，其中一个重要原因就在于网上产品的销售价格比传统渠道要低。消费者对网上商品的价格也有一个心理预期，认为其价格应该比传统渠道的价格要低。因为网络销售可以减少传统营销中的店铺费用、广告费用、人工费用、推销费用、中间环节的经销代理费用及相关的信息费用等，使网上商店能够提供比实体店低得多的商品价格。

价格始终是消费者最敏感的因素,而网上商品价格是可以比较且透明的,消费者可以非常方便地借助网络工具查看同一种商品在所有网上商店的价格和相关信息,可以保证自己在网上买到的东西是便宜或最实惠的。随着商品质量和服务质量的不断提高,一些消费者开始从注重品牌转向最低价格,把主要注意力转向挑选最便宜的商品上。同时,很多网上商店采用"攻击型"的灵活价格策略,即竞争性定价,甚至有人说网购价格"没有最低,只有更低"。因此,网购行业容易出现"至'贱'者无敌""价低者得"的竞价文化,不适合创意产品和奢侈品的销售。有的创意产品一出现,就会被山寨、抄袭,并利用低价把创意的价值拉低。而注重产品质量升级和品牌效应的奢侈品,也很难在网上与低价的类似产品竞争。

(六) 躲避干扰心理

在传统商店购物时,总要接触到服务员,有时旁边还有其他顾客,会有人群所带来的压力。态度不佳或过分热情的营业员、嘈杂拥挤的购物环境、自助式购物环境下服务员警惕的眼光等,都会使消费者产生不良的消费体验。而网上购物恰恰能够弥补这些不足,消费者可以轻松自由、随心所欲地获得商品信息并完成购物过程,而不需要其他人的服务。这样,消费者可以始终保持心理状态的悠闲自在和精神的愉悦,不用担心自尊心会受到隐形伤害。

同时,对于购买某些私密性较强的"难为情"商品和愿意自助的消费者,网络购物也提供了一个非常宽松、便捷的环境,例如,网上商店是成人用品的主要销售渠道。

(七) 时尚化

网络时代新生事物不断涌现,产品生命周期不断缩短,反过来又会促使消费者的心理转换速度进一步加快,稳定性降低,在消费行为上表现为需要及时了解和购买到最新商品。不少网购消费者喜好新鲜事物,追求时尚,希望与时代同步,而网上营销能够适应这一心理变化的要求。

二、网购行为的一般模式

(一) AISAS 模型

中国数字化消费者行为的五大趋势

在 Web2.0 时代,消费者的主动性越来越强,他们从被动接受商品信息、营销宣传,逐步转变为主动获取信息和主动分享信息。针对这种变化,日本电通集团提出了 AISAS 模型。AISAS 是英文 Attention(注意)、Interest(兴趣)、Search(搜索)、Action(行动)、Share(分享)的缩写。该模型中两个"S"搜索和分享反映出消费者由于网络应用带来的消费行为新变化。AISAS 模型更适合一些高卷入产品,但对于低卷入产品(如日用品),AISAS 模型中的 Interest 和 Search 则没有太大必要,消费者可能从 Attention 直接进行到 Action。

如图 11-1 所示,在传统的 AIDMA 模型中,企业是营销信息的传播主体,而消费者是被动地接受客体,营销者将信息推送给消费者,营销信息的影响力随着消费者的行为推进逐步降低。在 AISAS 模型中,消费者是营销信息传播过程的积极参与者。在信息搜索环节消费者主动将信息拉向自己,在分享环节又主动传播口碑信息,影响其他消费者的决策。在这一过程中,信息搜寻、信息分享成为消费行为的重要节点,消费者既可以因为需要的产生而进行信息搜寻,也可能因为信息搜寻而产生消费需要。消费者通过信息分享向其他消费者传递消费体验，同时又从其他消费者的口碑信息中获得有益的参考信息。可见，在 AISAS 模式，营销信息的传播已不再是由企业主导的模式。

图 11-1　AIDMA 模式和 AISAS 模式比较示意图

爱奇艺还提出了 AACAR 营销模型，其中包含 Attention（引起注意）、Association（产生联想）、Consensus（共鸣共识）、Action（购买行为）、Reputation（口碑分享）等一整串营销链路，即一条从品牌曝光到品牌认知建立再到后链路转化、口碑分享的完整营销路径。

刘德寰则认为，在移动互联网时代，消费者的注意力已经消散，主动性大大提升，营销方式正在从电通的 AISAS 法则向具有去媒体性质的 ISMAS（兴趣、搜索、口碑、行动、分享）转变。这一法则清晰地指出了网络营销两个非常重要的发展趋势：以媒体为中心的营销模式被转化成以消费者为中心；以吸引注意为首要任务变成以消费者兴趣为出发点。拼多多的社交式电商就较好地诠释了 ISMAS 模式。拼多多的用户大多是三线以下城市的中下阶层，有些人甚至没有用过计算机，但喜欢用手机和微信与亲友联系，拼多多利用兴趣、分享、口碑将他们很快发展为用户，使下沉用户养成了移动购物习惯。

（二）FIIAS 模型

我国学者徐小龙研究发现，虚拟社群会对参与其中的消费者产生信息性影响和规范性影响，并据此提出了 FIIAS 模型。FIIAS 是英文 Focus（关注话题）、Interest（兴趣）、Interact（互动交流）、Action（购买行动）、Share（分享体验）的缩写。

在此模型中，消费者受到虚拟社群话题的吸引，并对某一产品产生了兴趣，开始与其他成员交流互动，最终产生了购买行为，购买后继续与社群成员分享使用体验。这种模式通常适用于卷入度较高的产品，如住房、汽车、高级数码产品等。

从上述模型中可以看出，无论传统媒体时代，还是网络时代，"兴趣"始终是促使消费者采取购买行动的前提条件之一，而"分享"已经成为在线消费者行为的一个基本特征；同时，"搜索"和"互动"也是两种有别于传统的新消费者行为。

（三）AARRR 模型

"增长黑客之父"Ellis 在《增长黑客：如何低成本实现增长爆发式成长》一书中阐述了这一模型及其应用。AARRR 是 Acquisition（获取用户）、Activation（激发活跃）、Retention（提高留存）、Revenue（增加收入）、Refer（传播推荐），这个 5 个单词的缩写，分别对应网络用户生命周期中的 5 个重要环节，如图 11-2 所示。AARRR 模型追求用技术手段影响消费者的行为链路,提倡"去广告化""老用户带新用户",把投放广告的钱用于消费者补贴和技术搭建,Airbnb、LinkedIn、Facebook、Uber 等都是通过这种方式获得了裂变式的用户增长。

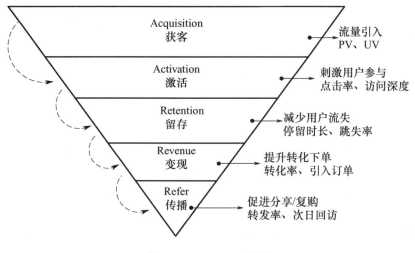

图 11-2　AARRR 模型

AARRR 模型是一种营销策略的漏斗模型,通俗的理解就是:怎么拉用户来、用户来了怎么活跃、用户活跃之后怎么留存、用户留存之后怎么为产品付费、用户付费之后怎么进行口碑传递。例如,某知识付费产品通过广告投放获取了 10000 名新用户,5000 名用户完成激活注册,次日留存用户为 2500 人,其中 500 人对产品有付费行为,200 人将产品给朋友推荐过。营销活动应当优化漏斗、降低流量流失,也就是要提高类似于 DNU(日新增用户量)、DAU(日活跃用户量)、7-Day Retention(首周留存率)、ARPU(平均每用户收入)、K 因子(推荐系数)等指标。

在 AARRR 模型中,用户获取和用户推荐(分享)分别在这个模型的两极,实际上用户推荐本身就是用户获取的手段,可以跳过中间环节,把用户推荐当作第一环"用户获取"的一部分来提升拉新效果。例如,拼多多、趣头条、瑞幸咖啡都没有受传统互联网企业获客方式上"路径依赖"的禁锢,每一位新客户都可以马上在其社交圈里"邀请好友""拉一赠一",从而通过这种社交裂变获得了快速增长。

(四) HOOK 上瘾模型

HOOK 模型是 Eyal et al. 在《上瘾:让用户养成使用习惯的四大产品逻辑》一书中提出来的。HOOK 模型分为四个阶段。

(1) Trigger(触发/引爆点),即如何引导用户采取行动。引爆点有两种:外部和内部。外部通过蹭热点、发广告、发 push、SEO、熟人推荐等方式引起用户的注意;内部触发则来自用户的实际产品体验,具体表现为产品是否满足用户的显性及隐性需求。

(2) Action(行动),即驱动用户的行为。这一阶段要求产品设计必须易用好用,用户无须花费过多的时间、金钱和脑力。

(3) Reward(奖励)。除了产品易用度(如产品体验、响应速度等),产品还要能提供多样多变的奖励机制去保持用户的兴趣,创造用户继续使用的渴望感,如社交酬赏(点赞、评论、打赏)、猎物酬赏(完成一个什么任务获得什么头衔)、自我酬赏(阶段性成就感)。

(4) Investment(投入),这部分指用户对产品的投入,并不单单指付费,而是泛指能促使用户再次使用产品的一切行为,包括时间、情感等。

 资料链接 11-1

微信的上瘾逻辑

触发:微信 App 上框着数字的小红圈是一种外部触发,提醒用户有新信息快去看。但更有效的是内在触发,用户知道他的老板或者客户在微信上,漏看了老板的重要信息会被斥责,漏看了客户的信息会错过商机,错过了朋友重要聚会可能被排斥,这些都促成用户去使用微信。一旦触发成为内在触发,打造用户使用习惯就成功了一半。

行动:微信的理解成本和使用成本都很低,即便是不识字的老人或孩子,也能用微信便利沟通。微信甚至支持懒用户把语音转换为文字。

多变的酬劳:如果我们要寻找信息的目的性特别强,比如天气预报、股市指数、列车时刻表等,我们会用搜索引擎而不太可能通过翻微信的朋友圈获取这类信息。朋友圈大多是零碎时间翻阅,很多文章都是出人意料的邂逅。这些文章或带来强烈的情感体验,或带来有价值的思想和智慧,或警告危险让我们避免伤害……这一切在翻阅朋友圈之前是未知的,多变的酬劳犹如探险未知之地,会刺激用户的兴奋点而让他们更愿意花时间沉迷其中。

投入:即便有和微信一模一样的功能,甚至功能更强大的 IM 出来,用户也不会轻易换掉微信。为什么?因为上面有太多的好友,以及来往互动的太多信息,机会成本很高,用户需要说服他的朋友和用户一起迁移,还需要把他们过往的交流信息迁移过去。梅特卡夫定律说,网络的价值等于网络节点数的平方,网络的价值与联网的用户数的平方成正比。微信的"价值"正在于用户都"投入"了。

资料来源:http://www.woshipm.com/pd/749969.html [2020-12-14].

三、网购行为过程

在传统的店铺购买中,消费者的消费行为和购买过程分为五个阶段:需要认知、信息搜寻、比较评估、决定购买、购后评价与购后行为。这个连续的完整过程表明了消费者从产生需要到满足需要的整个过程。同样,在网上购物时,这些步骤基本没变,但由于借助了互联网这一工具,这五个阶段均与传统消费有所差别。在购买决策的各个阶段,互联网和智能终端都带来了新的概念和新的工具,改变了传统的购物方式,如表 11-1 所示。

表 11-1 购买决策不同阶段的新概念和新工具

决策阶段	新概念和新工具
识别问题	网站广告 网上问题搜索 社群朋友的主题分享 优惠信息推送

续表

决策阶段	新概念和新工具
搜寻信息	网上搜索 网上广告、商家推介 网上的评分与评论 社交网络内部的咨询 网上产品与价格信息 网上促销信息、优惠信息 愿望清单
评估备选方案	条码扫描/价格比较 消费者虚拟社群内的咨询讨论 网上商家引荐 地理位置促销
购买	网上购物 手机购物 网上支付、手机支付 电子优惠券、礼品卡
购后行为	在社交网络和消费者虚拟社群中分享购后体验，包括文字、照片、视频等 在购物网站上进行评分与评论 在社交网站和虚拟社群中发表评论

资料来源：塔腾，所罗门，2014. 社会化媒体营销［M］. 李季，宋尚哲，译. 北京：中国人民大学出版社.

而且，在网络购买中，消费者还须进行支付方式的选择，等待物流公司交货，然后验收接受产品的过程，由此可以将网络消费者的购买过程分为以下七个阶段。

（一）需求唤起

1. 网媒激发

与传统购物模式相同，网上消费者购买过程的起点是需求的唤起或诱发。各种网络媒体与网络广告可以利用其对消费者感官、情感的强大吸引力、感染力，诱发消费者的需求。网络多媒体技术能产生强大的广告刺激效果，声画同步、图文结合、3D 动画、录像、声情并茂的广告，以及各种各样的关于产品的文字表述、图片说明、声音配置的导购信息都成为诱发消费者购买的动因。例如，在 Instagram 的图片中可以圈出网红身上的衣服/包包等，消费者点击链接即可购买。

贵州茅台的 AR 广告

由于消费者行为具有可诱导性，因此，网上商店在站点设计、网页制作方面应注意突出自身站点特色，主题鲜明，在结构和背景上体现出自己独特的一面。同时，注意信息的丰富、有趣和及时更新，以吸引顾客浏览、驻留，提高网上消费者的满意度。运用体验式营销将消费者的感觉和感受结合起来，在网页中将文字、图像、动画、音乐等多种元素融合，以增强对消费者的吸引力。

为了让用户更好地利用碎片时间，手机淘宝为用户提出了"每日首发""天天特价9.9元"等活动。蘑菇街的首页始终是各种当下最流行的服饰，而且"每日精选"板块根据24小时内用户点击量，告诉用户，现在最流行什么、怎么搭配这些流行元素最棒。这对爱美的时尚女孩们有着较大的诱惑。拼多多有一种独有的"实时信息"模式，当消费者打开商品链接后，在页面左上方会显示"××在拼这个商品""××正在浏览这个商品""××1秒前开团了""还差1人拼成"这样的通知，一方面营造了团购气氛，另一方面也增加买家购买的欲望。在拼多多，产品搜索被弱化，消费者从"我想要买××，找一找哪家比较好"变成"我看到了××挺不错，买一个吧"。消费者会看到的商品包括：平台火爆拼单的商品；用户浏览/买过的商品；所在类别下的火爆商品；用户浏览/买过的商品的相似款；相似款商品中价格更便宜的那个；等等。

2. 智能推荐

大数据的应用使消费者更加透明，广告推送将实现个性化、精准化、自动化，市场营销是"预测式"的。商家可以根据消费者此前的信息浏览、交易及爱好、所处地区等情况，基于大数据进行购物的智能推荐，实现千人千面的产品展示。也就是说，不同需求与不同画像的消费者，在网上看到的产品不一样。比如，针对高消费人群与低消费人群，推荐页面不同。还可以根据当地气候与气温等推荐对应的页面与产品。

个性化需求唤起的常用方式有两种：背景筛选和事件触发。

（1）背景筛选

达摩盘：精准营销怎么玩？

借助大数据可以筛选、分析、找寻目标客户，实现精准销售，从而降低营销成本。所谓背景筛选营销，就是计算机根据营销策划人员给出的条件，对数据库中存储的客户进行背景筛选。筛选出来的客户，应该是在某一方面有消费潜力的，于是就可以向这些客户推荐为其量身定做的产品。例如，RTB广告依靠大数据作支撑，显示了良好的精准性；腾讯视频基于用户观看行为，经过对用户大数据的追踪，打造DMP（Data Management Platform）一系列标签化产品，对用户进行标签化筛选及过滤匹配，为广告定向投放提供底层的数据接口及应用匹配，实现了广告的精准投放。

早在1998年，亚马逊就设计了Item-Based推荐系统，亚马逊成为个性化推荐引擎的鼻祖。亚马逊现在已拥有收集消费者数据的多种渠道，包括用户注册时主动填写的个人信息、浏览页面时浏览器Cookie记录行为（如浏览、收藏、对比、购买行为）、与第三方共享信息等。通过这些方式，亚马逊能够收集消费者个人资料，包括个人信息、IP地址、手机号码、家庭状况等；记录购物行为，如搜索、浏览、购买、评论等，用以完成用户定位，发送定向广告和邮件，推荐用户购买的同类商品，预测未来用户的购物行为。因此，当消费者登录亚马逊网站时，网站后台会迅速对用户信息进行检索分析，在网页中推荐产品，在极短的时间内迅速组织出适合该用户的独一无二的亚马逊首页，让购物更加智能便捷。甚至还利用数据与模型来设计不同的广告，使消费者在第一次、第二次及购物后看到的推荐广告都不一样。主要的推荐形式包括：今日推荐、新商品推荐、相关与互补品推荐、用户浏览商品推荐、可能感兴趣的其他商品推荐等，还以"人气组合""购买了此商品的用户还浏览了"等栏目吸引消费者发现自己的潜在需求。亚马逊基于消费者数据进行的精准推荐给其带来了良好的业绩。相对于书评或者编辑推荐模式，图书销售量在进行个性化推荐后增加了 100 倍，数据显示亚马逊 1/3 的销量来自个性化推荐。

（2）事件触发

当消费者的生活状况发生了改变（如迁移），或者其消费行为发生了改变，计算机系统立即以相对应的策略作为回应，或发掘新的商机，或挽救有可能失去的客户。

大数据营销的一个作用是，通过消费者今天的需求，预测他们未来的需求。这里的"未来"，可以是指几分钟之后，也可以指几年之后。预测消费者未来需求，也叫 Next-selling。需求预测可以是很简单的、常识性的，也可以是很隐蔽，不容易被发觉的。例如，如果消费者刚刚在你的网站上订了飞机票，而你的网页上也有广告位，此时你应该在广告位上向这位消费者推送的广告应当是酒店，然后可以推送租车广告。再往后就应当首先知道对方这次旅行的性质，是旅游还是出差？如果是出差，可做的事情相对比较少，但也可以推荐一些当地特产、著名的餐厅。如果是旅游，可做的事情就很多了，可以推荐当地的各种餐饮团购券、各种旅游景点、从这座城市出发的短途旅行团等。美国某妇幼用品网购平台根据孕妇购买某些用品的情况，如在怀孕四个月左右会购买无香味乳液、富含锌钾元素营养维生素，推断其预产期等生理周期，并挖掘出 25 项与怀孕程度相关的商品，从而能适时向其投放相关妇幼用品的广告资料。推算出预产期后，可及时将孕妇装、婴儿床等相关商品的优惠券寄给客户。由于平台有客户的详尽信息，因而有把握给客户提供的商品一定是她们喜欢和需要的。

在 Web3.0 平台，可以将根据消费者的兴趣、爱好、需求、性格、知识等组合单元，构建出一个更精准、更智能、更个性的信息平台，就像是一个随身"小秘书"，从而开创一个全新的个性化时代。这时，每个人都能看到的相同模式的综合化门户将不复存在，比如，消费者看到的新浪新闻首页将是其个人感兴趣的新闻，而那些用户不感兴趣的新闻将不会显示出来。更关键的是，提供基于用户偏好的个性化聚合服务。用户可以根据自己的喜好和使用习惯来聚合网络信息、创造个人门户，体现高度的个性化。从此，获取信息将变得比以往任何时候都要便捷而精确。例如，华为手机的情景智能模式可以通过出行、购物、喜好、关注等多方面的维度获取用户的动态，然后根据时间、地点、位置、环境等一系列维度构建智能显示提醒方式，从而为用户提供个性化的信息服务。可以预见，未来的商业信息也将以这种个性化、精准化的方式呈现。

3. 场景激发

场景激发更多地用在移动购物方面。人的某些需求要在特定的场景下才会被激发，找到这些场景就找到了机会。例如，使用 WPS Office 的用户一打开文档，就会看到稻壳商场的标签及产品目录，开通稻壳会员就可获得许多办公资源、工具的免费下载。

在线上直播与视频播放中也可以通过场景激发，实现边看边买。比如看一部影片，觉得女主人公的衣服很好看，当时就想买，点击衣服就可以

爱奇艺 Video-Out
技术广告片

爱奇艺 Video-In
技术广告片

购买。优酷现在开通了"边看边买"频道，点击视频中浮起的商品，就可一键加入购物车，而且不打断用户观看视频。腾讯视频自制节目《大牌驾到》将"国民女神"高圆圆的自创女鞋品牌"圆漾"植入"边看边买"模式，消费者在观看女神节目的同时，可以直接"下单"购买女神介绍的同款美鞋。另外，爱奇艺具备 Video-In、Video-Out 技术（Video-In 技术能在视频画面中动态植入个性化广告；Video-Out 能对视频内物品快速精准识别，并导向购买），Google 在 YouTube 中添加电商功能等，但情景中的内容与人物必须有吸引力、感染力，而且要在合适的时间、合适的场景下激发消费者对产品的强烈需求。比如在户外探险节目，通过旅游达人激发消费者对其特殊户外装备的兴趣与购买。

4. 社交激发

社交电商已成为一个重要的发展趋势，并衍生出多种形式，如以 Tiffany 等奢侈品为代表的微信朋友圈营销、以李佳琦为代表的快手直播带货营销、以小米为代表的社区营销、以拼多多为代表的"分享＋拼单"病毒式营销等。

社交网站设立的初衷之一就是让兴趣、爱好趋同的网友建立联系、共享信息。消费者在注册账号时就提供了大量的资料，包括喜欢的运动、书籍、电影及人口统计特征等。可以利用网络社区积累的消费者偏好信息，充分挖掘社区成员的个性特征，及时投放满足他们的个性化需求的广告。当消费者进入个人 SNS 后，可以看到个性化的广告信息及自己关注的店铺动态和好友动态，有的甚至采用有 3D 效果的品牌社区以刺激消费者的兴趣。另外，还可以通过社区成员发表或分享的内容，跟踪消费者偏好的变化。

将 SNS 的互动和分享功能融入电商平台，利用消费者的口碑与宣传，可以有效刺激其他消费者的需求。如人人网的"人人爱购"，尤其是蘑菇街在帮助女生抉择购物的同时，也强烈地刺激着她们的购物欲望。一些电商平台也强化了 SNS 功能，如淘宝的"淘小铺"、比价返现平台易购网的"晒单秀"等，以通过社交关系来影响消费者的需求唤起。2019 年，一款名为"移动电影院"的 App 利用"约亲友""约影迷""专场"和"首映礼"四大观影社交场景，为观影用户提供了熟人社交、陌生人社交的新玩法。其中，"约亲友""约影迷"有效地解决了时空限制的问题，让用户随时随地能与亲友、影迷完成在线电影的观看。在"场内"还可以通过即时语音和文字，边看边聊，增进亲情和友情。

在阿里、京东这类弱关系下的电商巨型平台攻城略地的时候，拼多多、云集等社交电商通过低价、分享、拼团等方式，以线上社交工具为纽带迅速开拓了市场。其中，拼多多是社交拼购电商的代表，云集微店是会员制社交电商的代表，而小红书、淘宝直播是内容类社交电商的典型代表。

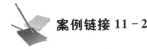 **案例链接 11-2**

连咖啡将用户变"店主"

连咖啡的口袋咖啡馆，巧妙地将用户的身份同时分为"卖家"和"买家"。用户被赋予"咖啡馆店主"的新身份后，便有了"主动经营权"，并能自主设计网上咖啡馆的装修风格。同时，流量入口将分散到用户手上，当店主有了新一层的身份识别后，再配上咖啡馆内独有的促销价,激发其主动售卖行为。

连咖啡通过咖啡+开店场景+社交的方式进行拉新与用户的留存,充分挖掘了人在整个链条里面的作用,体现了新零售中所谓"人货场"中对人这一元素的赋能,成功地为潜在用户和商品之间搭建了一个合适的桥梁。很多实际下单的人,并不是因为连咖啡,而是这个"店主和他的个性化的咖啡店"产生的熟人经济。

可见,口袋咖啡馆是典型的符合社交裂变特征的,其中游戏化、个性化、社交化设定,是用户愿意主动分享和持续传播的主要动力,而分销激励则同时激发了用户的邀请和销售欲望。

资料来源:1. http://www.woshipm.com/operate/1842550.html [2020-12-14].
2. http://www.woshipm.com/marketing/2072717.html [2020-12-14].

在社交平台中,一些网红 KOC 成了"行走的广告"。KOC 把自己心仪的商品或广告分享给私域流量,可以加快品牌和产品信息的传播,刺激消费需要。这些社交平台包括:QQ 群、微博、微信朋友圈、微信群、公众号、抖音、快手等。KOC 的优点是能免费触达私域流量里的目标人群,并反复利用,而且可信度高。KOC 自身的个人特点是营销效果的主要影响因素。但从产品的角度看,还应当选择那些高客单价、高复购性、有话题性的产品。图 11-3 是一个定性的私域流量适合产品四象限矩阵,其中:横轴表示客单价的高低;纵轴表示话题性的高低;图中实心或空心表示是否有复购性。

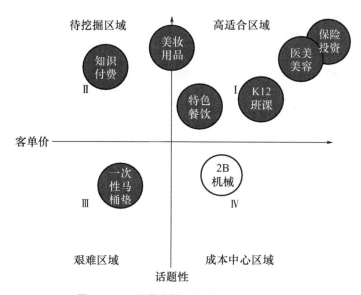

图 11-3 私域流量适合产品四象限矩阵

另一种类似的思路则是让用户接收到朋友们最近购买和评价的信息。"趣享付"是一家大数据精准营销广告公司,主要通过消费者社交圈分享传播信息。"趣享付"为了吸引人们加入并鼓励分享,规定如果通过趣享付进行分享,只要是自己社交网上的流量主点击了,就会有收益。而在以前,人们把好的信息、消费体验或文章分享到社交圈,除了点赞和评论,是没有任何收益的。全美第一大团购网站 Groupon 与 Facebook 进行关联,让其用户可以接收到朋友的状态更新信息,如朋友何时在 Groupon 上进行了交易,朋友关注了哪些商家，以及发布了什么关于团购产品的评论。

沃尔玛的社交应用软件 Shopycat 利用 Facebook 的数据来判断某个人最好的 10 个好友，然后根据他们在 Facebook 上共享的信息判断出他们的兴趣，再根据他们的兴趣向消费者提供最适合那些好友的礼物。与此类似，eBay 的 Gifts Project 提供了团购礼物服务，该服务可以将 eBay 购物者与 Facebook 好友联系在一起，以便集体购买礼物。比如单位某个同事过生日，想送礼物但是又缺钱，此时大家可以搞一个团送，号召其他同事一起出钱买礼物，而 Gifts Project 就基于这样的需求把在线商家组织起来，为购物者提供团购礼物的服务。

 资料链接 11-2

拼团背后的心理学

1. 发起拼团的用户心理

（1）好物分享亲友，人际联结更开心

通过自己的时间付出发现好物，或通过人脉获取好物资源，并主动分享给亲友。

分享本就是人的天生欲望，人需要社交。一方面分享是一种社会资源或自我的展现，与人分享利他心上升；另一方面通过分享与亲友更多的联络感情，不仅加深人际联结、提升亲友关系而且更开心。

（2）一起买更便宜：人性的贪婪

一个人买没有大家一起买更便宜，拼团意味着低价，更高的性价比，更重要的是贪图便宜。如：一些平台的团免团，即团长发起拼单成团可免单，还有拼团享半价，砍价 0 元购等。

（3）认知偏差：普通用户不会将关系链视为金钱，人也是钱

为什么大家一起拼团买价格更低？其实省下的折扣也是价格体系的一部分，只不过是与你的朋友进行价值交换。比如，某商品原价 100 元，3 人拼团单价 70 元，你通过邀请 2 个朋友，就能得到 30 元的折扣奖励，另外 60 元本质是换你两个朋友。即用户只需邀请朋友（非钱），就可以得到团价折扣（钱）。

所谓认知偏差，即普通拼团消费者不会意识到自己的朋友本质上对于商家也是钱。商家通过低价商品吸引用户主动邀请好友，其实在帮自己省去一笔广告费，这也是企业用户裂变的核心一环，即充分利用社交关系链，强调分享，以最低预算最大程度促使用户主动分享裂变（自传播）。

（4）锚定效应：初始定价像锚一样将人们思想固定在某处，对比暗示下更容易接受当前定价

人们在追求便宜的同时，购买商品会受到初始锚定价格的影响，通过参考对比很容易觉得当前定价更"便宜"，就会更快促成交易。比如：我这次参与的口罩拼团，市场价 5 元/个（锚定价），而拼团价 3.2 元/个，其他朋友听到这个消息则反馈说，早知道这么好的口罩拼团价才 3.2 元，他就不在别处买了（因为别处价格高）。

由此可见锚定价格就像参考物，对比暗示下用户会更容易接受新产品的定价。即第一时间给用户一个锚定价，初始信息就能约束他的思考范围，从而影响他的价格感知和行为决策。其次相对价格是人们交易时的最大价值衡量条件，某个产品的相对价格降低，用户

就会产生"便宜"的感觉,就会多买,觉得买到就是赚到。

(5) 需求满足,自我价值感上升,更积极幸福

通过和大家一起拼团,满足了自己基本物质需求(低价利益),还有情感需求(存在感、成就感)和社交需求。尤其是通过个人社会资源和能力帮到大家时。比如,在疫情期间获取口罩资源,心里的自我价值感会快速飙升,幸福感增强,更加自信。

研究表明帮助别人会促使多巴胺被体内接收,更开心,并使自己的生活方式更加积极,生命更加有意义,从而实现良性循环,进一步有更好的结果。

2. 参与拼团的用户心理

(1) 熟人信任背书、价格更便宜,快速响应下单

人们很难第一次信任陌生人或者陌生的平台,而熟人关系可以有效地降低信任成本。由于了解和信任朋友,内心的情感和安全被唤醒,减少了主观意识计算和交易成本,更快速响应好友拼团。因为朋友相信所以"我"相信,一起买更便宜,刚好"我"也需要。

然而正常情况下,产品的价值是由买方主观评价定义的,用户主观感受到什么就是什么,通过比较各种成本和机会选择,来预判损益和决定是否交易。

其次对于用户来说,他们交易时关心的是得到什么和付出什么,包括这个产品满足他什么需求,需要他付出多少金钱或时间等。而直接参与熟人朋友的拼团,由于信任担保安全可靠,不仅节约自己的时间和金钱成本,还能更便宜。

(2) 通过朋友满足需求,人际联结更开心

通过参加好友拼团,在朋友帮助下快速高质量的满足自己基本物质需求(低价利益),还有情感需求(归属感)和社交需求。其次响应朋友的感情联络,使关系更加深厚,人际联结更开心。

(二) 信息搜寻

在传统的市场环境里,较高的搜寻成本往往会限制消费者的搜寻行为。在网络时代,消费者的信息环境与信息获取方式已有了根本性的变化。互联网和移动终端为消费者获取或搜索有关信息提供了全新的平台和工具,网络信息成为最方便、最快捷、最有效、成本最低的信息源。消费者一旦意识到自己存在某种消费需要,就会马上到网上去查找有无合适的商品及商品资料。相对传统购物方式而言,网络消费者的信息搜寻行为对其消费决策的影响作用更大。

网络中各种信息应有尽有,信息的广泛性、可信度(当然也不免会有一些虚假信息)及获得信息的速度和效率大大提高,可以基本上解决传统交易过程中买卖双方间的信息不对称性问题,使消费者能在及时和充分获取商品信息的基础上做出正确的购物决定。网店的信用评级和消费者的网上评价也会促使商家建立良好的信用机制,从而形成讲诚信的经营环境。

1. 网络信息搜寻行为的含义与分类

消费者网络信息搜寻行为是消费者为完成某一购买任务所进行网络信息检索、浏览和选择的行为。网络信息搜寻行为现已成为消费者信息获取的主要行为方式。Briggs et al. 认为,消费者通过网络进行信息搜寻是出于个人需求而采取的主动行为,搜寻的信息会更加符合搜寻目的,对于接收到的信息会产生较低的排斥感,因而信息更容易影响消费

决策。

消费者网络信息搜寻行为包括网络信息搜索（或检索）行为和网络信息浏览行为。而且，消费者还可以在网上发布自己对某类产品或信息的需求信息，得到其他网友的帮助，还可利用诸如 Quora、知乎、百度新知等知识共享或问答网站。搜索是指在一定的领域内找到特定信息，搜索活动对路标和搜索引擎的依赖性较大。浏览一般没有特定的目的，不以任务的完成为导向，多为非正式的或偶然性的，对于外部的信息环境有较大的依赖。"多数与广告相关的访问通常是浏览，而不是直接点击"（Double Click 公司）。但是，搜索和浏览行为往往是交替进行的。从图 11-4 可以看出，搜索行为通常是在需求明确且有强烈解决意愿的情况下发生的，而浏览通常是在需求不明确或缺乏解决意愿的情况下被动发生的，但消费者通过浏览产品信息可能会刺激其购买意愿的产生。产品信息可以影响消费者对需求的认知和解决意愿水平，如果还能提供足够的决策信息（包括产品价格、品牌、口碑、产品属性、实际体验等），就可以方便消费者做出比较评估和购买决定。

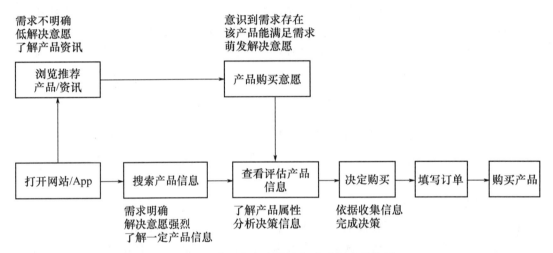

图 11-4　产品信息在网购行为路径中的作用

Choo 定义了网络信息搜寻的四个主要模式：间接浏览、条件浏览、非正式检索、正式检索。并说明了在每一种模式下会发生何种信息搜寻活动，如表 11-2 所示。

表 11-2　网络信息搜寻模式

搜寻模式	信息需求	信息搜寻	信息使用
间接浏览	兴趣的范围：明确需求	"广泛的"。对能够获得的各种信息源进行广泛的浏览	"浏览性的"偶然发现
条件浏览	认识到兴趣的主题	"识别的"。根据预先确定的兴趣主题，在预先确定的信息源里进行浏览	"学习性的"增加关于兴趣主题的知识
非正式检索	构建简单的查询	"满意的"。利用合适的检索工具，根据主题或范围进行检索	"选择性的"小范围有选择地增加知识
正式检索	详细地确认目标	"最优化"。遵循一定的方法或过程，系统收集某实体的信息	"检索性的"正式使用信息

2. 网络信息来源

网络信息的来源十分广泛，尤其是消费者可以向许多不同地域的、素不相识的消费者了解商品信息，这是不同于传统渠道的显著之处。为了完成特定任务，消费者往往要配合使用多个类别的网站，如使用搜索引擎和导航网站定位信息，访问行业主管网站了解市场行情，浏览商业网站获得产品特征和价格信息，进入相关论坛或在线评论网站看别人的评价等。

网上的信息资源可分为三个大类。

(1) 商业来源：包括厂商的门户网站信息；网络商店信息；网络广告信息。

(2) 个人来源：网络上其他消费者对产品的描述或评价信息（如购物平台、论坛、个人博客等）；网络上其他消费者的评级信息；消费者通过虚拟社群及网络通信工具（如E-mail、QQ、聊天室）与其他消费者交流而获取的信息。

网上不同类型的虚拟社群的存在，使消费者不仅从身边获取信息，还可以向素不相识的人了解信息。

(3) 中性来源：来自综合或专业网站上的相关产品新闻报道、行业调查报告信息等。还包括网购推荐网站"什么值得买"、返利类导购平台返利网和淘粉吧等专业导购网站。

孙曙光的调查显示，"网上中性信息"是被调查者搜寻最多的信息，其次是"其他消费者在网络上对产品的描述评价信息"和"其他消费者的评级信息"，而最容易被消费者忽略的信息是"网络广告信息"。

应当重视的是，用户评论是影响消费者做出购买决策的最关键的因素，网上买家评论信息的重要性超过了亲戚朋友的意见，成为目前网络购物者购物前最关注的外部信息。

3. 网络信息搜寻行为的特征

一般而言，网络信息搜寻的行为特征有以下方面。

(1) 主动性、目的性和双向互动性强

消费者获取信息的行为模式由被动地等待"推送"转变为主动的"搜寻"；由单向传递转变为双向互动。信息的共享性大大增加信息选择的空间，消费者可以根据兴趣和适用性进行选择。因而，在获取营销信息时，消费者采用信息搜索方式比信息浏览方式更常见，而信息搜索的主动性、目的性都比信息浏览更高。

(2) 低成本、高效率

首先，消费者可以迅速获得网络资源，几乎不受时间地点的限制。网络使消费者能快速获得相关产品信息，做到足不出户而知天下，为消费者进行购前信息搜寻打开了一道崭新的大门。消费者只需要点击几下鼠标或键盘，就可以超越时空进行信息的搜寻。

其次，对任何一款特定的产品，网络平台上都有比广告更全面的产品数据，而且消费者认为，很多此类平台上的信息要比广告中的信息更可靠。

再次，消费者通过一些门户网站，能即时对产品的价格、销售渠道等商品情况进行比较。

最后，消费者可以利用网上信息学会如何采用多种方式使用某款产品。

在 Web3.0 时代，网站间的信息可以交互整合共享，能通过更加简洁的方式为用户提供"个性化定制"的互联网信息，信息搜寻效率将进一步提高。在传统的信息搜索行为中，搜索引擎其实并不真正理解消费者要搜索的东西，它只是简单地查找出现搜索框中的关键字的众多网页，而无法告诉某网页是不是真与消费者搜索的东西相关。而 Web3.0 搜索引擎不但能找到出现搜索词中的关键字的网页，还能理解消费者搜索请求的具体语境，根据其个人偏好确定搜索参数，以缩小搜索服务的范围，自动地获取最准确的信息。然后，收集、分析数据并提供给消费者比较，同时建议关注与搜索词有关的其他内容。Web 3.0 的浏览器之所以有这个本领，是因为它拥有消费者的相关信息，并能够理解网上的信息。

（3）采用的信息渠道、工具或方式多种多样

网络信息搜寻行为需要选择和使用合适的搜寻工具（搜索引擎或者某些网站），其中，搜索引擎是主要的检索工具。

戴方慧调查表明，"C 一代"在查找产品信息的方式多种多样，但仍然以输入关键字搜索方式为主，其获得商业信息的方式依次为：采用输入关键字搜索、查看热门和热销商品信息、点击广告页面、扫描二维码、书签和收藏夹。中国互联网络信息中心的统计显示，网络搜索已成为消费者获取商品信息的首选方式。一旦有了购买的需求或者在网上购物时，大多数消费者都会利用搜索引擎来获取信息，同时也会使用零售商网站和品牌官方网站。

网络广告商 Double Click 发现，人们很少直接使用品牌名称进行搜索，而倾向于早期进行一般术语（如产品的类别、形式）的搜索，然后才针对少量品牌名称进行搜索。例如，先搜索"硬盘"及相关信息，在购买前再进行少量的品牌名称搜寻。另外，由于行家能更好地判断哪些信息更有用，他们往往会进行更有重点的选择性搜索。而新手处理信息的方式是"自上而下"的，即少关注细节而更多关注总体印象。例如，广告中技术信息的数量会比这些技术的实际重要性给新手留下的印象更深刻。

既然搜索结果是被排序的，而且通常消费者并不会注意超出列表的二三页的内容，关键词的选择和其他一些涉及搜索引擎优化的技术，对于企业或品牌在被搜索时获得最靠前的位置就非常重要。搜索引擎优化（Search Engine Optimization，SEO）技术，是为了公司的网页"能够被搜索引擎搜索到并且致力于帮助提高被找到的概率"。Double Click 公司的研究显示，消费者通常从一般的和产品有关的条目开始搜索。所以，找到最有可能被消费者使用的一般搜索条目，是在消费者购买决策过程中让企业的品牌出现在消费者面前的较好策略。

另外，零售商网站的用户界面和搜索性能对吸引消费者也有一定影响。随着技术的进步，网上信息搜索还将变得越来越智能化。如拍照识物软件、拍照显示产品信息的 AR BUY＋等。目前，搜索引擎营销（Search Engine Marketing，SEM）已受到商家的高度重视。

除了网络广告、搜索引擎和门户网站，网络营销者还可以通过采用操作视频、3D 动画、AR、VR、即时通信（IM，如阿里旺旺、咚咚、QQ、微信、机器人客服）等手段或开设消费论坛、SNS 社群、网上虚拟展厅等一系列措施，帮助消费者对产品的各个方面有较为全面的了解，满足消费者的信息需求，促进购买行为的产生。VR 和 AR 是较有发展前景的高新技术，其中 AR 在销售活动中往往更有实际意义，尤其能帮助人们在网上选购服装、太阳镜等穿着用品。有的厂商（EZface）还采用了"虚拟镜子"技术（TryItOn），它先用内置摄像头对消费者照相，然后扫描不同彩妆品的条形码，每种产品的效果就会自

动显示在脸上的不同部位，形成虚拟妆容。

王媛等研究认为，IM 的反馈及时性对消费者态度和购买意愿具有显著正向影响。但产品类型在上述关系中有一定调节作用。当网络买家面对 CD、图书等搜索型产品时，由于产品属性指标的标准化程度高，消费者有关产品的疑问咨询并不多，对商家和产品会有较高认可的评价。即使商家的在线反馈不及时，也不会显著影响消费者原有的态度和意愿。反之，当网络买家购买服饰、化妆品等体验型产品时，因无法切身感受适用性和产品品质，会更频繁地使用 IM 在线沟通，以获得比购买搜索型产品更多的信息量。这时，若商家不及时给予在线反馈，买家则无法确定产品细节信息，对产品的认知和情感态度会受到负面影响，原有的购买意愿就会大大降低。

（4）谷歌效应

由于网上搜索十分方便，而且几乎无所不包，人们逐渐产生对网上信息的依赖，并逐步改变记忆和保存信息的行为模式，即从人脑和手工记忆方式转向外脑（网络）记忆方式。这是人类信息处理中的记忆行为的重大变化。谷歌效应指的就是这样一种现象：搜索引擎的普遍应用使得人们很容易获取相关信息，以致不知不觉地把网络当作了记忆的一部分（外部记忆）。搜索引擎技术所带来的便利正在改变我们大脑的记忆方式。我们不再记忆信息的具体内容，而是更多记忆信息所在的位置。

（三）比较选择

为了使消费需求与自己的购买能力、购买动机、兴趣爱好相匹配，比较选择是购买过程中必不可少的环节。消费者对各条渠道汇集而来的资料进行分析、比较、研究、评价，从中选择最为满意的一种。一般来说，消费者的综合评价主要考虑产品的功能、可靠性、性能、样式、价格和售后服务等。在网购中，消费者做出购买决定后一般马上就会下订单，但如果消费者不着急购买或还缺乏购买信心时，就可能会将商品放入购物车等待以后购买。不少消费者对那些需要进一步进行比较的商品通常是放入收藏夹（而不是购物车）里备用。实际上，消费者放弃购物车的情况很多。而拼多多没有购物车，消费者可以发起拼单或直接参与别人的拼单，但拼单有倒计时，别人参与了就没自己份儿了，所以基本不存在"放进购物车考虑考虑再买"的问题。

由于网络购物不直接接触实物，消费者对网上商品的比较更依赖于厂商对商品的描述，包括文字的描述和图片的描述。网络营销商对自己的产品描述不充分，就不能吸引众多的顾客。而如果对产品的描述过分夸张，甚至带有虚假的成分，则可能永久地失去顾客。因此，把握好产品信息描述的"度"，是摆在厂商与网页制作者面前的一道难题，而判断这种信息的可靠性与真实性，则是留给消费者的难题。消费者在淘宝网上也发现，一些同类商品采用了几乎一样的商品介绍与图片，从而对信息的真假产生了怀疑。

在互联网环境下，消费者能够更好地使用来自其他消费者的产品质量信息，如其他消费者的评价、专家的评价，而更少地依赖营销方传递的质量代替物或外在线索，例如品牌、忠诚度、价格及产品产地等因素。同时，网络具有信息评估比较的独特优势，它扩大了评估比较的对象范围，网络的跨地域性特征使消费者的评估比较对象很容易扩展到全世界任何一个国家；其次网络可以帮助消费者筛选和排列评价标准，并自动更新评估比较的结果，通过排行榜向消费者推荐商品。这些排行包括价格、销量、店铺信用等级、好评率、售后保障等方面。另外，还可借助一些辅助工具来对电商平台的商品价格、快递费、已卖出数量、卖家信用、卖家好评率等信息进行搜索、比较、排序，如"淘宝大买家"。这些信息筛选工具可以帮助消费者在"信息过载"的背景下有选择性地、高效地处理信息，消费者得以根据其需要迅速地缩小选择范围，避免因信息或方案过多而无法进行评价和选择。例如，消费者打算购买汽车，网上决策工具可以根据消费者提出的价格范围、功能要求等标准向其推荐相应的汽车品牌及型号。

（四）决定购买（下订单）

在传统购物中，消费者只要做出了选择，就会交钱马上拿到商品，但在网上由于是通过网络媒介，所以网络消费者在完成了对商品的比较选择之后，还要进入下订单阶段。下订单阶段实际上也就是做出购买决定的阶段，同传统购物模式相比，网上消费者的购买决策有许多独特之处。首先，网络消费者理智动机比重较大，感情因素相对较少。这是由于消费者在网上寻找商品的过程本身就是一个思考的过程，有足够的时间和极大的便利来分析商品的性能、质量、价格和外观，然后从容地做出自己的选择，因此相对而言更接近于"理性经济人"的假设，即时刻依据充足的市场信息进行完全理性的最优购买决策。其次，网络购买受外界因素影响较小，购买者面对计算机屏幕浏览商品信息，不会受到实物及其他消费者购买行为的影响，做出的决策理性成分较多，冲动性购买行为较少。再次，网上购物的决策行为较之传统的购买决策要快得多。

在传统购物模式中，消费者在确定了购买目标以后，还可能会考虑购买时间或购买地点的问题，但在网络购买中，购买目标与"何处购买"往往是不加区分的，因为消费者确定的商品也就在相应的网店之中。同时，由于网络购买更为方便快捷，购买决策也很少受外界因素的影响，网络购买更多地表现为即时购买。对网上商家来说，要在货品的订购、支付和交割等"如何购买"问题的环节上为消费者提供最大的便利，如提供虚拟的购物车，供他们存放所选商品；提供快捷的支付方式；尤其是要及时通过 IM 对消费者的疑虑进行热情细致的解答。

在决定购买阶段，消费者也可能放弃购物车中的商品，其主要原因如表 11 - 3 所示。

表 11 - 3　网上购买放弃购物车的原因

原因	占比	原因	占比
运输和处理费用过高	44%	产品价格高于愿意支付价格	25%
没有做好购买准备	41%	减少购物车中产品为以后购买考虑	24%
与其他网站进行价格比较	27%		

资料来源：霍金斯，马瑟斯博，2015. 消费者行为学：英文版　原书第 12 版 [M]. 符国群，等译注．北京：机械工业出版社．

一些消费者为了克服网购无法触及实体的弊端，同时又能获得网购"省钱"的好处，往往采取"线下体验、线上买"的购物方式，尤其是对于高卷入品及服装鞋帽等体验商品。为此，淘宝商家还专门开设了家装体验馆，以体现网上购物和线下体验的无缝结合。在美国服装品牌商 Gap 的网站上，消费者有机会预订到特定大小和颜色的服装；之后他们被鼓励到就近的店里试穿，然后再决定是否购买。这就是在美国已经流行的"在线预定＋实体店取货"模式。

许多消费者到传统的零售实体店，找到产品并对其进行了解、体验后，掏出智能手机，上网寻找同一产品的最低价格，如淘宝网、京东网，并现场在网上订购这些产品。这个过程被称为"买前验货"的消费模式。这使得越来越多的实体店开始沦为体验店，很多顾客基本属于抄码族，只试不买，因为网购价格更便宜，特别是B2C的电商，售后还有保证，如拍拍的免邮退换、凡客的30天免邮退换、淘宝的退换邮费保险，以及商城优先赔付等一系列措施。对此，越来越多的知名品牌公司在网购的冲击下，也开通网上商城，比如"苏宁易购"等网商旗舰店，直接在网上卖商品，同时不放弃实体店的经营，线上线下一起卖，双管齐下。

麦肯锡研究发现，93%的受访者在购买消费电子产品时会先在线上研究再到实体店体验，其中80%的消费者会购买该品牌，41%的人会选择就在实体店购买，其研究结论如图11-5所示。

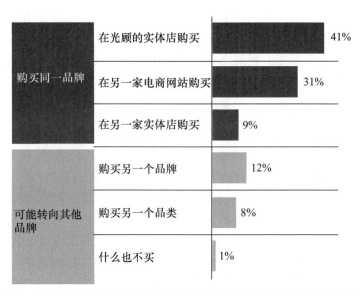

图11-5 在线下浏览商品时用手机上网研究的消费电子产品购物者占比

（五）授权支付

网络购物的另一个便捷的特征就是它改变了传统消费过程中面对面的、一手交钱一手交货的交易方式，可以采取多种多样的网上结算方式。现在大多采用更为安全的第三方电子支付，如支付宝、财付通、微信支付、PayPal及手机二维码支付等。

从网络购物的消费者群体总体来看，消费者使用第三方电子支付手段远远高于使用货到付款的支付方式。这一手段可以减少买卖双方的资金安全问题，使买卖双方都觉得较为安全可靠。有人曾经在淘宝网上购买价格较高的新款三星弧形电视机，结果多个标价低廉的卖家都试图采用QQ联系，回避收货后确认支付（也是支付宝，但直接付款）的方式进行诈骗。可见，有的商品价格很高，成交量小，骗子往往只做"一锤子买卖"，就会企图用直接支付的方式骗取钱财。

（六）验收产品

与传统购物一手交钱一手交货所不同的是，在网上购物，即使已支付了货款，也不能立刻拿到产品，这中间要经历一段物流运输或邮寄时间，产品才能到达购买者手中。消费者也能通过网络及时跟踪查询货品的物流状况。网络卖家要尽量缩短这个时间，并确保产品完好无损，消除消费者的不安全感。

通常卖家会要求货到后一定要验收后才可签收，并及时"确认收货"。但有一些快递员却要求先签收再给包裹，对开包验货持不耐烦的态度，而不少消费者往往出于对买家的信任也喜欢先签收取货，再回到家里开包验货。对于贵重物品、易碎物品等一定要注意外包装是否完整，并在快递人员在场的情况下开箱检验，以确认商品质量问题是卖家还是物流公司的责任。一些消费者在网上购买家具就遇到了型号不符、质量瑕疵、运输过程中造成磕碰、退还费用高等问题，如果消费者不及时验货就签收，往往会给自己的维权带来困难。另外，少数消费者还没有形成在网上"确认收货"和及时评价的习惯，系统将在一定时间后自动确认收货。

美国个性化男装电商 Trunk Club 十分重视客户的拆箱体验，没有选择标准胶带密封箱包装，而是定制了一个有类似行李箱把手的印刷箱，来紧密配合强化自己的品牌。"行李箱"内的物品被精心布置，以促使开箱时商品能够被充分展示，并且客户能深刻体会其用心。为了进一步为客户建立一种定制般的品牌体验，所有订单内都包括一张设计师个性化的手写卡片来说明产品选择的缘由，这让消费者心中体会到某种特别的感受。许多消费者收货时都有一种迫不及待去打开包裹的心情。

（七）评价与分享

1. 购后评价

对于网上购买的商品，消费者试用和体验后，会根据自己的感受进行评价。网站、服务（包括售中与售后）、物流和商品的体验都是影响消费者网络购物整体满意度的显著因素。在网购中，买家主要通过提供信息进行服务，消费者往往要求卖家及时而耐心地解答其提出的各种问题，消费者对网店服务的满意度主要也体现在这一方面。

在传统市场上，由于缺乏传播的媒体，消费者口碑宣传往往较被动，即在他人询问时才提供，传播范围也相当有限。但网络极大地提高了信息传递的速度与广度，消费者有无限的机会分享他们的想法、观点、体验和照片，大大方便了消费者购后感受的倾诉，并使其影响面大大扩大了。不仅会影响到亲朋好友，还可以通过购物网站（如在原购物网站商品下方）、网络论坛、虚拟社群、即时通信、个人博客等各种渠道发表评论并对素不相识的人产生影响，从而对商家形成了强大的舆论监督，并成为消费者购买决策的主要参考依据。商家应当密切关注消费者在网上发布的购后感受，及时采取有效的售后措施。例如，雕爷牛腩曾十分关注微博、微信上用户对菜品的意见，并快速改进产品。

如商品确有质量问题，消费者还会通过电商平台申请售后或投诉，要求退款或退货，有时还会在运费问题上发生争执。企业应充分利用各种即时交流（IM）工具，主动与消费者沟通、协商售后处理方案，或积极配合电商平台客服人员（如"淘宝小二"）妥善处理有关争执。商家还应当事先就售后保障范围、保障方式、保障期、相关费用做出清晰的说明。在承诺"7天不满意退货"时，可明确"若非质量问题（如对货物主观不满意），应由买家承担来回邮费或运费"，以避免恶意退赔，但属质量问题的退换货，则应由卖家承担相关费用。同时还可要求消费者修正其原来的负面评价或增加新的正面评价，例如，有的商家在网店上明示："有什么问题请及时沟通解决，喜欢中评或差评的买家请绕行"，并积极与给出"中评"或"差评"的买家沟通,了解和帮助解决其所遇到的问题,同时给予"红包"进行赔偿或安慰,希望他们在原评价生效的宽限期内能重新给予"好评";有的卖家在消费者收货后,通过短信及时与之联系,询问意见,发红包或邀请其加入品牌社区,鼓励其给予好评。

2. 购后分享

消费者还可能主动把自己的购物体验与他人分享,消费信息分享是网络时代消费行为的重要特征。例如,小红书就是一个以 UGC 内容为主的生活方式分享平台,同时也成为著名的"种草平台"。随着微视、抖音、快手、美拍、yoo 视频、爱奇艺等短视频 App 的异军突起,短视频及 Vlog(视频博客)已成为重要的分享方式。

(1) 分享动机

埃森哲"中国消费者数字趋势研究"(2018)调查发现,87%的消费者愿意和别人分享购物体验或者发表评论,其中 55%的消费者会在社交应用中分享自己的购物感受。这部分消费者也更容易受到社交分享的影响和刺激,从而增加冲动购买,使消费呈现出"购买-分享-再购买"的循环式连锁反应。"什么值得买"网站还把消费者分享的优惠信息、购物攻略及购物分享类原创文章(UGC)进行甄选、加工,将其中的优质内容推荐给更多的用户。如果"什么值得买"能够结合大数据分析,进一步实现商品与广告推荐的精准化,未来也是有较大发展空间的。

图 11-6 从显性驱动力和隐性驱动力两个方面对消费者分享动机进行了分类。

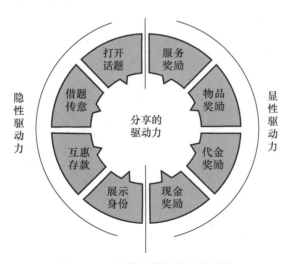

图 11-6 消费者的信息分享动机

有时,消费者分享消费体验或信息时并没有经济报酬,其分享行为更多的是受社会认可动机的驱使,即便是自我驱动的动机,比如自我满足和形象塑造,最终也是为了定义自己与别人的关系。例如,大多数消费者发朋友圈的主要动机是:炫耀展示自己、让朋友更了解自己。消费者分享的社会动机主要有以下五种类型。

① 有用。将有价值、有启发意义和令人愉快的内容分享给他人。
② 定义自己的线上人格形象。分享信息是为了让自己在他人眼里看起来更好。
③ 培养和维护人际关系。分享能帮助人连接、加强他们的人际关系,甚至是创造新

的人际关系,连接与自己兴趣相同的人。

④ 自我满足。通过把好的内容分享给自己关心的人获得满足感,他们从中也能得到认同。另有研究发现,人们分享内容后,会更喜欢这个内容。当他们得到反馈后——评论、点赞——他们会对分享有新的期望。多数人通过分享能更加感受到自己与这个世界的联系。

⑤ 借别人之口说出自己的想法。将分享作为自己支持某件事、品牌、理念的方式。

从"我""他""我和他的互动"三个向度,可以把用户的分享心理动机做一个更清晰的划分,如表 11-4 所示。

表 11-4　分享动机的三向度理论

划分标准	细分类别	说明
我 (Self-involvement)	自我宣泄	出于纯粹的情绪表达来进行的分享。比如朋友圈看见的"堵车,真烦!""好心情!"
	自我记录	对自己生活状态或达成某一个任务的记录。比如"完成背单词打卡第 25 天""第一次学会做菜,mark 一下"
	自我获利	通过分享来向他人求助从而实现获利,比如"好友助力抢票加速""歌唱比赛拉票"
	自我标榜	通过分享的内容来给自己贴标签,表明自己的身份、社会地位、彰显个人形象。比如在朋友圈晒名牌物品等
	自我实现	通过分享来弥补现实中的我的缺失,来暗示可能的我的状态。
他 (Others-involvement)	利他	分享的内容对他人有帮助,或者通过分享来支持、声援某个观点、品牌、事件。比如分享学习资料给朋友等
我-他 (Self-others Interaction)	培养和维护人际关系	分享能帮助人连接、加强他们的人际关系,甚至是创造新的人际关系。比如分享一个小游戏给好友、一起答题

Anderson 用一条不对称的 U 型曲线来说明消费者满意度与口碑传播者之间的关系,认为十分满意和十分不满意的消费者比那些中等满意水平的消费者更可能进行口碑传播,同时不满意的消费者又比满意的消费者更倾向于进行口碑传播。稍微不满意的消费者有时并不采取任何口碑行为,因为他们不愿意给别人留下一个抱怨者的形象。而 Sundaram 认为,消费者发布负面口碑主要出于四个动机:①利他主义:为了使别人避免错误的选择而不计回报的行为;②缓解焦虑:通过在别人面前抱怨差劲的产品和不愉快的消费经历来释放他们的愤怒、焦虑和紧张;③复仇心理:出于对那些使他们得到不满意的消费体验的企业的报复;④寻求建议:为了能够获得别人的指点、忠告和建议。在这四大类动机中除了第一种利他主义动机以外,其余三种动机都显示了散布负面口碑者的一种强烈的心理需要。如果企业能够提供潜在负面口碑传播者的这种心理需要,那么负面口碑就不会产生,或者不会向其他消费者扩散。

(2) 产品与分享意愿

从产品来看,可以根据"使用频率""分享意愿"两个维度,归纳到图 11-7 的四个象限中。比如餐饮美食、美妆就具有使用高频、高分享意愿的特点，这就是为什么伴随朋友圈、抖音崛起的过程催生了那么多网红餐厅、网红店。多数普通日用品属于使用高频、低分享意愿。而旅游、酒店等属于使用低频、高分享意愿，房产中介、保险等属于使用低频、低分享意愿。

使用高频、高分享意愿的产品和品牌在社交媒体上（如小红书）能见度天然很高，如何通过创造好的体验来引导用户口碑就变得很关键了。而低分享意愿的产品，比如杜蕾斯，则必须创造产品之外的话题，比如靠热点营销、靠内容在社交媒体上获得高关注度和高分享度，从而极大地提高了品牌能见度。而使用低频、低分享意愿的产品、服务，如房产中介、保险等，都是广告投放大户。因为需要不断地通过媒体曝光增加能见度，增加获客，除此以外，广泛分布的线下门店，或者电销、经纪人都是提升用户沟通频次和触达的手段。

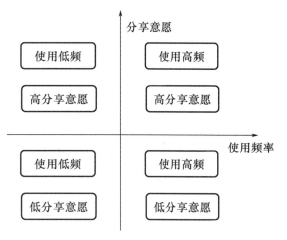

图 11-7　产品能见度象限图

 资料链接 11-3

不起眼的一个活动，却能实现用户病毒式增长

通过老用户获取新用户这一获客模式，源自用户的分享行为，有一部分 App 会使用奖励机制，刺激用户完成分享行为，事实上，就算没有奖励机制的刺激，用户也会自发完成分享行为，这是因为，人类本身就乐于分享。

1. 有趣的 App 内容分享

用户在使用 App 过程中遇到有趣的东西，会分享出来。在摩拜单车刚投入市场使用时，大家纷纷尝鲜，一个人刷街抑或约上三两个好友。当时，人们在微信朋友圈看到朋友分享自己的行程，消费者出于好奇而尝试之后，也将自己的体验与行程分享了出去。

2. 直接分享 App

同一品类的 App 数量多到令眼花缭乱，但每一款 App 都会有自己的忠诚用户，这些忠诚用户会向身边的好友分享自己喜爱的这一款 App，忠诚用户的朋友圈中也有 App 的目标用户存在，所以这些忠诚用户的分享，常常能够为 App 带来更多精准的新用户。

有一些 App 直接在自己的产品中加入分享功能，用户可以通过这个功能，将 App 分享出去，方便了用户的同时也为自己的 App 带来更多的用户。如知识付费产品"得到"，在"得到"App 内，用户可以点击"推荐（得到）给朋友们"，将 App 分享给别人。而且，"得到"App 还为分享功能精心设计了一张海报，用户可以选择生成海报并且分享给朋友，或者是直接一键分享给自己的朋友。

3. 分享给朋友求助

看到有趣的东西，想要分享给朋友，在使用 App 过程中遇到困难，也可以向朋友求助。向朋友求助这一功能，常见于游戏中，用户在玩游戏的过程中，生命值将耗尽，可以向好友求助，以获得更多的生命值，但只有 App 的用户才能赠送生命值。好友注册成功，成为 App 的用户，为好友赠送生命值，同时完成了新用户的注册。

4. 有奖/好处驱使用户分享

（1）社交电商拼团

社交电商顾名思义就是通过用户的社交链，完成商品的销售。用户在 App 内看到中意的商品，单个购买 50 元，邀请朋友拼团，仅需 25 元就可以买入，遂分享到微信群、朋友圈，邀请朋友与自己一起拼单。拼多多 App 就是一款社交电商产品，用户通过分享、邀请朋友一起拼团完成商品的购买，拼多多的社交分享属性，帮助拼多多 App 快速实现用户增长。

（2）派发打车红包券

用户使用滴滴出行 App 打车，结束行程之后，会获得打车红包，用户将打车红包分享到朋友圈、微信群、QQ 群等，其他人点击链接，输入手机号码，就可以获得数目不菲的打车券。共享单车也采用过分享赢取骑车优惠券的获客方式。

（3）直接现金返现

现金/佣金这种奖励方式是最简单粗暴的方式，喜马拉雅 FM 就是采用佣金奖励的方式，鼓励用户分享。用户先选取任意一门课程，分享给朋友，朋友购买了该课程之后，便完成了这次分享流程，分享的用户可以获得佣金。

资料来源：http：//www.huodonghezi.com/news－1314.html［2020－12－14］.

第二节　移动网购行为

现在每个人几乎都拥有一部智能手机，这就意味着大多数人都将成为无线互联网终端的使用者。移动互联网正不断融入消费者的日常生活，很多消费者都有一种"没有网络信号怎么活！"的焦虑心理，许多旅游者一到宾馆首先关心的是"Wi-Fi 密码是多少？"这充分说明，人们对网络的需要已经不再是"奢侈"追求，而成为人们的基本生活需要。商家为满足消费者的这一需要，也纷纷在营业场所中设置 Wi-Fi，客户可以用 Wi-Fi 免费上网。同时，消费者行为方式从传统的 PC 端为主转变为"PC 端＋移动端"并重，呈现出跨屏互动的趋势，尤其是即时性的劳务消费基本上都通过移动终端来完成购买。在移动互联网环境下，消费者获取信息更加即时、快捷、直接、方便，也能充分利用其地理位置和 SNS 平台，获得互动性、个性化的优质服务。可见，继传统互联网后，移动互联网正在并将进一步深刻影响消费者行为。

资料链接 11－4

移动互联网用户行为

行为习惯的差别：从桌面互联网到移动互联网

PC 端和移动端这两个互联网入口的设备本身存在差别，如屏幕尺寸不同、网络速度不同、使用习惯不同，导致在这两个入口上，消费者的使用习惯存在差异。

1. 使用时间不同

因为移动端是在移动状态下使用的，所以相应的行为表现与 PC 端不同。一方面，从时间上看，移动端的用户群有明显的起早贪黑的习惯。清晨起床、临睡之前是两个使用高峰，高于 PC 端的使用。此外，中午外出吃饭也是移动端的高峰时段。1 号店的数据显示，手机端的下单时间与 PC 端基本错开。在 PC 端，1 号店用户通常习惯在上班时间下单，而在移动端，晚上 8 点至第二天凌晨 1 点是下单高峰期。此外，周末、节假日的下单量也很高。

另一方面，由于用户随身携带手机，往往会在等电梯、坐车等碎片时间里使用，其对信息的获取更加碎片化、简洁化。而 PC 端的使用时间较为完整，人们对信息长度、深度的要求较高。

2. 对信息的需求不同

手机屏幕不论是长度还是宽度都较 PC 要小，这导致其信息的容量要比 PC 小。此外，手机用户大多通过 3G、4G 网络上网，网络速度低于大部分 PC 的有线网络。最后，移动端多在碎片时间里使用，比如等车、上厕所、开会等，因此没有足够时间精挑细选信息。这些都导致用户对信息的需求不同：在 PC 端喜欢更加详尽的信息，而在移动端则希望在短时间内找到合适的信息，更强调内容的个性化和精准程度。比如淘宝的宝贝详情介绍，在 PC 端尽可能采用大量的图片和文字，以多方面展示产品信息。但在移动端这种做法就不受用户欢迎，少图片、分段提供信息更符合消费者的需求。此外，电商的数据也表明，用户在移动端获取信息是为了采取行动，比如购买；但在 PC 端，获取信息却没有明确的行动导向。

3. 价格敏感度不同

1 号店的移动端运营数据显示，用户在移动端表现出有目的的购买，对价格的敏感度更低。PC 端用户习惯在电商网站"逛逛"，喜欢比价购买。而移动端的用户通常有明确的购买目标，希望在更短的时间内找到合适的商品。因此在促销上，企业更多采取主题、品牌营销，而非仅仅靠低价吸引眼球。

4. 耐心程度不同

移动端用户的一个重要特征就是没有耐心，他们想要在短时间内找到合适的商品，或者是马上可以打开网站，或是希望获得即时反馈。2012 年的数据显示，全球 71% 的网民希望手机上网速度能赶上甚至超过计算机上网速度。5 秒钟是大多数手机用户能够容忍的最长加载时间，如果网页或应用的加载时间超过 5 秒钟，74% 的用户会关闭网页，50% 的用户会退出应用程序。如果某个网页或应用一开始就无法正常运转，大部分用户没有足够的耐心再次尝试使用。

5. 行动导向程度不同

移动端用户从获取信息到采取行动的时间更短、目的性更强。2013 年，谷歌与尼尔森联合发布的《移动搜索时刻——了解移动如何促进转化》报告指出，在移动搜索引发的所有"转化"中，55% 的活动都是在 1 小时内发生的。GFK 调查公司也发现使用 PC 端制定出行计划的旅行者每天访问的网站类型都不同，如周四他们会访问旅游攻略类网站，周五访问航空公司和酒店类网站，周末主要访问比价类网站。使用 PC 端制订出行计划的旅行者更倾向于策划中长期的旅行，经过深思熟虑然后决定去哪里和在哪里预订。而使用手机制订出行计划的旅行者是在同一天内——周六同时浏览三类网站，他们更倾向于在同一天内不断切换各类旅游网站，主动去发现有用的信息，然后采取行动。

此外，随着地理位置定位、移动支付的完善，移动端用户的行动路径更为便捷，行为导向性更加明显。

资料来源：卢泰宏，周懿瑾，2018. 消费者行为学：洞察中国消费者［M］.3 版. 北京：中国人民大学出版社．

一、移动网购行为特征

LINE 拍照
快速搜寻

宜家的移动
营销

在移动互联网环境下，消费者行为已基本互联网化，购买情景已经社交化、本地化、移动化，购买行为无线化、多样化、个性化、全天候。消费习惯呈现出时间碎片化、在线实时化、消费理性化、资讯获取社交化、传播去中心化、网络圈子化、图片分享化等特征。手机日益成为消费者日常购买的工具，消费者已习惯用手机扫描商品条形码或二维码，查看商品详情，兑换优惠券，并进行移动支付和购买等消费行为。马丁在《决胜移动终端：移动互联时代影响消费者决策的 6 大关键》中写道："有了移动终端，消费者不再需要'去购物'，他们随时随地都'在购物'。"

移动互联网具有移动性、即时性、无缝和碎片化的特点，在移动互联网环境下消费者行为也呈现以下特点。

1. 移动化

正如淘宝广告语"手机淘宝：随时随地，想淘就淘"所描述的那样。在移动网络环境下，消费者不再局限于在固定的时间、在固定的购物场所进行消费，而是转变为随心所欲全天候、多渠道地消费，消费者可以随时随地通过移动终端上网浏览、比价、下单完成购物，购物流程更趋简化，购物更加随意轻松，这也是移动消费数额逐年增长的重要原因。在淘宝，只要上传物品的照片，就能查看数百万卖家的类似商品。消费者使用 AR BUY+拍摄生活中看到的物体就会出现产品介绍和销售信息，而且产品还会"焕发生机"动起来，从而给消费者带来全新的消费体验，激发消费者的随性购买欲望。图 11-8 显示的是用手机拍照购物功能对两面针牙膏拍摄后的截图。

图 11-8 手机拍照购物

2. 碎片化

移动互联网时代，消费者的消费场景发生了巨大变化，我们接触消费者的地点越来越不固定，接触消费者的时间越来越短暂。移动互联网加剧了消费者的三个碎片化趋势：购物地点的碎片化、购物时间的碎片化、购物需求的碎片化。营销模式相应将变得短小化，广告会变得更为短小精悍。快手、抖音等 UGC、PGC 短视频的爆发，就是因为在碎片化的时间下，消费者的内容消费习惯发生了改变。消费者花在纯文字阅读上的时间越来越少，大部分的图文内容，都正在被更直观、更生动、更轻松的短视频取代。从消费者行为来看，由于智能终端的可移动性，消费者的碎片时间得到充分利用，他们往往在上下班途中、睡觉前、课间休息及某些无聊时间，进行浏览、比价、快速购买、社会化推荐、收藏等消费行为，从而呈现"碎片化"的特征。

消费者行为的这种变化，决定了市场营销应向着场景化、数据化、内容化的趋势发展，这样才能让消费者在较短的碎片时间里对营销者的信息和商品（服务）感兴趣。

3. 场景化

移动互联网时代，消费者的消费场景发生了巨大变化，消费者的消费行为不再是完全静止和计划的。一些消费者还希望能乘兴之所至，随时、随地、随性购物，麦肯锡将此称为"场景触发式购物"。相应的全渠道、场景式购物服务也开始出现。

从传播上看，消费者在分散的媒体不断吸收广告和营销的信息，因此，很多消费行为会由于特定的广告、体验或者互动场景而实时触发。比如：当看到电视嘉宾穿的时装，或在微信聊天时得知新的美容产品，瞬间就被点燃购物欲望。因此，营销如何"场景化"，以及如何形成可以谈论的内容＋场景的匹配，成为所有品牌都需要面对的问题。

场景式购物的一个关键特征是顾客能及时买到心仪的商品。研究显示，1小时内送达货品不但能增加销量，还能大幅提高客户满意度。2017年夏天，百威英博（ABInBev）啤酒在上海一家酒吧推出了线下浸入式戏剧《寻找 Mr. X》，将戏剧性场景与产品销售相结合，为消费者打造了一次沉浸式互动参与消费体验。

在移动互联网和大数据时代，产品和营销应当基于具体、特定和鲜活的场景。研究消费者场景可以发现新产品机会，制造消费者场景可以开辟新产品空间，展示消费者场景可以驱动消费者的购买行为。智能家庭、移动终端、可穿戴市场、大数据、实时传感器等，都在各个维度和用户产生链接，这种链接通常存在于具体的情景，使营销者随时捕获这种情景变得容易。企业可以根据消费者所处的位置、所做的事情，适时地让他们找到所需的产品或服务，即提供场景性信息。

4. 定位化

真实的"位置"是联结虚拟与现实的重要节点，LBS突破了虚拟网络难于与现实社会结合起来的问题。移动终端的定位功能和LBS网络平台的特色服务，使信息价值得到极大提升，也催生了多种多样的LBS营销模式，主要包括签到模式、生活服务模式、社交模式、团购模式、二手交易模式等，可以更加快捷、更加智能地满足消费者需求。消费者由于追求便利性及更准确有用的消费信息，往往也会在消费前通过"高德地图"等位置服务搜索附近的商品信息，然后做出消费决策。比如，路过一家餐馆时，了解其他人对这家餐馆的评价。消费者会通过类似"饿了么""美团""PPbuyer（旅游者国外代购）"等App了解相关信息，也可以通过扫描条码、AR技术、社会网络来寻找信息，这些都呈现出显著的使用场景化特征。

基于精准定位技术的各种消费App为消费者提供了许多有吸引力的服务，例如显示某一地点周边的餐馆、商店、停车场等，或者是呼叫出租车（如滴滴打车）等。商家还可以利用地理围栏（Geo-fencing）技术，当老客户接近店铺时，就会根据其以前的消费情况，发出实时优惠信息，吸引其重复光顾。这些信息能在正确的地点、时间，向目标消费者发送特定的信息，直接影响消费者的移动购买决策，具有精准化、个性化的特点。"丁丁优惠"就是主攻优惠券的一款手机App，它可根据用户当前定位所在地理位置，随时随地提供其附近的各类优惠券。

星巴克为了满足那些想喝星巴克咖啡,但又在附近找不到星巴克门店的用户,在全美七大城市推出了 Mobile Pour。用户通过 Mobile Pour 确定自己的位置即可随时下单订购自己喜欢的星巴克咖啡,稍后踩着踏板车的咖啡配送员会很快将咖啡送到用户手中。可见,虽然便利品(或奢侈品)更适合传统的实体店销售,但移动电商对于临时欲望的冲动性购买也可以发挥很好的效果。

案例链接 11-3

New Balance 的城市接力(Urban Dash)

New Balance 为庆祝纽约新旗舰店开业,发起了一场城市短跑接力活动,利用 App "Urban Dash",让消费者找寻分布在纽约数百个虚拟点的接力棒,找到接力棒并最先跑到旗舰店即可获得 New Balance 574 鞋子一双。该活动很好地将 LBS 与 App 结合,同时通过 AR 技术展示虚拟接力棒,通过"抢"的方式聚集受众,又 Cool 又 Social。

资料来源:http://www.alibuybuy.com/posts/63837.html [2020-12-14].

5. 社交化

从购物上看,虽然社交媒体并不是移动网络购买的主要渠道,但小视频、直播等休闲方式的流行,移动社交化购物迅速显露出生机。麦肯锡对中国数字消费者的调查显示,个人手机使用时间的 44% 被用于社交媒体应用;社交媒体增加了消费者 10% 的购物时间。例如,蘑菇街、爱物网的分享式购物实现了购物社交化;"航班管家"不仅可以查询航班、机票等信息,还会告诉客户有无 SNS 好友也定了这个航班,附近哪里有一家与之合作的、能提供优惠券的咖啡店;糯米网将商户主页系统与人人网的公共主页系统全面打通,实现了团购社交化。陌陌是一款基于地理位置的移动社交工具,后来又开发出"到店通",进入了移动社交电商领域。"到店通"可以结合用户社交关系,并按照地理位置进行广告的精准投放。陌陌的社交关系是基于地理位置的关系,陌陌的用户会在自己的关系网内分享、讨论各种生活信息。本地化服务与本地化社交协同效应优势明显,陌陌与 58 同城的合作打开了"信息流与服务流合二为一"的想象空间。

SoLoMo 营销,
康师傅每日
C 新鲜试饮

I Like Diesel

还可以通过二维码连接社交媒体来鼓励分享。例如,DIESEL 在实体店通过引进二维码,将消费者的体验与个人 Facebook 页面做链接,每一款衣服都有一个独特的二维码,消费者喜欢哪件,可以用手机轻轻一扫,相应的 Like 信息便会出现在个人 Facebook 页面上。

社交电商拼多多是将社交化、移动化、参与性、游戏性相结合的一个商业模式典范。拼多多利用了微信这一超过 9 亿用户的社交平台,让用户而非商家发起拼单,在微信、QQ 等社交渠道呼朋唤友一起参与购物,并共同获得折扣,这种模式完整契合了腾讯社交电商的基因——社交关系链病毒式分享,通过拼团、砍价、助力免单、砍价免费拿、红包分享、人拉人模式等玩法,形成快速传播扩散,通过多次分享让平台的知名度打出去,实现用户量的快速裂变。同时,让原本单向、单调的"买买买"进化为朋友圈里有互动、有乐趣的"拼拼拼",在拼团过程中获得分享与沟通的社交乐趣。但是,如果微信、QQ 关闭它的分享链接，拼多多就很难快速发展了。

6. 快速化

在传统购物流程中，每个环节都较长，时间越长，原先所产生的购物冲动越容易消失，流失潜在消费者的可能性越大。而在移动购买中，消费者普遍没有耐心，总是希望立刻就可以找到他们想要的东西。从心动到行动，从搜索到购买的时间更短。2013年，谷歌与尼尔森通过对移动搜索的调研发现，45%的移动搜索是为了辅助决策过程而进行的，在需要做出关键决策时，消费者往往会用手机获得信息。如酒店行业就发现82%利用移动终端预订房间的用户是在24小时以内决定并完成预订的，几乎是到了目的地就用手机订酒店，比在计算机上订酒店花的时间要短得多。也许正如PhoneTell的联合创始人拉森所说："网络搜索是为了获取信息，移动搜索是为了马上行动。"

拼多多CTO
陈磊：社交
电商崛起的
秘密

在移动网络环境下，冲动性购买行为更加显著。Rackspace的调研发现，手机能够激发用户的冲动性购买，尤其是对于服饰和音乐，因此零售商将结账流程尽可能简化。除了线上购买，移动网络技术也使得线下购买的流程尽可能简化。以往消费者在线下看到产品的广告，即使想要购买也需要较长的时间，包括交通时间、搜寻店铺及店内寻找商品的时间等。

Homeplus subway
virtual store

而O2O（Online to Offline）则尽可能将消费者的每个冲动都迅速转化为行动。韩国连锁超市Homeplus在地铁设置的虚拟超市被奉为O2O的经典案例，其实就是在地铁站里贴上商品的照片及二维码，上下班的人群可以用手机扫描"虚拟货架"上产品的二维码，然后支付购买，下班后蔬菜瓜果等商品已经送达小区，省去了逛超市的时间成本。其"上班路上买好菜，下班回家就做饭"的广告很快吸引了很多用户。受Homeplus启发，1号店也将车站广告牌打造成"商品墙"，商品墙上的"商品"都是以图片形式展示，消费者只要用装有"掌上1号店"的智能手机拍下想要购买商品的二维码，就能轻松完成购物。1号店广告牌的放置地点一般主要在人流量比较大、醒目易读的位置，所卖的商品主要是一些使用频次高、需求量大的刚性需求物品，所以能够满足生活节奏快的大城市消费者的需求。淘宝和各种报纸媒体合作的"码上淘"也是类似的例子，读者看到报纸上自己心仪的产品，打开手机淘宝，点击右上角的"扫一扫"，对准版面上的二维码，就可以跳转到电商页面进行购买。

7. 及时关注

二维码、图形和语音搜索等技术的出现，使消费者能更快、更直接地了解或找到目标商品。消费者可以利用二维码在碎片时间、垃圾时间里便捷地获取感兴趣的商品信息，实现实物与信息的交互。

BOTH OF US

许多户外广告即使引起了消费者的注意，对产品的名字有了一些印象，但也未必有足够的时间对产品功能和特点进行更多的了解。快速的生活节奏使得传统的广告只能给人们留下短暂的印象。但二维码的出现有效化解了传统广告的这一弊端，即便消费者当时没有足够的时间对产品进行了解，也可以在有空的时候慢慢浏览。并且二维码的内容可以不定期进行完善和更新，这就需要消费者保持持续关注。在这种持续的关注中，二维码就将企业和潜在消费者紧紧地联系在一起。图11-9是日本迪士尼设计的特色二维码，可使消费者产生兴趣与好感。

图 11-9 日本迪士尼的二维码

8. 移动支付

我国正快速跨入"无现金时代"。支付宝、微信支付,以及 NFC 近场支付、云闪付、翼支付等移动手机支付方式受到越来越多消费者的欢迎。消费者必备的不再是现金或银行卡,只需要一部手机或"刷脸",就能完成支付活动,人们不再会为购物时忘带钱或找零而尴尬。"无现金"支付不仅十分便利,而且还可以自动记录各种消费行为,有助于个人记账理财。但这种支付方式有时也会刺激人们盲目消费、过度消费。一些商家在消费者使用手机支付或使用其免费提供的 Wi-Fi 时,会让消费者关注其微信公众号或下载其 App,但也许只有那些具有品牌忠诚度的顾客才会保留其微信公众号或 App。

目前,移动支付的方式很多,它们纷纷采用各种优惠手段来吸引消费者使用,但关键因素还是消费者的消费体验和使用习惯。例如,中国银联的云闪付由于缺少社交平台而逊于微信支付,同时又因缺少淘宝这样的购物平台而逊于支付宝,因而很难撼动跨界运营的上述两大平台的地位。

9. O2O

O2O 即线上支付,线下消费。对于服务型商品来说,消费的基本形式是通过移动终端搜寻产品信息,进行移动支付,然后凭借支付码到实体店消费。可见,O2O 在移动互联网时代更有意义。O2O 的一个重要作用是使商家和用户建立"点对点"的关系,而移动设备(包括手机、移动平板、智能穿戴设备)的随时、随地、随意的"三随"属性才能使"点对点"成为可能。在移动互联网时代,线上和线下才能真正无缝对接,线上和线下的边界才开始模糊,从而将网络与传统行业完美结合。

案例链接 11-4

白领一天的O2O生活

我们可以想象一下白领每天上班的生活场景:早上,由"e家洁"的家政人员负责做饭;饭后白领们在"滴滴"平台上叫车去上班;中午,白领们吃着"美团"上叫的外卖时还讨论着当下的热点新闻;下班回家后,"链农"刚送到的新鲜蔬菜交给"爱大厨"的厨师们做出一桌丰盛可口的晚餐;吃完饭后,再享受一下"功夫熊"提供的上门按摩,然后在"猫眼"上预订好电

移动互联网时代,未来的一天生活

影票,和朋友一起去看电影。

资料来源:朱建良,王鹏欣,傅智建,2016.场景革命:万物互联时代的商业新格局[M].北京:中国铁道出版社.

10. 诚信化

手机号码具有唯一性,短信验证码能保证手机与消费业务的关联性。而手机 SIM 卡上存储的用户信息及指纹、人脸识别技术可以确定用户的真实身份,这就有了信用认证的基础,消费者也比固定网络用户更加注意自己的信誉,无形中就更加促使他们更诚信。

11. 信息分享热衷化

在移动互联网环境下,消费者不仅能够通过网络主动搜寻信息,还能够方便及时地与朋友分享购物经历及产品或服务的使用感受。移动消费者比较依赖网络口碑,也会通过社会网络等虚拟社群主动接触陌生用户,看他们对相关商品或服务的评价,从而形成自己的偏好和选择。购买完成之后,移动消费者会通过手机在 App 或微信朋友圈分享他们的购物体验,发布照片或视频。而且,抖音、快手、火山及斗鱼、虎牙等平台的移动直播、短视频也很适合移动互联网场景下用户碎片化的内容消费习惯。例如,许多消费者都喜欢将自己的旅游经历及时分享到微信朋友圈。大多数消费者发朋友圈的动机是:炫耀展示自己、让朋友更了解自己。如果营销活动能满足消费者的这种动机,就可能刺激消费者转发相关商业信息,而不仅仅只是像拼多多那样给予某种物质诱惑。

12. 低价化

由于移动购物更多是在碎片时间展开,还受限于网速和流量,对商品信息难以充分了解,因此消费者在这种情形下对高价商品较难做出决策,而低价产品或快消品更容易成交。可见,拼多多的意外蹿红应当也与此有关。

虽然移动端消费者比 PC 端消费者的价格敏感性更低,但手机的比价功能也能有助于消费者比较价格信息。消费者可以利用带有照相功能的智能手机扫描条形码或二维码,通过移动互联网很方便地了解到商品在各大超市、商场、网上商城的价格比较信息,做到货比三家、理性购物。常见的比价软件包括:一淘火眼、拍照购、条码购、快拍二维码、我查查,以及国外应用较多的手机条码扫描软件包括 Stickybits、BarcodeHero 等。图 11-10 是"我查查"的比价界面。

例如,消费者可以利用京东商城的"拍照购"(或"条码购")在书店、超市、电器卖场随手拍摄一个商品,即可查到该商品在京东商城的价格,实现"货比三家",然后用手机网购京东商城的商品,享受更低的优惠价格。同时,某种

图 11-10 "我查查"的比价界面

意义上还使得国美、苏宁等家电卖场变成了京东的实体店,而价格比它们便宜很多,非常

经济地帮助消费者实现了"线下体验,线上购买"。据说国内某巨型家电连锁体系的门店,还曾经为了防范京东这个手机应用软件,下令撕掉所有产品的条形码。亚马逊也曾推出一款手机比价软件 Price Check,消费者在实体店通过扫描商品的条形码,不仅能查询到该商品在网点的售价,还能直接进入亚马逊购买。而让传统零售商抵触情绪达到极致的是,亚马逊向在任何实体店里扫描任何商品的消费者提供5%的折扣优惠。

13. 远程操控

物联网也正在快步进入家庭,越来越多的商品融进了 Wi-Fi 功能,成为可以用手机 App 进行控制的智能商品,如智能空调、智能厨具、智能灯泡等,也辐射到运动监测、个人护理等更广泛的领域。例如,智能牙刷通过蓝牙与智能手机连接,可以实现刷牙时间、位置提醒,以及刷牙质量评估,还可以根据用户刷牙的数据生成分析图表,估算出口腔健康情况。这些都显示出以智能手机为载体的移动网络消费正在成为新的消费时尚。

总体来看,移动购买最主要的特点就是:精准到人、精准到位、任何时间、任何地点、强互动、高注意、O2O。

二、移动网购行为的一般模式

在网络时代,消费者的行为模式从大众传媒时代的 AIDMA 转变到搜索与信息分享时代的 AISAS,从曾经被动地接受信息转变为现在积极主动地搜寻和反馈信息。但是这个转变是有限的,更像是两个时代的过渡。当移动互联网开始全面介入人们的生活后,虚拟和现实、线上和线下之间的界限变得不再那么明显,人们的生活方式发生了巨大的变化。

(一) SICAS 模式

在移动化、碎片化时代,需要一种非线性、网状、多点双向、基于感知连接商家和消费者的消费行为模式。于是,DCCI 互联网数据中心(2011)提出了消费者行为 SICAS 模式,包括品牌与用户互相感知(Sense)、产生兴趣-形成互动(Interest & Interactive)、用户与商家建立连接-交互沟通(Connect & Communication)、行动-购买(Action)、体验-分享(Share)五个阶段。SICAS 是全景模型,用户行为、消费轨迹在这样一个系统里是多维互动过程,而非单向递进过程。在 SICAS 系统里,通过分布式、多触点,在商家与用户之间建立动态感知网络非常重要,对话过程无时无刻、随时随地。如何在快速移动的碎片化环境中动态实时感知、发现、跟随、响应一个个"人",能够理解他们,并且与他们对话,成为此模式的关键。

从传播上看,首先应当用新鲜好玩的"料"和"梗"抓住消费者的注意力,要么有亮点,要么有槽点。还要将产品与消费场景建立联系,使消费者对产品产生兴趣,并形成与产品的互动,如以故事的形式将产品的卖点融入需求场景之中。然后,通过品牌文化、品牌社群或 KOL 与消费者建立起沟通与互动。最后,促成消费者的购买行为,并激励其将消费体验分享给更多的好友。

(二) SIPS 模式

伴随着手机的普及,分享行为的影响正在逐步超越搜索行为。2011 年年初,日本电通公司再次推出了适应社会性媒体时代的消费者心理行为 SIPS 分析模式。SIPS 分别是英文 Sympathize(共鸣)、Identify(确认)、Participate(参与)、Share(分享)、Spread

（扩散）的缩写。

SIPS 模型认为，在社会化传播网络上，那些能够引起受众共鸣的信息将获得更广泛的传播和更强的生命力，而无法引发共鸣的信息会很快退出宏大的社会信息传递进程。消费者还会利用各种手段"确认"引起共鸣的信息是否与自己的价值观相符。然后就会参与到信息的互动交流之中，成为粉丝或忠诚消费者等。同时，参与的消费者还会在网络中共享和扩散信息，由此引起更多的"共鸣"。

SIPS 模型表明，消费者对品牌信息的接收已从被动注意转向主动共鸣；消费者不只是接收信息，更会积极地通过社交媒体进行反馈，表达自己的声音。品牌信息打动消费者的关键不再是狂轰滥炸式的广而告之，而在于引起消费者共鸣。例如，运动鞋品牌 New Balance 创立 110 周年的纪念广告中充斥着歌手李宗盛的个人独白，广告结尾时一句"人生没有白走的路，每一步都算数"赢得无数消费者的共鸣，他们开始参与到内容的分发与扩散中来，与品牌形成共振。可见，在移动互联网时代，品牌的本质是社交。广告内容应强调共鸣、互动，强调共振，品牌通过与用户建立关系，使用户对品牌产生认同与归属，最后让品牌成为消费者情感与精神表达的共同体。

通常，营销内容引发消费者自发传播和分享的要素有以下几点：①使消费者产生共鸣；②满足消费者某种社交心理需求；③个性化定制；④让消费者有参与感；⑤紧密结合社会热点。

案例链接 11-5

《啥是佩奇》是宣传片，为何却能迅速形成病毒式传播？

2019 年 1 月 18 日，一部《啥是佩奇》的电影宣传短片极短时间内爆红全网，朋友圈、各种社交媒体网站开始疯狂刷屏，一发不可收拾。除了各大小媒体、公众号蹭热点的文章，又多出了许多所谓的行业解析"啥是佩奇"，各行各业都开始变着花样蹭佩奇的热点了。佩奇真是一只人见人爱的猪。这部本应是佩奇大电影宣传片的小视频就这么火了，甚至比佩奇大电影还火。

总结一下整个事件能够爆火的几个中心点。第一，抓住情感弱点：亲情，落叶归根。第二，找准目标群体：这个时代离家在外拼搏的年轻人太多，这个群体普遍心怀热血、文化素质相对较高、互联网社交使用频率极高，易于制造和传播热点。第三，引发群体共鸣：群体情感和思维共鸣之后，基于这个强大的群体载体，产生了病毒式的传播能力。

资料来源：https://www.jianshu.com/p/d2887157bbcb［2020-12-14］.

（三）ISMES 模式

王斌将传统互联网时代的 AISAS 模型改进为移动互联网时代的 ISMES 行为模式，如图 11-11 所示。

图 11-11 ISMES 行为模式

1. 兴趣与互动（Interest & Interact）

移动互联网的到来，使消费者从媒体的桎梏中解脱出来，媒体变得无微不至却又微不足道，以广告为营销驱动核心的方式已难以获取持续性优势和效用。而基于需求特征的兴趣唤起和互动体验，成为消费者选择参与商家营销的第一步。由于广告泛滥，消费者也只会根据其个性化的心理需求，主动筛选能够满足需求的商家服务和产品信息。另外，各大企业也纷纷推出本企业的微信公众号、官方微博等，消费者会主动去关注自己感兴趣的企业账号并与之进行互动。

同时，在移动互联网环境下，商家会根据用户签到的地理位置信息对经过或附近的消费者推送优惠信息或商品广告。Beacon 技术可以识别线下手机用户，从而为有针对性的个性化互动提供了可能。消费者需求的产生也可能源于在线评论、社群成员的意见或朋友的即时推荐，它来自网上社交因素的影响力。需求匹配、便利性、新颖性等是吸引消费者产生兴趣、引发需求阶段的因素。

2. 主动搜寻（Search）

在移动环境下，搜索的方式、范围和内涵得到了极大的拓展和深化。最显著的体现如基于位置的 LBS 搜索方式，移动用户可以通过 LBS 功能来获取附近的服务信息，如商家服务、地图线路、远程打车、同城社交等，这种搜索的即时性、场景性和主动性都是 PC 端无法比拟的。又如基于二维码的搜索入口，消费者可以随时随地对感兴趣的物品进行扫码搜索，实现了实物与信息的交互。

3. 移动支付（Mo-payment）

移动支付作为线上线下闭环接口的重要环节，也深刻地转变了消费者的消费行为模式。消费者通过随身携带的智能终端，可以实现多场景下的交易支付，而避免现金或银联卡的交易麻烦，主要方式有支付宝、微信支付及红包支付等。

4. 线下体验（Experience）

正是由于交易和消费的分离，使线下体验成为移动互联时代的一个显著特征。线下体验具有两层含义。一种是指线上支付，线下体验（即 Online to Offline，O2O）。消费者可以通过线上获取产品服务信息并在线购买，然后到线下进行体验。享受线上支付、线下消费的服务类商品与位置因素相关，如餐饮，消费者需要根据手机定位选择附近商家体验饭菜的美味。另一种是线上支付，线下体验。消费者可先在线下体验产品服务，再通过线上进行搜索比较，然后现场支付，或者在更具优势的网上商城购买。而手机摄像头、语音输入，以及基于条码扫描的搜索比价 App 等，给消费者提供了一种非常便捷的线上、线下价格信息比对的可能。例如，在服装专柜中试穿，然后通过在线搜索比价并网上下单，这就是典型的线上支付线下体验行为。

5. 展示（Show）

在移动互联网环境下，消费者评价与体验的分享可以在线下消费的同时实现，也可以在消费后的任何时间内实现，这取决于移动用户的使用习惯。但不少消费者都喜欢及时分享消费体验。例如，吃饭时用微博发张照片，旅途中用微信抒写感想，而且消息即时性强，往往不会花太多时间字斟句酌和对图片进行 PS 美化。由于移动智能终端的便携性及其拍照功能，以及社交媒体的兴起，极大丰富了消费者的展示场景，使得消费者乐于展示自己的体验，而不单单只是分享。与此同时，越来越便捷的编辑应用软件，也使消费者的创作更为容易。如美图相机、抖音、美拍、漫画生成器、变声趣味软件等 App，让富媒体创作不再被地域和时间限制，消费者随时都可以成为导演、摄影师、音乐家、漫画师等。据微博官方统计，有 67％的消费者在享受美食前会先拍照发微博分享。而消费者展示出的产品信息又会引起其他消费者的兴趣，成为新一轮消费的源头。由此可以看出，ISMES 模型的传播方式和当前移动互联网的信息传播方式一样——没有"终点"，在首次交易完成之后由于强弱关系的整合作用又会产生新一轮的消费。

总之，ISMES 行为模式大体上可归纳为，消费者根据自己的兴趣（Interest）关注品牌的官方账号并与之进行互动（Interact），并通过智能手机的定位功能搜索（Search）附近产品的信息，并进行移动支付（Mo-payment），接着去实体店体验（Experience），最后通过拍照发微博微信的方式秀出自己的消费体验。

（四）IERAS 模式

2011 年北美创业投资教父 Doerr 创造性地提出了"SoLoMo"的概念。其中，"Social"（社交）是以 Facebook、微信、QQ 群、人人网及新浪微博等为代表的 SNS 网站；"Local"（本地化）是指智能手机中的 LBS（基于位置的服务）应用，如 Foursquare、街旁、人人报到、玩转四方等；"Mobile"（移动）则涵盖了智能手机带来的各

引爆移动互联网的"SoLoMo 模式"

种 App 移动应用。国外的 Foursquare（简称 4sq）是很有名的 SoLoMo 应用，消费者打开手机的网络连线功能，就可以透过 GPS 侦测各自的地理位置，了解周围的商家信息，并通过 Twitter、Facebook 等流行的社交网络平台把自己的位置发布出去，以方便人们进行交友、传递资讯、吃喝玩乐等活动，同时 4sq 也是记录人们活动的工具。例如，当某消费者在某一个地点（如百货公司、餐厅、咖啡厅）连上 4sq，就可以登入（Check In）该地点一次。登入一个地点（也就是造访该地点）越多次，就越能在 4sq "升等"，获得一些地位、头衔。譬如，常常到处跑的消费者可能就会获得一个 "冒险家"的徽章；常常光顾某餐厅的消费者，可能发现自己变成该餐厅的"市长"。消费者还可以把其在 Twitter、Facebook 上的好友拉进来，看看他们现在当上了哪个店家的"市长"。也可以看看自己最常去的地方，"市长"是哪位，大家在该地点的留言是什么（譬如称赞某个餐厅的菜好吃，或是那家店员脸很臭），从中多认识几位志同道合的朋友。拉斯维加斯的购物中心 "Miracle Mile Shops"还将 4sq 中在这个地方签到最多的消费者及消费者的点评定期投放在广场大屏幕上，从而推动了口碑的形成和聚合。

SoLoMo 应用

SoLoMo 不同于以前 PC 端的上网方式、交流与互动方式。在 SoLoMo 背景下，凭借社交网络、位置服务、移动互联，用户与好友、用户与商家品牌实现实时对话。消费者不仅可以通过社交关系网络主动获取商业信息，同时还作为信息发布的主体，与更多好友一同体验、分享。企业借助技术手段在互联网范围内感知用户、交流互动、挖掘数据、响应需求。消费者获取消

派合 SoLoMo
让数字营销
更加精准

费信息甚至不再是主动搜索的过程,而是"行为关系匹配-兴趣偏好契合-随需求而变化-智能接收"的过程。因此,李鹏飞(2012)提出了移动互联网消费者的消费行为模式——IERAS 模式,如图 11-12 所示。

图 11-12　IERAS 行为模式

这一模式包括的环节如下。

1. Interest&Interact(基于兴趣的广泛浏览,与品牌形成互动)

由于碎片化的媒介接触习惯和注意力,消费者基于兴趣在全网范围内浏览,并以"兴趣关系"为中心构建自己定制化、个性化的信息平台。在社交网站中与好友分享消费信息,关注自己感兴趣的品牌。

2. Express&Expose(表达/暴露消费需求)

消费者在移动互联网的使用过程中表现出的消费需求分为两种,Express 即主动表达的明确的消费意识,而 Expose 则是指消费者行为中暴露出的潜在被动消费需求,是未来消费行为产生的可能性。这些大数据信息存在于消费者的人口统计特征、社会学信息及消费者在社交网络的信息交流、社交网络的好友构成、网购消费的记录、日常行动位置轨迹记录、垂直网站搜索记录等,总之,存在于一切能够反映消费者兴趣偏好、行为习惯、购买能力、消费需求的移动互联网行为记录。

3. Receive Response(自动地接收企业的个性化响应,做出购买决策)

对于移动网络用户表达暴露的消费需求,企业需要及时地感知与捕捉,并集合用户的行为数据和 SoLoMo 媒介本身的内容数据来做精准的分析,对用户的消费行为做出预判,并转换成与用户个体匹配的"响应"(Response)。也就是说,企业通过智能分析移动用户行为数据,智能推送个性化的产品服务信息,从而及时且精准地响应用户的显现或潜在需求。消费者接收(Receive)了企业推送的响应后,做出选择,形成购买决策。由于智能推送(Push)降低了消费者获取目标信息的障碍,提高了选择与决策的效率,消费者就从全网范围内"按需搜索"的盲目"自主"阶段,进化到"应需而来"的更高级的"自助"阶段。而 AISAS 模式中的"搜索"(Search)环节,被"行为匹配-兴趣契合"所代替。

4. Action(消费决策形成并付诸行动:购买、体验)

在 SoLoMo 环境下,移动互联用户的购买行为不再局限于电子商务网站内部,社交网络、App、O2O 等,都可能成为消费者购买的发起点。移动支付技术的应用与普及也使得交易行为多样化。

5. Share&Spread(分享消费体验,主动参与信息扩散)

相比于传统互联网时代,AISAS 模式中消费者只能在购买行为发生后才能坐在计算机前分享消费体验，而 SoLoMo 时代的消费者体验分享（Share）行为正在提前，在很多情形下，分享行为在购买产品（享用服务）的同时，甚至之前就已经发生。例如，有统计显示，67％的微博用户曾在吃饭前对食物拍照发微博或朋友圈。

从个体的单次消费行为来看，分享消费体验信息是消费过程的结束，但从移动互联用户的整体消费行为观察，分享消费体验信息在很大程度上成为消费的源头：个体 A 的分享信息引起了个体 B 的注意和兴趣。在 SoLoMo 趋势下，消费者的分享行为也显著地升级。信息传播方式从"裂变式"走向"聚变式"，消费体验信息会在圈层和关系网络中激荡、聚合，循环叠加，效应放大，影响倍增。更何况，"扩散"（Spread）已不只是信息传播的结果，它更成为消费者主动发出、主动参与的行动。AISAS 模式中的 Share 是"我要告诉我的好友们"，而 IERAS 模式中的 Spread 是"我要告诉所有人！我可以让所有人都知道！"

思考题

1. 简述 AISAS 模型、SIPS 模型、FIIAS 模型，并谈谈如何根据这些模型更好地开展网络营销活动。

2. 简述消费者网络购买的行为过程，并谈谈如何针对各个环节对网购消费者提供更好的营销服务。

3. 信息技术的发展使得商家获取消费者的信息更为容易，它给商家改进营销工作提供了怎样的机会？

4. 从消费者的角度看，App 的商业应用会遇到哪些障碍？

5. 如何将"SoLoMo"和"O2O"更好地结合起来？

第十一章 在线题库

参 考 文 献

Ahuvia A，阳翼，2005. "生活方式"研究综述：一个消费者行为学的视角［J］. 商业经济与管理（08）：32-38.
阿诺德，普奈斯，津克汗，等，2007. 消费者行为学：第2版 中国版［M］. 北京：电子工业出版社.
安圣慧，2011. 消费者行为学［M］. 北京：对外经济贸易大学出版社.
鲍林，2010. 在线品牌忠诚度的测量指标体系研究［J］. 江苏商论（07）：122-123.
蔡余杰，纪海，2016. 场景营销：大连接时代的"营销颠覆者"［M］. 北京：当代世界出版社.
陈成勇，2008. 我国典型消费者生活形态研究［J］. 经济论坛（04）：54-56，94.
陈梦媛，2010. 品牌个性纬度构成比较及其营销应用［J］. 商业时代（31）：30-31.
陈硕坚，范洁，2015. 透明社会：大数据营销攻略［M］. 北京：机械工业出版社.
陈晓红，2007. 品牌个性与消费者自我概念的一致性及其对品牌忠诚的影响［J］. 社会心理科学（Z2）：117-120.
陈一鸣，黄卫，贾厚光，2005. 网络营销沟通的特点及应用［J］. 企业经济（06）：73-74.
代祺，周庭锐，胡培，2007. 情境视角下从众与反从众消费行为研究［J］. 管理科学（04）：38-47.
戴丽娜，2012. 从营销的终点到营销的起点：中国消费者研究起源、演变、规律及趋势［D］. 上海：复旦大学.
董大海，刘琰，2012. 口碑、网络口碑与鼠碑辨析［J］. 管理学报（03）：428-436.
董昭江，2012. 消费者行为学［M］. 北京：清华大学出版社.
冯建英，穆维松，傅泽田，2006. 消费者的购买意愿研究综述［J］. 现代管理科学（11）：7-9.
符国群，2015. 消费者行为学［M］.3版. 北京：高等教育出版社.
高海霞，2003. 消费者的感知风险及减少风险行为研究：基于手机市场的研究［D］. 杭州：浙江大学.
高军，2010. 基于消费者行为的企业营销策略研究：以手机行业为例［D］. 天津：天津理工大学.
郭国庆，陈凯，何飞，2010. 消费者在线评论可信度的影响因素研究［J］. 当代经济管理，32（10）：17-23.
郭兆平，2014. 消费心理学［M］. 北京：电子工业出版社.
韩理俊，2009. 基于店内购物体验和心境的冲动性购买倾向影响因素研究［D］. 厦门：厦门大学.
韩睿，田志龙，2005. 促销类型对消费者感知及行为意向影响的研究［J］. 管理科学（02）：85-91.
郝辽钢，2008. 企业促销活动如何影响消费者行为：理论综述［J］. 华东经济管理（04）：132-136.
郝辽钢，高充彦，2008. 关于消费者对促销的反应行为研究［J］. 北京工商大学学报（社会科学版）（05）：45-49.
浩媛媛，2010. 在线评论对消费者感知与购买行为影响的实证研究［D］. 哈尔滨：哈尔滨工业大学.
黄胜兵，卢泰宏，2003. 品牌个性维度的本土化研究［J］. 南开管理评论（01）：4-9.
霍金斯，马瑟斯博，2015. 消费者行为学：英文版 原书第12版［M］. 符国群，等译. 北京：机械工业出版社.
霍伊尔，麦金尼斯，2011. 消费者行为学：第5版［M］. 崔楠，徐岚，译. 北京：北京大学出版社.
戢芳，周庭锐，2013. 商业服务场景中的背景音乐与消费行为［J］. 经营与管理（04）：102-105.
贾鹤，王永贵，刘佳媛，2008. 参照群体对消费决策影响研究述评［J］. 外国经济与管理（06）：51-58.

江林，张晓鲁，宁静，等，2006. 冲动性购买行为的实证分析及其营销策略［J］. 广东商学院学报（05）：19-22.

解志韬，田新民，李宁，2006. 超市消费者购物行为理论研究［J］. 上海管理科学（04）：16-19.

金志成，周象贤，2007. 受众卷入及其对广告传播效果的影响［J］. 心理科学进展（01）：154-162.

孔长春，2013. 别卖产品卖需求［M］. 北京：中国财政经济出版社.

雷雳，2016. 互联网心理学：新心理与行为研究的兴起［M］. 北京：北京师范大学出版社.

李爱梅，曾小保，2004. 心理账户的概念及其本质特征［J］. 生产力研究（09）：18-19，41.

李东进，2007. 消费者行为学［M］. 北京：机械工业出版社.

李付庆，2018. 消费者行为学［M］.3版. 北京：清华大学出版社.

李鹏飞，2012. 从"广告"到"响应"：SoLoMo趋势下移动互联网用户消费行为模式研究［D］. 济南：山东大学.

李秀荣，梁承磊，2009. 冲动性购买行为之概念界定［J］. 东岳论丛（06）：137-139.

李懿欣，2007. 关于心理账户对消费者决策的影响的研究综述［J］. 社会心理科学（Z1）：190-193.

李志飞，2007. 异地性对冲动性购买行为影响的实证研究［J］. 南开管理评论（06）：11-18.

梁宁，2016. 成功营销要走心［M］. 北京：北京理工大学出版社.

林建煌，2011. 消费者行为［M］.3版. 北京：北京大学出版社.

林青，2006. 顾客满意向顾客忠诚转换因素探讨［J］. 商业研究（05）：65-68.

刘德寰，2013. 广告传播新法则：从AIDMA、AISAS到ISMAS［J］. 广告大观（综合版）.（04）：96-98.

刘丽娴，2016. 品牌的视觉语言：视觉营销与视觉元素［M］. 杭州：浙江大学出版社.

刘琴琴，孙岚，2008. 论消费者购买行为中的感知风险的构面研究综述［J］. 科教文汇（中旬刊）（11）：223-224.

卢长宝，2005. 消费者学习对销售促进效用影响研究［J］. 福州大学学报（哲学社会科学版）（04）：41-45.

卢泰宏，2017. 消费者行为学50年：演化与颠覆［J］. 外国经济与管理，39（06）：23-38.

陆晓敏，薛云建，2011. 冲动性购买行为的影响因素分析［J］. 企业研究（13）：50-52.

吕成戍，2011. 电子商务环境下消费者购买决策研究综述［J］. 计算机开发与应用（11）：5-10.

罗纪宁，2005. 西方消费者行为学研究理论和方法评析［J］. 江汉论坛（09）：16-19.

罗嗣明，2005. 影响消费者品牌选择行为的核心要素及营销策略研究［D］. 南昌：江西师范大学.

毛星，2010. 超市便利对消费者购买行为的影响研究［D］. 重庆：重庆工商大学.

倪宁，赵立敏，2014. 基于产品、消费者和竞争对手三种分析范畴下的广告价值诉求策略探析［J］. 广告大观（理论版）（06）：22-28.

潘煜，高丽，王方华，2009. 生活方式、顾客感知价值对中国消费者购买行为影响［J］. 系统管理学报，18（06）：601-607.

戚海峰，2008. 消费者行为学［M］. 上海：上海财经大学出版社.

权立枝，吴晓东，2002. 中国传统文化对人们消费心理与行为的影响［J］. 山西高等学校社会科学学报（10）：40-42.

任曙彪，张博川，2007. 消费者购买决策中的信息搜寻行为研究［J］. 科协论坛（下半月）（03）：69-70.

荣晓华，2015. 消费者行为学［M］.4版. 大连：东北财经大学出版社.

邵兵家，杨璐，2009. 网上商店氛围对消费者购买意愿的影响［J］. 商业研究（11）：214-216.

沈蕾，2013. 消费者行为学：理论与实务［M］. 北京：中国人民大学出版社.

舒立平，2017. 打造爆品：互联网产品运营实战手册［M］. 北京：人民邮电出版社.

孙曙迎, 2009. 我国消费者网上信息搜寻行为研究 [D]. 杭州: 浙江大学.
所罗门, 卢泰宏, 杨晓燕, 2014. 消费者行为学: 第10版 [M]. 杨晓燕, 郝佳, 胡晓红, 等译. 北京: 中国人民大学出版社.
唐兵, 2008. 对消费者行为概念的再认识 [J]. 经济论坛 (05): 37-40.
唐亮, 张结魁, 徐建华, 2008. 网络消费者信息搜寻行为研究 [J]. 图书与情报 (02): 40-43, 74.
唐娜, 2018. 基于KANO模型的个性化服务功能分析 [J]. 内蒙古科技与经济 (09): 133-135.
唐兴通, 2016. 引爆社群: 移动互联网时代的新4C法则 [M]. 北京: 机械工业出版社.
田雨, 2007. 中国消费者购买行为模式分析及营销对策 [J]. 企业经济 (03): 67-70.
王长征, 2003. 消费者行为学 [M]. 武汉: 武汉大学出版社.
王德胜, 1999. 论感性消费与消费者心理 [J]. 东岳论丛 (06): 59-62.
王官诚, 2007. 心理账户与消费者的非理性经济行为 [J]. 经济导刊 (S2): 80-81.
王海萍, 2015. SoLoMo背景下购物生命周期模型研究 [J]. 当代财经 (01): 77-86.
王海艳, 2007. 消费者自我概念研究述评 [J]. 产业与科技论坛 (07): 157-159.
王焕弟, 2010. 基于消费者购买行为的超市促销策略研究 [D]. 咸阳: 西北农林科技大学.
王建国, 姚德利, 2011. 冲动购买行为研究动态探析 [J]. 安徽理工大学学报 (社会科学版) (03): 12-17.
王建红, 2001. 基于FCB模式的网络广告表现策略研究 [D]. 南宁: 广西大学.
王俊男, 2010. 消费者购后行为影响因素研究 [D]. 北京: 北京交通大学.
王磊, 2006. 营销策略组合对消费者首次购买意愿的影响机理研究 [D]. 大连: 大连理工大学.
王丽芳, 2005. 论信息不对称下产品外部线索对消费者购买意愿的影响 [J]. 消费经济 (01): 41-42.
王亮, 2005. 试论现代广告中的诉求方式 [J]. 淮南师范学院学报 (04): 127-128.
王明涛, 师文文, 2018. Kano模型在高校食堂服务质量管理中的应用研究 [J]. 中国管理信息化, 21 (05): 103-106.
王沛, 杨眉. 信息加工视域下的广告心理研究: 广告说服模型 [J]. 西北师大学报 (社会科学版) (01): 89-94.
王琦, 刘凯, 张晓航, 2016. 卷入情景下特征框架效应对购买意愿的影响 [J]. 商业研究 (10): 1-9.
王先庆, 张新华, 2008. 门店选址对大型综合超市经营绩效的影响分析 [J]. 广州城市职业学院学报, 2 (04): 50-53.
王晓玉, 2014. 消费者行为学 [M]. 上海: 上海财经大学出版社.
王新珠, 2011. 消费者自我概念和消费行为的关系研究 [J]. 商业时代 (10): 19-20.
王玉, 王焕玉, 腾跃民, 等, 2009. 网上消费感知风险研究综述 [J]. 商业研究 (10): 35-39.
西蒙森, 罗森, 2014. 绝对价值: 信息时代影响消费者下单的关键因素 [M]. 钱峰, 译. 北京: 中国友谊出版公司.
希夫曼, 维森布利特, 2015. 消费者行为学: 第11版 [M]. 江林, 张恩忠, 等译. 北京: 中国人民大学出版社.
肖煜, 2004. 网上消费者消费行为研究 [J]. 开发研究 (05): 93-95.
熊素红, 2009. 基于个性特质的冲动性购买研究: 调节导向、自我构建在冲动性购买中的作用 [D]. 武汉: 华中科技大学.
熊素红, 景奉杰, 2010. 冲动性购买影响因素新探与模型构建 [J]. 外国经济与管理, 32 (05): 56-64.
薛婵娟, 2012. 基于消费者网络购物行为的网络营销策略研究 [D]. 合肥: 安徽大学.
阎巧丽, 2008. 消费者冲动性购买行为实证研究 [D]. 成都: 西南交通大学.
杨云峰, 2008. 网络消费心理与行为研究 [D]. 北京: 北京邮电大学.
姚秀丽, 2010. 中国消费者网上购物风险及消费行为模型研究 [D]. 北京: 北京邮电大学.

叶开，2014. 粉丝经济：传统企业转型互联网的突破口［M］. 北京：中国华侨出版社.
岳海龙，2005. 中国城市消费者冲动购买行为的实证研究［D］. 武汉：武汉大学.
曾智，2005. 论消费者的自我概念与消费行为［J］. 西南民族大学学报（人文社科版）（06）：275-278.
翟丽孔，2011. 网店在线评论对消费者购买意愿的影响研究［D］. 大连：东北财经大学.
张结魁，2010. 消费者网络信息搜寻行为研究［D］. 合肥：合肥工业大学.
张理，2013. 消费者行为学［M］. 2版. 北京：清华大学出版社.
赵建宁，王校丽，2010. 参照群体对消费者购买行为的影响及营销对策［J］. 中国集体经济（06）：51-58.
郑清元，付峥嵘，2016. 从1.0到3.0：移动社群如何重构社交关系与商业模式［M］. 北京：人民邮电出版社.
周斌，2002. 商品"质量属性"探析［J］. 四川商业高等专科学校学报（02）：26-29.
周斌，2013. 消费者行为学［M］. 北京：清华大学出版社.
周斌，2015. "粉"营销：移动互联时代下的粉丝经济［M］. 北京：中华工商联合出版社.
周斌，2017. 消费心理学［M］. 北京：清华大学出版社.
周斌，余蓉，2015. Web2.0时代的网络广告传播特征［J］. 中国市场（23）：15-16.
周高华，2012. 情感营销：行之有效的营销之道［M］. 北京：电子工业出版社.
朱建良，王鹏欣，傅智建，2016. 场景革命：万物互联时代的商业新格局［M］. 北京：中国铁道出版社.
朱美艳，庄贵军，刘周平，2006. 顾客投诉行为的理论回顾［J］. 山东社会科学（11）：137-144.